特別支援教育の基礎・基本

第4版

Fundamentals and Basics of Special Needs Education

NISE 独立行政法人 国立特別支援教育総合研究所 著

「障害のある子供の
教育支援の手引」対応！

ジアース教育新社

序

独立行政法人 国立特別支援教育総合研究所
理事長　**中村　信一**

特別支援教育を取り巻く環境は大きく変化してきています。

文部科学省において、一人一人のニーズに対応した新しい時代の特別支援教育の在り方や、その充実のための方策等について検討するため設置された「新しい時代の特別支援教育の在り方に関する有識者会議」が2021（令和３）年１月に報告書をまとめました。

また、翌年の2022（令和4）年12月に、「通常の学級に在籍する特別な教育的支援を必要とする児童生徒の実態調査」の結果の中で、学習面又は行動面で著しい困難を示す児童生徒の割合として、小･中学校8.8%、高等学校2.2%の数値が示されたことは記憶に新しいと思います。

更に、2023（令和５）年３月には、障害者の権利に関する条約に基づくインクルーシブ教育システムの理念の更なる実現に向けて検討を行ってきた「通常の学級に在籍する障害のある児童生徒への支援の在り方に関する検討会議」が報告書をまとめ、校内支援体制、通級による指導や特別支援学校のセンター的機能の充実など、具体的な方向性が示されたところです。

これらを踏まえて、現在文部科学省において各種事業が行われていますし、当研究所においてもインクルーシブ教育システムの推進に向けて事業活動を展開しています。

本書の前版である『特別支援教育の基礎・基本2020』では、学習指導要領の改訂を機に、改訂の趣旨・内容等を中心に編集しました。改訂された特別支援学校教育要領・学習指導要領も、幼稚部では2018年度、小学部では2020年度、中学部では2021年度、高等部においては2022年度から学年進行で実施され、今年度（2024年度）にすべての学年で揃っての実施となりました。

このようにすべての学校段階において改訂された学習指導要領が実施となった今年度を一つの区切りとして、また、2021（令和３）年９月に文部科学省から出された「障害のある子供の教育支援の手引」や、新たに施行された「医療的ケア児及びその家族に対する支援に関する法律」などの内容を踏まえ、この度、本書の改訂を行いました。

2023（令和５）年６月に新たな教育振興基本計画が策定され、今後の教育政策に関する基本的な方針として、「誰一人取り残されず、全ての人の可能性を引き出す共生社会の実現に向けた教育の推進」が示され、インクルーシブ教育システムの推進による多様な教育的ニーズへの対応を進めていくことが掲げられています。これらを推進していくためには、これまでにも増して特別支援学校に限らず、通常の学級を含むすべての学びの場において、障害のある子供への専門性のある指導が求められています。

本書が、特別支援教育関係者に留まらず、教員養成に関わる方々も含め多くの皆様に活用いただき、特別支援教育の一層の理解と推進に役立つことを願っています。

2025（令和７）年３月

目　次

第Ⅰ部

特別支援教育の基礎

共生社会の形成に向けたインクルーシブ教育システムの構築

2014（平成 26）年 1 月、我が国は「障害者の権利に関する条約」を批准しました。この条約の批准に向けた一連の障害者制度改革の中で、教育についても検討がなされ、現在、共生社会の形成に向けたインクルーシブ教育システム構築に向けた特別支援教育の推進の取組が進められています。

インクルーシブ教育システム（inclusive education system）とは、人間の多様性の尊重等を強化し、障害者が精神的及び身体的な能力等を可能な最大限度まで発達させ、自由な社会に効果的に参加することを可能にするという目的の下、障害のある者と障害のない者が共に学ぶ仕組みです。そこでは、障害のある者が一般的な教育制度（general education system）から排除されないこと、自己の生活する地域において初等中等教育の機会が与えられること、個人に必要な「合理的配慮」（reasonable accommodation）が提供されること等が必要とされています。

1　障害者の権利に関する条約の批准

「障害者の権利に関する条約」については、我が国は 2007（平成 19）年 9 月に署名し、「2014（平成 26）年 1 月に批准（2014 年 2 月発効）」しました。この間、障害者基本法の改正（2011 年）、障害を理由とする差別の解消の推進に関する法律（いわゆる「障害者差別解消法」）の制定（2013 年）など、障害者に関する一連の国内法の整備を行っています。

本条約は、障害者の人権や基本的自由の享有を確保し、障害者の固有の尊厳の尊重を促進するため、障害者の権利を実現するための措置等を規定しています。本条約の締結により、我が国においては、共生社会の実現に向けて、障害者の権利の保障に向けた取組が一層強化されることとなります。

本条約の第 24 条では教育について、障害者を包容するあらゆる段階の教育制度（inclusive education system）及び生涯学習を確保すること、障害者が障害に基づいて一般的な教育制度（general education system）から排除されないこと及び障害のある児童が障害に基づいて無償の、かつ、義務的な初等教育から又は中等教育から排除されないこと、障害者が他の者との平等を基礎として、自己の生活する地域社会において、障害者を包容し、質が高く、かつ、無償の初等教育を享受することができること及び中等教育を享受することができること、個人に必要とされる合理的配慮が提供されることなどが述べられています。

2　中央教育審議会初等中等教育分科会「共生社会の形成に向けたインクルーシブ教育システム構築のための特別支援教育の推進（報告）」

障害者の権利に関する条約の批准に先駆けて、中央教育審議会初等中等教育分科会により「共生社会の形成に向けたインクルーシブ教育システム構築のための特別支援教育の推進（報告）」（以下、中教審報告）が2012（平成24）年7月にまとめられました。現時点での我が国におけるインクルーシブ教育システム構築に向けた考え方、取組の方向性が示されています。共生社会とは、誰もが相互に人格と個性を尊重し支え合い、人々の多様な在り方を相互に認め合える全員参加型の社会です。障害者の権利に関する条約第24条を受けて、インクルーシブ教育システムとは、障害のある者と障害のない者が共に学ぶ仕組みであり、障害のある者が一般的な教育制度から排除されないこと、自己の生活する地域において初等中等教育の機会が与えられること、個人に必要な合理的配慮が提供されること等が必要とされている旨が示されています。そして、共生社会の形成に向けては、障害者の権利に関する条約に基づくインクルーシブ教育システムの理念が重要であり、その構築のため、特別支援教育を着実に進めていく必要があるとされています。

インクルーシブ教育システムでは、障害の有無にかかわらず、すべての子供が同じ場で共に学ぶことを追求します。ただし、それは単に同じ場にいることを目指すのではなく、授業内容が分かり学習活動に参加している実感・達成感をもちながら、充実した時間を過ごしつつ、生きる力を身に付けていけるかどうかが重要であり、そのために、特別な教育的ニーズのある子供に対して、その時点で最も的確に指導を提供できる、連続性のある「多様な学びの場」を用意しておくことが必要であると述べられています。

3　就学相談・支援

（1）一貫した支援体制の構築

市町村の教育委員会は、医療、保健、福祉、労働等の関係機関と連携を図りつつ、乳幼児期から学校卒業後までの一貫した教育相談体制の整備を進めることが重要です。早期からの一貫した支援のためには、障害のある子供の成長記録や必要な支援の内容に関する情報について、本人・保護者の了解を得た上で、その扱いに留意しつつ、必要に応じて関係機関が共有し活用していくことが求められます。

市町村の教育委員会においては、幼稚園・認定こども園・保育所において作成された個別の指導計画や個別の教育支援計画等を有効に活用しつつ、適宜資料の追加等を行った上で、障害のある子供に関する情報を一元化し、市町村における「個別の教育支援計画」「相談支援ファイル」等として小・中学校等へ引き継ぐ等の取組を進めていくことが必要です。これにより、就学指導中心の「点」としての教育支援だけではなく、早期からの教育相談・支援、就学支援・相談、学校や学びの場の変更を含む就学後の継続的な教育支援に至る一連の「線」としての教育支援へ、そして、家庭や関係機関と連携した「面」としての教育支援を目指します。

（2）早期からの教育相談・支援

子供一人一人の教育的ニーズに応じた支援を保障するためには、乳幼児期を含め早期からの教育相談や就学相談を行うことにより、本人・保護者に十分な情報を提供するとともに、幼稚園等において、保護者を含め関係者が教育的ニーズと必要な支援について共通理解を深め、保護者の障害受容、その後の円滑な支援につなげていくことが重要です。また、本人・保護者と市町村教育委員会、学校等が、教育的ニーズと必要な支援について合意形成を図っていくことが重要です。

早期からの教育相談には、子供の障害の受容に関わる保護者への支援、保護者が障害のある子供との関わり方を学ぶことにより良好な親子関係を形成するための支援、乳幼児の発達を促すような関わり方についての支援、障害による困難の改善に関する保護者の理解への支援、特別支援教育に関する情報提供等の意義があります。早期からの教育相談を行うに当たっては、我が子の障害に戸惑いを感じ、就学先決定に対して不安を抱いている保護者の気持ちを十分に汲み取り、安心して相談を受けられるよう工夫をするなど、保護者の気持ちを大切にした教育相談を行うことが重要です。

（3）就学先決定の仕組み

「学校教育法施行令の一部改正」（2013年９月）により、それまでの学校教育法施行令第22条の３に該当する障害のある子供は、原則、特別支援学校に就学するという仕組みが改められました。子供の障害の状態等を踏まえた十分な検討を行った上で、市町村教育委員会が総合的観点から、小・中学校又は特別支援学校のいずれに就学させるかを判断・決定する仕組みになりました。また、特別支援学校と小・中学校間の「転学」について、障害の状態のみならず、教育上必要な支援の内容、地域における教育の体制の整備状況などについて転学の検討を開始できることとされました。このため、各学校は就学後も子供の発達の程度や適応の状況についての情報を整理しておく必要があります。施行令には、保護者及び専門家からの意見聴取の機会の拡大も示されています（**図Ⅰ−1−1**）。

就学先の決定に関しては、本人・保護者への事前の情報提供や、特別な支援が必要な子供の把握が必要です。その上で、市町村教育委員会が、子供の障害の状態、教育上必要な支援の内容、地域における教育の体制の整備の状況、保護者や専門家の意見などを総合的に勘案して、適切な就学先を決定します。なお、この際、保護者の意見については、障害者基本法第16条第２項を踏まえ、可能な限りその意向を尊重しなければならないことに留意する必要があります。

障害のある子供の就学先決定等については、文部科学省の「障害のある子供の教育支援の手引～子供たち一人一人の教育的ニーズを踏まえた学びの充実に向けて～」（2021年６月）において具体的なモデルプロセス等が解説されていますので参考にしてください。

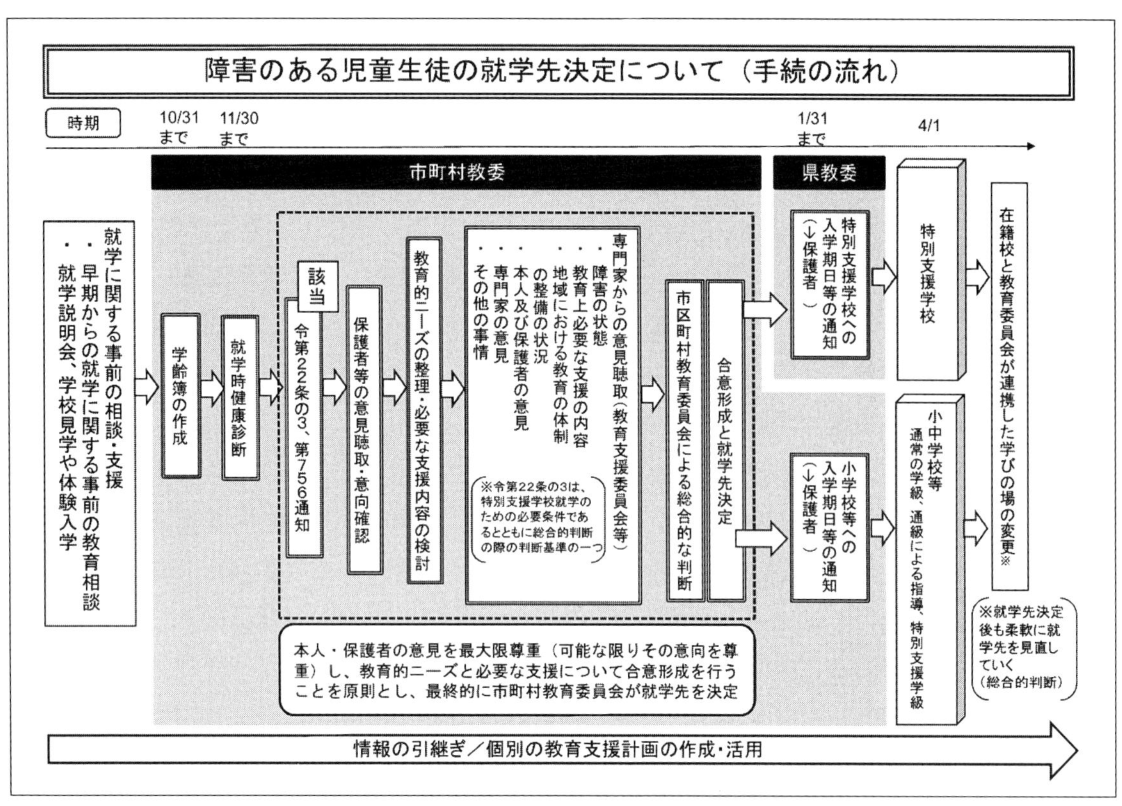

図Ⅰ－1－1　障害のある児童生徒の就学先決定について（手続きの流れ）

（文部科学省（2021）「障害のある子供の教育支援の手引」P.374 より）

4　合理的配慮とその基礎となる環境整備

（1）合理的配慮

「障害者の権利に関する条約」第２条の定義において、「合理的配慮」とは、「障害者が他の者と平等に全ての人権及び基本的自由を享有し、又は行使することを確保するための必要かつ適当な変更及び調整であって、特定の場合において必要とされるものであり、かつ、均衡を失した又は過度の負担を課さないものをいう」とされています。なお、「負担」については、「変更及び調整」を行う主体に課される負担を指すとされています。

「合理的配慮」の提供について、2016（平成 28）年に施行された障害を理由とする差別の解消の推進に関する法律により、国の行政機関・地方公共団体・独立行政法人・特殊法人等では義務となりました（2021（令和３）年の法改正により、事業者に対しても義務化されました）。その決定や提供に当たっては、各学校の設置者及び学校が体制面、財政面をも勘案し、「均衡を失した」又は「過度の」負担について、個別に判断することとなります。各学校の設置者及び学校は、障害のある子供と障害のない子供が共に学ぶというインクルーシブ教育システムの構築に向けた取組として、「合理的配慮」の提供が必要になります。その際、現在必要とされている「合理的配慮」は何か、何を優先して提供する必要があるかなどについて、十分検討する必要があります。

（2）学校・地域における「合理的配慮」

「合理的配慮」は、子供一人一人の障害の状態等を踏まえて、教育的ニーズの整理と必要な支援の内容の検討を通して、個々に決定されるものであり、その検討の前提として、各学校の設置者及び学校は、興味・関心、学習上又は生活上の困難、健康状態等、当該の子供の実態把握を行う必要があります。これを踏まえて、設置者及び学校と本人及び保護者により、個別の教育支援計画を作成する中で、発達の段階を考慮しつつ、「合理的配慮」の観点を踏まえ、「合理的配慮」について可能な限り合意形成を図った上で決定し、提供されることが望ましく、その内容は、個別の教育支援計画に明記するとともに、個別の指導計画においても活用されることが重要です。

「合理的配慮」については、個別の状況に応じて提供されるものであり、これを具体的かつ網羅的に記述することは困難なことから、中教審報告では、「合理的配慮」を提供するに当たっての観点を、①教育内容・方法、②支援体制、③施設・設備について類型化した整理が試みられています。また、子供一人一人の教育的ニーズを把握・整理し、就学先となる学校やそれぞれの学びの場における基礎的環境整備の状況等により、提供可能な「合理的配慮」を勘案しながら、就学先となる学校や学びの場の検討がなされることからも、教育委員会・学校、本人及び保護者の双方で、合理的配慮の確保や提供に関する理解を深める必要があります。

（3）基礎的環境整備

障害のある子供に対する支援については、法令に基づき又は財政措置により、国は全国規模で、都道府県は各都道府県内で、市区町村は各市区町村内で、教育環境の整備をそれぞれ行います。これらは、「合理的配慮」の基礎となる環境整備であり、それを「基礎的環境整備」と呼びます。これらを基に、設置者及び学校が各学校において、障害のある子供に対し、その状況に応じて、「合理的配慮」を提供することになります。

「合理的配慮」の充実を図る上で、「基礎的環境整備」の充実は欠かせません。そのため、必要な財源を確保し、国、都道府県、市区町村は、インクルーシブ教育システムの構築に向けた取組として、「基礎的環境整備」の充実を図っていく必要があります。なお、「基礎的環境整備」については、「合理的配慮」と同様に体制面、財政面を勘案し、均衡を失した又は過度の負担を課さないよう留意する必要があります。また、「合理的配慮」は、「基礎的環境整備」を基に個別に決定されるものであり、それぞれの学校における「基礎的環境整備」の状況により、提供される「合理的配慮」は異なる点については留意が必要です（**図Ⅰ－１－２**）。

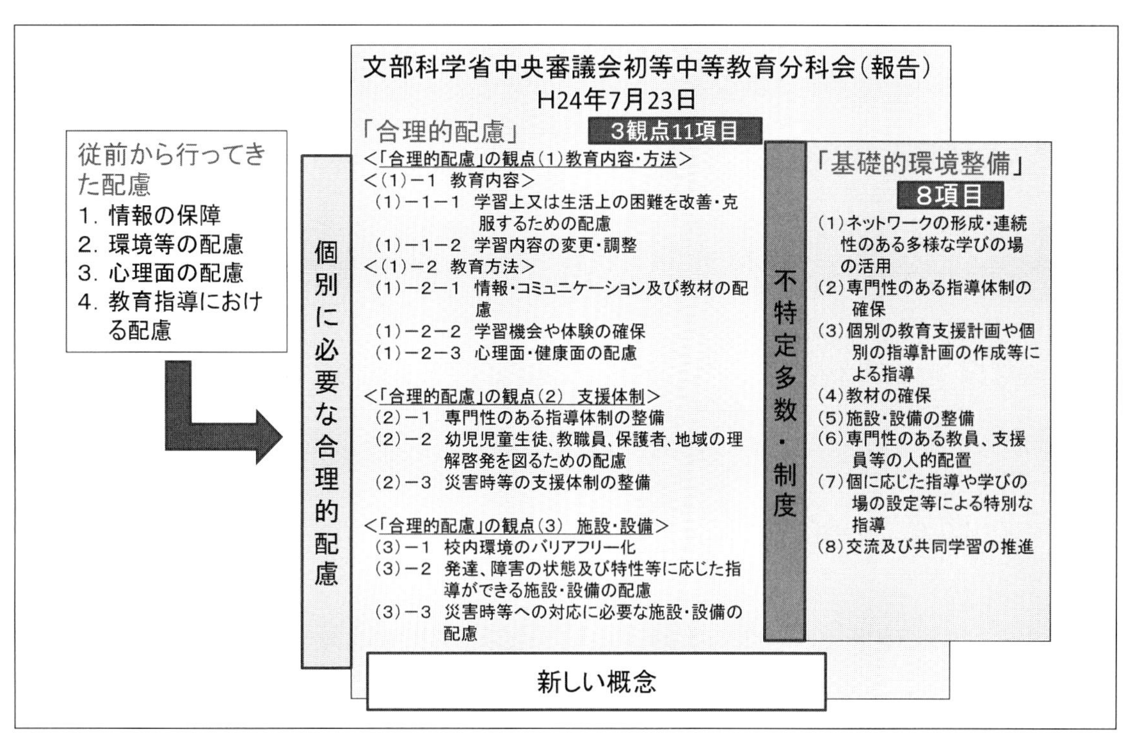

図Ⅰ－1－2　合理的配慮と基礎的環境整備の関係

（中央教育審議会(2012)「共生社会の形成に向けたインクルーシブ教育システム構築のための特別支援教育の推進(報告)」をもとに作成）

5　多様な学びの場の整備と学校間連携の推進

（1）多様な学びの場の整備

多様な学びの場として、通常の学級、通級による指導、特別支援学級、特別支援学校それぞれの場において環境整備の充実を図っていく必要があります。通常の学級においては、小集団指導の実現に向けた取組や複数教員による指導など指導方法の工夫・改善が望まれます。少人数学級である特別支援学級の指導方法の工夫・改善等もインクルーシブ教育システム構築に向けて検討していく必要があります。また、通級による指導は、他校通級による子供の移動の負担等を軽減するため、自校で通級による指導が受けられるようにする配慮が必要です。

多様な子供のニーズに的確に応えていくには、教員だけでなく、特別支援教育支援員の充実、さらには、スクールカウンセラー、スクールソーシャルワーカー、ST（言語聴覚士）、OT（作業療法士）、PT（理学療法士）等の専門家の活用による支援の充実も考えられます。医療的ケアの観点からの看護師等の専門家についても、必要に応じて確保していく必要があります。

（2）学校間連携の推進

域内の教育資源の組合せ（スクールクラスター）により、各地域におけるインクルーシブ教育システムを構築することが重要です。特別支援学校は、小・中学校等の教員への支援機能、特別支援教育に関する相談・情報提供機能、障害のある子供への指導・支援機能、関係機関等との連絡・調整機能、小・中学校等の教員に対する研修協力機能、障害のある子供への施設設備等の提供機能などのセンター的機能を有しています。また、幼児教育段階、高等学校教育段階における特別支援教育を推進するためのセンター的機能の充実に資するような教員配置や設置者を超えた学校間の連携を促進するための体制の在り方についても検討していく必要があります。

特別支援学校と幼・小・中・高等学校等との間で行われる交流及び共同学習は、特別支援学校や特別支援学級に在籍する障害のある子供にとっても、障害のない子供にとっても、共生社会の形成に向けて、経験を広め、社会性を養い、豊かな人間性を育てる上で大きな意義をもっています。各学校において、ねらいを明確にし、教育課程に位置付けたり、年間指導計画を作成したりするなど計画的・組織的な推進が必要です。

引用・参考文献

・新しい時代の特別支援教育の在り方に関する有識者会議．新しい時代の特別支援教育の在り方に関する有識者会議（報告）．2021.

・中央教育審議会初等中等教育分科会．共生社会の形成に向けたインクルーシブ教育システム構築のための特別支援教育の推進（報告）．2012.

・文部科学省．障害のある子供の教育支援の手引～子供たち一人一人の教育的ニーズを踏まえた学びの充実に向けて～．2021.

・内閣府．リーフレット「令和６年４月１日から合理的配慮の提供が義務化されました」．2024.

Column
コラム

海外のインクルーシブ教育システム

欧州特別支援教育機構（現在の欧州特別ニーズ・インクルーシブ教育機構）は、欧州各国のインクルーシブ教育のアプローチを大きく、単線型、二線型、多重線型の3つに分類しています。単線型とは、通常の学校で、すべての子供がインクルージョンされることを目指し、通常の学校を中心にサービスを提供するアプローチです。二線型とは、特別なニーズのある子供は、特別支援学校または特別学級に在籍して、一般カリキュラムに捉われないアプローチです。多重線型とは、一般教育と特別なニーズ教育の2つのシステムで多様なサービスを提供するアプローチです（European Agency for Development in Special Needs Education, 2003）。単線型のアプローチでインクルーシブ教育を進めている国はイタリア、スウェーデン等、また二線型で進めている国はドイツ、ベルギー等、そして多重線型で進めている国は日本、韓国、イギリス、オーストラリア等が挙げられます（新川・伊井, 2018）。

このように、インクルーシブ教育の進め方は国により異なります。ここでは、上記のいくつかの国を取り上げ、その特別なニーズ教育の概要について紹介します。

【スウェーデン】

特別な教育的ニーズのある子供の学びの場は、通常の学級、知的障害学校等があります。特別支援学級は設置されておらず、障害のある子供は通常の学級で学習します。通常の学級では、学習活動によって均等に集団を編成したり、少人数と大人数の集団を編成したりしながら指導しています。障害のある子供については、必要に応じて個別抽出して、指導をすることもあります。

【ドイツ】

特別な教育的ニーズのある子供の学びの場は、通常の学級、特殊学校があります。近年では、インクルーシブ教育を推進するために、特殊学校から教員を派遣するなどして、通常の学級における支援の充実に取組んでいます。その派遣先は就学前段階、基礎学校、中等教育段階への導入段階、基幹学校、実科学校、ギムナジウム、統合型総合制学校、市立のシュタイナー学校など多岐にわたり、支援の対象者も年々増加しています。

【韓国】

特別な教育的ニーズのある子供の学びの場は、通常の学級、特殊学級、特殊学校があります。各地域に特殊教育支援センターが設置されており、そこに配置された教員等が巡回し、通常の学級に在籍している特殊教育対象の子供への支援を行っています。近年では、通常の学級の教員と特殊教育教員が協力して指導を行う「協力教授」を、「ジョンダウン学校」というモデル実践校を指定しながら推進しています。

引用・参考文献

・新川広樹・伊井義人. インクルーシブ教育の概念における日豪比較－「多様性」の潜在的な適用対象に焦点を当てて－藤女子大学人間生活学部紀要, 55,31-40. 2018.

・European Agency for Development in Special Needs Education. Special Needs Education in Europe: Thematic Publication. 2003.

・KMK. Datensammlung Sonderpädagogische Förderung in allgemeinen Schulen ohne Förderschulen 2019/2020. 2021.

・国立特別支援教育総合研究所. 諸外国におけるインクルーシブ教育システムに関する動向－令和元年度国別調査から－. 2020.

・佐藤利正・李熙馥・久保山茂樹. 韓国の最新の特殊教育事情－韓国が示す「統合教育」の取組－国立特別支援教育総合研究所ジャーナル, 13, 13-21. 2024.

インクルーシブ教育システム構築のための特別支援教育の推進

1　特別支援教育制度に至るまでの障害のある子供の教育制度の変遷

日本における、障害のある子供への教育制度は、1872（明治５）年に公布された教育法令である「学制」（明治５年８月２日太政官第214号）において、障害のある子供の学校について規定されたことから始まります。しかし、実際にその子供たちに対しての教育が行われるようになったのは、1878（明治11）年に古川太四郎が創始した京都盲唖院が開校したことから始まり、最初は、視覚障害や聴覚障害のある子供への教育が行われました。1923（大正12）年には盲学校及び聾唖（ろうあ）学校令（大正12年８月28日勅令第375号）が制定され、盲学校や聾唖学校の教育体制が確立しました。その後、明治、大正、昭和の時代の変遷を受け、徐々にさまざまな障害のある子供たちが学ぶ学校も増えてきました。

第二次世界大戦後の1947（昭和22）年には、学校教育法（昭和22年３月29日法律第26号）が制定され、盲・聾（ろう）・養護学校と特殊学級が法律上位置付けられ、特殊教育制度が確立しました。その後、1948（昭和23）年には、当時の盲学校、聾学校の就学義務制、1979（昭和54）年には、当時の養護学校（対象は、知的障害、肢体不自由、病弱）の義務制が実施されました。

2001（平成13）年１月には、21世紀の特殊教育の在り方に関する調査研究協力者会議から「21世紀の特殊教育の在り方について（最終報告）」が出され、①障害のある児童生徒の自立と社会参加を社会全体として、生涯にわたって支援することが必要、②教育、福祉、医療等が一体となって乳幼児期から学校卒業後まで障害のある子供及びその保護者等に対する相談及び支援を行う体制を整備することが必要、③障害の重度・重複化や多様化を踏まえ、盲・聾・養護学校等における教育を充実するとともに、通常の学級の特別な教育的支援を必要とする児童生徒に積極的に対応することが必要、④児童生徒の特別な教育的ニーズを把握し、必要な教育的支援を行うため、就学指導の在り方を改善することが必要、⑤学校や地域における魅力と特色ある教育活動等を促進するため、特殊教育に関する制度を見直し、市町村や学校に対する支援を充実することが必要との今後の特殊教育の在り方についての基本的な考え方等が示されました。

2003（平成15）年３月には、特別支援教育の在り方に関する調査研究協力者会議から「今後の特別支援教育の在り方について（最終報告）」が出され、「障害の程度等に応じ特別の場で指導を行う『特殊教育』から障害のある児童生徒一人一人の教育的ニーズに応じて適切な教育的支援を行う『特別支援教育』への転換を図る」ことが示されました。また、2005（平成17）年12月には、中央教育審議会から「特別支援教育を推進するための制度の在り方について（答申）」がなされ、特別支援教育の理念と基本的な考え方が示されました。

2007（平成19）年4月には、学校教育法の改正により、特別支援教育制度に移行し、幼稚園・小・中・高等学校を含め、すべての学校において、障害のある子供への教育をさらに充実していくこととなりました。

2　特別支援教育の理念と基本的な考え方

2005（平成17）年12月の中央教育審議会答申においては、特別支援教育の理念と基本的な考え方について、次のように説明しています。

特別支援教育とは、「障害のある幼児児童生徒の自立や社会参加に向けた主体的な取組を支援するという視点に立ち、幼児児童生徒一人一人の教育的ニーズを把握し、その持てる力を高め、生活や学習上の困難を改善又は克服するため、適切な指導及び必要な支援を行うもの」である。

また、現在、小・中学校において通常の学級に在籍する学習障害（LD）・注意欠陥／多動性障害（ADHD）・自閉症等の子供に対する指導及び支援が喫緊の課題となっており、特別支援教育においては、従来の特殊教育の対象であった子供に加えて、発達障害のある子供に対しても適切な指導及び支援を行うものであるとされています。

3　障害者権利条約の締結・批准と特別支援教育

日本で特別支援教育制度が始まった同時期、2006（平成18）年の国際連合（国連）総会において、「障害者の権利に関する条約」が採択されました。この条約では、障害者の人権や基本的自由の享有を確保し、障害者の固有の尊厳の尊重を促進するため、障害者の権利を実現するための措置等を規定しています。例えば、障害に基づくあらゆる差別の禁止、障害者が社会に参加し、包容されることを促進すること等です。わが国も2007（平成19）年9月に署名、2014（平成26）年1月20日に条約を締結・批准し、同年2月19日に効力が発生しています。

障害者の権利に関する条約のわが国の署名、条約の締結・批准を受けて、2012（平成24）年7月には、中央教育審議会初等中等教育分科会から「共生社会の形成に向けたインクルーシブ教育システムの構築のための特別支援教育の推進（報告）」が出され、①共生社会の形成に向けて、②就学先相談、就学先決定の在り方、③障害のある子供が十分に教育を受けるために合理的配慮及び基礎となる環境整備、④多様な学びの場の整備と学校間等連携の推進、⑤特別支援教育を充実させるための教職員の専門性の向上等が示されました。

2013（平成25）年6月には、すべての国民が、障害の有無によって分け隔てられることなく、相互に人格と個性を尊重し合いながら共生する社会の実現に向け、障害を理由とする差別の解消を推進することを目的として「障害を理由とする差別の解消の推進に関する法律（平成25年法律第65号）」（いわゆる「障害者差別解消法」）が制定され、2016（平成28）年4月1日から施行、2021（令和3）年5月に改正（令和3年法律第56号）され、2024（令和6）

年４月１日から施行されています。

2013（平成 25）年９月１日には、「学校教育法施行令の一部を改正する政令（政令第 244 号）」が公布され、①就学先を決定する仕組みの改正、②障害の状態等の変化を踏まえた転学、③視覚障害者等による区域外就学等、④保護者及び専門家からの意見聴取の機会の拡大が規定されました。

2016（平成 28）年 12 月には学校教育法施行規則等の改正が行われ、高等学校等における通級による指導の制度化が規定され、2018（平成 30）年４月１日から高等学校等における通級による指導が始まりました。また、2017（平成 29）年３月には、公立義務教育諸学校の学級編制及び教職員定数の標準に関する法律及び地方教育行政の組織及び運営に関する法律（いわゆる、義務標準法）が改正され、通級による指導の教員定数の基礎定数化が行われました。

2021（令和３）年１月には、新しい時代の特別支援教育の在り方に関する有識者会議から「新しい時代の特別支援教育の在り方に関する有識者会議　報告」が取りまとめられ、障害の有無に関わらず誰もがその能力を発揮し、共生社会の一員として共に認め合い、支え合い、誇りを持って生きられる社会の構築を目指すために、①障害のある子供と障害のない子供が可能な限り共に教育を受けられる条件整備、②障害のある子供の自立と社会参加を見据え、一人一人の教育的ニーズに最も的確に応える指導を提供できるよう、通常の学級、通級による指導、特別支援学級、特別支援学校といった、連続性のある多様な学びの場の一層の充実・整備が示されました。

同年１月には、中央教育審議会から「『令和の日本型学校教育』の構築を目指して～全ての子供たちの可能性を引き出す，個別最適な学びと，協働的な学びの実現～（答申）」がなされ、新時代の特別支援教育の在り方について、①基本的な考え方、②障害のある子供の学びの場の整備・連携強化、③特別支援教育を担う教師の専門性向上、④関係機関の連携強化による切れ目ない支援の充実について示されました。

同年６月には、文部科学省初等中等教育局特別支援教育課から「障害のある子供の教育支援の手引～子供たち一人一人の教育的ニーズを踏まえた学びの充実に向けて～」が出され、障害のある子供の「教育的ニーズ」を整理するための考え方や、就学先の学校や学びの場を判断する際に重視すべき事項等の記載を充実するなど、障害のある子供やその保護者、市区町村教育委員会を始め、多様な関係者が多角的、客観的に参画しながら就学をはじめとする必要な支援を行う際の基本的な考え方を記載しています。

2022（令和４）年４月 27 日には、文部科学省初等中等教育局から「特別支援学級及び通級による指導の適切な運用について（通知）」（４文科初第 375 号）が発出され、特別支援学級や通級による指導のいずれにおいて教育を行うべきかの判断や、特別支援学級に在籍する子供の交流及び共同学習の時数等について、適切な運用がなされるように通知しました。

2023（令和５）年３月には、通常の学級に在籍する障害のある児童生徒への支援の在り方に関する検討会議から「通常の学級に在籍する障害のある児童生徒への支援の在り方に関する検討会議報告」が取りまとめられ、学習面又は行動面で著しい困難を示すとされた児童生徒が小・中学校では8.8％（平成24年6.5％）、高等学校では2.2％在籍し、すべての学級に特別な教育的支援が必要な児童生徒が在籍している可能性が示されました。

このように、近年の特別支援教育においては、共生社会の形成に向けて、障害者の権利に関する条約に基づくインクルーシブ教育システムの理念を構築することを旨とした推進が求められています。

4　特別支援教育の対象

（1）特別支援教育の対象となる子供

特別支援教育では、これまでの特殊教育（盲・聾・養護学校、特殊学級、通級による指導）の対象となっていた子供に加え、発達障害（学習障害（LD）・注意欠陥／多動性障害（ADHD）・自閉症等）や情緒障害のある子供も対象となります（**図Ⅰ−２−１**）。特別支援教育を受ける子供の数は年々増加しています。

	特別支援学校	小・中学校等	
		特別支援学級	通級による指導
概要	障害の程度が比較的重い子供を対象として、専門性の高い教育を実施	障害の種別ごとの学級を編制し、子供一人一人に応じた教育を実施	大部分の授業を在籍する通常の学級で受けながら、一部の時間で障害に応じた特別な指導を実施
対象障害種と人数	視覚障害　（約4,700人） 聴覚障害　（約7,500人） 知的障害　（約141,100人） 肢体不自由　（約30,200人） 病弱・身体虚弱（約19,300人） ※重複障害の場合はダブルカウントしている **合計：約151,400人**（※令和5年度） **（平成25年度の約1.1倍）**	知的障害　（約164,000人） 肢体不自由　（約4,400人） 病弱・身体虚弱　（約4,200人） 弱視　（約600人） 難聴　（約1,800人） 言語障害　（約1,200人） 自閉症・情緒障害　（約196,500人） **合計：約372,800人**（※令和5年度） **（平成25年度の約2.1倍）**	言語障害　（約48,600人） 自閉症　（約42,100人） 情緒障害　（約24,900人） 弱視　（約260人） 難聴　（約2,100人） 学習障害　（約37,000人） 注意欠陥多動性障害　（約43,100人） 肢体不自由　（約170人） 病弱・身体虚弱　（約100人） **合計：約198,300人**（※令和4年度） **（平成25年度の約2.5倍）**
幼児児童生徒数	幼稚部：約 1,200人 小学部：約51,100人 中学部：約33,400人 （小学部・中学部：**義務教育段階の全児童生徒の0.9％**（※令和5年度）） 高等部：約65,600人	小学校：約265,700人 中学校：約107,000人 （**義務教育段階の全児童生徒の4.0％**（※令和5年度））	小学校：約164,700人 中学校：約 31,600人 （**義務教育段階の全児童生徒の2.1％**） 高等学校：約 2,100人 （※令和4年度）
学級編制 定数措置 （公立）	【小・中】1学級6人 【高】　1学級8人 ※重複障害の場合、1学級3人	【小・中】1学級8人	【小・中】13人に1人の教員を措置 **※平成29年度から段階的に基礎定数化** 【高】　加配措置
教育課程	各教科等に加え、**「自立活動」**の指導を実施。障害の状態等に応じた弾力的な教育課程が編成可。 ※知的障害者を教育する特別支援学校では、知的障害の特性等を踏まえた教科を別に設けている。	基本的には、小学校・中学校の学習指導要領に沿って編成するが、実態に応じて、特別支援学校の学習指導要領を参考とした特別の教育課程が編成可。	通常の学級の教育課程に加え、又はその一部に替えた特別の教育課程を編成。 【小・中】週1～8コマ以内 【高】年間7単位以内
	それぞれの児童生徒について**個別の教育支援計画**（家庭、地域、医療、福祉、保健等の業務を行う関係機関との連携を図り、長期的な視点で教育的支援を行うための計画）と**個別の指導計画**（一人一人の教育的ニーズに応じた指導目標、内容、方法等をまとめた計画）を作成。		

※通常の学級に在籍し、学習面又は行動面で著しい困難を示すとされた児童生徒数の割合：推定値 8.8％（小・中）、推定値 2.2％（高）
（令和４年文部科学省の調査において、学級担任等による回答に基づくものであり、医師の診断等によるものでない点に留意。）
※※「小学校」には義務教育学校前期課程を、「中学校」には義務教育学校後期課程及び中等教育学校前期課程を、「高等学校」には中等教育学校後期課程を含む。四捨五入の関係で、内訳の足し上げと合計が一致しないことがある。

（文部科学省（2024a）「特別支援教育の充実について」より）

図Ⅰ−２−１　特別支援教育を受ける子供の数の概況

（2）特別支援学校の対象となる障害の程度

学校教育法第75条では、特別支援学校の対象となる障害の程度は、政令で定める旨を規定しています。これを受けて、学校教育法施行令第22条の3では、それぞれの程度について次の表のとおり定められています（**表Ⅰ−２−１**）。

表Ⅰ－２－１　特別支援学校の対象となる障害の程度

区分	障害の程度
視覚障害者	両眼の視力がおおむね 0.3 未満のもの又は視力以外の視機能障害が高度のもののうち、拡大鏡等の使用によつても通常の文字、図形等の視覚による認識が不可能又は著しく困難な程度のもの
聴覚障害者	両耳の聴力レベルがおおむね 60 デシベル以上のもののうち、補聴器等の使用によつても通常の話声を解することが不可能又は著しく困難な程度のもの
知的障害者	1　知的発達の遅滞があり、他人との意思疎通が困難で日常生活を営むのに頻繁に援助を必要とする程度のもの 2　知的発達の遅滞の程度が前号に掲げる程度に達しないもののうち、社会生活への適応が著しく困難なもの
肢体不自由者	1　肢体不自由の状態が補装具の使用によつても歩行、筆記等日常生活における基本的な動作が不可能又は困難な程度のもの 2　肢体不自由の状態が前号に掲げる程度に達しないもののうち、常時の医学的観察指導を必要とする程度のもの
病　弱　者	1　慢性の呼吸器疾患、腎臓疾患及び神経疾患、悪性新生物その他の疾患の状態が継続して医療又は生活規制を必要とする程度のもの 2　身体虚弱の状態が継続して生活規制を必要とする程度のもの

備考
1　視力の測定は、万国式試視力表によるものとし、屈折異常があるものについては、矯正視力によつて測定する。
2　聴力の測定は、日本工業規格によるオージオメータによる。

5　学習指導要領に基づく教育課程の編成

（1）教育課程とその基準

学校教育は、公教育として公の性質をもつものであり、全国的に一定の教育水準を確保し、全国どこにおいても同水準の教育を受けることのできる機会を国民に保障することが要請されています。これは、特別支援学校においても同様であり、特別支援学校における教育の目的や目標を達成するために、学校において編成、実施される教育課程について、国として一定の基準を設け、全体としての統一性を保つことが必要となります。

一方で、教育は、その本質から子供の障害の状態及び発達段階や特性等並びに地域や学校の実態に応じて効果的に行われることが大切です。また、各学校において教育活動を効果的に展開するためには、学校や教師の創意工夫に負うところも大きいものです。

したがって、各学校では、国として統一性を保つために、必要な限度で定められた基準に従い、子供の障害の状態、発達段階や特性等、地域や学校の実態を考慮しながら、創意工夫を加えて、効果的な教育活動が展開できるような教育課程を責任をもって編成し、実施する必要があります。また、教育委員会は、それらの学校の主体的な取組を支援していくことが求められています。

（2）教育課程に関する法令

我が国の学校制度は、学校教育の目的や目標、教育課程について、法令で種々の定めがなされています。

教育基本法は、我が国の教育に関する根本的・基礎的な法律で、現行の法律は2006（平成18）年12月22日に公布・施行されました。この法律に規定する諸条項を実施するため、必要な法令が制定されることになります（教育基本法第18条）。また、障害のある者が、その障害の状態に応じ、十分な教育を受けられるよう、教育上必要な支援を講ずべきことが新たに規定されました（教育基本法第4条第2項）。

学校教育法では、小学校、中学校、高等学校等の教科等について、それぞれの学校の目的・目標等に従い、文部科学大臣が定めることとなっており、特別支援学校についても、学校教育法上、小学校、中学校、高等学校等に準じて、教科等を文部科学大臣が定めることとされています（学校教育法第77条）。この学校教育法の規定に基づいて、文部科学大臣は、学校教育法施行規則において、これまでの盲・聾・養護学校と同様に特別支援学校の教育課程について、その基本的な要素である各教科等の種類や教育課程編成の特例等を定めるとともに、教育課程の基準として文部科学大臣が別に公示する学習指導要領によるものとすることを定めることになります（学校教育法施行規則第129条）。

（3）特別支援学校の教育課程

視覚障害者、聴覚障害者、肢体不自由者又は病弱者である児童生徒に対する教育を行う特別支援学校の教育課程については、小学部では小学校の各教科、道徳科、外国語活動、総合的な学習の時間及び特別活動、中学部では中学校の各教科、道徳科、総合的な学習の時間及び特別活動、高等部では高等学校の各教科・科目及び総合的な探究の時間、特別活動に、それぞれ自立活動を加えて編成することになっています。

知的障害者である児童生徒に対する教育を行う特別支援学校の教育課程については、小学部、中学部、高等部のいずれにも自立活動が加わるほか、小学部では、生活、国語、算数、音楽、図画工作及び体育の各教科、道徳科、特別活動で編成することになっており、外国語活動については、児童や学校の実態を考慮し、必要に応じて設けることができます。

中学部では、必修教科として国語、社会、数学、理科、音楽、美術、保健体育及び職業・家庭の各教科、道徳科、総合的な学習の時間、特別活動で編成することとなっています。また、必要がある場合には、外国語科を加えて編成することができます。

高等部では、各学科に共通する教科として国語、社会、数学、理科、音楽、美術、保健体育、職業及び家庭の各教科、道徳科、総合的な探究の時間、特別活動並びに自立活動については、特に示す場合を除き、すべての生徒が履修することとなっています。そして、外国語及び情報の各教科については、学校や生徒の実態を考慮し必要に応じて設けることができます。また、専門教科においては家政、農業、工業、流通・サービス、もしくは福祉の各教科又は、学校設定教科のうち専門教育に関するもののうち、いずれか1以上履修するようになっており、各教科に属する科目は設けられていません。

幼稚部については、いずれの場合も幼稚園教育要領の健康、人間関係、環境、言葉及び表現の5領域に自立活動を加えた6領域で構成されています。自立活動は、障害による学習上又は生活上の困難を主体的に改善・克服するために必要な知識・技能等を養うことを目標とするものであり、特別支援学校の教育課程上の大きな特徴となっています。

（4）特別支援学級の教育課程

特別支援学級の教育課程については、特別支援学級が小学校・中学校に設けられていることから、基本的には小学校・中学校の学習指導要領に基づきますが、対象となる児童生徒の障害の種類、程度などによっては、障害のない児童生徒の教育課程をそのまま適用することが必ずしも適当でない場合があります。

学校教育法施行規則第138条に、「小学校、中学校若しくは義務教育学校又は中等教育学校の前期課程における特別支援学級に係る教育課程については、特に必要がある場合は、第50条第1項、第51条、第52条、第52条の3、第72条、第73条、第74条、第74条の3、第76条、第79条の5及び第107条の規定にかかわらず、特別の教育課程によることができる。」と規定されています。この場合、特別支援学校の小学部・中学部学習指導要領を参考とし、例えば、障害による学習上又は生活上の困難の改善・克服を目的とした指導領域である「自立活動」を取り入れたり、各教科の目標・内容を下学年の教科の目標・内容に替えたり、各教科を、知的障害者である児童生徒に対する教育を行う特別支援学校の各教科に替えたりするなどして、実情に合った教育課程を編成する必要があります。

（5）通級による指導

通級による指導を受ける児童生徒の教育課程については、当該児童生徒は各教科等の指導の大半を通常の学級で受けることから、基本的には小学校・中学校等の学習指導要領によることとなります。ただし、その場合、小学校、中学校、義務教育学校、高等学校又は中等教育学校の教育課程に加え、又はその一部に替えて障害に応じた特別の指導を行うことから、特別の教育課程によることができるとされています（学校教育法施行規則第140条、平成5年文部省告示第7号）。2018（平成30）年度からは、高等学校においても通級による指導を行うことができるようになりました。

障害に応じた特別の指導は、障害に基づく種々の困難の改善・克服を目的とする指導であり、特別支援学校の学習指導要領に定める自立活動の目標・内容を参考に指導することになります。

6　訪問教育

訪問教育とは、「障害が重度・重複していて養護学校等に通学困難な児童生徒に対し、教員が家庭、児童福祉施設、医療機関等を訪問して行う教育」（文部省初等中等教育局特殊教育課「訪問指導事例集」昭和53年2月）です。現在、日本の教育制度の中では、学校教育法第72条及び学校教育法施行規則第131条の規定に基づき、障害が重度・重複していて特別支援学校等に通学困難な児童生徒に対して、特別支援学校の教員が、特別支援学校の教育の一形態として、家庭や児童福祉施設、医療機関等を訪問し、指導を行っています。

2022（令和4）年5月1日現在、訪問教育を受けている児童生徒は、小学部1,224人、中学部714人、高等部764人の計2,702人です（文部科学省初等中等教育局「特別支援教育資料」

（令和４年度）より引用）。

訪問教育における訪問の場としては、大きく「家庭（在宅）訪問」、「施設等訪問」の二つに分けることができます。「家庭（在宅）訪問」とは、様々な理由で通学が困難な児童生徒の家庭へ教員が訪問し、そこで指導を行います。また、「施設等訪問」には、重症心身障害児施設をはじめ、様々な施設に訪問し、そこに入所している子供に対して指導を行う「施設訪問」と、悪性新生物や慢性疾患をはじめ、様々な病気が原因で入院している子供がいる病院を訪問し、子供に対して指導を行う「病院訪問」があります。

訪問指導を受けている児童生徒の教育課程を編成するに当たっては、学校教育法施行規則第131条第１項や学習指導要領に規定されている重複障害者等に関する教育課程の取扱いの「訪問教育の場合の規定」や「療養中及び訪問教育の生徒の通信による教育を行う場合の規定」を用いることができます。訪問教育の指導時間数についても同様に、重複障害者等に関する教育課程の取扱いの「重複障害者等に係る授業時数」で示されている「特に必要があるときは、実情に応じた授業時数を適切に定めるものとする。」を参考に、子供の実態を的確に把握するとともに、医療上の規制や生活上の規制等も考慮して、どのような教育課程を編成することが最も望ましいかについて総合的に検討する必要があります。

7　医療的ケア

医療的ケア児及びその家族に対する支援に関する法律（令和３年法律第81号）によれば、医療的ケアとは、「人工呼吸器による呼吸管理、喀痰（かくたん）吸引その他の医療行為をいう。」とされています。また、医療的ケア児とは、「日常生活及び社会生活を営むために恒常的に医療的ケアを受けることが不可欠である児童（十八歳未満の者及び十八歳以上の者であって高等学校等（学校教育法（昭和二十法律第二十六号）に規定する高等学校、中等教育学校の後期課程及び特別支援学校の高等部をいう。次条第三項及び第十四条第一項第一号において同じ。）に在籍するものをいう。次条第二項において同じ。）をいう。」とされています。2023（令和５）年５月１日現在、特別支援学校に在籍する医療的ケア児は8,565人、幼稚園・小学校・中学校・高等学校に在籍する医療的ケア児は2,199人います（文部科学省（2004c）「令和５年度学校における医療的ケアに関する実態調査結果（概要）」。

特別支援学校で医療的ケアが正式に実施されるようになったのは、2004（平成16）年10月22日付け「盲・聾・養護学校におけるたんの吸引等の取扱いについて（16文科初第43号）」の通知が発出されてからです。この通知では、初めて医師又は看護職員の資格を有しない教員によるたんの吸引等の実施を許容するための条件が挙げられ、一定の条件が満たされていれば、適切な医学管理の下に特別支援学校において教員がたんの吸引、経管栄養（胃ろう・腸ろう）、自己導尿の補助を実施することができるようになりました。

その後、2011（平成23）年12月9日には、「介護サービスの基盤強化のための介護保険法等の一部を改正する法律」（平成23年法律第72号）により一部改正された「社会福祉士及び介護福祉士法」に基づき、特別支援学校等における医療的ケアの実施に関する検討会議による検討を経て、文部科学省初等中等教育局長から「特別支援学校等における医療的ケアの今後の対応について（通知）」（23文科初第1344号）が発出されました。この通知により、看護師等の免許を有しない者も、医行為のうち、たんの吸引等の特定行為に限り、研修を修了し、都道府県知事に認定された場合には、「認定特定行為業務従事者」として、一定の条件の下で制度上実施できることとなりました。また、同通知では、特別支援学校以外の学校における医療的ケアの実施についても初めて言及しています。

その後も、医療技術の進歩等を背景として、学校においても人工呼吸器や胃ろう等を使用し、喀痰吸引や経管栄養等の医療的ケアが日常的に必要な子供が増加しています。文部科学省では、2017（平成29）年10月26日に「学校における医療的ケアの実施に関する検討会議」を設置し、①学校における医療的ケアの実施体制の在り方について、②学校において人工呼吸器の管理等の特定行為以外の医行為を実施する際の留意事項について、③学校において実施できる医療的ケアの範囲について、④校外学習・宿泊学習など学校施設以外の場で医療的ケアを実施する際の基本的考え方の整理について、⑤看護師が学校において医療的ケアに対応するための研修機会の充実について等を検討し、2019（平成31）年２月28日に同会議の「最終まとめ」として取りまとめました。また、この「最終まとめ」を受けて、2019（平成31）年３月20日に文部科学省初等中等教育局長から各都道府県教育委員会教育長等宛に「学校における医療的ケアの今後の対応について（通知）」（30文科初第1769号）が発出されました。

さらに、2022（令和３）年９月には、「医療的ケア児及びその家族に対する支援に関する法律」が施行され、現在、本法律の基本理念である、①医療的ケア児の日常生活・社会生活を社会全体で支援、②個々の医療的ケア児の状況に応じ、切れ目なく行われる支援、③医療的ケア児でなくなった後にも配慮した支援、④医療的ケア児と保護者の意思を最大限に尊重した施策、⑤居住地域にかかわらず等しく適切な支援を受けられる施策に基づいて支援がなされています。特に、学校においては、②に関連して、医療的ケア児が、医療的ケア児でない子供と共に教育を受けられるように最大限に配慮しつつ適切に行われる教育に係る支援の実施が求められています。

8　個別の指導計画

特別支援学校の教育課程には、障害のある子供について、障害による学習上又は生活上の困難を主体的に改善・克服するために必要な知識、技能、態度及び習慣を養い、もって心身の調和的発達の基盤を培うことをねらいとする「自立活動」という領域が設けられています。

自立活動は、子供一人一人の自立を目指し、障害による学習上又は生活上の困難を主体的に改善・克服しようとする取組を促す教育活動であることから、個々の子供の障害の状態や発達段階等に即して指導内容・方法を工夫して指導を行うことが基本となります。このため、小学部・中学部学習指導要領等では、自立活動の指導に当たって、子供の障害の状態や発達段階等の的確な把握に基づき、指導の目標及び指導内容を明確にし、「個別の指導計画」を作成することを定めています。個別の指導計画を作成する際の配慮事項としては、以下の２

点が示されています。

・児童又は生徒の障害の状態や特性及び心身の発達の段階等並びに学習の進度等を考慮して、基礎的・基本的な事項に重点を置くこと。
・児童又は生徒が、基礎的・基本的な知識及び技能の習得も含め、学習内容を確実に身に付けることができるよう、それぞれの児童又は生徒に作成した個別の指導計画や学校の実態に応じて、指導方法や指導体制の工夫改善に努めること。その際、児童又は生徒の障害の状態や特性及び心身の発達の段階等並びに学習の進度等を考慮して、個別指導を重視するとともに、グループ別指導、繰り返し指導、学習内容の習熟の程度に応じた学習、児童又は生徒の興味・関心等に応じた課題学習、補充的な学習や発展的な学習などの学習活動を取り入れることや、教師間の協力による指導体制を確保することなど、指導方法や指導体制の工夫改善により、個に応じた指導の充実を図ること。その際、特別支援学校小学部・中学部学習指導要領第1章第4節の1の（3）及び高等部学習指導要領第1章第2節第3款1の（3）に示す情報手段や教材・教具の活用を図ること。

9　自立活動

「自立活動」は、1999（平成11）年の学習指導要領等の改訂において、それまでの「養護・訓練」の名称が改められたものです。「養護・訓練」は、子供の障害の状態を改善・克服することをねらいとして、1971（昭和46）年の学習指導要領の改訂において、新たに盲学校、聾学校及び養護学校共通に設けられた特別の指導領域です。障害の状態を改善・克服するための指導は、盲学校や聾学校、あるいは養護学校が開設された草創期から、障害のある子供の教育の大切な指導内容として認識され、様々な取組が行われてきました。各学校における実践を踏まえて、1970（昭和45）年10月にまとめられた教育課程審議会の答申において、「障害のある児童生徒の教育において、その障害からくる種々の困難を克服して、児童生徒の可能性を最大限に伸ばし、社会によりよく適応していくための資質を養うには、特別の訓練等の指導が極めて重要である。これらの訓練等の指導は、（中略）学校の教育活動全体を通して配慮する必要があるが、（中略）それぞれに必要とする内容を、個別的、計画的かつ継続的に指導すべきものであるから、各教科、道徳、特別活動とは別に、これを『養護・訓練』として、時間を特設して指導する必要がある。」と提言されました。これを受けて、1971（昭和46）年の学習指導要領の改訂において「養護・訓練」が創設されました。

1999（平成11）年の学習指導要領等の改訂では、この「養護・訓練」の名称が、この領域が一人一人の子供の実態に対応した活動であることや自立を目指した主体的な取組を促す教育活動であることなどを一層明確にする観点から、「自立活動」に改められました。ここでの「自立」とは、子供がそれぞれの障害の状態や発達段階に応じて、主体的に自己の力を可能な限り発揮し、よりよく生きていこうとすることを意味しています。

自立活動の指導は、特設された自立活動の時間はもちろん、各教科等の指導を通じても適切に行われる必要があります。このため、幼稚部教育要領、小学部・中学部・高等部学習指導要領の総則において、「自立活動の指導は学校の教育活動全体を通じて適切に行うものとし、特に自立活動の時間における指導は、各教科等と密接な関連を保ち、個々の子供の障害の状態や発達の段階等を的確に把握して、適切な指導計画の下に行うよう配慮すること」が定められています。このように自立活動は、障害のある子供の教育に当たっては、教育課程上重要な位置を占めています。

（1）自立活動の目標

自立活動の目標は、「個々の幼児児童生徒が自立を目指し、障害による学習上又は生活上の困難を主体的に改善・克服するために必要な知識、技能、態度及び習慣を養い、もって心身の調和的発達の基盤を培う。」と示されています。

「障害による学習上又は生活上の困難を主体的に改善･克服する」とは、子供の実態に応じ、日常生活や学習活動等の諸活動において、その障害によって生じるつまずきや困難を軽減しようとしたり、また、障害があることを受容したり、つまずきや困難の解消のために努めたりすることです。

「調和的発達の基盤を培う」とは、一人一人の子供の発達の遅れや不均衡を改善したり、発達の進んでいる側面をさらに伸ばすことによって遅れている側面の発達を促すようにしたりして、全人的な発達を促進することを意図しています。

障害のある子供たちは、様々な学びの過程においてつまずきが生じやすいため、心身の調和的発達の基盤に着目した自立活動の指導が、各教科等において育まれる資質・能力を支える役割を担っているのです。

（2）自立活動の内容、授業時数

①　自立活動の内容

自立活動の内容は、人間として基本的な行動を遂行するために必要な要素と、障害による学習上又は生活上の困難を改善・克服するために必要な要素です。その内容については、子供の個々の障害の状態や発達段階に応じた課題に対応できるよう、また障害の重度･重複化、多様化に対応し、適切かつ効果的な指導を進めるために、６つの区分で示してあります。この区分とは、具体的に指導内容を選定する際の観点であり、「健康の保持」、「心理的な安定」、「人間関係の形成」、「環境の把握」、「身体の動き」、「コミュニケーション」となっています。

また、この６つの区分の内容は、**表Ⅰ－２－２**に示すように、それぞれ３～５項目ずつ計27の項目で示されています。

これらの内容については、区分ごと又は項目ごとに別々に指導することを意図しているわけではありません。個々の子供が必要とする項目を、６つの区分ごとに示された内容の中から選定し、それらを相互に関連付けて具体的な指導内容を設定する必要があります。

また、障害のある子供の場合は、障害に基づく種々の困難を改善・克服するために、できるだけ早期から学校を卒業するまで一貫した教育が重要であることから、幼稚部、小学部、中学部及び高等部にわたり、同一の内容で示されています。

表Ⅰ－２－２　自立活動の内容

1．健康の保持

生命を維持し、適切な健康管理とともに、日常生活を行うために必要な身体の健康状態の維持・改善を図る観点から内容を示している。

(1) 生活のリズムや生活習慣の形成に関すること

体温の調節、覚醒と睡眠など健康状態の維持・改善に必要な生活のリズムを身に付けること、食事や排泄せつなどの生活習慣の形成、衣服の調節、室温の調節や換気、感染予防のための清潔の保持など健康な生活環境の形成を図ることを意味している。

(2) 病気の状態の理解と生活管理に関すること

自分の病気の状態を理解し、その改善を図り、病気の進行の防止に必要な生活様式についての理解を深め、それに基づく生活の自己管理ができるようにすることを意味している。

(3) 身体各部の状態の理解と養護に関すること

病気や事故等による神経、筋、骨、皮膚等の身体各部の状態を理解し、その部位を適切に保護したり、症状の進行を防止できるようにすることを意味している。

(4) 障害の特性の理解と生活環境の調整に関すること

自己の障害にどのような特性があるのか理解し、それらが及ぼす学習上又は生活上の困難についての理解を深め、その状況に応じて、自己の行動や感情を調整したり、他者に対して主体的に働きかけたりして、より学習や生活をしやすい環境にしていくことを意味している。

(5) 健康状態の維持・改善に関すること

障害のため、運動量が少なくなったり、体力が低下したりすることを防ぐために、日常生活における適切な健康の自己管理ができるようにすることを意味している。

2．心理的な安定

自分の気持ちや情緒をコントロールして変化する状況に適切に対応するとともに、障害による学習上又は生活上の困難を改善・克服する意欲の向上を図り、自分のよさに気付く観点から内容を示している。

(1) 情緒の安定に関すること

情緒の安定を図ることが困難な幼児児童生徒が、安定した情緒の下で生活できるようにすることを意味している。

(2) 状況の理解と変化への対応に関すること

場所や場面の状況を理解して心理的抵抗を軽減したり、変化する状況を理解して適切に対応したりするなど、行動の仕方を身に付けることを意味している。

(3) 障害による学習上又は生活上の困難を改善・克服する意欲に関すること

自分の障害の状態を理解したり、受容したりして、主体的に障害による学習上又は生活上の困難を改善・克服しようとする意欲の向上を図ることを意味している。

3．人間関係の形成

自他の理解を深め、対人関係を円滑にし、集団参加の基盤を培う観点から内容を示している。

(1) 他者とのかかわりの基礎に関すること

人に対する基本的な信頼感をもち、他者からの働き掛けを受け止め、それに応ずることができるようにすることを意味している。

(2) 他者の意図や感情の理解に関すること

他者の意図や感情を理解し、場に応じた適切な行動をとることができるようにすることを意味している。

(3) 自己の理解と行動の調整に関すること

自分の得意なことや不得意なこと、自分の行動の特徴などを理解し、集団の中で状況に応じた行動ができるようになることを意味している。

(4) 集団への参加の基礎に関すること

集団の雰囲気に合わせたり、集団に参加するための手順やきまりを理解したりして、遊びや集団活動などに積極的に参加できるようになることを意味している。

4．環境の把握

感覚を有効に活用し、空間や時間などの概念を手掛かりとして、周囲の状況を把握したり、環境と自己との関係を理解したりして、的確に判断し、行動できるようにする観点から内容を示している。

(1) 保有する感覚の活用に関すること

保有する視覚、聴覚、触覚などの感覚を十分に活用できるようにすることを意味している。

(2) 感覚や認知の特性についての理解と対応に関すること

障害のある幼児児童生徒一人一人の感覚や認知の特性を踏まえ、自分に入ってくる情報を適切に処理できるようにするとともに、特に自己の感覚の過敏さや認知の偏りなどの特性について理解し、適切に対応できるようにすることを意味している。

(3) 感覚の補助及び代行手段の活用に関すること

保有する感覚を用いて状況を把握しやすくするよう各種の補助機器を活用できるようにしたり、他の感覚や機器での代行が的確にできるようにしたりすることを意味している。

(4) 感覚を総合的に活用した周囲の状況についての把握と状況に応じた行動に関すること

いろいろな感覚器官やその補助及び代行手段を総合的に活用して、情報を収集したり、環境の状況を把握したりして、的確な判断や行動ができるようにすることを意味している。

(5) 認知や行動の手掛かりとなる概念の形成に関すること

ものの機能や属性、形、色、音が変化する様子、空間・時間等の概念の形成を図ることによって、それを認知や行動の手掛かりとして活用できるようにすることを意味している。

5．身体の動き

日常生活や作業に必要な基本動作を習得し、生活の中で適切な身体の動きができるようにする観点から内容を示している。

(1) 姿勢と運動・動作の基本的技能に関すること

日常生活に必要な動作の基本となる姿勢保持や上肢・下肢の運動・動作の改善及び習得、関節の拘縮や変形の予防、筋力の維持・強化を図ることなどの基本的技能に関することを意味している。

(2) 姿勢保持と運動・動作の補助的手段の活用に関すること

姿勢の保持や各種の運動・動作が困難な場合、様々な補助用具等の補助的手段を活用してこれらができるようにすることを意味している。

(3) 日常生活に必要な基本動作に関すること

食事、排泄、衣服の着脱、洗面、入浴などの身辺処理及び書字、描画等の学習のための動作などの基本動作を身に付けることができるようにすることを意味している。

(4) 身体の移動能力に関すること

自力での身体移動や歩行、歩行器や車いすによる移動など、日常生活に必要な移動能力の向上を図ることを意味している。

(5) 作業に必要な動作と円滑な遂行に関すること

作業に必要な基本動作を習得し、その巧緻性や持続性の向上を図るとともに、作業を円滑に遂行する能力を高めることを意味している。

6．コミュニケーション

場や相手に応じて、コミュニケーションを円滑に行うことができるようにする観点から内容を示している。

(1) コミュニケーションの基礎的能力に関すること

幼児児童生徒の障害の種類や程度、興味・関心等に応じて、表情や身振り、各種の機器などを用いて意思のやりとりが行えるようにするなど、コミュニケーションに必要な基礎的な能力を身に付けることを意味している。

(2) 言語の受容と表出に関すること

話し言葉や各種の文字・記号等を用いて、相手の意図を受け止めたり、自分の考えを伝えたりするなど、言語を受容し表出することができるようにすることを意味している。

(3) 言語の形成と活用に関すること

コミュニケーションを通して、事物や現象、自己の行動等に対応した言語の概念の形成を図り、体系的な言語を身に付けることができるようにすることを意味している。

(4) コミュニケーション手段の選択と活用に関すること

話し言葉や各種の文字・記号、機器等のコミュニケーション手段を適切に選択・活用し、コミュニケーションが円滑にできるようにすることを意味している。

(5) 状況に応じたコミュニケーションに関すること

場や相手の状況に応じて、主体的にコミュニケーションを展開できるようにすることを意味している。

②　自立活動の授業時数

自立活動の時間の指導に充てる授業時数については、個々の子供の障害の状態や特性及び心身の発達の段階に応じて、適切に定めるものとされています。従前の「養護・訓練」に充てる授業時数は、年間105単位時間（高等部においては週３単位時間）が標準とされていましたが、障害の重度・重複化、多様化等を踏まえ、個々の子供の実態に応じて、標準より多く設定する必要が生じてきました。知的障害者である子供の場合も含めて、実態に応じて、自立活動の指導を行うための適切な授業時数を確保することが必要です。

(３) 自立活動と個別の指導計画の作成

①　個別の指導計画の作成

自立活動の指導に当たっては、個々の子供の障害の状態や特性及び発達の段階等の的確な把握に基づき、指導すべき課題を明確にすることによって、指導目標及び指導内容を設定し、個別の指導計画を作成するものとするものとされています。さらに、子供の実態把握に基づいて得られた指導すべき課題相互の関連を検討すること、その際、これまでの学習状況や将来の可能性を見通しながら、長期的及び短期的な観点から指導目標を設定し、それらを達成するために必要な指導内容を段階的に取り上げること、と示されています。

自立活動における個々の実態把握から具体的な指導内容を設定するまでの手続きは、以下のように示されています。

a　個々の児童生徒の実態を的確に把握する。
b　実態把握に基づいて得られた指導すべき課題や課題相互の関連を整理する。
c　個々の実態に即した指導目標を設定する。
d　特別支援学校学習指導要領小学部・中学部学習指導要領第７章第２の内容から、
個々の児童生徒の指導目標を達成させるために必要な項目を選定する。
e　選定した項目を相互に関連付けて具体的な指導内容を設定する。

実態把握から具体的な指導内容を設定するまでの流れの中で、指導すべき課題を整理することが目標設定の根拠となります。個別の指導計画は、子供一人一人の指導目標、指導内容及び指導方法を明確にして、きめ細やかに指導するために作成するものです。その上で、個々の子供にとって必要な指導を系統的に進めることが大切になります。

ア　実態把握

実態把握の主な内容としては、学習上の配慮事項や学力、基本的な生活習慣、特別な施設・設備や教育機器の必要性、興味・関心、人やものとの関わり、心理的な安定の状態、コミュニケーションの状態、対人関係や社会性の発達、身体機能、知的発達の程度、病気の有無、生育歴、教育歴、進路、家庭や地域の環境などが考えられます。

実態を把握する方法としては、観察法、面接法、検査法などの直接的な把握の方法が考えられますが、それぞれの方法の特徴を十分に踏まえて、目的に即した方法を用いることが大切です。また、医療機関や保護者等、第三者からの情報による実態把握も大切です。

イ　目標設定

本人や保護者の意見を参考にしつつ、実態把握に基づき、自立活動の指導において、達成を目指す目標を設定します。この場合には各教科等では取組が難しく、かつ自立活動の目標に沿ったものを取り上げます。１年程度の長期的な観点に立った目標及び１学期程度の短期的な観点に立った目標を設定します。この目標設定においては、将来の可能性を広い視野から見通した検討も必要となります。

ウ　目標を達成するために必要な項目の選定と内容の設定

設定された目標を実現するために、具体的にどのような内容を指導する必要があるかを検討します。６区分27項目に示す内容の中からそれぞれに必要とする項目を選定し、それらを相互に関連付け、特に次の事項に配慮して、具体的に指導内容を設定する必要があります。例えば「遊びたいおもちゃをカードで選ぶことができる」という目標については、カードの違いが分かるかなどの「環境の把握」の内容、選ぶために手を伸ばすなどの「身体の動き」の内容、求められていることを理解して応答するなどの「コミュニケーション」の内容などが含まれることになります。

また、指導内容を設定する際には次の６点を考慮する必要があります。

ア　子供が、興味をもって主体的に取り組み、成就感を味わうとともに自己を肯定的に捉えることができるような指導内容を取り上げること。
イ　子供が、障害による学習上又は生活上の困難を改善・克服しようとする意欲を高めることができるような指導内容を重点的に取り上げること。
ウ　個々の子供が、発達の遅れている側面を補うために、発達の進んでいる側面を更に伸ばすような指導内容を取り上げること。
エ　個々の子供が、活動しやすいように自ら環境を整えたり、必要に応じて周囲の人に支援を求めたりすることができるような指導内容を計画的に取り上げること。
オ　個々の子供に対し、自己選択・自己決定する機会を設けることによって、思考・判断・表現する力を高めることができるような指導内容を取り上げること。
カ　個々の子供が、自立活動における学習の意味を将来の自立や社会参加に必要な資質・能力との関係において理解し、取り組めるような指導内容を取り上げること。

②　評価と指導計画の改善等

これらの個別の指導計画の作成の手順に加えて、指導の評価や指導計画の改善が重要となります。自立活動の個別の指導計画について、学期の評価、計画の見直しを繰り返し、年間の評価及び次年度の計画を検討することが必要です。自立活動の評価は、個別に設定した目標に照らして、それがどれだけ実現できたかを評価することになります。

設定された目標が曖昧であると、この評価が難しくなるため目標設定の段階で評価の仕方を検討しておくことが重要です。

自立活動の指導の効果を高めるためには、子供が積極的な態度で意欲的に学習に取り組むことが大切です。そのためには、個々の子供の実態に応じた具体的な指導方法を創意工夫する必要があります。

重複障害の場合、特に全人的な発達を促すために必要な基本的な指導内容を、個々の子供の実態に応じて設定し、系統的な指導が展開できるように配慮することが大切です。

自立活動の時間における指導は、専門的な知識や技能を有する教師を中心として、全教師の協力の下に、一人一人の子供について個別の指導計画を作成し、実際の指導に当たることが必要です。

子供の実態把握、目標や指導内容等の設定、評価についても、一人一人の教師がそれに必要な知識・技能を身に付けることができるように工夫するとともに、学校全体として、自立活動を効果的に展開していく協力体制を確立することが大切です。そのためには、校務分掌組織の一つとしての自立活動部など、自立活動の指導において中心となる校内組織が重要となります。また、自立活動の指導計画の作成や実際の指導に当たっては、専門の医師及びその他の専門家との連携協力を図り、適切な指導ができるようにする必要があります。連携協力が必要となるのは、専門医師、理学療法士、作業療法士、言語聴覚士、心理学の専門家などであり、必要に応じて、指導・助言を求めたり、連絡を密にしたりすることが大切です。

10　特別支援教育コーディネーター

（1）特別支援教育コーディネーターの指名

2007（平成19）年4月1日､｢特別支援教育の推進について（通知）｣（19文科初第125号、文部科学省初等中等教育局長）において､｢各学校の校長は､特別支援教育のコーディネーター的な役割を担う教員を『特別支援教育コーディネーター』に指名し、校務分掌に明確に位置付けること。また、特別支援教育コーディネーターは、各学校における特別支援教育の推進のため、主に、校内委員会・校内研修の企画・運営、関係諸機関・学校との連絡・調整、保護者からの相談窓口などの役割を担うこと。また、校長は、特別支援教育コーディネーターが、学校において組織的に機能するよう努めること」が示されました。

特別支援教育を展開していく上で、各学校においては、教職員全体の特別支援教育に対する理解のもとに、学校内の協力体制の構築に加え、学校外の関係機関との連携協力が不可欠です。例えば､医療機関や福祉機関との医療的ケアの必要な子供への対応のための連携協力、学校外の専門家の非常勤講師としての活用など、子供のニーズに応じた教育を展開していくための柔軟な体制づくりを進めていくことが求められます。

各学校において、障害のある子供の発達や障害全般に関する知識をもち、カウンセリングマインドを有する者を、保護者や学校内及び関係機関等との連絡調整役としてのコーディネーター的な役割を担う者として、学校の校務として明確に位置付けるなどにより、関係機関等との連携協力の体制整備を図ることが重要となっています。

（2）特別支援教育コーディネーターの役割と求められる資質

特別支援教育コーディネーターの役割に対応した資質として次のことが挙げられます。

①　学校内の関係者や関係機関との連絡・調整

校内支援体制構築・整備に関わることや関係機関等との連絡・調整に関するものとして、（ア）協力関係を推進するための情報収集や情報の共有を進めること、（イ）交渉能力や人間関係を調整することが大切です。

②　保護者に対する学校等の窓口の役割

特別なニーズのある子供や保護者の理解に関するものとして、（ア）障害のある子供の発達や障害全般に関する一般的な知識（発達障害を含めた特別支援教育全般)、（イ）子供、保護者、担任等の相談に対応するカウンセリングマインドなどが大切です。

③　障害のある子供への教育支援の充実

（ア）障害のある子供の教育に関する一般的な知識、（イ）個別の指導計画や個別の教育支援計画に関することなどが大切です。

④　地域における関係者や関係機関との連絡・調整

地域における関係者や関係機関とのネットワークの構築に関する資質として、（ア）協力関係を推進するための情報収集や情報の共有を進めること、（イ）交渉や人間関係を調整すること、（ウ）ネットワークを構築することなどが大切です。

11　個別の教育支援計画

(1) 個別の教育支援計画の意義

①　作成の趣旨

個別の教育支援計画とは、障害のある子供一人一人のニーズを正確に把握し、教育の視点から適切に対応していくという考えの下、長期的な視点で乳幼児期から学校卒業後までを通じて一貫して的確な支援を行うことを目的として作成されるものです。作成には、教育のみならず、家庭や医療、保健、福祉、労働等の様々な側面からの取組を含め、関係機関、関係部局の密接な連携協力を確保することが不可欠であり、教育的支援を行うに当たり同計画を活用することが意図されているものです。

障害のある子供を生涯にわたって支援する視点から、一人一人のニーズを把握して、関係者・機関の連携による適切な教育的支援を効果的に行うことが大切であり、教育上の指導や支援を内容とする個別の教育支援計画を作成することが重要です。そして、この計画の作成、実施、評価、改善（Plan-Do-Check-Action）のプロセスを通して、教育的支援をよりよいものにしていくことが大切です。また、特別な支援を必要とする子供に対して提供された合理的配慮の内容については、個別の教育支援計画に明記し、引き継ぐことが重要です。

障害のある子供のニーズは教育、医療、福祉等、様々な観点から生じうるものです。これらのニーズに対応した取組はそれぞれ独自に展開できるものもありますが、類似しているもの、不可分なものも少なくありません。したがって、教育という側面から対応を考えるに当たっても、医療、福祉等の面からの対応の重要性も踏まえて関係機関等の連携協力に十分配慮することが必要となります。また、医療、福祉等の面からの対応が行われるに当たっても、教育の立場から必要な支援・協力を行うことが重要です。

②　「個別の指導計画」と「個別の教育支援計画」

「個別の指導計画」とは、指導を行うためのきめ細かい計画であり、子供一人一人の教育的ニーズに対応して、指導目標や指導内容・方法を盛り込んだ指導計画です。例えば、単元や学期、学年等ごとに作成され、それに基づいた指導が行われます。これに対し、「個別の教育支援計画」は、他機関との連携を図るための長期的な視点に立った計画であり、一人一人の障害のある子供について、乳幼児期から学校卒業後までの一貫した長期的な計画を学校が中心となって作成するものです。

(2) 個別の教育支援計画及び個別の指導計画の作成と活用・管理

個別の教育支援計画の作成に当たっては、就学前（小学校や特別支援学校の小学部就学前までの段階）、就学中（小学校、中学校、高等学校や特別支援学校に就学している段階）、卒業後（高等学校、特別支援学校高等部卒業後の段階）、それぞれの段階において、教育、福祉等の関係機関の中から中心となる機関を定めて、地域、都道府県、国の各レベルで連携協力体制を構築していくことが必要です。

個別の教育支援計画及び個別の指導計画作成の際、特別支援教育コーディネーターは、自身が担当する役割のみならず、学校内の関係者や教育、医療、保健、福祉、労働等の関係機関との連絡調整、保護者との関係づくりを推進していくことが求められます。とりわけ、子供への支援を行うに当たって、学級担任以外の教員等と共通理解を図り、その協力を求めたり、関係機関と連携を行ったりするためには、個別の教育支援計画及び個別の指導計画を各学級担任と連携して作成し、活用することが有効です。

個別の教育支援計画は、多様な教育的支援の円滑な実施を確保するために作成されます。そして、複数の関係者や関係機関がその作成、実施等の過程で関与します。個別の教育支援計画は、関係機関と共有したり、進学先の学校へ引き継いだりすることでその目的を果たすことができます。一方で、その内容には多くの個人情報を含むため、本人や保護者の同意なく、第三者に提供することはできません。このため、計画を作成する際に、本人や保護者に対し、その趣旨や目的をしっかりと説明して理解を得、第三者に引き継ぐ旨についてもあらかじめ範囲を明確にした上で、同意を得ておくことが必要です。また、あらかじめ同意を得ているとしても、実際に第三者に提供する際には、本人や保護者とともに引き継ぐ内容を確認することで、互いの考えや思いを共有することができ、よりよい引継ぎができます。同様に、個別の指導計画を引き継ぐ際にも、個人情報の保護に配慮する必要があります。学校内における個人情報の保存・管理を徹底し、学校内におけるこれらの計画に記載された個人情報が漏洩したり、滅失したりすることのないよう、適切な保存・管理を行った上で、必要な支援内容等を進学先等に確実に引き継ぐことが重要です。

なお、個別の教育支援計画については、2021（令和３）年６月文部科学省から、「個別の教育支援計画の参考様式」が示されました。この様式は、最低限記載されることが望ましいと考えられる事項を明確化するとともに、個別の教育支援計画の電子化を推進するための帳票の基準化を図る際の参考となる資料として位置付けられています。

12　GIGA スクール構想と ICT

コンピュータや情報通信ネットワークなどの ICT は、特別な支援を必要とする子供に対して、その障害の状態や特性及び心身の発達の段階等に応じて活用することにより、学習上又は生活上の困難を改善・克服させ、指導の効果を高めることができる重要な手段です。このような情報化に対応した特別支援教育を考えるに当たっては、個々の子供が、学習を進める上でどのような困難があり、どのような支援を行えばその困難を軽減できるか、という視点から考えることが大切です。

情報化の推進は、特別な支援を必要とする子供の学習上又は生活上の困難や、社会生活の範囲が限られることを補い、学校や自宅等で様々な情報を収集・共有できるという大きな社会的意義をもっています。また、インターネットをはじめとするネットワークの世界は、参加する者の国籍、性別、障害の有無を問わない開かれた世界であり、そこに参加していくことは、障害のある人の積極的な社会参加の新たな形態の一つということもできます。そのため、社会の情報化が進展していく中で、子供が情報を主体的かつ容易に活用できるようにしたり、情報モラルを身に付けたりすることが一層重要になっています。このような情報活用能力を育成するため、特別支援学校小学部・中学部学習指導要領においては、「情報活用能力の育成を図るため、各学校において、コンピュータや情報通信ネットワークなどの情報手段を活用するために必要な環境を整え、これらを適切に活用した学習の充実を図ること。また、各種の統計資料や新聞、視聴覚教材や教育機器などの教材・教具の適切な活用を図ること。」（第１章総則第４節の１の（3））と規定されています。これは、小・中学校における指導と同様のものであり、障害の有無に左右されるものではありません。

一方、支援を必要としている人々は、その障害の状態等により情報の収集、処理、表現及び発信などに困難を伴うことが多く、情報社会の恩恵を十分に享受するためには、個々の実態に応じた情報活用能力の習得が特に求められます。こうした意味では、個々の障害の種類や程度等に対応した情報機器は、特別な支援を必要としている子供の大きな助けになります。しかしながら、コンピュータをはじめとする現在の情報機器が必ずしもすべての人々に使いやすい仕様になっているわけではありません。そこで、個々の身体機能や認知機能に応じて、きめ細かな技術的支援方策（アシスティブ・テクノロジー）が必要になります。

障害による物理的な操作上の困難や障壁（バリア）を、機器を工夫することによって支援しようというアクセシビリティの考え方のもとに、障害のために実現できなかったことをできるように支援するための技術がアシスティブ・テクノロジーです。学校教育におけるアシスティブ・テクノロジーの目的は、単なる機能の代替にとどまらず、教科指導なども含めた様々な学習上又は生活上の困難の改善・克服を支援するための技術的支援方策であり、個々の子供の成長や発達をも視野に入れて、個々の子供の長期的・短期的な指導目標や指導内容を記した個別の指導計画に沿って活用されることになります。

障害の状態や特性や、それに伴う学びの困難さは多様かつ個人差が大きく、「個別最適化した学び」すなわち「特別な支援」が必要となるため、学習指導要領では前述のように各教科の指導計画の作成に当たっての配慮事項として、各障害種にコンピュータ等のICTの活用に関する規定を示し、指導方法の工夫を行うことや、指導の効果を高めることを求めています。さらに、特別支援教育においてICT活用を進めるためには以下の２つの視点を持って取り組む必要があります。まず視点１として「教科指導の効果を高めたり、情報活用能力の育成を図ったりするために、ICTを活用する視点」が、次に視点２として「障害による学習上又は生活上の困難を改善・克服するために、ICTを活用する視点」が挙げられます。視点１は教科等又は教科等横断的な視点に立った資質・能力であり、障害の有無や学校種を超えた共通の視点です。視点２は自立活動の視点であり、特別な支援が必要な子供に特化した視点であり、各教科及び自立活動の授業において、個々の実態等に応じてICT活用を進めていくための視点となります。

以上のようなICT活用を進めるために必要な情報機器や支援機器の整備に大きく貢献したのがGIGAスクール構想です。GIGAスクール構想とは、１人１台端末と、高速大容量の通信ネットワークを一体的に整備することで、特別な支援を必要とする子供を含め、多様な子供たちを誰一人取り残すことなく、公正に個別最適化され、資質・能力が一層確実に育成できる教育環境を実現するための構想で、これまでの我が国の教育実践と最先端のICTのベストミックスを図ることにより、教師・子供の力を最大限に引き出すことを目的としています。2019（令和元）年度から2020（令和２）年度に予算措置され、１人１台端末と学校における高速通信ネットワークの整備が進められ、2023（令和５）年度にすべての自治体において整備が完了しています。１人１台端末の整備に当たっては、障害のある子供においては、情報機器端末を活用するために、子供の利便性向上の観点から、より個別性の高い特別な入出力支援装置が必要な場合があります。障害のある子供が端末を効果的に活用できるよう、一人一人に応じた入出力支援装置の整備をあわせて支援されました。

13　新しい時代の特別支援教育の在り方

2021（令和３）年１月に示された「新しい時代の特別支援教育の在り方に関する有識者会議報告」では、今後の新しい特別支援教育の在り方の視点として、以下の点が挙げられています。

（1）特別支援教育を巡る状況と基本的な考え方

インクルーシブ教育システムの構築に向けた特別支援教育の取組が進展している一方で、特別な支援を受ける子供の数は増加しており、障害のある子供と障害のない子供が可能な限り共に教育を受けられる条件の整備、障害のある子供の自立と社会参加を見据え、一人一人の教育的ニーズに最も的確に応える指導を提供するために通常の学級、通級による指導、特別支援学級、特別支援学校といった連続性のある多様な学びの場の一層の充実・整備を着実に進める必要があります。

（2）障害のある子供の学びの場の整備・連携強化

障害のある子供の学びの場の整備の充実を図ることが求められており、関連して、就学前における早期からの相談・支援の充実、小・中学校における障害のある子供の学びの充実、特別支援学校における教育環境の整備、高等学校における学びの場の充実など、就学支援、指導方法や指導体制、施設環境などの充実が求められています。

（3）特別支援教育を担う教師の専門性の向上

すべての教師に対して、発達障害等の特性等を踏まえた学級経営や授業づくり、特別支援学級、通級による指導の担当教師は、専門性向上を図ることが求められています。また、特別支援学校教諭免許状取得に向けた取組や、免許法認定通信教育の拡大の検討、重複障害や発達障害等への対応を含む特別支援学校教職課程の見直し等が求められています。

（4）ICT 利活用等による特別支援教育の質の向上

GIGA スクール構想による１人１台端末等の最新の ICT 技術を活用するために、ICT 利活用の意義と基本的な考え方を押さえた上で指導内容の充実を図る必要があります。指導の充実と教師の情報活用能力、ICT 環境の整備と校務の ICT 化、関係機関の連携と情報の共有などが示され、セキュリティ等に十分留意し、ICT を活用した効率化を図り、特別支援教育の質の向上を目指すことが求められています。

(5) 関係機関の連携強化による切れ目ない支援の充実

特別な支援が必要な子供やその保護者については、乳幼児期から学齢期、社会参加に至るまで、地域で切れ目のない支援を受けられるような支援体制の整備を行うことが重要であることが示されました。また、医療的ケアが必要な子供への対応や、障害のある、外国につながりのある子供への対応も更に推進し、充実を図っていく必要が一層求められています。

引用・参考文献

・新しい時代の特別支援教育の在り方に関する有識者会議. 新しい時代の特別支援教育の在り方に関する有識者会議報告. 2021.
・中央教育審議会.「令和の日本型学校教育」の構築を目指して ～全ての子供たちの可能性を引き出す, 個別最適な学びと, 協働的な学びの実現～（答申）. 2021.
・中央教育審議会. 幼稚園、小学校、中学校、高等学校及び特別支援学校の学習指導要領等の改善及び必要な方策等について（答申）. 2016.
・中央教育審議会. 次期学習指導要領等に向けたこれまでの審議のまとめのポイント. 2016.
・中央教育審議会. 共生社会の形成に向けたインクルーシブ教育システムの構築のための特別支援教育の推進（報告）. 2012.
・中央教育審議会. 特別支援教育を推進するための制度の在り方について（答申）. 2005.
・文部科学省. 特別支援教育の充実について. 2024a.
・文部科学省. 特別支援教育資料（令和４年度）. 2024b.
・文部科学省. 令和５年度学校における医療的ケアに関する実態調査結果（概要）. 2024c.
・文部科学省. 特別支援学級及び通級による指導の適切な運用について（通知）. 2022.
・文部科学省. 個別の教育支援計画の参考様式について. 2021.
・文部科学省. 新しい時代の特別支援教育の在り方に関する有識者会議（報告）. 2021.
・文部科学省. 障害のある子供の教育支援の手引 ～子供たち一人一人の教育的ニーズを踏まえた学びの充実に向けて～. 2021.
・文部科学省. 教育の情報化に関する手引（追補版）. 2020.
・文部科学省. 特別支援教育における ICT の活用について . 2020.
・文部科学省. 特別支援教育. No66. 2019.
・文部科学省. 特別支援学校教育要領・学習指導要領解説総則編（幼稚部・小学部・中学部）. 2018.
・文部科学省. 特別支援学校教育要領・学習指導要領解説自立活動編（幼稚部・小学部・中学部）. 2018.
・文部科学省. 特別支援学校高等部学習指導要領. 2019.
・文部科学省. 特別支援学校教育要領・学習指導要領. 2017.
・文部科学省. 特別支援教育の推進について（通知）19 文科初第 125 号. 2007.
・文部科学省. GIGA スクール構想の実現について.
https://www.mext.go.jp/a_menu/other/index_00001.htm（令和６年 12 月３日確認）
・文部省初等中等教育局特殊教育課. 訪問指導事例集. 1978.
・21 世紀の特殊教育の在り方に関する調査研究協力者会議. 21 世紀の特殊教育の在り方について（最終報告）. 2001.
・特別支援教育の在り方に関する調査研究協力者会議. 今後の特別支援教育の在り方について（最終報告）. 2003.
・通常の学級に在籍する障害のある児童生徒への支援の在り方に関する検討会議. 通常の学級に在籍する障害のある児童生徒への支援の在り方に関する検討会議報告. 2023.

3 特別支援学校の教育

現在、我が国では、視覚障害、聴覚障害、知的障害、肢体不自由、病弱の各障害に対応した特別支援学校が約1,200校あります。近年は、知的障害と肢体不自由など、複数の障害種に対応した特別支援学校が増加しています。ここでは、それぞれの障害に対応した特別支援学校における教育の現状について述べます。

1　特別支援学校の教育の概要

(1) 視覚障害のある子供への対応

視覚障害のある子供への教育は、点字を用いるとともに聴覚や触覚の活用を中心にすえた盲教育と、通常の文字を用いるとともに視覚の活用を中心にすえた弱視教育とに大別されます。このうち、特別支援学校（視覚障害）においては、盲教育と強度の弱視の子供を対象とした弱視教育が行われています。

特別支援学校（視覚障害）には、幼稚部、小学部、中学部、高等部（専攻科を含む）を設置することができるようになっており、そこでは一貫した教育が行われています。特に、高等部には、普通科のほかに、専門教育を主とする学科として保健理療科、理療科などが設置されており、特色ある職業教育が行われています。また、多くの特別支援学校（視覚障害）には、通学が困難な児童生徒のために寄宿舎が設けられています。

教育課程は、各教科、道徳科（小・中学部）、外国語活動（小学部）、総合的な学習の時間（小・中学部）、総合的な探究の時間（高等部）、特別活動及び自立活動によって編成されています。このうち、自立活動以外の各教科等における目標及び内容等については、小学校、中学校又は高等学校に準じています。また、特別支援学校（視覚障害）における自立活動の具体的な指導内容としては、障害の程度に応じて、触覚や聴覚などを効果的に活用できるようにする指導や情報機器の活用技能を高めるための指導などがあります。

盲の子供は、点字の教科書を使用し、主として触覚や聴覚、視覚を活用した学習を行っています。点字の教科書は、一般の検定教科書をもとに、盲の子供の学習に適した内容に一部修正の上、点訳したものです。盲の子供の指導においては、各教科を通じて点字の読み書き技能に習熟させるとともに、実物や模型などを数多く活用して正しい知識の習得や概念の形成を図るように努めています。

一方、弱視の子供は、通常の文字の検定教科書や、文字等を拡大したいわゆる拡大教科書を使用して、主として視覚を活用した学習を行っています。弱視の子供に対する指導に当たって大切なことは、見やすい条件を整えることです。通常の文字の書物をそのままで読むことが困難な弱視の子供に対しては、文字などを拡大した教材を用意したり、弱視レンズや拡大映像設備を使用したりすることで、見やすい文字の大きさで学習できるよう配慮されています。また、遠方の事物なども、弱視用に工夫された各種のレンズ類を用いて見ることができるように指導しています。教室は300～700ルクスの照度を保つとともに（全体照明）、電気スタンド等の個人用の照明器具（机上照明）を活用して、個人差に対応した照度を保つよう配慮しています。その際、明るすぎるとかえって見えにくくなる眼疾患もあるので注意する必要があります。

（2）聴覚障害のある子供への対応

聴覚障害が比較的重い子供の教育は、特別支援学校（聴覚障害）において行われています。特別支援学校（聴覚障害）には、一般的に幼稚部、小学部、中学部及び高等部が置かれ、教育の内容においては、幼稚園、小学校、中学校及び高等学校に準ずるとともに、障害による学習上又は生活上の困難を主体的に改善・克服するために必要な知識、技能、態度及び習慣を養い、もって心身の調和的発達の基盤を培うことを目標として、自立活動が設けられています。自立活動の内容は、幼稚部、小学部では言語発達や聴覚活用のための内容に重点を置き、中学部以後は情報の多様化（読書の習慣、コミュニケーションの態度・技術など）、障害認識や心理的な問題、進学や就労に関するものなどへと拡がっていきます。

自立活動の内容は、個々の子供の必要性に応じて取り上げることになっているため、個別の指導計画に基づいて指導がなされています。

こうした自立活動はもとより、幼稚園、小学校、中学校、高等学校に準ずる教科等の指導に当たっては、コミュニケーションをより確実にするために、個に応じた指導の充実に努めています。

施設設備の面では、聴覚活用のための機器（集団補聴器、FM補聴器、デジタルワイヤレス補聴援助システムなど）や、発音・発語指導のための機器（発声発語訓練装置、Sインジケータなど）、視聴覚機器（VTR、プロジェクタなど）が用意されています。

（3）知的障害のある子供への対応

知的障害が比較的重い子供の教育は、特別支援学校（知的障害）で行われています。特別支援学校（知的障害）には、幼稚部（一部）、小学部、中学部、高等部が設けられており、高等部には、普通科のほかに家政・農業・工業等の職業教育を主とする学科が設けられていることがあります。

①　特別支援学校（知的障害）の教育課程

特別支援学校（知的障害）の教育課程は、子供の発達段階や経験などを踏まえ、実生活に結び付いた内容を中心に構成していることが大きな特色です。

生活科をはじめとする各教科の目標と内容は、子供の障害の状態などを考慮して、小学校、中学校、高等学校とは別に独自のものを設定しています。また、教育課程の区分は、各教科、道徳科、外国語活動、特別活動、自立活動、総合的な学習（探究）の時間（小学部を除く）に分類していますが、指導を計画し展開する段階では、各教科、道徳科、特別活動、自立活動及び小学部においては外国語活動の一部又は全部を合わせた指導の形態も取り入れられています。

② 教科別の指導

指導を行う教科やその授業時数の定め方は、子供の実態に応じて定めています。また、学習指導要領においては、各教科の名称は小学校等とほぼ同じですが、その目標や内容は、小学校等とは異なり、子供一人一人の障害の特性に応じて、実際の生活に生かすことができる事柄を指導できるようになっています。

③ 道徳科、外国語活動、特別活動、自立活動の時間を設けた指導

ア 道徳科の指導

道徳科の指導においては、小学校学習指導要領及び中学校学習指導要領の目標に準じて、道徳的な判断力、心情、実践意欲と態度を育てるように指導します。知的障害のある子供については個々の知的障害の状態、生活年齢、学習状況及び経験等に応じて、体験的な活動を取り入れるなど、指導内容・方法を具体化します。

イ 外国語活動の指導

2017（平成29）年の特別支援学校学習指導要領の改訂により、特別支援学校（知的障害）小学部に外国語活動が新設され、児童又は学校の実態に考慮し、必要に応じて外国語活動の時間を設けることができるようになりました。知的障害のある児童においても、外国語に触れる機会が増えてきているため、知的障害のある児童の実態を考慮し、外国語や外国の文化について体験的に理解や関心を深めたりしながら、コミュニケーションを図る素地となる資質・能力を育成します。

ウ 特別活動の指導

特別活動の指導に当たっては、子供の実態、特に学習上の特性等を十分に考慮し、創意工夫して実施しています。

エ 自立活動の指導

特別支援学校（知的障害）に在籍する子供の中には、知的障害に随伴して、言語、運動、情緒・行動などの面で、顕著な発達の遅れや特に配慮を必要とする状態等が見られる場合があります。このため、知的障害の状態に応じた教科の指導などのほかに、顕著な発達の遅れや特に配慮を必要とする様々な状態に対して特別な指導が必要であり、これらを自立活動で指導しています。

④ 各教科等を合わせた指導

各教科等を合わせた指導として、日常生活の指導、遊びの指導、生活単元学習、作業学習などが実践されてきています。

ア 日常生活の指導

日常生活の指導は、子供の日常生活が充実し、高まるように日常生活の諸活動について、知的障害の状態、生活年齢、学習状況や経験等を踏まえながら計画的に指導するものです。日常生活の指導は、生活科を中心として、特別活動の学習活動など広範囲に各教科等の内容が扱われ、日常生活や社会生活において、習慣的に繰り返される、必要で基本的なものです。

イ 遊びの指導

遊びの指導は、遊びを学習活動の中心にすえて、身体活動を活発にし、仲間との関わりを

促し、意欲的な態度を育み、心身の発達を促していくものです。遊びの指導には、生活科をはじめ、体育など各教科等に関わる広範囲の内容が扱われます。

ウ　生活単元学習

生活単元学習は、子供が生活上の目標を達成したり、課題を解決したりするために、一連の活動を組織的・体系的に経験することによって、自立や社会参加のために必要な事柄を実際的・総合的に学習するものです。生活単元学習の指導における学習活動は、実際上の目標や課題に沿って組織されます。

エ　作業学習

作業学習は、作業活動を学習活動の中心にしながら、働く意欲を培い、将来の職業生活や社会自立に向けて基盤となる資質・能力を育むことができるようにしていきます。

作業学習の指導は、単に職業・家庭（高等部は職業及び家庭）の内容だけではなく、各教科、道徳、特別活動及び自立活動の様々な内容を総合した形で扱うものです。作業学習で取り扱われる作業種目は、農耕、園芸、紙工、木工、縫製、織物、金工、窯業、セメント加工、印刷、調理、食品加工、クリーニングなどのほか、事務、販売、清掃、接客など多種多様です。

(4) 肢体不自由のある子供への対応

特別支援学校（肢体不自由）には、一般に小学部、中学部及び高等部が設置されています。特別支援学校（肢体不自由）の中には、学校が単独で設置されている形態のほか、医学的治療が必要な者を対象とした医療型障害児入所施設等と併設又は隣接している設置形態があります。

なお、障害の状態や発達段階の多様な子供が、可能な限り自らの力で学校生活を送ることができるよう子供の障害の状態に応じた様々なトイレを設けたり、廊下や階段に手すりを設けたり、車いすが通りやすいように廊下の幅を広くしたり、なだらかなスロープやエレベータを設置したり、車いすのまま乗降できるスクールバスを備えたりするなど、施設設備にも様々な配慮がなされています。

特別支援学校（肢体不自由）においては、小学校、中学校又は高等学校の教育目標の達成に努めるとともに、小学部、中学部及び高等部を通じ、子供の障害による学習上又は生活上の困難を主体的に改善・克服するために必要な知識、技能、態度及び習慣を養い、もって心身の調和的発達の基盤を培うことを目標としています。

この目標を達成するためには、子供一人一人の身体の動きやコミュニケーション等の状態及び発達段階や特性等に応じた指導を行う必要があることから、以下のように子供の実態等を考慮した多様な教育課程を工夫して編成・実施しています。

① 小学校・中学校・高等学校の各教科を中心とした教育課程
② 小学校・中学校・高等学校の下学年（下学部）の各教科を中心とした教育課程
③ 知的障害のある子供を対象とした各教科を中心とした教育課程
④ 自立活動を中心とした教育課程

教育課程の編成に当たっては、各教科、道徳科（小・中学部）、外国語活動（小学部）、特別活動及び総合的な学習の時間のほか、自立活動を設けています。特別支援学校（肢体不自由）の自立活動において、特に重視している指導内容は、身体の動きの改善・向上を目指すもので、これには座位の保持や起立・歩行に関する指導、日常生活動作に関する指導などがあります。また、子供の障害の状態によっては、言語・コミュニケーション指導、健康状態の維持・改善を図る指導なども行っています。

（5）病弱・身体虚弱のある子供への対応

病弱・身体虚弱の子供の教育は、特別支援学校（病弱）や、病弱・身体虚弱特別支援学級、通級による指導（病弱・身体虚弱）で主に行われています。そのうち、特別支援学校（病弱）では、学校教育法施行令第22条の３の表に示されている「一　慢性の呼吸器疾患、腎臓疾患及び神経疾患、悪性新生物その他の疾患の状態が継続して医療又は生活規制を必要とする程度のもの」と「二　身体虚弱の状態が継続して生活規制を必要とする程度のもの」を対象としています。特別支援学校（病弱）は、病院に隣接又は併設されていることが多いですが、病院内に教室となる場所や職員室等を確保して、分校又は分教室として設置している学校、病院や施設、自宅への訪問教育を行っている学校もあります。

特別支援学校（病弱）に在籍する子供の多くは、入院して治療を受けています。これらの子供の病気の種類は、慢性疾患や精神疾患・心身症、脳・神経・筋疾患、小児がんをはじめ様々です。

特別支援学校（病弱）の各教科の指導に当たり、基本的には、各教科の目標及び内容並びに指導計画の作成と内容の取扱いについては小学校・中学校・高等学校の学習指導要領に準ずるものとしていますが、子供の障害の状態や特性及び心身の発達の段階等を十分考慮するとともに、次のような事項に配慮することが学習指導要領で規定されています。

① 個々の子供の学習状況や病気の状態、授業時数の制約等に応じて、指導内容を適切に精選し、基礎的・基本的な事項に重点を置くとともに、指導内容の連続性に配慮した工夫を行ったり、各教科等相互の関連を図ったりして、効果的な学習活動が展開できるようにすること。
② 健康状態の維持や管理、改善に関する内容の指導に当たっては、自己理解を深めながら学びに向かう力を高めるために、自立活動における指導との密接な関連を保ち、学習効果を一層高めるようにすること。
③ 体験的な活動を伴う内容の指導に当たっては、子供の病気の状態や学習環境に応じて、間接体験や疑似体験、仮想体験等を取り入れるなど、指導方法を工夫し、効果的な学習活動が展開できるようにすること。
④ 子供の身体活動の制限や認知の特性、学習環境等に応じて、教材・教具や入力支援機器等の補助用具を工夫するとともに、コンピュータ等の情報機器などを有効に活用し、指導の効果を高めるようにすること。
⑤ 子供の病気の状態等を考慮し、学習活動が負担過重となる又は必要以上に制限することがないようにすること。
⑥ 病気のため、姿勢の保持や長時間の学習活動が困難な子供については、姿勢の変換や適切な休養の確保などに留意すること。

特別支援学校（病弱）に在籍する子供は、健康状態の維持・改善等に必要な知識や技能の習得、健康状態の維持・改善等に必要な態度や習慣の育成、これらを支える心理的な安定や意欲の向上等が重要な課題となっています。これらの課題については、医療機関との連携を密にしながら、子供が障害による学習上又は生活上の困難を主体的に改善・克服するために必要な知識、技能、態度及び習慣を養い、もって心身の調和的発達の基盤を培うことを目標として、子供一人一人の障害の状態や発達段階に応じた指導を行っています。

(6) 重複障害のある子供への対応

「重複障害者」とは、「複数の障害を併せ有する児童又は生徒」のことです。「複数の障害」とは、視覚障害、聴覚障害、知的障害、肢体不自由及び病弱について、原則的には学校教育法施行令第22条の3において規定している程度の障害を指しています。しかし、実際の指導に当たっては、その必要性から必ずしもこれに限定される必要はなく、言語障害、自閉症、情緒障害などを併せ有する場合も含めて考えてよいことになっています。

重複障害のある子供の教育に当たっては、個々の子供の実態に即して、各学校が子供の障害の状態に応じた弾力的な教育課程を編成することができるようになっており、学校教育法施行規則及び学習指導要領に、重複障害者に関する教育課程の取扱いについて各種の定めがあります。また、専門的な知識・技能を有する教師間の協力の下に指導を行ったり、必要に応じ専門の医師に助言を求めたりすることとされています。

重複障害があることで生じる困難については、以下の3点に分けて整理する必要があります。第1点は、「併せ有する一つ一つの障害から生じる困難」です。第2点は、それら「一つ一つの障害が重複した場合に追加・増幅して生じる困難」です。第3点は、「重複障害の困難を理解していないために、周囲の人が不適切な関わりをすることで生じる困難」です。重複障害の子供の教育に当たっては、この点を考慮して、指導の充実を目指す必要があります。

2　教育課程の編成と指導

(1) 特別支援学校の学習指導要領の変遷

特別支援学校の学習指導要領が現在の形で示されたのは、1979（昭和54）年の改訂からであり、それまでは学校種別に示されていました。1957（昭和32）年3月に盲学校及び聾学校小学部・中学部学習指導要領一般編が文部事務次官通達により定められ、1957（昭和32）年度から実施されましたが、1958（昭和33）年の小・中学校の学習指導要領の改訂に伴い、1964（昭和39）年に盲学校及び聾学校学習指導要領小学部編が、また、1965（昭和40）年に中学部編がそれぞれ文部省告示で制定されました。

養護学校については、1963（昭和38）年に初めて養護学校小学部・中学部学習指導要領精神薄弱教育編、養護学校小学部肢体不自由教育編及び病弱教育編がそれぞれ文部事務次官通達で定められ、1964（昭和39）年に養護学校中学部肢体不自由教育編及び病弱教育編が、同じく文部事務次官通達で定められました。

高等部に関しては、盲学校及び聾学校高等部学習指導要領一般編が1960（昭和35）年に文部事務次官通達により定められ、1966（昭和41）年に盲学校及び聾学校学習指導要領高等部編として、文部省告示により制定されました。

1971（昭和46）年、1972（昭和47）年の学習指導要領の改訂では、この学校種別の構造は変えられていませんが、養護学校の精神薄弱教育、肢体不自由教育、病弱教育の高等部学習指導要領が初めて制定されました。また、この改訂において学校種別共通の領域として初めて「養護・訓練」が導入されたほか、精神薄弱養護学校の小学部に教科「生活」が新設されました。

1989（平成元）年の改訂では、これまで幼稚園教育要領が準用されていた幼稚部について、早期からの教育的対応の充実を図る観点等から盲学校、聾学校及び養護学校幼稚部教育要領が初めて制定されました。また、「養護・訓練」の内容の改善や高等部卒業後の社会的自立の推進を図る観点等から職業に関する教科の内容の充実などの改善が行われました。

1999（平成11）年の改訂では、自ら学び自ら考える力などの「生きる力」を育成することなどを基本的なねらいとした学習指導要領の改訂が行われ、小・中学校等に準じた改善を図るとともに、障害の重度・重複化等を踏まえ、一人一人の障害の状態等に応じたきめ細かな指導を一層充実する観点から改善が図られました。具体的には、総合的な学習の時間を創設したこと（知的障害養護学校の小学部を除く）、「養護・訓練」の目標・内容等を見直すとともに名称を「自立活動」に改め、個別の指導計画を作成するようにしたこと、障害のある乳幼児等に対し早期からの教育相談を行うなど地域における特殊教育の相談のセンターとしての役割を果たすよう努めることを規定したこと、知的障害養護学校の中学部及び高等部に教科「外国語」、高等部に教科「情報」及び教科「流通・サービス」を新設したこと、交流教育の意義を一層明確にするとともに小・中・高等学校学習指導要領等にも新たに規定を設けたことなどが挙げられます。

2009（平成21）年の改訂では、2006（平成18）年の教育基本法改正等で明確になった教育の理念を踏まえた「生きる力」の育成等を基本的な考え方とした学習指導要領の改訂が行われ、①小・中学校等に準じた改善を行うこと、②障害の重度・重複化、多様化に対応し、一人一人に応じた指導を一層充実させること、③自立と社会参加を推進するため、職業教育を充実させること、の３つの基本的な考え方に基づき改善が図られました。具体的には、「自立活動」の指導内容の追加、重複障害者の指導に当たっての教師間の協力による指導や外部の専門家の活用に関すること、一人一人の実態に応じた指導の充実及び一人一人のニーズに応じた関係機関の連携による乳幼児期から学校卒業後まで一貫した支援をするため、すべての子供に「個別の教育支援計画」、「個別の指導計画」を作成することの義務付け、自立と社会参加に向けた職業教育の充実のための特別支援学校（知的障害）高等部の専門教科「福祉」の新設、2004（平成16）年６月の障害者基本法改正に伴い、障害のある子供と障害のない子供との交流及び共同学習を計画的・組織的に行うことなどが規定されました。

交流及び共同学習は、障害のある子供の自立と社会参加を促進するとともに、社会を構成する様々な人々と共に助け合い支え合って生きていくことを学ぶ機会となり、ひいては共生社会の形成に役立つものと言えます。

そして、2017（平成29）年の改訂では、社会に開かれた教育課程の実現、育成を目指す資質・能力、主体的・対話的で深い学びの視点を踏まえた授業改善、各学校におけるカリキュラム・マネジメントの確立など、初等中等教育全体の改善・充実の方向性を重視した改訂がなされました。

（2）教育課程編成の特色

特別支援学校の教育課程は、知的障害者である児童生徒を教育する特別支援学校を除き、小学部では小学校の各教科等、中学部では中学校の各教科等、高等部では高等学校の各教科・科目等にそれぞれ自立活動を加えて編成することになっています。

知的障害者である児童生徒を教育する特別支援学校の教育課程については、各部それぞれに設けられた教科等に自立活動を加えて編成することとなっていますが、小学部では総合的な学習の時間を設ける必要はなく、高等部では各教科に属する科目が設けられていないほか、道徳科が設けられています。また、実際の指導を計画し展開する段階では、各教科、道徳科、特別活動及び自立活動を合わせた指導の形態も取り入れられています。

幼稚部については、幼稚園教育要領で示された５領域に自立活動を加えた６領域で構成されます。自立活動は、障害による学習又は生活上の困難を主体的に改善・克服するために必要な知識、技能、態度及び習慣を養い、もって心身の調和的発達の基盤を培うことを目標とするものであり、特別支援学校の教育課程の大きな特徴となっています。

（3）各教科等の指導計画作成に当たっての配慮事項

知的障害者である児童生徒を教育する特別支援学校を除き、それぞれ小学部・中学部の教科の目標、各学年の目標及び内容並びに指導計画の作成と各学年にわたる内容の取扱いについては、従前から小学校学習指導要領並びに中学校学習指導要領第２章に示されているものに準ずることになっています。ここで準ずるとは原則として同一ということを意味しています。しかし、指導計画の作成と内容の取扱いについては小学校学習指導要領及び中学校学習指導要領に準ずるのみならず、子供の障害の状態や特性等を十分考慮する必要があります。

このようなことから、各教科の指導に当たっては小学校学習指導要領及び中学校学習指導要領に示されている事項に加え、特別支援学校小学部・中学部学習指導要領（第２章第１節第１款１～４）に示されている指導上の配慮事項を十分踏まえた上で、適切に指導する必要があります。また、このことは高等部の各教科・科目の指導についても同様です。

なお、これらの配慮事項は、特別支援学校の各教科にわたる特色ある、かつ基本的な事項ですが、これらが特別支援学校の教育における配慮事項のすべてであるというわけではないことに留意する必要があります。

①　小学部・中学部

特別支援学校小学部・中学部学習指導要領に示されている配慮事項としては、視覚障害者である児童生徒を教育する特別支援学校の場合、（ア）的確な概念の形成と言葉の活用、（イ）点字等の読み書きの指導、（ウ）指導内容の精選等、（エ）コンピュータ等の活用、（オ）見通しをもった学習活動の展開の５項目が示されています。

聴覚障害者である児童生徒を教育する特別支援学校の場合、（ア）言語概念の形成と思考力の育成、（イ）読書に親しむ態度等の育成、（ウ）コミュニケーション手段の適切な活用による意思の相互伝達、（エ）保有する聴覚の活用、（オ）指導内容の精選等、（カ）コンピュータ等の活用、の６項目が示されています。

肢体不自由者である児童生徒を教育する特別支援学校の場合、（ア）言語概念の形成と思考力、判断力、表現力等の育成、（イ）指導内容の適切な設定等、（ウ）姿勢や認知の特性等に応じた指導方法の工夫、（エ）補助具や補助的手段、コンピュータ等の活用、（オ）自立活動の時間における指導との関連の５項目が示されています。

病弱者である児童生徒を教育する特別支援学校の場合、（ア）指導内容の精選等、（イ）自立活動の時間における指導との関連、（ウ）指導方法の工夫による効果的な学習活動、（エ）コンピュータ等の活用、（オ）負担過重とならない学習活動、（カ）長時間の学習活動が困難な児童への適切な休養の確保等の６項目が示されています。

② 高等部

特別支援学校高等部学習指導要領（第２章第１節第２款１～４）に示されている配慮事項としては、視覚障害者である生徒を教育する特別支援学校の場合、（ア）点字又は普通の文字に関する配慮、（イ）視覚的なイメージを伴う事柄の指導、（ウ）指導内容の精選等、（エ）コンピュータ等の活用、（オ）見通しをもった学習活動の展開、（カ）社会経験等を踏まえた指導内容の工夫の６項目が示されています。

聴覚障害者である生徒を教育する特別支援学校の場合、（ア）抽象的、論理的な思考力の伸長、（イ）読書習慣の形成と情報の活用、（ウ）正確かつ効率的な意思の伝達、（エ）保有する聴覚の活用、（オ）指導内容の精選等、（カ）コンピュータ等の活用の６項目が示されています。

肢体不自由者である生徒を教育する特別支援学校の場合、（ア）言語概念の形成と思考力、判断力、表現力等の育成、（イ）指導内容の適切な設定等、（ウ）姿勢や認知の特性等に応じた指導方法の工夫、（エ）補助具や補助的手段、コンピュータ等の活用、（オ）自立活動の時間における指導との関連の５項目が示されています。

病弱者である生徒を教育する特別支援学校の場合、（ア）指導内容の精選等、（イ）自立活動の時間における指導との関連、（ウ）指導方法の工夫による効果的な学習活動、（エ）コンピュータ等の活用、（オ）負担過重とならない学習活動、（カ）長時間の学習活動が困難な生徒への適切な休養の確保等の６項目が示されています。

（４）情報機器等の活用

今後の情報社会に主体的に対応できる資質や能力を子供に十分身に付けさせることは学校教育の今日的な課題であり、学校における情報教育の充実が求められています。この点に関し、特別支援学校学習指導要領では、視覚障害者、聴覚障害者、肢体不自由者又は病弱者である生徒に対する教育を行う特別支援学校では、教科「情報」及び各教科において情報教育を展開していくこと、特別支援学校（知的障害）高等部における教科「情報」は、実際の生活における情報の活用や、情報機器の実践的な取扱い等に加え、「情報の取り扱いに関する決まりやマナーがあることを知る」と述べられています。

また、小学部・中学部・高等部を通じて、各教科等の指導に当たって、子供がコンピュータや情報通信ネットワークなどの情報手段を積極的活用できるようにするための学習活動の充実に努めることを総則にそれぞれ示すとともに、各教科の指導に当たってもコンピュータ等の活用に配慮することが示されています。

情報機器等の積極的な活用を図ることは、情報の主体的な選択・活用や情報の受信・発信の基本的なルールを身に付けるなど情報社会に主体的に対応できる資質·能力の育成に加え、障害のある子供にとって情報機器の活用は障害の状態を改善・克服したり、学習を効率的に進めたりと、社会参加の手立てを広げるために有効なものです。

特に、2017（平成29）年告示の特別支援学校学習指導要領では、小学部においては、各教科等の特質に応じて、児童がコンピュータで文字を入力するなどの学習の基盤として必要となる情報手段の基本的な操作を習得するための学習活動や、児童がプログラミングを体験しながら、コンピュータに意図した処理を行わせるために必要な論理的思考力を身に付けるための学習活動を行うことが求められています（特別支援学校学習指導要領第1章総則第4節1（3）ア、イ)。

障害のある子供の教育に最新の情報機器等を活用する意義として、いくつかの点が挙げられます。

まず、これまで障害によりできないと思われていたことも、障害に応じた様々なアクセシビリティ機器を活用することでできるようになることがあります。これらはアシスティブ・テクノロジー（支援技術）と呼ばれています。アシスティブ・テクノロジーを適切に活用することは、障害のある子供の生きる意欲や学習意欲の喚起にもつながると考えられます。

また、情報機器の様々な機能を生かすことにより、楽しく効果的に学習することが期待されます。マルチメディア教材は、障害のある子供には特に有効と考えられ、子供の課題に応じた適切なコンテンツを準備することで、指導場面での活用が期待されます。

次に、ネットワーク社会への参加は、新たな社会参加形態といえ、様々な障害のために移動や機器操作上の困難があっても、ネットワーク上の世界では大きな問題にはなりません。発信された情報やメッセージに対して、障害に応じた情報機器を利用することでお互いが自由にやりとりすることができます。

情報教育を進めるに当たっては、個々の子供が学習を進める上でどこに困難性があり、どういった支援を行えばその困難性を軽減できるかを考えるとともに、単なる機能の代替にとどまらず、教科指導なども含めた様々な学習を行う上でのきめ細やかな支援方策を考えることが大切です。また、ネットワーク上のルールやマナー、個人情報・プライバシー、著作権等に関する配慮が必要です。これらの点について、具体的な場面に応じて、適切な指導を行うことが望まれます。

さらに、特別支援学校においては、子供の障害の状態や特性等に応じて様々な教材・教具を創意工夫することが大切です。例えば、辞書や事典の活用などが困難な肢体不自由の子供にはスライドやVTRなどの視聴覚教材を適切に活用したり、教材・教具を開発・改良したりするなどして指導の効果を高めるようにすることが必要です。

（5）交流及び共同学習

国連の障害者の権利に関する条約の批准に向けて、2011（平成23）年８月に改正された障害者基本法の第16条では、「国及び地方公共団体は、障害者が、その年齢及び能力に応じ、かつ、その特性を踏まえた十分な教育が受けられるようにするため、可能な限り障害者である児童及び生徒が障害者でない児童及び生徒と共に教育を受けられるよう配慮しつつ、教育の内容及び方法の改善及び充実を図る等必要な施策を講じなければならない。」と示されました。国や地方公共団体の施策として、可能な限り障害のある子供と障害のない子供が共に教育を受けられるように配慮することが新たに明記され、インクルーシブ教育システムの充実を図る方向性を明確に示しています。

さらに、同じく第16条の第３項では、改正前に引き続き「国及び地方公共団体は、障害者である児童及び生徒と障害者でない児童及び生徒との交流及び共同学習を積極的に進めることによって、その相互理解を促進しなければならない。」と規定しており、これを受け、2017（平成29）年及び2019（平成31）年に改訂された学習指導要領においても、改訂前と同様に交流及び共同学習が明確に位置付けられています。特別支援学校の幼稚部、小・中学部、高等部のすべての段階の学習指導要領において、「障害のない幼児児童生徒との交流及び共同学習の機会を設け、共に尊重し合いながら協働して生活していく態度を育むようにすること（幼稚部においては「態度を育むよう努めるものとする。」）」とされ、交流及び共同学習を組織的、計画的に行うことが示されています。また、同様の内容は、幼稚園教育要領、小学校・中学校学習指導要領にも示されています。

文部科学省の交流及び共同学習ガイド（2019）によると、交流及び共同学習は、障害のある子供と障害のない子供の相互の触れ合いを通じて豊かな人間性を育むことを目的とする交流の側面と、教科等のねらいの達成を目的とする共同学習の側面があり、この２つの側面を分かちがたいものとして捉え、推進していく必要があります。

交流及び共同学習の内容としては、例えば、小・中学校等と学校行事やクラブ活動、部活動、自然体験活動、ボランティア活動等を合同で行う直接的な交流や、文通や作品の交換、コンピュータや情報通信ネットワークを活用してコミュニケーションを深めたりする間接的な交流が考えられます。これらの活動を通じ、学校全体が活性化するとともに、子供が幅広い体験を得て、視野を広げることにより、豊かな人間形成をはかっていくことが期待されます。

特別支援学校対象の全国調査（国立特別支援教育総合研究所，2017）によると、特別支援学校と小学校・中学校・高等学校等との間の学校間交流を実施している特別支援学校は全体の91.5％、子供が居住地における小学校・中学校で学ぶ居住地校交流を実施している特別支援学校は76.6％でした。また、参加している子供の割合は、学校間交流が68.8％、居住地校交流が12.4％でした。

充実した交流及び共同学習のためには、双方の学校同士が十分に連絡を取り合い、指導計画に基づく内容や方法を事前に検討し、各学校や障害のある子供一人一人の実態に応じた様々な配慮を行うなどして、計画的、組織的に継続した活動を行っていくことが望まれます。

3　センター的機能とその役割

(1) センター的機能の位置付けまでの経緯

1999（平成11）年に告示された盲・聾・養護学校学習指導要領では、「地域の実態や家庭の要請等により、障害のある児童生徒又はその保護者に対して教育相談を行うなど、各学校の教師の専門性や施設・設備を生かした地域における特殊教育のセンターとしての役割を果たすよう努めること」と規定されました。

2001（平成13）年1月の「21世紀の特殊教育の在り方について（最終報告）」では、「盲・聾・養護学校は、障害のある子ども一人一人の特別なニーズを把握し、必要な支援を行うため、教育、福祉、医療、労働等が一体となった相談支援体制を整備し、乳幼児期から学校卒業後にわたって、障害のある子どもやその保護者等に対して相談と支援を行う必要がある。」こと、「盲・聾・養護学校が、学校の主体性、自律性を確立し、それぞれの地域の状況や児童生徒等の実態に応じて創意工夫した取組を期待している。」ことが提言されました。

2003（平成15）年3月の「今後の特別支援教育の在り方について（最終報告）」では、「盲・聾・養護学校は、従来特定の児童生徒に対しての教育や指導を行う特別の機関として制度上位置付けられているが、今後、小・中学校等において専門性に根ざしたより質の高い教育が行われるようにするためには、盲・聾・養護学校は、これまで蓄積した教育上の経験やノウハウを生かして地域の小・中学校等における教育について支援を行うなどにより、地域における障害のある子どもの教育の中核的機関として機能することが必要である。」と提言されました。

2005（平成17）年12月の「特別支援教育を推進するための制度の在り方について（答申）」では、「今後、地域において特別支援教育を推進する体制を整備していく上で、特別支援学校（仮称）は中核的な役割を担うことが期待される。特に、小・中学校に在籍する障害のある児童生徒について、通常の学級に在籍する学習障害（LD）・注意欠陥／多動性障害（ADHD）・高機能自閉症等の児童生徒を含め、その教育的ニーズに応じた適切な教育を提供していくためには、特別支援学校が、教育上の高い専門性を生かしながら地域の小・中学校を積極的に支援していくことが求められる。」と提言されました。また、「今後、特別支援学校の機能として、小・中学校等に対する支援などを行う地域の特別支援教育のセンター的機能が一層求められる。」と示されました。

2006（平成18）年の学校教育法の改正では、第74条に「特別支援学校においては、第72条の目的を実現するための教育を行うほか、幼稚園、小学校、中学校、高等学校又は中等教育学校の要請に応じて、第81条第1項に規定する児童、生徒又は幼児の教育に関し必要な助言又は援助を行うよう努めるものとする。」と規定され、特別支援学校が地域の特別支援教育のセンター的機能を果たすことが、明確に位置付けられました。

2008（平成20）年1月の「幼稚園、小学校、中学校、高等学校及び特別支援学校の学習指導要領等の改善について（答申）」では、特別支援学校のセンター的機能について、次のように示されました。

○　地域の特別支援教育のセンターとしての役割を果たすよう次の事項について、教育課程に関連する事項として位置付けるものとする。
○　幼稚園、小学校、中学校及び高等学校等の要請により、障害のある子ども又はその教師に対し必要な助言、援助を行うことを明確にする。
○　地域における特別支援教育のセンターとしての役割を果たすよう努めること。その際、障害のある幼児等の保護者に対する早期からの相談など、関係機関等とも連携しつつ、早期支援にも努めることを明確にする。
○　組織的に取り組むための校内体制を整備することを明確にする。
○　他の特別支援学校や幼稚園、小学校、中学校及び高等学校等との連携を図ることを明確にする。

（2）センター的機能の内容

幼稚部が設置されている特別支援学校においては、医療関係機関等との連携を図り、早期からの教育相談が充実しつつあります。また、就学前の教育相談や通常の学級に在籍する発達障害のある子供への対応も含め、小・中学校等の子供の教育相談や支援など、特別支援学校が地域の中核としてセンター的機能をより強化していく必要があります。

2005（平成17）年12月の答申では、特別支援学校に期待されるセンター的機能として、次のような例示がされています。

○　小・中学校等の教員への支援機能
　個々の子供の指導に関する助言・相談、個別の教育支援計画の策定に当たっての支援など
○　特別支援教育等に関する相談・情報提供機能
　地域の小・中学校等に在籍する子供や保護者への教育相談、幼稚園等における障害のある幼児への教育相談など
○　障害のある子供への指導・支援機能
　小・中学校等の子供を対象とする通級による指導やいわゆる巡回による指導、就学前の乳児や幼児に対する指導・支援など
○　福祉、医療、労働などの関係機関等との連絡・調整機能
　個別の教育支援計画の策定の際の医療、福祉、労働などの関係機関等との連絡・調整など
○　小・中学校等の教員に対する研修協力機能
○　障害のある子供への施設設備等の提供機能

（3）センター的機能を有効に発揮するための特別支援学校の体制整備

特別支援学校がセンター的機能を果たしていく上で、次のような点が重要となります。

①　校内体制の整備

特別支援教育コーディネーターが動けばいいということではなく、効果的、効率的な活動が担えるよう校内組織を整備する必要があります。また、各学校においては、校長のリーダーシップの下に、それぞれに求められる役割に応じて目標・目的を明確にして、組織や運営の在り方を再構築し、その成果を定期的に評価するなど一層効果的な学校経営が求められます。

② 関係機関等との連携

関係機関及び特別支援学校間での適切な連携が行われることも重要です。障害のある子供の教育的支援の関係機関としては、特別支援学校、小・中学校等、児童福祉施設、保健所、医療機関、就労施設等がありますが、教育的支援という観点から考えると、特別支援学校が支援地域の中核となってネットワークを構築することが大切です。

③ 地域のニーズの把握

保育所、幼稚園、小学校、中学校、高等学校等が求めるニーズの把握を適切に行うことが大切です。小学校等でどのようなニーズがあるのかを明確にしておくことで、今後、特別支援学校がどのような支援をしていくことが可能なのかが明らかになります。

④ 専門性の充実

教員の専門性として、早期からの教育相談を含めて多様な相談に対応できる能力、様々な障害への理解と指導技術、障害者福祉や障害者雇用の考え方や制度の理解を深めることなどが重要になります。また、発達障害をはじめ、通常の学級の障害のある子供の実態把握の進め方、個別の教育支援計画の作成や通常の学級の教員に対する助言などが、これまで以上に求められます。

4　キャリア教育

「今後の学校におけるキャリア教育･職業教育の在り方について（答申）」(中央教育審議会, 2011）によれば、キャリア教育とは、「一人一人の社会的・職業的自立に向け、必要な基盤となる能力や態度を育てることを通して、キャリア発達を促す教育」のことを指します。キャリア発達とは、「社会の中で自分の役割を果たしながら、自分らしい生き方を実現していく過程」（同答申）のことです。

同答申（2011）の中では、幼児期、小学校、中学校、後期中等教育の各学校段階におけるキャリア教育の推進のポイントが示されていますが、特別支援教育においては、各学校段階におけるキャリア教育の推進を「個々の障害の状態に応じたきめ細かい指導・支援の下に行う」とされています。

特別支援学校小学部・中学部学習指導要領第１章第５節１の（３）及び高等部学習指導要領第１章第２節第５款１の（３）で、「児童又は生徒が、学ぶことと自己の将来とのつながりを見通しながら、社会的・職業的自立に向けて必要な基盤となる資質・能力を身に付けていくことができるよう、特別活動を要としつつ各教科等の特質に応じて、キャリア教育の充実を図ること。その中で、中学部においては、生徒が自らの生き方を考え（高等部においては、生徒が自己の在り方生き方を考え）主体的に進路を選択することができるよう、学校の教育活動全体を通じ、組織的かつ計画的な進路指導を行うこと。」と規定されています。

実際にキャリア教育及び職業教育を進める上で配慮すべき事項として、高等部学習指導要領第１章第２節第２款の（６）では、「学校においては、第５款の１の（３）に示すキャリア教育及び職業教育を推進するために、生徒の障害の状態や特性及び心身の発達の段階等、学校や地域の実態等を考慮し、地域及び産業界や労働等の業務を行う関係機関との連携を図り、産業現場等における長期間の実習を取り入れるなどの就業体験活動の機会を積極的に設けるとともに、地域や産業界や労働等の業務を行う関係機関の人々の協力を積極的に得るよう配慮するものとする。」と規定されています。また、その他にも、普通科、職業教育を主とする専門学科、職業に関する各教科・科目における配慮についても規定されています。

特別支援教育におけるキャリア教育を推進する上では、このような点を加えて配慮することが大切です。

引用・参考文献

・中央教育審議会.「特別支援教育を推進するための制度の在り方について（答申）」. 2005.
・中央教育審議会.「幼稚園、小学校、中学校、高等学校及び特別支援学校の学習指導要領等の改善について（答申）」. 2008.
・中央教育審議会.「今後の学校教育におけるキャリア教育・職業教育の在り方について（答申）」. 2011.
・中央教育審議会.「幼稚園、小学校、中学校、高等学校及び特別支援学校の学習指導要領　等の改善及び必要な方策等について（答申）」. 2016.
・国立特別支援教育総合研究所. 平成 28 ～ 29 年度地域実践研究 「交流及び共同学習の推進に関する研究」研究成果報告書. 2018.
・文部省. 盲学校、聾学校及び養護学校学習指導要領. 1999.
・文部科学省.「今後の特別支援教育の在り方について（最終報告）」. 2003.
・文部科学省. 小学校学習指導要領. 2017.
・文部科学省. 中学校学習指導要領. 2017.
・文部科学省. 特別支援学校教育要領・学習指導要領. 2017.
・文部科学省. 交流及び共同学習ガイド. 2019.
・文部科学省. 発達障害を含む障害のある幼児児童生徒に対する教育支援体制整備ガイドライン. 2017.
・21 世紀の特殊教育の在り方に関する調査研究協力者会議.「21 世紀の特殊教育の在り方について（最終報告）」. 2001.

小学校・中学校等における特別支援教育

2007（平成19）年の文部科学省初等中等教育局長通知（19文科初第125号）によって、幼稚園、高等学校等を含む、すべての学校において特別支援教育を実施することになりました。

各学校では、特別支援学級や通級による指導における特別な指導の充実とともに、校内委員会の設置、実態把握の実施、特別支援教育コーディネーターの指名等、校内における特別支援教育体制整備を行ってきました。ここでは、小学校・中学校等（以下、小・中学校等）における特別支援教育の現状を概説します。

1　通常の学級における特別支援教育

（1）教育課程

小・中学校及び高等学校においては、特別支援学校への就学相当である障害の程度に該当する一部の子供が、合理的配慮を含む必要な支援を受けながら通常の学級等で学んでいる実態があります。また、文部科学省による「通常の学級に在籍する特別な教育的支援を必要とする児童生徒に関する調査」の結果（文部科学省，2022）によると、質問項目に対して学級担任等が回答した内容から、学習面又は行動面で著しい困難を示すとされた児童生徒の割合が、小・中学校においては推定値8.8％、高等学校においては推定値2.2％であったことが示されています。このことから、すべての通常の学級に特別な教育的支援を必要とする児童生徒が在籍している可能性があると考えられます。

小・中学校及び高等学校の教育課程については、小学校・中学校（平成29年改訂）・高等学校（平成30年改訂）学習指導要領解説各教科編において、学習活動を行う場合に生じる「困難さ」に対する「指導の工夫の意図」「手立て」を明確にすることの重要性が示され、次のように例示されています。

> 例えば，国語科における配慮として，次のようなものが考えられる。
> ・文章を目で追いながら音読することが困難な場合**（困難さ）**には，自分がどこを読むのかが分かるように**（指導の工夫の意図）**，教科書の文を指等で押さえながら読むように促すこと，行間を空けるために拡大コピーをしたものを用意すること，語のまとまりや区切りが分かるように分かち書きされたものを用意すること，読む部分だけが見える自助具（スリット等）を活用するなどの配慮をする**（個に応じた手立て）**。（以下、省略）

※下線は著者追記

（2）校内支援体制

①　支援体制

小・中学校における特別支援教育の校内支援体制を推進するためには、校内委員会の実質的な機能の発揮のための全校的体制の構築、個別の教育支援計画や個別の指導計画の作成・活用、教職員の専門性の向上などが求められます。特に、特別支援教育の校内支援体制について、学校経営の柱の一つとして充実を図るためには、校長がリーダーシップを発揮し、校長自身が特別支援教育に関する理解を深めることが重要です。

②　特別支援教育コーディネーター

特別支援教育コーディネーターは、各学校における特別支援教育の推進のため、主に、校内委員会・校内研修の企画・運営、関係機関・学校との連絡・調整、保護者の相談窓口等の役割を担います。

特別支援教育コーディネーターは校長が指名し、校務分掌上に明確に位置付け、その役割を教職員間で共有した上で組織的に機能するよう努めることが重要です。

特別支援教育コーディネーターに求められる主な業務内容としては、学校内の関係者や関係機関との連絡調整が挙げられます。具体的には、学校内の関係者との連絡調整、ケース会議の開催、個別の教育支援計画及び個別の指導計画の作成、外部の関係者との連絡調整、保護者に対する相談窓口などが挙げられます。特に保護者との相談では、社会的障壁の除去を必要としている旨の意思の表明、すなわち合理的配慮の提供を求められることがあります。合理的配慮の提供に当たっては、学校全体で取り組む必要があることから、学校全体で協議の上、本人や保護者との合意形成を図ることが重要となります。特別支援教育コーディネーターはそういった相談の窓口としての役割も果たします。

また、特別支援教育コーディネーターには各学級担任への支援の機能も求められます。各学級の担任からの相談を受けたり、教育支援体制についての相談を受けたりします。また、進級時における相談・協力等も行います。

このようなことから、特別支援教育コーディネーターには、特別支援教育に関する高い専門性が求められるのはもちろんのこと、学校内外との連携を円滑に行うための調整力が求められます。

（3）学級経営

通常の学級に在籍する教育上特別の支援を必要とする子供に対して、適切な指導や必要な支援を行うためには、基盤となる環境や人間関係を整える必要があります。特に支援が必要な子供も含めた学級全員が、互いの良さを認め合い、大切にする温かい学級経営を心がけることが重要です。

そのためには、障害への偏見や差別を解消する教育（障害者理解教育）を推進することを通して、子供が様々な多様性を受け入れる心情や態度を育むように工夫することが重要であり、教員自身が、支援の必要な子供への関わり方の見本を示しながら、周囲の子供の理解を促していくことが大切です。

集団指導において、一人一人の障害等の特性に応じた適切な指導や必要な支援を行う際は、学級内のすべての子供に、特別な支援の必要性の理解を進め、互いの特徴を認め合い、支え合う関係を築きつつ行うことが重要です。

（4）個別の教育支援計画・個別の指導計画

障害のある子供に対しては、学校生活だけでなく、家庭生活や地域での生活を含め、長期的な視点で幼児期から学校卒業後までの一貫した支援を行うことが重要であることから、教育関係者のみならず、家庭や医療、福祉などの関係機関と連携するため、それぞれの側面からの取組を示した個別の教育支援計画を作成し活用していくことが考えられます。

2017（平成29）年告示小学校学習指導要領及び中学校学習指導要領において、障害のある子供の指導に当たっては、特別支援学校のセンター的機能を活用しつつ、個別の教育支援計画や個別の指導計画を作成することなどにより、個々の子供の障害の状態等に応じた指導内容や指導方法の工夫を計画的、組織的に行うこととされています。この学習指導要領の規定も踏まえ、個別の教育支援計画や個別の指導計画を作成するなどして、指導に当たることが求められています。

個別の教育支援計画の作成を通して、子供に対する支援の目標を長期的な視点から設定することは、学校が教育課程の編成の基本的な方針を明らかにする際、全教職員が共通理解をすべき大切な情報となります。また、教育的支援の内容については、個々の子供の障害の状態等に応じた指導内容や指導方法の工夫を検討する際の情報として、個別の指導計画に生かしていくことが重要です。

個別の指導計画は、個々の子供の実態に応じて適切な指導を行うために学校で作成されるものです。個別の指導計画は、教育課程を具体化し、障害のある子供一人一人の指導目標、指導内容及び指導方法を明確にして、きめ細やかに指導するために作成するものです。通常の学級に在籍する障害のある子供の各教科等の指導に当たっては、適切かつ具体的な個別の指導計画の作成に努める必要があることが学習指導要領にも明示されています。

（5）関係機関との連携

新しい学習指導要領の規定も踏まえ、特別支援学校をはじめとする関係機関との連携協力を、積極的に推進していく必要があります。また、通常の学級も含め、小・中学校等の教育活動全体において特別支援教育の推進が図られるように、教育委員会は学校における特別支援教育の推進体制の整備を行っていく必要があります。さらに、教員、子供、保護者への研修や広報活動等を通じた普及啓発にも積極的に取り組む必要があります。

（6）交流及び共同学習

2012（平成24）年の中央教育審議会初等中等教育分科会の「共生社会の形成に向けたインクルーシブ教育システム構築のための特別支援教育の推進（報告）」では、改正障害者基本法の理念に基づき、「障害のある子どもとない子どもができるだけ同じ場で共に学ぶことを目指すべきである。」と述べています。さらにその場合には、「それぞれの子どもが、授業内容が分かり学習活動に参加している実感・達成感を持ちながら、充実した時間を過ごしつつ、生きる力を身に付けているかどうか、これが最も本質的な視点」とし、そのための環境整備の必要性に言及しています。

このような方向性を踏まえ、同報告では、基礎的環境整備８項目のうちの１項目として、「交流及び共同学習の推進」を位置付けました。交流及び共同学習のより一層の充実を図るためには、学校内における、組織的・継続的な取組が重要です。また、同報告は、「基礎的環境整備を進めるに当たっては、ユニバーサルデザインの考え方も考慮しつつ進めていくことが重要」と指摘しており、通常の学級においては、子供のより幅広いニーズに対応する工夫が求められています。校内における特別支援学級との交流及び共同学習や、居住地校交流の場となる通常の学級においては、まず、通常の学級に在籍するすべての子供が分かりやすい授業や、子供同士がお互いを理解し合う居心地のよい学級経営に取り組むことが、交流及び共同学習を実施する上での基礎的環境整備となると考えられます。その上で、交流及び共同学習の場面では、障害のある子供が、通常の学級で共に学ぶために必要な「合理的配慮」について個別に検討し、実施することが求められます。

（7）通常の学級に在籍する特別な教育的支援を必要とする児童生徒に関する調査結果（令和４年）について

文部科学省では、通常の学級に在籍する特別な教育的支援を必要とする児童生徒の実態を明らかにすることを目的に、10年ごとに調査を実施しています。2022（令和４）年の調査は３回目に当たり、小・中学校に加え、高等学校が調査対象に追加されました。

調査結果によると、児童生徒の困難の状況について、学習面又は行動面で著しい困難を示すとされた児童生徒の割合は、小・中学校では8.8%、高等学校では2.2%でした（高等学校については、公立の全日制又は定時制に在籍する１～３年次が対象）。そのうち、学習面で著しい困難を示す児童生徒の割合は、小・中学校では6.5%、高等学校では1.3%、「不注意」又は「多動性－衝動性」の問題を著しく示す児童生徒は、小・中学校では4.0%、高等学校では1.0%、「対人関係やこだわり等」の問題を著しく示す児童生徒は、小・中学校では1.7%、高等学校では0.5%でした（**図Ⅰ－４－１**）。

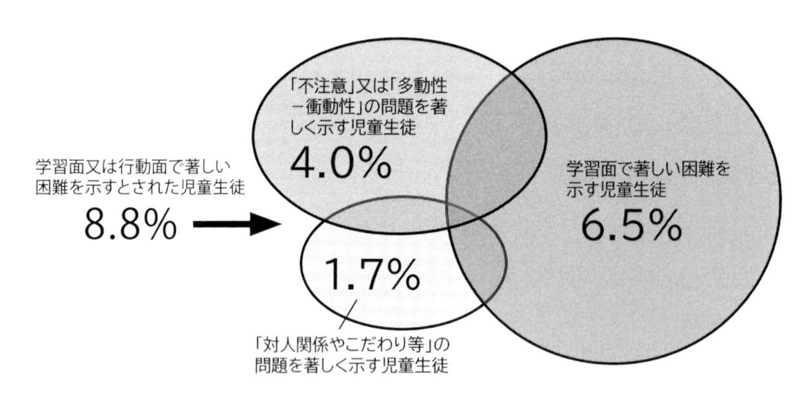

図Ⅰ－４－１　学習面、各行動面で著しい困難を示すとされた児童生徒数の割合（小・中学校）

学習面又は行動面で著しい困難を示す児童生徒の割合が、前回の調査から増加した一つの理由として、通常の学級の担任を含む教師や保護者の特別支援教育に関する理解が進んだことが考えられます。今後は、学習面又は行動面で著しい困難を示す児童生徒以外にも特別な教育的支援を必要としている児童生徒がいることを念頭に支援を検討することが必要です。

児童生徒が受けている支援の状況について、校内委員会で特別な教育的支援が必要と判断されている、個別の指導計画を作成している、授業時間内に教室内で個別の配慮・支援を行っているなど、前回の調査と比較して割合が高くなっていました。（図Ⅰ－4－2）このことから、特別支援教育に関する理解啓発や研修等の機会が増え、学校における特別支援教育に対する理解が深まっている状況がうかがえます。

一方、専門家との連携についてはまだ十分とは言えない状況であることから、必要な時に支援を得ることができるよう、学校として外部機関等の情報を把握しておくことや、教員が相談しやすい体制を整備することなど、連携の方法を考えておくことが求められています。

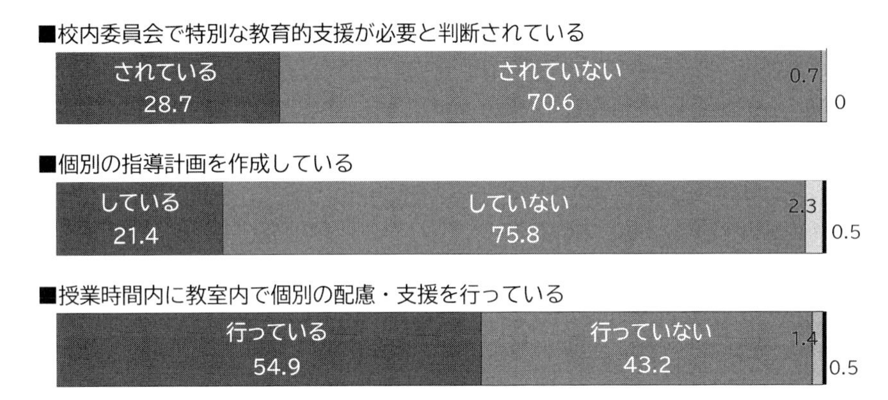

図Ⅰ－4－2　小・中学校において児童生徒の受けている支援の状況（一部抜粋）

2　特別支援学級における教育

小・中学校における障害のある子供の学びの場として、特別支援学級が設置されている学校があります。ここでは、特別支援学級の仕組み等について述べます。

（1）制度

特別支援学級は、障害のある子供を対象とする学級であり、2006（平成18）年の学校教育法の改正で「特殊学級」から名称が改められました。学校教育法第81条第2項には、「小学校、中学校、高等学校及び中等教育学校には、次の各号のいずれかに該当する児童及び生徒のために、特別支援学級を置くことができる」と規定し、その対象として知的障害者、肢体不自由者、病弱・身体虚弱者、弱視者、難聴者、その他障害のある者で特別支援学級において教育を行うことが適当なものとしています。その他としては、これまで言語障害、自閉症・情緒障害の特別支援学級が設けられています。

（2）教育課程

特別支援学級の教育課程は、学校教育法施行規則第138条において、「小学校若しくは中学校又は中等教育学校の前期課程における特別支援学級に係る教育課程については、特に必要がある場合は、第50条第1項、第51条及び第52条の規定並びに第72条から第74条までの規定にかかわらず、特別の教育課程によることができる。」と規定されています。

この規定により、特別支援学級において特別な教育課程を編成して教育を行う場合であっても、特別支援学級は小・中学校に設置された学級であるため、学校教育法に定める小学校及び中学校の目的・目標を達成するものである必要があります。そして、特別の教育課程を編成する場合には、子供の障害の状態等に応じて、特別支援学校の小学部・中学部学習指導要領を参考とし、例えば、障害による学習上又は生活上の困難の改善・克服を目的とした指導領域である「自立活動」を取り入れたり、各教科の目標・内容を下学年の教科の目標・内容に替えたり、各教科を特別支援学校（知的障害）の各教科に替えたりするなどして、実情に合った教育課程を編成する必要があります。

（3）学級経営

小学校及び中学校学習指導要領解説総則編では、「障害のある児童などの指導に当たっては、担任を含む全ての教師間において、個々の児童に対する配慮等の必要性を共通理解するとともに、教師間の連携に努める必要がある。」とされています。また、集団指導において、障害のある子供一人一人の特性等に応じた必要な配慮等を行う際は、教師の理解の在り方や指導の姿勢が、学級の子供に大きく影響することに十分留意し、学級内において温かい人間関係づくりに努めながら、「特別な支援の必要性」の理解を進め、互いの特徴を認め合い、支え合う関係を築いていくことが大切であることが示されています。

（4）個別の教育支援計画・個別の指導計画

2017（平成29）年告示小学校学習指導要領及び中学校学習指導要領において、通常の学級に在籍する子供のうち、障害のある子供などについては、家庭、地域及び医療や福祉、保健、労働等の業務を行う関係機関との連携を図り、長期的な視点で児童への教育的支援を行うために、個別の教育支援計画を作成し活用することが努力義務として位置付けられました。同様に、各教科等の指導に当たって、個々の子供の実態を的確に把握するために個別の指導計画を作成し活用することについても努力義務として定められました。

同学習指導要領では、小・中学校に設置されている特別支援学級に在籍し指導を受ける子供については、個々の児童の実態を的確に把握し、個別の教育支援計画や個別の指導計画を作成し、効果的に活用するものとすることが義務付けられました。

特別支援学級に在籍している子供のなかには、医療や福祉等に関係する機関と指導や支援に関して情報の共有が必要な場合があります。この場合、個人情報保護の観点から、個別の教育支援計画の管理については漏洩のないように適切に保管するほか、保護者と緊密に連絡を取りながら、作成及び共有に関する承諾を得ることも必要となります。

また、作成に当たっては、校内の特別支援教育コーディネーターと連携を図りながら行っていくことも大事です。

（5）関係機関との連携

特別支援学級に在籍している子供の実態は、多種多様です。ベテランの担任であっても、その専門性には、限界があります。特別支援学校のセンター的機能の活用や医療・療育機関等からの専門家の招聘等を行い、特別支援学級の教育の質の向上を図ることも必要です。

関係機関との連携を図る際には、全校支援体制の観点から、管理職や特別支援教育コーディネーターと綿密に打合せをした上で実施することが大事です。特別支援学級の担当者が単独で連携などを図ることは避ける必要があります。

また、関係機関等との連携を図る際や、専門家を招聘したケース会議等を行う場合には、対象の子供の実態や長期・短期的な目標を共有するために、個別の教育支援計画を活用することも視野に入れる必要があります。

(6) 交流及び共同学習

文部科学省（2017）が全国の小学校・中学校・高等学校を対象に実施した、交流及び共同学習等実施状況調査によると、特別支援学級が設置されている小学校・中学校のほぼすべてにおいて、特別支援学級に在籍する子供が、通常の学級に在籍する子供と共に学ぶ、校内での交流及び共同学習が実施されていることが示されています。各学校においては、日常の学習や生活など様々な場面で、特別支援学級の子供が通常の学級の子供と活動を共にしていることがうかがわれます。

学習指導要領解説において、特別支援学級に在籍する子供と、通常の学級に在籍する子供との交流及び共同学習については、「双方の児童（生徒）の教育的ニーズを十分把握し、校内の協力体制を構築し、効果的な活動を設定することなどが大切である。」と記されています。充実した交流及び共同学習に継続して取り組んでいくためには、交流及び共同学習によって、特別支援学級の子供のどのような資質・能力を育成するのかを明確にした上で、教育課程に位置付け、年間を通じて計画的に取組を進めていくことが求められます。

障害のある子供が通常の学級で学ぶ際には、その授業の目標、内容、方法における変更調整等、様々な合理的配慮が必要となる場合があります。障害のある子供の交流及び共同学習における学びを保障し、また、周囲の子供との相互理解を深めるためにも、特別支援学級の担任と通常の学級の担任との間で、効果的・効率的に情報共有を図ることは重要です。

3　通級による指導

小・中学校等の通常の学級に在籍している障害のある子供に対する指導として、通級による指導があります。ここでは、通級による指導の仕組み等について述べます。

(1) 制度

1992（平成４）年３月に、文部省の「通級学級に関する調査研究協力者会議」は、「通級による指導に関する充実方策について（審議のまとめ）」を取りまとめ、通級による指導の制度化に関する提言を行いました。これを受けて、1993（平成５）年１月に、「学校教育法施行規則の一部を改正する省令」と「学校教育法施行規則第73条の21第１項の規定による特別の教育課程について定める件」（平成５年文部省告示第７号）が告示され、同年４月から施行されました。この時点での通級による指導の対象は、言語障害、情緒障害、弱視、難聴とその他とされており、その他としては、肢体不自由と病弱･身体虚弱が想定されていました。

その後、2005（平成17）年12月の「特別支援教育を推進するための制度の在り方について（答申）」（中央教育審議会）で、「通級による指導については、指導時間数及び対象となる障害が限定されており、特別支援教育を推進する観点から、より弾力的な対応ができるようにする必要がある」と提言されました。

これを受け、2006（平成18）年３月に学校教育法施行規則の一部改正が行われ、これまでの情緒障害を自閉症と情緒障害に区分するとともに、新たに学習障害（LD）と注意欠陥／多動性障害（ADHD）が対象とされました。また、指導時間数についても以下に示すように弾力化されました。

通級による指導とは、小学校又は中学校の通常の学級に在籍している軽度の障害のある子供に対して、主として各教科等の指導を通常の学級で行いながら、障害に応じた特別の指導を特別の指導の場で行う指導形態です（学校教育法施行規則第140条及び第141条）。

また、2016（平成28）年３月に高等学校における特別支援教育の推進に関する調査研究協力者会議がとりまとめた「高等学校における通級による指導の制度化及び充実方策について（報告）」が出され、このことを踏まえて法改正が行われた結果、2018（平成30）年度より、高等学校においても通級による指導を行うことが制度上可能になりました。

特別の指導については、特別支援学校学習指導要領の自立活動の内容を参考にして、個々の子供の障害の状態等に応じた具体的な目標や内容を定めて指導を行うことになります。

通級による指導の時間数については、自立活動及び教科指導の補充を併せて、年間35単位時間（週１単位時間）から年間280単位時間（週８単位時間）までが標準として示されています。また、学習障害者（LD）及び注意欠陥／多動性障害者（ADHD）の子供の指導時間数については、月１単位時間程度でも指導上の効果が期待できる場合もあることから、年間10単位時間（月１単位時間）から年間280単位時間までが標準として示されています。

通級による指導の対象となるのは、学校教育法施行規則第140条の各号のいずれかに該当する子供（特別支援学級の児童及び生徒を除く）であり、言語障害者、自閉症者、情緒障害者、弱視者、難聴者、学習障害者（LD）、注意欠陥／多動性障害者（ADHD）、その他障害のある者で特別の教育課程による教育を行うことが適当なものとされています。

（2）教育課程

通級による指導を行う場合には、学校教育法施行規則第50条第１項、第51条及び第52条の規定並びに第72条から第74条の規定にかかわらず特別の教育課程によることができ、上記の特別の指導を、小学校、中学校、義務教育学校・高等学校又は中等教育学校の教育課程に加え、又はその一部に替えることができるとされています（学校教育法施行規則第140条、平成５年文部省告示第７号）。

（3）教室経営

通級による指導は、特別支援学校の学習指導要領に規定する自立活動の目標や内容を参考として実施することとなります。

そのため、通級担当教員は、小・中学校の学習指導要領を理解しておくとともに、特別支援学校の学習指導要領の自立活動の目標・内容についても理解しておく必要があります。自立活動の実態把握から目標・内容の設定の考え方や手続きについては、特別支援学校学習指導要領解説の自立活動編に、実態把握から具体的な指導内容を設定するまでの流れの例（流れ図）の記載がありますから、参考にすると良いでしょう。

通級指導教室において対象の子供が学ぶ自立活動の内容は、在籍する通常の学級の担任もその内容を念頭において指導を行う必要があります。このことから、子供が在籍する通常の学級の担任と随時、学習の進捗状況等について情報交換を行うとともに、子供に対して作成される個別の指導計画に、通級による指導における指導内容等も記載して、ひいては通級による指導における効果が、通常の学級においても波及することを目指すことが重要です。

（4）個別の教育支援計画・個別の指導計画

2017（平成29）年告示小学校学習指導要領及び中学校学習指導要領において、特別支援学級に在籍する子供と同様に、通級による指導を受けている子供についても、個々の子供の実態を的確に把握し、個別の教育支援計画や個別の指導計画を作成し、効果的に活用するものとすることが義務付けられました。

障害のある子供については、家庭、地域及び医療や福祉、保健、労働等の関係機関との連携を図り、長期的な視点で子供への教育的支援を行うために、個別の教育支援計画を作成し活用することや、各教科等の指導、とりわけ通級による指導において行う自立活動の指導に当たって、個別の指導計画を作成し活用することが求められます。

特別支援学級に在籍する子供と同様、通級による指導を受けている子供のなかには、医療や福祉等に関係する機関と指導や支援に関して情報の共有が必要な場合があります。この場合、個別の教育支援計画を用いて協議等を行うことがありますが、個人情報保護の観点から、個別の教育支援計画の管理については漏洩のないように適切に保管するほか、保護者と緊密に連絡を取りながら、共有に関する承諾を得ることも必要となります。

また、作成に当たっては、校内の特別支援教育コーディネーター及び在籍学級の担任と連携を図りながら行っていくことも大事です。

4　幼稚園等や高等学校における特別支援教育

（1）幼稚園等における特別支援教育

幼児教育は、生涯にわたる人格形成の基礎を培う重要な役割を担っており、幼児期の特性を踏まえ、環境を通して行う教育を基本としています。子供の発達は、大筋、共通した過程をたどると考えられますが、一人一人に目を向けると、その発達は必ずしも一様ではありません。そこで、教師は子供の行動に温かい関心を寄せ、心の動きに応答し、共に考えるなど一人一人に応じることの基本姿勢をもつことが大切です。幼稚園教育要領（文部科学省, 2017）に、「一人一人の発達の特性に応じた指導」の大切さが示されている通り、一人一人に応じた関わりを基本に、特別な配慮を必要とする子供についても、障害に関する知識や配慮等に関する正しい理解と認識を深めること、障害の種類や程度によって一律に指導内容や指導方法を決めるのではなく、障害の状態等により、一人一人に応じた指導内容や指導方法の工夫を検討し、保育を展開することが求められます。

幼稚園等において特別支援教育の推進を図るためには、園長等施設長の責任の下、園内委員会を設置して、特別支援教育コーディネーターを指名し、園全体の特別支援教育の体制を充実させることや「個別の教育支援計画」「個別の指導計画」を作成し活用に努めることが大切です。そして、全職員が個々の子供に対する配慮等の必要性を共通理解し、園全体で協力体制を整え、計画的に支援を行うことが必要です。そこで教師は、保育を振り返り、子供一人一人のよさや可能性、特徴的な姿や伸びようとしている力を把握するとともに、指導内容や指導方法が適切であったかどうかを把握し、指導の改善に生かすこと、障害のある子供のありのままの姿を受け止め、子供が安心して、ゆとりをもって周囲の環境と十分に関わり、発達していくようにすることが大切です。

（2）高等学校における特別支援教育

高等学校における特別支援教育の議論の端緒は、2005（平成17）年の発達障害者支援法において、「高等学校に在学する発達障害児が障害の状態に応じ、十分な教育を受けられるようにするため、適切な教育的支援、支援体制の整備その他の必要な措置を講じるものとする」と規定された時期までさかのぼります。その後、2007（平成19）年の学校教育法が改正により特殊教育から特別支援教育へ転換され、高等学校においても校内委員会の設置、特別支援教育コーディネーターの指名，個別の指導計画や個別の教育支援計画の作成・活用等が行われるようになりました（文部科学省初等中等教育局長通知，2007）。教育委員会や各学校では、校内や地域の支援体制の構築や、指導・支援の充実に向けた取組を行ってきました。このような中、2018（平成30）年の学校教育法施行規則の改正により、高等学校に「通級による指導」が制度化されました。

高等学校は、課程や学科等の特色に応じた学校設定教科・科目を設定するなど、特色ある教育課程を編成した教育を行ってきました。また、特別支援学級が設置されていないため、通常の学級で特性や障害のある子供への個別的な指導・支援を行いながら、通級による指導を行うこととなります。このため、特別支援教育コーディネーターや通級による指導等の担当教員だけではなく、全ての教職員が生徒理解や特別支援教育への理解を深めることが重要です。「教科指導」、「生徒指導」、「進路指導」など、高等学校がこれまで培ってきた個別的な指導・支援の観点を活かしながら、一人一人の生徒への指導・支援の充実を図っていく必要があります。

引用・参考文献

- 中央教育審議会初等中等教育分科会. 共生社会の形成に向けたインクルーシブ教育システム構築のための特別支援教育の推進（報告）. 2012.
- 文部科学省. 改訂第3版　障害に応じた通級による指導の手引き－解説とQ&A－. 2018.
- 文部科学省. 発達障害を含む障害のある幼児児童生徒に対する教育支援体制整備ガイドライン～発達障害等の可能性の段階から, 教育的ニーズに気付き, 支え, つなぐために～. 2017.
- 文部科学省. 通常の学級に在籍する特別な教育的支援を必要とする児童生徒に関する調査結果について. 2022.
- 文部科学省. 障害のある児童生徒との交流及び共同学習等実施状況調査結果. 2017.
- 文部科学省. 交流及び共同学習ガイド. 2019.
- 文部科学省. 幼稚園教育要領解説. 2018.
- 文部科学省. 小学校学習指導要領解説国語編. 2017
- 国立特別支援教育総合研究所. 平成24年度～25年度専門研究B「高等学校における発達障害等の特別な支援を必要とする生徒への指導・支援に関する研究－授業を中心とした指導・支援の在り方－」研究成果報告書. 2014.
- 国立特別支援教育総合研究所. 平成26年度～27年度　専門研究A「今後の特別支援教育の進展に資する特別支援学校及び特別支援学級における教育課程に関する実際的研究」（B－301　小学校・中学校管理職のための特別支援学級の教育課程編成ガイドブック－試案－）. 2016.
- 国立特別支援教育総合研究所. 平成28-29年度地域実践研究「交流及び共同学習の推進に関する研究」研究成果報告書. 2017.

5 特別支援教育関係法令等

ここでは、特別支援教育に携わる上で把握しておきたい法令や審議会報告等について、その内容について知ることができるWebサイトのURLとともに、時系列順に記載しています。

法律・政令・省令に関しては、公布・施行・改正等の際に発出され、概要や留意点を記載した通知を掲載したページを紹介しています。

なお、法律・政令・省令本文については、e-Gov（イーガブ）の法令データ提供システム（https://laws.e-gov.go.jp/）で検索し、閲覧することができます。

○発達障害のある児童生徒などへの支援について（通知） 2005（平成17）年4月11日

https://www.mext.go.jp/a_menu/koutou/gakuseishien/1290235.htm

この通知は、発達障害者支援法の施行に伴い、教育現場での支援体制整備を求めている。内容としては、発達障害の早期発見や、専門家チームの設置、校内委員会の設置、特別支援教育コーディネーターの指名、個別の指導計画及び教育支援計画の作成など、具体的な取組を推進している。また、発達障害のある学生への教育上の配慮や、教員の専門性向上のための研修実施も求めている。

○学校教育法施行規則の一部改正等について（通知） 2006（平成18）年3月31日

https://www.mext.go.jp/b_menu/hakusho/nc/06050814/001.pdf

この通知は、学校教育法施行規則の一部改正等について周知することを目的としている。

改正の趣旨としては、学習障害（LD）や注意欠陥多動性障害（ADHD）を持つ児童生徒への指導及び支援の充実を図ることが挙げられている。内容として、これらの障害を持つ児童生徒を通級指導の対象に加えることや、授業時数の標準の弾力化が示されている。また、自閉症者と情緒障害者の分類を見直し、適切な指導を行う必要性についても言及されている。

○通級による指導の対象とすることが適当な自閉症者、情緒障害者、学習障害者又は注意欠陥多動性障害者に該当する児童生徒について（通知） 2006（平成18）年3月31日

https://www.mext.go.jp/b_menu/hakusho/nc/06050817/001.pdf

この通知は、通級による指導の対象となる自閉症、情緒障害、学習障害、注意欠陥多動性障害の児童生徒について、その対象者や指導の留意点を示している。具体的には、対象となる障害の種類と程度、保護者の意見や専門医の診断を含む総合的な判断基準、さらに校内委員会や専門家チームの活用を推奨している。また、対象外の場合でも通常の学級での適切な配慮を行うべきことが強調されている。

○特別支援教育の推進のための学校教育法等の一部改正について（通知） 2006（平成18）年

http://warp.ndl.go.jp/info:ndljp/pid/11373293/www.mext.go.jp/b_menu/hakusho/nc/06072108.htm

この通知は、特別支援教育の推進を目的とした学校教育法等の改正について示している。この法改正で

は、障害の重複化・多様化に対応し、個々の教育ニーズに応じた指導を行うため、盲学校、聾学校、養護学校を統合し「特別支援学校」とする制度を創設している。また、小・中学校における特別支援教育の充実、関係機関との連携、教員免許制度の改正等を通じ、障害のある児童生徒への教育環境の改善を図ることを目的とした。

○障害者の権利に関する条約　2006（平成18）年12月18日

http://www.mofa.go.jp/mofaj/gaiko/jinken/index_shogaisha.html

障害者の権利に関する条約は、障害者の尊厳、自律及び自立の尊重、無差別、社会への完全かつ効果的な参加と包容を基本原則として定めている。この条約は、合理的配慮の提供を含め、障害に基づくいかなる差別も禁止し、すべての障害者があらゆる人権及び基本的自由を完全に享有できるようにすることを締約国に義務付けている。教育に関しては、第24条においてインクルーシブ教育システムの構築を求め、障害者が他者と平等に教育を受ける権利を保障している。また、合理的配慮は第2条で「必要かつ適切な変更及び調整」と定義されており、教育現場では個別の支援が求められている。さらに、条約の実施及び監視のため、国内枠組みを設け、締約国が進捗状況を障害者の権利に関する委員会に報告する仕組みも構築されている。このように、条約は障害者が社会に積極的に参加できる環境づくりを目指している。

この条約は、2006（平成18）年12月18日に国際連合総会で採択され、2014（平成26）年1月20日に我が国が批准している。

○学校教育法等の一部を改正する法律の施行に伴う関係政令等の整備について（通知）

2007（平成19）年3月30日

http://warp.ndl.go.jp/info:ndljp/pid/11373293/www.mext.go.jp/b_menu/hakusho/nc/07061122.htm

この通知は、2007（平成19）年3月22日に公布され4月1日に施行された「学校教育法等の一部を改正する法律」に基づき、特別支援教育を推進するための政省令や告示の改正内容を示している。主な改正点は、障害のある児童の就学先決定時に保護者の意見聴取を義務付けることや、特別支援学校の対象となる障害の程度に関する規定の見直しなどである。これにより、特別支援学校への円滑な移行と、児童生徒の教育的ニーズに応じた適切な教育の実現を目指している。

○特別支援教育の推進について（通知）　2007（平成19）年4月1日

http://warp.ndl.go.jp/info:ndljp/pid/11373293/www.mext.go.jp/b_menu/hakusho/nc/07050101.htm

この通知は、特別支援教育が法的に位置付けられた改正学校教育法が施行されるに当たり、幼稚園、小学校、中学校、高等学校、中等教育学校及び特別支援学校において行う特別支援教育について、以下により基本的な考え方、留意事項等をまとめて示している。特別支援教育は、障害のある幼児・児童・生徒の自立や社会参加を支援することを目的とし、すべての学校で実施されるべき教育活動である。その理念に基づき、校内委員会の設置や特別支援教育コーディネーターの指名、個別支援計画や個別指導計画の作成、教員の専門性向上などが求められている。また、地域の関係機関との連携や保護者との協力を強化し、早期発見・早期支援を実現する取組も強調されている。さらに、特別支援学校には地域のセンター機能としての役割が期待され、共生社会の実現に向けた基盤となるべきであると位置付けている。

○中央教育審議会答申「今後の学校におけるキャリア教育・職業教育の在り方について」
2011（平成23）年1月31日
・https://www.mext.go.jp/component/b_menu/shingi/toushin/__icsFiles/afieldfile/2011/02/01/1301878_1_1.pdf

この報告書では、各学校段階において特別支援教育の観点からも、キャリア教育を推進する際のポイントを示している。具体的には、「第2章　発達の段階に応じた体系的なキャリア教育の充実方策」の「3. 各学校段階における推進のポイント」に「特別支援教育」の項、「第3章　後期中等教育におけるキャリア教育・職業教育の充実方策」に「4.　特別支援学校高等部におけるキャリア教育・職業教育の充実」等で、発達段階に応じた体系的な学習の積み上げを重視し、小学校では職業観の芽生えを育むこと、中学校では社会参加を意識した体験活動、高校では将来の進路選択に向けた具体的なスキルの習得が挙げられている。これらの取組を通じて、障害を持つ生徒が自立した社会生活を送るための基盤を形成することを目指している。

○障害者基本法の一部を改正する法律の公布・施行について（通知）　2011（平成23）年8月2日
https://www8.cao.go.jp/shougai/suishin/kihonhou/pdf/koufu.pdf

この通知は、障害者基本法の改正に関する概要を示し、すべての国民が障害の有無にかかわらず尊重され、共生社会を実現するための基本原則を明確にしている。改正法では、差別の禁止や合理的配慮の提供、教育や雇用の支援、地域社会での共生の推進が柱として定められている。特に第16条では、教育に関する規定が設けられ、国及び地方公共団体が障害者の特性や能力に応じた十分な教育を提供するために必要な施策を講じることが求められている。障害の有無にかかわらず児童が共に学ぶ環境の整備、相互理解を促進するための交流や共同学習の推進、教育内容や方法の改善、適切な教材や施設の整備、人材の確保などが含まれている。また、障害者本人やその保護者に対して十分な情報提供を行い、可能な限り意向を尊重することも求められている。この改正は、国際的な障害者権利条約への対応を含むものであり、関係機関・団体及び住民への周知が強調されている。

（関連）障害者基本法の改正について　2011（平成23）年8月
http://www8.cao.go.jp/shougai/suishin/kihonhou/kaisei2.html
改正法につき、概要、新旧対照表、衆議院・参議院の附帯決議も含め掲載。

○特別支援学校等における医療的ケアの今後の対応について（通知）　2011（平成23）年12月20日
https://www.mext.go.jp/b_menu/shingi/chousa/shotou/087/houkoku/1314048.htm

介護サービスの基盤強化のための介護保険法等の一部を改正する法律による社会福祉士及び介護福祉士法の一部改正に伴い、2012（平成24）年4月より一定の研修を受けた介護職員等は一定の条件の下にたんの吸引等の医療的ケアができるようになったことを受け、これまで実質的違法性阻却の考え方に基づいて医療的ケアを実施してきた特別支援学校の教員についても、制度上実施することが可能となった。

この通知は、新制度下において特別支援学校が医療的ケアを行うに当たっての基本的な考え方や体制整備を図る上で留意すべき点や、今回の制度が幼稚園、小学校、中学校、高等学校、中等教育学校においても適用されることを考慮し、特別支援学校での実施経験等を踏まえ、「特別支援学校等における医療的ケアの実施に関する検討会議」が取りまとめた「特別支援学校等における医療的ケアへの今後の対応について」（平成23年12月9日）を受け、今後、特別支援学校及び小・中学校等において、新制度を効果的に活用し、医療的ケアを必要とする児童生徒等の健康と安全を確保するに当たり留意すべき点等について示した。

○合理的配慮等環境整備検討ワーキンググループ　報告　－学校における「合理的配慮」の観点－

2012（平成 24）年2月 13 日

https://www.mext.go.jp/b_menu/shingi/chukyo/chukyo3/046/attach/1316184.htm

この報告は、障害のある子どもが他の子どもと平等に教育を受ける権利を享受できるよう、学校における合理的配慮の定義や決定方法、基礎的環境整備の在り方を詳細に検討している。特に、教育内容・方法、支援体制、施設・設備の各観点から合理的配慮の具体例を提示し、早期からの教育相談や放課後支援、教職員の専門性向上の重要性も強調している。

○地域社会における共生の実現に向けて新たな障害保健福祉施策を講ずるための関係法律の整備に関する法律の公布について（通知）　2012（平成 24）年6月 27 日

http://www.mhlw.go.jp/seisakunitsuite/bunya/hukushi_kaigo/shougaishahukushi/sougoushien/dl/tsuuchi-h24-0627-03.pdf

この通知は、地域社会における共生の実現を目指し、新たな障害保健福祉施策を整備するための法律の公布について告知している。この法律では、「障害者総合支援法」への改正を通じて、支援対象を難病患者などへ拡大し、地域生活支援体系を強化することが盛り込まれている。具体的には、重度訪問介護の対象拡大やグループホームの一元化、地域生活支援事業の追加などが行われる。また、国や地方自治体が障害福祉サービスの提供体制を計画的に整備し、障害者やその家族、関係者の意見を反映する仕組みを導入している。この法律の施行により、障害の有無にかかわらず、全ての人が尊重し合い、共生できる社会の構築を目指している。

○障害のある幼児児童生徒の給食その他の摂食を伴う指導に当たっての安全確保について（通知）

2012（平成 24）年7月3日

http://warp.ndl.go.jp/info:ndljp/pid/11373293/www.mext.go.jp/b_menu/hakusho/nc/1326730.htm

この通知は、障害のある幼児児童生徒の給食や摂食指導における安全確保の重要性を強調し、事故の再発防止を目的としている。特別支援学校で発生した誤嚥事故を受け、文部科学省は給食指導の留意点を整理し、関係機関に周知するよう要請している。具体的には、嚥下障害などがある場合、医師や専門家の助言を基に調理形態や摂食指導方法を決定し、保護者や関係者間で十分に検討することが求められている。また、複数の教職員で指導に当たることや、食べやすい献立の作成、適切な食事姿勢の保持、食事中の観察といった具体的な対応が挙げられている。さらに、万一の事故に備えて専門家の指導を受け、教職員間で共有すること、寄宿舎での食事を含めた安全確保の徹底も求められている。

○中央教育審議会初等中等教育分科会報告「共生社会の形成に向けたインクルーシブ教育システム構築のための特別支援教育の推進」　2012（平成 24）年7月 23 日

http://www.mext.go.jp/b_menu/shingi/chukyo/chukyo3/044/houkoku/1321667.htm

この報告では、障害者の権利に関する条約の国連における採択、政府の障害者制度改革の動き、中央教育審議会での審議、障害者基本法の改正等を受け、1．共生社会の形成に向けて（（1）共生社会の形成に向けたインクルーシブ教育システムの構築、（2）インクルーシブ教育システム構築のための特別支援教育の推進、（3）共生社会の形成に向けた今後の進め方）、2．就学相談·就学先決定の在り方について（（1）早期からの教育相談・支援、（2）就学先決定の仕組み、（3）一貫した支援の仕組み、（4）就学先相談、就学先決定に係る国・都道府県教育委員会の役割）、3．障害のある子どもが十分に教育を受けられるための合理的配慮及びその基礎となる環境整備（（1）「合理的配慮」について、（2）「基礎的環境整備」について、(３) 学校における「合理的配慮」の観点、(４)「合理的配慮」の充実)、４．多様な学びの場の整備と学校間連携等の推進 ((１) 多様な学びの場の整備と教職員の確保、(２) 学校間連携の推進、(３) 交流及び共同学習の推進、(４) 関係機関等との連携)、５．特別支援教育を充実させるための教職員の専門性向上等 ((１) 教職員の専門性の確保、(２) 各教職員の専門性、養成・研修制度等の在り方、(３) 教職員への障害のある者の採用・人事配置) について提言している。

○病気療養児に対する教育の充実について（通知）　2013（平成 25）年３月４日

http://warp.ndl.go.jp/info:ndljp/pid/11373293/www.mext.go.jp/b_menu/hakusho/nc/1332049.htm

この通知は、第二期がん対策推進基本計画(平成 24 年６月) 等に基づく「小児がん拠点病院」指定を受け、今後の病気療養児への指導等の在り方について、小児がん拠点病院の指定に伴う対応、病院を退院後も通学が困難な病気療養児への対応等について示している。

○障害を理由とする差別の解消の推進に関する法律の公布について（通知）

2013（平成 25）年６月 28 日

https://warp.ndl.go.jp/info:ndljp/pid/11373293/www.mext.go.jp/b_menu/hakusho/nc/1338278.htm

この通知は、2013（平成 25）年６月 26 日に公布された「障害を理由とする差別の解消の推進に関する法律」の施行準備に向けたものとなっている。教育関係機関や自治体に対し、その内容を所管の学校や関係者に周知することを求めている。

障害を理由とする差別の解消の推進に関する法律の内容は以下のようなものを挙げられる。①国の行政機関や地方公共団体等及び民間事業者による「障害を理由とする差別」の禁止、②差別を解消するための取組について政府全体の方針を示す「基本方針」の作成、③行政機関等ごと、分野ごとに障害を理由とする差別の具体的内容等を示す「対応要領」・「対応指針」の作成のほか、相談及び紛争の防止等のための体制の整備、啓発活動等の障害を理由とする差別を解消するための支援措置等。

禁止される「障害を理由とする差別」は「不当な差別的取扱い」と「合理的配慮の不提供」であり、合理的配慮の提供は国の行政機関・地方公共団体等においては法的義務、民間事業者においては努力義務としている。

（関連）障害を理由とする差別の解消の推進

https://www8.cao.go.jp/shougai/suishin/sabekai.html

法律本文、基本方針、対応要領・対応指針、相談窓口、合理的配慮の提供等及び事例集等。

○障害のある児童生徒の教材の充実に関する検討会報告「障害のある児童生徒の教材の充実について」　2013（平成 25）年８月 28 日

http://www.mext.go.jp/a_menu/shotou/tokubetu/material/1339114.htm

この報告では、障害のある児童生徒の教育環境整備における教材の重要性について、現状と課題を明らかにし、今後の推進方策を示している。具体的には、発達障害や視覚障害を含む多様な障害に対応した教材や支援機器の整備充実、ICT 活用による教育支援、合理的配慮の実施が不可欠であるとしている。例えば、音声教材や拡大教科書の整備、障害特性に応じたアプリケーションや支援機器の開発が提案されている。また、教員の指導力向上を目的とした研修や、外部専門家との連携を通じた教材の適切な活用の支援が重要視されている。さらに、産業界や大学との協力を得て教材開発を進め、特別支援教育の質向上を目指すべきであるとしている。これらの取組は、障害のある児童生徒が十分な教育を受け、自立と社会参加を実現するための環境整備を強化し、共生社会の形成に寄与するものであることを示している。

○学校教育法施行令の一部改正について（通知） 2013（平成 25）年9月1日

http://www.mext.go.jp/a_menu/shotou/tokubetu/material/1339311.htm

この通知では、学校教育法施行令の一部改正について説明している。改正の趣旨は、インクルーシブ教育システムの構築を目指し、障害のある児童生徒の就学先決定の仕組みを見直すことにある。具体的には、保護者や専門家の意見を聴取し、本人の教育的ニーズや地域の教育環境を総合的に考慮して就学先を決定する仕組みの導入、転学の検討基準の拡充、区域外就学の規定整備が含まれる。また、市町村教育委員会が十分な時間的余裕をもって保護者の意向を最大限尊重することや、障害者基本法に基づき配慮を行うことが求められている。これらの改正は、インクルーシブな教育環境の実現を促進するものであり、2013（平成 25）年9月1日から施行された。

○障害者基本計画（第３次） 2013（平成 25）年9月 27 日閣議決定

https://www8.cao.go.jp/shougai/suishin/kihonkeikaku25.html

この計画は、障害者基本法第 11 条第１項に基づく政府の障害者のための施策の最も基本的なものであり、2013（平成 25）年度から 2017（平成 29）年度までのおおむね５年間を対象としている。本計画は、障害の有無にかかわらず、すべての人が人格と個性を尊重し合い共生する社会を実現するため、障害者の自立と社会参加を支援する施策を包括的に展開している。その中で、インクルーシブ教育システムの構築が重要な柱として位置付けられている。このシステムは、障害のある児童生徒が合理的配慮を含む必要な支援を受けつつ、障害のない児童生徒と共に学ぶ仕組みを整備するものである。具体的には、教育的ニーズに応じた柔軟な学びの場の提供、個別の教育支援計画の策定と活用、早期から一貫した支援体制の構築、障害特性に応じた配慮の充実などが挙げられる。また、福祉や労働分野との連携により、教育の延長として障害のある児童生徒の就労支援を強化し、社会参加の実現を目指している。本計画は、障害者施策を総合的かつ計画的に推進することで、共生社会の実現を目指している。

○障害のある児童生徒等に対する早期からの一貫した支援について（通知）

2013（平成 25）年 10 月4日

https://www.mext.go.jp/a_menu/shotou/tokubetu/material/1340331.htm?utm_source=chatgpt.com

この通知では、障害のある児童生徒等に対する早期からの一貫した支援の重要性と具体的な施策について示している。改正された学校教育法施行令に基づき、就学先の決定や支援計画の策定に関する基本方針が記されており、就学時の相談体制の整備、個別支援計画の共有・活用、柔軟な就学先の見直しが求められている。また、就学指導委員会の機能強化と「教育支援委員会」への改称が提案されている。これにより、教育と福祉などの関係機関が連携し、乳幼児期から卒業後までの一貫した支援を実現することを目指している。

○登録特定行為事業者となっている学校における医師の指示書の取扱いについて（通知）

2014（平成 26）年 3 月 31 日

http://www.mext.go.jp/a_menu/shotou/tokubetu/material/1351772.htm

この通知では、2014（平成 26）年度診療報酬改定に伴い、登録特定行為事業者の登録を受けた学校において医療的ケアを行う際に必要となる医師の指示書が、医療保険の適用対象となることが示されている。対象となる学校は特別支援学校などであり、関係機関には周知を図ることが求められている。また、厚生労働省の通知を参照し、適切な対応を行うよう要請されている。添付資料には学校に関連する部分の抜粋が含まれており、通知の全文は厚生労働省ウェブサイトで確認可能である。

○中央教育審議会初等中等教育分科会高等学校教育部会　審議まとめ～高校教育の質の確保・向上に向けて～　2014（平成 26）年6月

http://www.mext.go.jp/b_menu/shingi/chukyo/chukyo3/047/houkoku/1349737.htm

この審議のまとめでは、高校教育の質の確保・向上を目的に、「共通性の確保」と「多様化への対応」を両立する観点から課題と施策を提示している。現代の高校生は多様な背景や能力を持ち、学力基盤の弱さや学習意欲の低下が課題となる一方、社会の変化に応じた教育が求められている。特に、発達障害等のある生徒への支援として、教職員に対する研修の充実や専門性のある指導体制の確保、教員を補助する人員等の人的配置の充実が必要とされている。また、通級による指導や特別支援学級における「特別の教育課程」を編成することが法令で規定されていない現状を踏まえ、教育課程の弾力的な運用や指導方法の工夫による実践の推進、特別の教育課程編成や人的支援の在り方を検討する必要性が強調されている。これに加え、基礎学力向上を目指した達成度テストの導入や、生徒の多様な活動成果を評価する新たな手法の開発も提案されている。これらを通じて、すべての生徒が共通して身に付けるべき資質を保証しつつ、個々のニーズに応じた教育を提供し、社会で活躍できる力を育むことを目指している。

○「今後の障害児支援の在り方について（報告書）～「発達支援」が必要な子どもの支援はどうあるべきか～」の取りまとめについて　2014（平成 26）年 7 月 16 日

https://www.mhlw.go.jp/stf/shingi/0000050945.html

この報告書は、発達支援が必要な子どもに対する包括的な支援の方針を提示するものである。本報告書では、障害の早期発見・早期対応の重要性を強調し、医療、福祉、教育の連携による支援体制の構築を求めている。また、子どもとその家族が地域で安心して生活できる環境整備の必要性や、保護者支援の充実も提言している。これにより、発達支援を社会全体で推進し、すべての子どもが健やかに成長できる社会の実現を目指している。

○道徳に係る教育課程の改善等について（答申）　2014（平成 26）年 10 月 21 日

http://www.mext.go.jp/b_menu/shingi/chukyo/chukyo0/toushin/1352890.htm

この答申は、教育再生実行会議の第一次提言を受けて設置された「道徳教育の充実に関する懇談会」において、検討されたものである。道徳教育の意義として、人格形成や社会的発展の基盤であり、豊かな心、確かな学力、健やかな体の育成につながることが強調されている。答申では、道徳教育の課題として指摘されている実態を改善するため、道徳の時間を「特別の教科 道徳」と位置づけ、体系的かつ発展的な教育課程を構築することを提言している。また、評価方法の見直し、指導力向上、家庭や地域との連携の強化が必要とされている。これにより、道徳教育の充実を図り、児童生徒が主体的に考え、行動できる資質・能力を養うことが目指されている。

○「放課後等デイサービスガイドライン」にかかる普及啓発の推進について（協力依頼）

2015（平成 27）年 4 月 14 日

https://www.mext.go.jp/a_menu/shotou/tokubetu/material/1365225.htm

この通知では、厚生労働省が作成した「放課後等デイサービスガイドライン」の普及啓発を目的とし、関係機関に適切な対応と周知を依頼している。「放課後等デイサービス」は、2012（平成 24）年の児童福祉法改正により創設され、学齢期における障害児への支援強化を図るものである。本ガイドラインは、学校と放課後等デイサービス事業所の連携を明確にし、年間計画や送迎ルールの共有、緊急時の連絡体制の調整、教育支援計画とサービス計画の共有を求めている。また、医療的ケアの情報共有や保護者の同意の下での連絡ノートの活用など、具体的な連携方法も示されている。通知はこれらの取組を促進するため、関係者に内容を理解し対応するよう呼びかけている。

○学校教育法施行規則の一部を改正する省令等の施行について（通知）

2015（平成27）年4月24日

https://www.mext.go.jp/a_menu/shotou/kaikaku/1360985.htm

この通知において、高等学校におけるメディアを利用して行う授業の制度化が明示された。加えて、疾病による療養のため又は障害のため、相当の期間高等学校又は中等教育学校の後期課程を欠席すると認められる生徒等に対する特例が示された。これにより、高等学校において疾病により長期欠席をしている生徒においてもメディアを利用した学習を取り入れることができるようになった。メディアを利用した場合の授業単位数については36単位を上限とすることも明記されている。また、特に疾病等で長期欠席生徒等を対象とする特別の教育課程を編成して教育を実施する高等学校に関しては、「不登校児童生徒等又は療養等による長期欠席生徒等を対象とする特別の教育課程を編成して教育を実施する学校に関する指定要項」を定めることが示された。

○文部科学省所管事業分野における障害を理由とする差別の解消の推進に関する対応指針について〈文部科学省告示第180号〉 2015（平成27）年11月9日

https://www.mext.go.jp/a_menu/shotou/tokubetu/material/1364725.htm

文部科学省は、「障害を理由とする差別の解消の推進に関する法律（俗称：障害者差別解消法）」（平成25年法律第65号）附則第5条第1項の規定に基づき、「文部科学省所管事業分野における障害を理由とする差別の解消の推進に関する対応指針」を策定した。

本対応指針では、文部科学省所管事業分野として示されているが、各地方自治体の教育行政つまり各都道府県市町村教育委員会や、それらが所管する学校にも適用されるものである。

本対応指針では主に二つの事柄が示されており、一つ目は障害のある人に対して、不当な差別的取扱いを行う事により、障害のある人自身の権利利益を侵害してはならないということが示されている。本対応指針の「別紙1」において、不当な差別的取扱いに当たり得る具体例が示されている。二つ目は、障害のある人から社会的障壁の除去の意思表明があった場合、事業実施に伴う負担が過重でないときは、障害者の権利利益を侵害することとならないよう、当事者の性別、年齢及び障害の状態に応じて、社会的障壁の除去の実施について必要かつ合理的な配慮（以下、合理的配慮）をするように努めなければならないことが示されている。合理的配慮の具体例は、本対応指針の「別紙1」に示されている。

○発達障害者支援法の一部を改正する法律の施行について 2016（平成28）年8月1日

https://www.mext.go.jp/a_menu/shotou/tokubetu/main/1377400.htm

2016（平成28）年8月1日施行の改正発達障害者支援法は、発達障害者の支援を強化するため、基本理念の新設や定義の明確化、国及び地方公共団体の責務の追加などを行った。特に、発達障害者が地域社会で共生できるよう、切れ目のない支援や社会的障壁の除去を推進することが強調されている。また、教育分野では、可能な限り発達障害児が発達障害児でない児童と共に教育を受けられるよう配慮することを規定し、個別の教育支援計画の作成やいじめ防止対策の推進が求められている。この文書は、この改正に関して周知している。

○**学校教育法施行規則の一部を改正する省令等の公布について（通知）** 2016（平成28）年12月9日

https://www.mext.go.jp/a_menu/shotou/tokubetu/1387824.htm

この通知により、高等学校における通級による指導が制度化されることが示された。具体的には、高等学校又は中等教育学校の後期課程に在籍する生徒のうち、障害に応じた特別の指導を行う必要があるものを教育する場合には、特別の教育課程によることができることとするとともに、その場合には、障害に応じた特別の指導を高等学校又は中等教育学校の後期課程の教育課程に加え、又はその一部（必履修教科・科目等を除く。）に替えることができることとし、また、障害に応じた特別の指導に係る修得単位数を、年間7単位を超えない範囲で全課程の修了を認めるに必要な単位数に加えることができることとした。また、本通知では、障害に応じた特別の指導の内容について、各教科等の内容を取り扱う場合であっても、障害による学習上又は生活上の困難を改善、克服することを目的とする指導として行うことを明確に示した。

本通知はいわゆる高校通級の制度化に関する重要なものであるため、記載されているすべての内容を把握しておくことが必要である。

○**中央教育審議会　幼稚園、小学校、中学校、高等学校及び特別支援学校の学習指導要領等の改善及び必要な方策等について（答申）** 2016（平成28）年12月21日

http://www.mext.go.jp/b_menu/shingi/chukyo/chukyo0/toushin/1380731.htm

次期学習指導要領の答申として、第1部「学習指導要領改訂の基本的な方向性」、第2部「各学校段階、各教科等における改訂の具体的な方向性」で構成され、243ページに及んでいる。第1部は、以下の章立てとなっている。「第1章　これまでの学習指導要領改訂の経緯と子供たちの現状」、「第2章　2030年の社会と子供たちの未来」、「第3章　「生きる力」の理念の具体化と教育課程の課題」、「第4章　学習指導要領等の枠組みの改善と「社会に開かれた教育課程」、「第5章　何ができるようになるか−育成を目指す資質・能力−」、「第6章　何を学ぶか−教科等を学ぶ意義と、教科等間・学校段階間のつながりを踏まえた教育課程の編成−」、「第7章　どのように学ぶか−各教科等の指導計画の作成と実施、学習・指導の改善・充実−」、「第8章　子供一人一人の発達をどのように支援するか−子供の発達を踏まえた指導−」、「第9章　何が身に付いたか−学習評価の充実−」、「第10章　実施するために何が必要か−学習指導要領等の理念を実現するために必要な方策−」

○**就労系障害福祉サービスにおける教育と福祉の連携の一層の推進について**

2017（平成29）年4月25日

https://www.mext.go.jp/a_menu/shotou/tokubetu/1334937.htm

この通知では、就労系障害福祉サービスと特別支援学校等の教育機関の連携強化を通じて、障害のある生徒の自立と社会参加を支援する方針を示している。就労継続支援B型を含む就労系サービス利用者への就労アセスメントの趣旨とその実施方法が説明され、特別支援学校等での教育支援計画と福祉サービスの利用計画の相互活用を推進する必要性が強調されている。また、アセスメントの適正な実施と実効性を確保するため、教育機関と福祉機関が十分に連携し、計画的かつ早期の実施が求められている。さらに、実習を通じたアセスメント結果の活用、特別支援学校等から福祉サービス事業所等への情報の適切な引継ぎ、そして就労移行支援事業所等の役割拡大についても具体的な指針が示されている。

（別添）各支援機関の連携による障害者就労支援マニュアル（PDF：814KB）

https://www.mext.go.jp/a_menu/shotou/tokubetu/__icsFiles/afieldfile/2017/06/08/1334937_1.pdf

○心のバリアフリー学習推進会議（報告） 2018（平成 30） 年2月2日

https://www.mext.go.jp/a_menu/shotou/tokubetu/material/1401341.htm

この報告は、心のバリアフリーを実現するための学校における交流および共同学習の推進を目的として作成された報告書である。障害者基本法や学習指導要領の改正に基づき、障害のある生徒とない生徒の交流の意義や効果が述べられ、実践例や課題、今後の推進方策が示されている。文部科学省を中心とした取組として、学校間や地域のネットワーク形成を促進し、学習指導要領に位置付けた継続的かつ計画的な実施が重要であると結論付けている。

○障害のある幼児児童生徒と障害のない幼児児童生徒の交流及び共同学習等の推進について（依頼） 2018（平成 30） 年2月8日

https://www.mext.go.jp/a_menu/shotou/tokubetu/material/1401340.htm

この文書は、文部科学省と厚生労働省が協力して開催した「心のバリアフリー学習推進会議」において取りまとめた「学校における交流及び共同学習の推進について」（報告） の趣旨を踏まえ、各都道府県・指定都市教育委員会に、管下の学校における交流及び共同学習の充実を図ることを依頼している。内容は、交流及び共同学習の推進（管下の学校に対する取組の普及促進、教職員の研修の充実等)、障害のある人との交流の推進、ネットワーク形成の促進などである。

（関連） 交流及び共同学習ガイド（2019 年3月改訂）

https://www.mext.go.jp/a_menu/shotou/tokubetu/1413898.htm

○「障害者の雇用を支える連携体制の構築・強化」の改正について 2018（平成 30） 年4月 27 日

https://www.mext.go.jp/a_menu/shotou/tokubetu/material/1410006.htm

この事務連絡文書では、「障害者の雇用を支える連携体制の構築・強化」に関する厚生労働省の通達が改正された内容を周知している。本改正では、2018（平成 30） 年度から高等学校等において通級による指導が実施可能となったことを受け、その趣旨や内容について企業等の理解を深めるための教育機関との連携強化が明記されている。また、大学等では、障害のある学生の意向を踏まえた早期の就職観形成の支援を進めることが求められている。これらを踏まえ、関係機関に対して連携体制の構築を通じて、障害のある生徒・学生の就労支援の充実を図るよう周知が求められている。

別添 :「障害者の雇用を支える連携体制の構築・強化について」の改正について（厚生労働省職業安定局長発）（PDF：1936KB）

https://www.mext.go.jp/a_menu/shotou/tokubetu/material/__icsFiles/afieldfile/2018/11/15/1410006_001.pdf

○「小児がん拠点病院等の整備に関する指針」の周知について（依頼）

2018（平成 30） 年8月1日

https://www.mext.go.jp/a_menu/shotou/tokubetu/material/1410027.htm

https://www.mext.go.jp/a_menu/shotou/tokubetu/material/__icsFiles/afieldfile/2018/11/26/1411285_001.pdf

この文書では、「小児がん拠点病院等の整備に関する指針」の改定内容とその周知について依頼している。小児がん患者やその家族が質の高い医療や支援を受けられる体制を構築するため、全国に拠点病院を整備し、地域の医療機関との連携を強化する方針が示されている。また、新たな指針では、小児がん及びAYA 世代（思春期・若年成人） のがん医療の質を向上させるため、診療体制や支援内容を明確化するとともに、地域ブロックでの協議会設置や長期フォローアップ体制の強化が求められている。都道府県においては、この指針に基づき医療機関への周知徹底が期待されている。

○小・中学校等における病気療養児に対する同時双方向型授業配信を行った場合の指導要録上の出欠の取扱い等について（通知） 2018（平成30）年9月20日

https://www.mext.go.jp/a_menu/shotou/tokubetu/material/1410027.htm

この通知では、病気療養中の小・中学校児童生徒に対し、インターネット等のメディアを利用してリアルタイムで授業を配信し、同時かつ双方向的にやりとりを行った場合（以下「同時双方向型授業配信」という。）の指導要録上の出欠の取扱い等について示した。

本通知により、小・中学校等に在籍する、病院や自宅等で療養中の病気療養児に対し、受信側に教科等に応じた相当の免許状を有する教師を配置せずに同時双方向型授業配信を行った場合、校長は、指導要録上出席扱いとすること及びその成果を当該教科等の評価に反映することができることとした。

なお、同時双方向型授業配信を行う際には、受信側は、学校と保護者が連携・協力し、病気療養児の状態等を踏まえ、体調の管理や緊急時に適切な対応を行うことができる者（例えば、保護者自身、保護者や教育委員会等が契約する医療・福祉関係者等）を配置することが求められている。

○中央教育審議会初等中等教育分科会教育課程部会　「児童生徒の学習評価の在り方について（報告）」 2019（平成31）年1月21日　教育課程部会

https://www.mext.go.jp/b_menu/shingi/chukyo/chukyo3/004/gaiyou/1412933.htm

この報告は、中央教育審議会のワーキンググループにおいて、2020（令和2）年度以降に順次実施された新学習指導要領の下での学習評価の在り方について基本的な考え方や具体的な改善の方向性をまとめたものである。各教科等の目標や内容を「知識及び技能」、「思考力、判断力、表現力等」、「学びに向かう力・人間性等」の資質・能力の三つの柱で再整理したことを踏まえ、観点別評価についても、「知識・技能」、「思考・判断・表現」、「主体的に学習に取り組む態度」の三観点について、学習指導要領に示す目標に準拠した評価として三段階（ＡＢＣ）により実施することなど、観点別学習状況の評価の改善の他、観点別学習状況の評価と評定の取扱い、指導要録の改善等について記している。

○学校における医療的ケアの実施に関する検討会議（最終まとめ） 2019（平成31）年2月28日

https://www.mext.go.jp/a_menu/shotou/tokubetu/1321534.htm

この文書は、学校における医療的ケアの実施に関する検討会議において取りまとめられた最終まとめである。医療技術の進歩や関連制度改正を背景に、医療的ケアが必要な児童生徒が増加している現状を受け、教育現場における医療的ケアの実施体制や留意点を体系的に整理している。具体的には、医療的ケア児の教育環境整備、教職員や看護師等の役割分担、研修機会の提供、災害時の対応、そして法的・運用的な課題に関する提言を含む。特別支援学校以外の学校でも医療的ケアが必要なケースが増え、多様な教育環境に対応するため、地域や関係機関との連携を深め、包括的な体制整備が求められることが強調されている。

○学校における医療的ケアの今後の対応について（通知） 2019（平成31）年3月20日

https://www.mext.go.jp/a_menu/shotou/tokubetu/material/1414596.htm

この通知は「学校における医療的ケアの実施に関する検討会議」において取りまとめられた最終まとめについて、文部科学省として、特定行為以外の医療的ケアを含め、小・中学校等を含むすべての学校における医療的ケアの基本的な考え方や医療的ケアを実施する際に留意すべき点等について整理したものである。関係各位に対して、その趣旨を十分理解の上、適切な対応を依頼している。

○「キャリア・パスポート」例示資料等について　2019（平成31）年3月29日

https://www.mext.go.jp/a_menu/shotou/career/detail/1419917.htm

この事務連絡文書は、新学習指導要領に基づく特別活動の一環として、児童生徒が「キャリア・パスポート」を活用することの意義と具体的な指導方法の例示資料を周知している。「キャリア・パスポート」は、児童生徒が学びの記録や生活を振り返り、将来の生き方を考えるための教材であり、小学校から高等学校、さらにその後の進路まで一貫して活用可能である。本事務連絡では、文部科学省が作成した例示資料と指導上の留意事項が紹介されており、学校現場での教材作成の負担を軽減するための参考資料として提供されている。また、各地域や学校の実情に応じた創意工夫が求められており、2020（令和2）年4月までの円滑な導入に向けた準備の重要性が強調されている。設置者や教育委員会には、速やかにこの内容を周知するよう求められている。

○小学校，中学校，高等学校及び特別支援学校等における児童生徒の学習評価及び指導要録の改善等について（通知）　2019（平成31）年3月29日　30文科初第1845号

https://www.mext.go.jp/a_menu/shotou/career/detail/1419917.htm

https://www.mext.go.jp/b_menu/hakusho/nc/1415169.htm

この通知では、中央教育審議会初等中等教育分科会教育課程部会が取りまとめた「児童生徒の学習評価の在り方について（報告）」を受けて、学習評価を行うに当たっての配慮事項、指導要録に記載する事項及び各学校における指導要録作成に当たっての配慮事項、参考様式等をまとめている。別紙資料には、各教科等の評価の観点及びその趣旨がまとめられている。

○医療的ケアが必要な幼児児童生徒のスクールバスなどの専用通学車両による登下校時の安全確保について　2019（令和元）年5月21日

https://www.mext.go.jp/content/20200525mxt_tokubetu02-000007449_7.pdf

この事務連絡文書は、医療的ケアが必要な幼児児童生徒が専用通学車両を利用する際の安全確保について周知している。具体的には、①スクールバスなど専用通学車両への乗車については、医療的ケア児の乗車可能性をできる限り追求し、個別に判断すること。②スクールバスなど専用通学車両の登下校において、乗車中に喀痰吸引が必要となる場合には看護師等による対応を基本とすること。運行ルート設定の際、安全に停車可能な地点をあらかじめ確認し、停車して医療的ケアを実施すること。③緊急時対応が必要となる場合の対応策について、保護者と学校関係者との共通理解を図ること。また、急変時の危機管理として、速やかな停車や救急車要請を含む対応が求められ、作成された個別マニュアルが関係者全員に周知されるよう徹底を要請している。

○高等学校等におけるメディアを利用して行う授業に係る留意事項について（通知）

2019（令和元）年11月26日

https://www.mext.go.jp/a_menu/shotou/tokubetu/material/1422971.htm

この通知では、高等学校等におけるメディアを利用した授業の実施に関する留意事項を示している。遠隔教育の推進を目的に、疾病や障害により長期間欠席する生徒への教育を充実させるため、受信側の教室や病室等に教員を配置する原則や例外、また保護者や医療・福祉関係者との連携の重要性を明記している。

特に、特別支援学校高等部においては、生徒の障害の状態に応じた十分な配慮を求め、緊急時の対応体制を整えることが求められる。本通知は、現場での教育実践を適切に進めるための具体的な指針を提供している。

○学校教育法施行規則の一部を改正する省令の施行について（通知）　2019（令和元）年5月15日

https://www.mext.go.jp/a_menu/shotou/kaikaku/1422988_00001.htm

この通知では、病気療養中または障害により長期欠席する生徒に対する教育機会の確保を目的にした、学校教育法施行規則の一部改正について述べている。改正の主な内容は、これらの生徒がメディアを利用して受講する授業により修得する単位数の上限を緩和することである。具体的には、高等学校等において全課程修了要件の一部として認められる単位数や授業時数に関する制限が緩和された。また、特別支援学校の高等部でも同様の改正が適用される。判断基準としては、医師の診断書や既存の教育支援資料を基にした学校の判断が求められる。教育現場では、これに関する留意事項を遵守し、生徒の学びを支援する体制を整備する必要がある。

○障害のある子供の教育支援の手引～子供たち一人一人の教育的ニーズを踏まえた学びの充実に向けて～　2021（令和3）年

https://www.mext.go.jp/a_menu/shotou/tokubetu/material/1340250_00001.htm

この文書は、文部科学省が策定した、障害のある子供の教育支援に関する手引である。この手引は、就学相談プロセスや合理的配慮の提供、学習環境の整備などを含み、子供一人一人の教育的ニーズに応じた支援を体系的に示している。特に、就学前から高等学校卒業までの各段階での具体的な支援策を提供しており、教育支援と生活支援の連携強化を重視している。教員、保護者、福祉・医療機関の関係者にとって実践的な内容であり、子供が社会参加しやすい環境を整えることを目指している。

○特別支援教育を担う教師の養成の在り方等に関する検討会議報告　2021（令和3）年3月31日

https://www.mext.go.jp/b_menu/shingi/chousa/shotou/173/mext_00031.html

この報告は、特別支援教育を担う教師の専門性向上を目的とし、養成・採用・研修の各段階での方策を示している。具体的には、特別支援学校教諭免許状の教職課程におけるコアカリキュラムの策定、教育実習や介護等体験での特別支援学校や特別支援学級での経験推奨、教育委員会との連携による実践力養成などが挙げられている。また、採用段階での特別支援教育経験の考慮や、採用後10年以内の特別支援教育の複数年経験の推奨、校内研修や人事交流による専門性向上の推進も提言されている。

○特別支援学級及び通級による指導の適切な運用について（通知）　2022（令和4）年4月27日

https://www.mext.go.jp/content/20220428-mxt_tokubetu01-100002908_1.pdf

文部科学省は、特別支援学級に在籍する児童生徒が、通常の学級での交流および共同学習を通じて社会性を育むことと、個々の障害特性に応じた特別な指導を受けることの両立を推奨している。また、通級による指導では、通常の学級に在籍しながら特別な支援が必要な児童生徒に対し、個別の教育的ニーズに応じた指導を行うことが求められている。この文書は、これらの運用において、教育委員会や学校が連携し、適切な支援体制を整備することが不可欠であることについて通知している。

○教育職員免許法施行規則の一部を改正する省令の公布及び特別支援学校教諭免許状コアカリキュラムの策定等について（通知） 2022（令和4）年7月28日

https://www.mext.go.jp/b_menu/shingi/chousa/shotou/173/mext_00001.html

この通知では、「教育職員免許法施行規則の一部を改正する省令」の公布と「特別支援学校教諭免許状コアカリキュラム」の策定に関する詳細が示されている。改正の趣旨は、新時代の特別支援教育を担う教師の専門性向上を図ることにあり、知的障害や発達障害に関する教育課程の見直しと、共通的な資質・能力を保証するためのコアカリキュラムの導入が挙げられている。また、施行規則や教職課程認定基準の改正を通じて、全国的な教育水準の向上を目指している。

○生徒指導提要（改訂版） 2022（令和4）年12月

https://www.mext.go.jp/a_menu/shotou/seitoshidou/1404008_00001.htm

『生徒指導提要』（改定版）は、小学校から高校までの生徒指導の基本理念や実践方法を体系化した指導書である。近年のいじめや自殺増加などの社会的課題や関連法規の変化を踏まえ、生徒の発達支援と課題対応の視点を強化し、改訂された。本書は教育課程との連携、個別課題の指導方針、発達支援、生徒参画の重要性を提示し、学校、家庭、地域が協力する包括的支援の必要性を強調する。これにより、生徒一人一人の成長と可能性の伸長を目指している。

○通常の学級に在籍する障害のある児童生徒への支援の在り方に関する検討会議報告

2023（令和5）年3月13日

https://www.mext.go.jp/b_menu/shingi/chousa/shotou/181/toushin/mext_00004.html

この報告は、通常の学級に在籍する障害のある児童生徒への支援強化を提言している。具体的には、校内支援体制の充実、自校通級や巡回指導の推進、担当教師の専門性向上、高等学校での通級指導体制の整備、特別支援学校のセンター的機能の強化、複数校を一体的に運営するインクルーシブな学校運営モデルの創設などが挙げられている。これらの施策により、障害のある児童生徒一人一人の教育的ニーズに応じた適切な指導と支援の実現を目指している。

○通常の学級に在籍する障害のある児童生徒への支援に係る方策について（通知）

2023（令和5）年3月13日

https://www.mext.go.jp/content/20230313-mxt_tokubetu02_000028093_04.pdf

この通知は、通常の学級に在籍する障害のある児童生徒への支援の在り方に関する検討会議報告を踏まえて、校内支援体制の整備、通級による指導の充実、特別支援学校のセンター機能の強化などに関する周知を行うために出された。具体的には、校長のリーダーシップを基盤に、特別支援教育コーディネーターを中心とした組織的支援の確立や、個別の教育支援計画の活用、教師の専門性向上が求められる。また、合理的配慮の提供やICTの活用を通じて、障害のある子供たちが可能な限り共に学び、多様な教育的ニーズに対応できる環境整備が強調されている。

○高等学校等の病気療養中等の生徒に対するオンデマンド型の授業に関する改正について（通知）

2023（令和5）年3月30日

https://www.mext.go.jp/content/20230330-mxt_tokubetu02-100002896_3rr.pdf

この通知では、高等学校等に在籍する病気療養中の生徒に対し、教育機会を保障する観点から、これまで特例校に限定されていたオンデマンド型授業を、全日制・定時制課程の高等学校などにおいても実施可能とする改正が示されている。この改正により、病状や治療の状況により同時双方向型授業を受講できない生徒が、収録済み授業の視聴を通じて柔軟に学習を進められるようになる。また、運用に際しては、生徒や保護者への支援体制の整備、対面授業の実施、学習状況の把握・評価方法の工夫などの具体的な留意事項も明記されている。

○小・中学校等における病気療養児に対するICT等を活用した学習活動を行った場合の指導要録上の出欠の取扱い等について（通知） 2023（令和5）年3月30日

https://www.mext.go.jp/content/20230330-mxt_tokubetu02-100002896_3rr.pdf

この通知では、高等学校等における病気療養中の生徒を対象としたオンデマンド型授業の制度改正について述べている。本改正では、病気療養中の生徒が特例校制度に依存せずにオンデマンド型授業を受けられるよう規定が見直されている。具体的には、従来同時双方向型が原則とされていた遠隔授業を、病状や治療状況を考慮した上でオンデマンド型に切り替えることを可能とし、教育機会のさらなる拡充を目指している。また、この制度改正に伴う運用や留意点についても詳細に示されており、生徒の学習支援や評価において柔軟な対応が求められている。

○文部科学省所管事業分野における障害を理由とする差別の解消の推進に関する対応指針の策定について 2024（令和6）年1月17日

https://www.mext.go.jp/a_menu/shotou/tokubetu/material/mext_02599.html

この通知では、「障害を理由とする差別の解消の推進に関する法律」に基づき、文部科学省所管事業分野での対応指針の改正内容と実施に向けた留意点を周知している。2024（令和6）年4月1日から施行された改正指針では、合理的配慮の提供や不当な差別的取扱いの禁止を強調し、具体例や指導方針を明示している。各教育機関や関係者に対し、指針の周知、必要な指導や助言を求め、合理的配慮と環境整備の両輪による共生社会の実現を目指している。

○地域における教育と福祉の一層の連携等の推進について（通知） 2024（令和6）年4月25日

https://www.mhlw.go.jp/content/001270363.pdf

この通知では、こどもの権利を尊重し、教育と福祉の連携を強化するための方針と取組が示されている。特に障害や発達に特性のあるこどもを対象に、乳幼児期から成人期まで切れ目のない支援を提供するため、教育、福祉、保健、労働などの関係機関が協力する重要性が強調されている。また、具体的な支援内容として、障害福祉サービス報酬改定や連携のための加算、地域支援体制の強化、教育福祉連携のための研修とツールの提供が挙げられている。これらを通じて、社会全体でこどもの健やかな成長を支える「こどもまんなか社会」の実現を目指している。

○強度行動障害を有する児童生徒への支援の充実について（周知） 2024（令和6）年7月5日

https://www.mext.go.jp/content/20240708-mext-tokubetu01-100002896_01.pdf

この事務連絡文書は、強度行動障害を有する児童生徒に対する支援の充実を図るための具体的な施策について周知している。文書は、文部科学省やこども家庭庁などの関係機関による指針を基に、教育と福祉の連携を強化し、支援体制の整備や専門的研修の実施を進める必要性を強調している。また、個別の教育支援計画を通じて、特別支援学校や関係機関間の情報共有を促進し、一貫した支援を実現することの重要性を指摘している。さらに、幼児期からの予防的支援の必要性を含め、地域や学校での支援の質を向上させる取組が求められている。

第Ⅱ部

各障害に応じた教育の基本

第１章　視覚障害
第２章　聴覚障害
第３章　知的障害
第４章　肢体不自由
第５章　病弱・身体虚弱
第６章　重複障害
第７章　言語障害
第８章　情緒障害
第９章　発達障害
　９－１　自閉症
　９－２　学習障害
　９－３　注意欠陥多動性障害
　９－４　発達障害における情報機器の活用

1 視覚障害

1　視覚障害の基礎知識と実態把握

（1）視覚障害の基礎知識

①　ものを見る仕組み

ものを見る仕組みは、**図Ⅱ－1－1－a**のように、眼球、視神経、大脳視中枢などの働きによって成立しています。**図Ⅱ－1－1－b**は、右眼を水平に切って上から見た眼球の水平断面図です。外界からの光（視覚情報）は、まず角膜で屈折し、さらに水晶体で屈折し硝子体の中を進んで網膜に伝えられます。そして、網膜に達した光刺激は、神経の信号に変換され、視神経から、大脳後頭葉の視中枢に達し、脳で処理されることではじめて視覚を生じます。視覚障害はそれらのいずれかの部位の疾病や機能低下により、見えない、あるいは不十分にしか見えない状態です。ところで、見えないあるいは不十分にしか見えないというと、視力の程度のことが思い浮かべられるかもしれません。実際、視力は視覚障害のある子供の教育を考える上でも非常に重要なものでありますが、視覚の機能（視機能）は、視力に加え、視野、色覚、光覚（暗順応、明順応）、コントラスト感度、調節、屈折、眼球運動、両眼視などの諸機能からなっています。したがって、見えないあるいは不十分にしか見えないというのも、それら諸機能のうちの一つあるいは複数のものが働かない、あるいは不十分にしか働かない状態です。

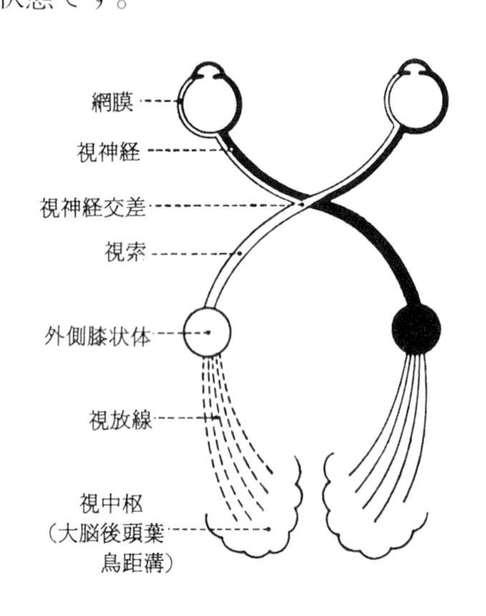

（原田政美（1989）『眼のはたらきと学習』
P.26，慶應義塾大学出版会より転載）

図Ⅱ－1－1－a　視覚伝導路

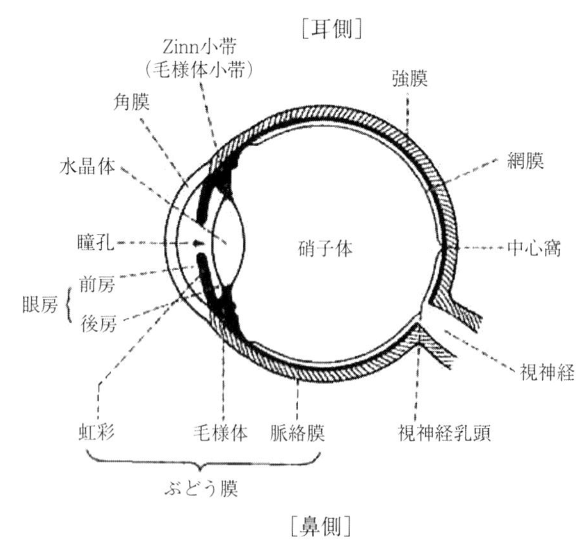

（丸尾敏夫（2014）『NEWエッセンシャル眼科学第８版』
医歯薬出版より転載）

図Ⅱ－1－1－b　眼球の構造

図Ⅱ－1－1　眼球の構造と視覚伝導路

②　視覚の特性と障害

ア　視覚の特性

視覚がどのような特性をもった感覚であるかを考えてみると、情報源とその情報を入手する人間との位置関係という観点からは、触覚や味覚といった接触感覚とは異なり、離れた所の情報を入手することができる遠隔感覚です。また、触覚などと比較すると、一度に広い範囲の情報を得ることができます。例えば、触覚では手や足の届く範囲の情報しか得ることができませんが、視覚では、それをはるかに越えた遠隔の広い範囲の情報を一度に得ることができます。

視覚で入手し得る情報の種類としては、光、色、形態を挙げることができますが、そのうち、光、色は視覚によってのみ入手可能であり、形態を知覚するのも主として視覚によって行われます。また、もの（物、人）の位置やもの同士の位置関係の把握も、主に視覚によって行われます。さらに、時々刻々の状況の変化の知覚にも視覚は大きく関わっています。

視覚は、以上のような特性をもった人間の情報入手のための重要な感覚であり、諸々の行動の遂行に大きく関与しています。また、人間の行動においては、周囲の状況からの適切な情報を得て、その情報に基づいて行動し、かつ、その結果についてフィードバックを得て、さらに行動を調整していくことが重要であると考えられますが、視覚はこれらのすべての過程についても、大きく関与しています。

イ　視覚の障害による影響

視覚に障害があると、日常生活上及び学習上、種々の困難が生じますが、その主たるものとしては、次の三つを挙げることができます。すなわち、①周囲の状況がよく分からず目的の場所へ移動することが困難になること、②文字の読み書き、図形・絵の読み取り・表現が困難になること、③その他、食事、衣服の着脱、買い物などの日常生活行動を円滑に遂行することが困難になることです。

また、視覚障害は、当然ながら出生時からの子供の発達にも大きな影響を与えます。発達の各領域についてみても、運動、探索、物の操作、社会性、生活習慣、言語、概念形成などのすべての領域で、視覚の果たす役割は大きいと考えられます。したがって、これらの発達の各領域に対して、視覚障害は、大きな影響を与えます。なお、概念形成については、視覚障害の場合、特に、言葉に対応する概念や、空間概念の形成に対する影響があります。

ウ　保有する視覚の活用と諸感覚の活用

人の行動の各領域や発達の各領域では、視覚の果たす役割が大きいといえますが、その視覚が使えない、あるいは不十分にしか使えない場合は、視覚以外の触覚、聴覚、嗅覚などの諸感覚を活用することと、少しでも保有する視覚がある場合は、その活用を促すことが重要であると考えられます。そして、これらの感覚の活用によって周囲の状況から情報を得て、それに基づいて行動し、その結果を把握し、さらに行動を調整していくように促すことが重要であると考えられます。

視覚障害のある子供、特に盲児の場合は、前述したような行動や発達の各領域で、触覚の活用は非常に重要であるといえますが、聴覚や嗅覚もまた、視覚と同様の遠隔感覚であることを考えれば、その活用も重要です。例えば離れた所の人や物の所在やそれらの状態についての情報を、聴覚によって、すなわちそれらの発する声や音の情報によって、少なくともある程度は把握することは可能であると考えられます。

ここで、保有する視覚の活用という点では、光覚程度（明暗が分かる程度）の視力の場合でも、例えばそれで昼夜の別が分かったり、窓の方向や廊下の切れ目、開いているドア、明るい方向が分かったりするなど、歩行や探索で活用できる可能性があり、その活用を促すことが重要です。

ただし、一方で、視覚が活用できる場合でも、すべて視覚によって行えるとは限りません。これは、低視力、狭い視野など視機能の状態が低ければ低いほどそうです。したがって、視覚のみによって行動することが困難な場合は、触覚や聴覚など他の感覚の補助を得るなど、各場面、各行動において、視覚を含めて諸感覚をどの程度、どのように活用するかを考えることが重要です。

（2）視覚障害のある子供の実態把握

①　視覚の活用状況の把握

視覚の機能からいうと、盲児といわれている場合でも光覚はある場合があり、まず光覚があるかどうかの把握が必要です。光覚があればそれが歩行などにおいて役立つこともあります。また、光覚があれば色覚がある可能性があり、その把握をする必要があります。光覚に色覚が加わればさらに使用できる情報（手がかり）が増え、これも歩行などで役立ちます。さらに、光覚や色覚があれば形はどの程度分かるか（形態覚の程度）を問題とすべきであると考えられます。形については、物の大きさとしては壁や家具、遊具などの大きなものから、玩具や食器、菓子片、ビー玉など、どこまで小さくても視覚的に見つけることができるかを問題とすべきであると考えられます。また、物の操作との関わりでは、操作する対象の各部がどこまで見分けられるかも問題となります。

次に、どの程度まで複雑な形が分かるかの把握も必要です。絵や図、文字については、まず絵や図が分かるかどうか、その細部をどの程度まで見分けられるか、次いで文字を見て分かるかどうか、また平仮名・片仮名・数字はどうか、漢字はどうかという、より微細なものまでのどこまで視覚的に把握することができるかをみる必要があると考えられます。なお、文字については､学校での学習を考えれば本や教科書の文字が分かるかどうかということと、黒板の文字のような離れた所の文字が分かるかどうかの把握も必要であるといえます。

また、視野の状況として、一度に捉えられる環境の範囲（どこに何があるか、誰がどこにいるかなど）や、絵や図の範囲、文字列の範囲などを把握することも必要です。また、視覚障害の場合、遠近感（奥行き知覚）に障害がある場合があり、環境の認知においては、段差などが分かるかどうかの把握が必要です。物の操作についても、３次元での操作が必要な道具の操作における、道具とその操作の対象についての遠近の判断が正確にできるかどうかなどの把握も必要であると考えられます。

②　触覚の活用状況の把握

触覚の活用状況として環境の認知や物の操作に関わることでは、物が触れればそれを触るということから自分で手を伸ばして物に触ることへ、また手を動かして物を探すことへ、物の各部を触って調べることへ、さらに身体の移動によって手の届く範囲外の物まで触って理解することへといった一連の段階について、どのような状況であるかを把握することが大切です。また、移動においては手による情報の取得のみではなく、足裏からも床面や地面の情報を得ることができますので、この状況についても把握する必要があります。身体の移動による触覚の活用は、前述のように触覚は視覚などとは異なり接触感覚であり、その場にとどまっている限り手や足の届く範囲の情報しか得ることができず、移動することでその範囲外の情報も得ることができるという点で特筆すべきことです。

また、これらの移動しながらの手や足による情報の取得は、移動自体のための手がかりにもなります。移動・歩行において触覚的な手がかりを、どのように得ているかをみていくことも必要であるといえます。

手指による物の操作については、玩具や日常生活道具の操作、食事、衣服の着脱などにおいて、触覚をどのように活用しているかを知る必要があると考えられます。なお、手指による物の操作については、つかむ、たたく、さがすといった手の運動機能の側面からの把握とともに、物の位置、向き、傾き、長さ、運動方向などを理解し調整していくという空間的な調整の側面からの把握も必要であると考えられます。この空間的な調整は、通常は視覚によって行われるものであり、それが使えない、あるいは不十分にしか使えない場合、例えば触覚的にそれをどのように代行するかを考える必要があるといえます。

絵や図形、文字情報入手に関わる触覚の活用については、触覚的に分かるように作成された触図や点字について、触覚をどのように活用しているかの把握となります。このうち、前者については、両手を絵や図形領域で広く動かして、全体の理解や、どこに何があるかの理解がなされているかどうか、また、絵や図形の細部については、指先など触覚の解像度の良い部分で情報を取れているかどうかなどをみる必要があると考えられます。後者に関わることとしては、指先での点字の各文字の弁別の状況と、点字の文字列を触って読んでいく際の手指の動かし方などをみることが必要であると考えられます。

③　聴覚の活用状況の把握

音の情報は、移動・歩行において目的地が音源となって音を発している場合や、途中に音を発するものがある場合は、情報として利用できることがあります。これは、室内でのピアノなど楽器の音、人の声の手がかりや街路での特定の商店、自動販売機、自動車の音など様々なものがあります。これらに対して定位できるかどうかや、適切に利用できるかどうかをみる必要があると考えられます。

また、環境の認知に関わっては、ものが発する音や人の声及び動作によって生じる音などによって、何がどこにあるか、誰がどこにいるかのほか、何が起こっているか、何をしているかについても、少なくともある程度は分かる場合があるようです。これらについてもどの程度まで活用できるかどうかをみることは重要であると考えられます。なお、他者からの音声言語（話し言葉）による情報からは、言語情報そのもののほか、その人が誰か、どういう人か（性別、年齢）、さらにはどのような状態にあるか（情緒的状態など）も少なくともある程度は知ることができます。

なお、壁など大きなものの近くで、それらのあるなしを知覚できる「障害物知覚」(反響定位)と呼ばれるものがあります。この障害物知覚は聴覚の働きによるものであり、自身の発する音（足音など）と反響してくる音を手がかりとして可能になるものですが、これが可能かどうかをみることも必要であると考えられます。また、音の反射や反響の状況を知覚することによって、教室、体育館などの空間の大きさや形状について知ることが可能であるかどうかをみることも必要であると考えられます。

④　概念形成の状況の把握

言葉に対応する概念について、視覚障害のある子供が獲得している言葉に関しては、実際の事物・事象と合致しているかどうか、どの程度合致しているかを把握していく必要があります。これは単にその言葉を使っているからそうであるとは限らない場合があることが想定され、その言葉について説明させたり、それに対応する事物を示させたり、対応する動作をさせたりして、その合致についてみることも必要な場合があると考えられます。

空間概念について、視覚障害が、その形成を妨げることがありますが、単に前後左右の方向を、それぞれ向いたり指差せるといった各方向の理解だけではなく、現在の「前」は身体を右90度回転させれば「左」になるといった各方向について関連付けられた体系的な理解をしているかどうかも把握する必要があります。また、身体の向きが変わればその方向も変わる「前後左右」の概念から、後の段階では、身体の向きが変わってもその方向が変わらない「東西南北」などの概念が形成されているかどうかをみることも必要です。なお、ここでもまた東西南北それぞれの方向が関連付けられて理解されているかをみる必要があると考えられます。

⑤　心理検査の活用

視覚障害のある子供の実態把握のために活用できる心理検査としては、まず一般の知能検査や発達検査を挙げることができます。一般の心理検査では、直接、被検査者に応答や行動を求める検査と、そうではなく、被検査者以外の人が質問紙に答える形式の検査があります。前者の例としてはWISC-V知能検査や新版K式発達検査法を挙げることができます。後者の例としては、乳幼児精神発達診断法などがあります。前者については、弱視児の場合は、ほぼそのままの形で実施できる場合があり、盲児の場合でも、検査項目を選んだり、多少の改変を行ったりすることで実施できる場合があります。後者の、質問紙の形式のものでは、保護者などへの質問によるものであり、弱視児についても盲児についてもそのまま実施することができます。

一方、以上のような一般の知能検査や発達検査を視覚障害のある子供に実施して結果を得る場合、それらは視覚が普通に活用できるという前提で作成されている検査であるため、ある検査項目ができた、できないということのみではなく、それらの検査項目の行動や応答を行うことが、視覚にどの程度どのように依存しているかを考えることが必要です。その上で、視覚が使用できない、あるいは使用しがたい場合に、それらの行動や応答を行うためにはどのような手立てをとったらよいかを考えることが必要です。

また、視覚障害のある子供のための発達検査（発達診断検査）として広 D-K 式視覚障害児用発達診断検査があります。なお、フロスティッグ視知覚発達検査は、幼児期の視知覚の発達の状態をみる検査ですが、視覚と運動の協応、図形と素地、形の恒常性、空間における位置、空間関係の各分野を含んでいます。これを弱視児の視知覚の状況及び視覚的に手指の運動をコントロールする能力の状況などをみるために用いることもできます。

2　視覚障害のある子供に応じた教育課程編成

（1）視覚障害に対応した教育課程編成の考え方

各学校において教育課程を編成するに当たっては、教育基本法、学校教育法及び学習指導要領に示されている学校教育の目的や目標を踏まえて、児童生徒の視覚障害の状態や特性など、また地域や学校の実態などを踏まえて編成する必要があります。

また、指導内容については、各教科等の種類やそれぞれの目標、内容等が学校教育法施行規則及び学習指導要領に示されていますが、特に、視覚障害のある児童生徒が学習する場である特別支援学校（視覚障害）、小・中学校の弱視特別支援学級及び通級による指導（弱視）においては、各教科、特別の教科である道徳、外国語活動（小学校）、総合的な学習の時間、特別活動に加えて自立活動が領域として設定されていることから、自立活動を適切に教育課程に位置付け、児童生徒の障害による学習上又は生活上の困難を改善・克服するために必要な知識、技能、態度及び習慣を養うための指導の充実を図る必要があります。

学校種や児童生徒の障害の程度や特性などによって異なってきますが、指導計画の作成や教育課程の実施における全般的な配慮事項としては、次の諸点を挙げることができます。

ア）児童生徒の実態やニーズを適切に把握するとともに、保有する感覚を最大限に活用し、予測と確かめの力を育成すること。
イ）視覚障害の状態等によって学習の困難を伴う内容については、基礎的・基本的な事項の理解や導入段階の指導に重点を置くなど、指導内容の精選と配列を工夫し、指導内容を着実に習得できるようにすること。
ウ）学習の基礎となる能力を自立活動の時間における指導において重点的に指導するとともに、各教科と自立活動との関連性を個別の指導計画等において具体的に示すこと。
エ）各教科等の指導に当たっては、視覚を含め他の感覚も有効に活用し、体験的な活動を重視するとともに、児童生徒の自主的、自発的な学習が促されるよう工夫すること。
オ）交流及び共同学習の一層の推進を図る工夫をすること。

（2）障害に応じた教育課程の編成

視覚障害のある児童生徒の教育の場としては、特別支援学校（視覚障害）、弱視特別支援学級、通級による指導（弱視）、通常の学級があります。

①　特別支援学校（視覚障害）

特別支援学校（視覚障害）の対象となるのは、「両眼の視力がおおむね 0.3 未満のもの又は視力以外の視機能障害が高度のもののうち、拡大鏡等の使用によっても通常の文字、図形等の視覚による認識が不可能又は著しく困難な程度のもの」(学校教育法施行令第22条の3)とされています。

したがって、特別支援学校（視覚障害）において教育課程を編成する場合は、保有する視覚を最大限に活用すること、触覚や聴覚など、視覚に代わる感覚を有効に活用することを十分に踏まえることが前提となります。

また、近年、特別支援学校（視覚障害）においては、在籍する児童生徒の障害の重度・重複化、多様化が進んでいることから、教育課程の編成に当たっては、下学年の内容に代替したり、自立活動を主とした指導を行ったりしながら、児童生徒の実態に応じた教育課程を編成し、実施していくことが大切です。

②　弱視特別支援学級

弱視特別支援学級の対象となるのは、「拡大鏡等の使用によっても通常の文字、図形等の視覚による認識が困難な程度のもの」（平成25年10月文部科学省初等中等教育局長通知）とされており、特別支援学校（視覚障害）と比較して視覚障害の程度が軽度な児童生徒を対象として小学校や中学校において特別に編制された学級です。

このため、弱視特別支援学級における教育課程の編成は、原則として小学校や中学校と同様に行われます。しかし、弱視特別支援学級は、児童生徒の視覚障害の実態に即して少人数の学級編制を行うとともに、児童生徒一人一人の視覚障害の状態や特性などに応じて具体的な目標を設定し、適切な指導事項を選定するなど、特別な配慮や工夫をしながら、教科指導などを行っていく必要があります。また、児童生徒の障害や特性などから特別の教育課程を編成することができるようになっています。実際には、特別支援学校小学部・中学部学習指導要領を参考にして教育課程が編成されています。

③　通級による指導（弱視）

通級による指導（弱視）の対象となるのは、「拡大鏡等の使用によっても通常の文字、図形等の視覚による認識が困難な程度の者で、通常の学級での学習におおむね参加でき、一部特別な指導を必要とするもの」（平成25年10月文部科学省初等中等教育局長通知）とされており、当該の児童生徒は各教科等の大半の指導を通常の学級で受けています。したがって、教育課程の編成に当たっては、基本的には小学校及び中学校の学習指導要領によることとなっています。

ただし、その場合、小・中学校の教育課程に加えて、又はその一部に替えて、障害に応じた特別の指導を行うことから、弱視特別支援学級と同様に特別の教育課程によることができるとされています。なお、2018（平成30）年度より、高等学校においても通級による指導を行うことができるようになっています。

④　通常の学級に在籍する視覚障害のある児童生徒の指導

通常の学級に在籍する視覚障害のある児童生徒には、個々の障害の程度や状況に応じて専門的な指導や配慮、環境整備が必要となります。

特別支援学校（視覚障害）や弱視特別支援学級などの支援を受けながら、通常の学級において学習を続けていくことのできる技能や態度を身に付けていくことが必要です。

（3）教科書

特別支援学校（視覚障害）で使用されている点字教科書は、小学部で国語･社会･算数･理科･道徳科の５教科、中学部では国語・社会・数学・理科・外国語（英語）・道徳科の６教科が、それぞれ文部科学省の著作教科書として出版されています。この文部科学省著作の点字教科書は、検定教科書の中から各教科一種を選び、それを原典として作成されており、原典の内容のほか、点字を常用する児童生徒に必要な知識や技能を系統的に指導するため、特別な内容が付加されています。これら以外の教科についても各点字出版社から点字教科書として出版されています。

また、弱視の児童生徒用の拡大教科書については、以前は発行種類が少なく、ボランティアの方々の作成に頼るところが大きかったのですが、2008（平成20）年に「障害のある児童及び生徒のための教科用特定図書等の普及の促進等に関する法律」（いわゆる「教科書バリアフリー法」）が制定されて以降、教科書発行者が作成することが多くなってきました。教科書発行者等による市販拡大教科書一覧が文部科学省のホームページで公開されています（https://www.mext.go.jp/a_menu/shotou/kyoukasho/kakudai/1256604.htm　2024 年 10 月現在）。ただし、市販の拡大教科書が、すべての弱視児童生徒の見え方に対応しているわけではありません。こうした弱視児童生徒に対応した拡大教科書については、ボランティアの方々による作成に委ねられています。

また、2019（平成31）年４月、学校教育法の一部を改正する法律により、小学校、中学校、高等学校等において、検定済教科書の内容を電磁的に記録した「デジタル教科書」がある場合には、教育課程の一部において、通常の紙の教科書に代えて「デジタル教科書」を使用できることとなりました。視覚障害、発達障害等の事由により、通常の紙の教科書を使用して学習することが困難な児童生徒に対し、文字の拡大や音声読み上げ等により、その学習上の困難の程度を低減させる必要がある場合には、教育課程の全部において、通常の紙の教科書に代えて「デジタル教科書」を使用できることとなりました。視覚障害児童生徒においては、学習上、「デジタル教科書」の文字の拡大機能や、音声読み上げ機能が有効な場合があるといえます。

3　各教科等の指導

幼稚部、小学部・中学部、高等部段階における各教科等の指導のポイントについて概説します。

■ポイント■
ア）視覚障害のある乳幼児に対しては、早期からの適切な対応が重要です。
イ）小・中学部の段階では、的確な概念の形成を図ること、経験や体験を通して主体的な活動を展開していくことが大切です。
ウ）聴覚、触覚及び保有する視覚などを十分に活用して情報を得ることが大切です。その際、全体像を把握してから細部の理解へと進めていくようにします。
エ）点字使用の児童生徒の場合も漢字・漢語の基本の指導が大切です。
オ）概念やイメージのつくりにくい内容については、模型の活用やモデルの提示などとともに、言語的に理解させる工夫をしていくことや空間や時間の概念を活用して学習活動を展開していくことが大切です。
カ）情報の不足を補うために、情報機器の活用は大変有効です。
キ）弱視児童生徒に対しては、見えやすい環境を整えるとともに本人のものを見る力を育てていくことの両面が大切です。
ク）高等部段階では、小・中学部での配慮を踏まえ、各教科・科目の特性に応じた配慮をしていくことが大切です。

（1）幼稚部における指導

①　視覚障害と発達の遅れ

多くの文献では、視覚障害のある乳幼児は様々な領域の発達に遅れを示すといわれています。五十嵐（1993）はそうした要因として、行動の制限、視覚的情報の不足、視覚的模倣の不足、視覚障害のある子供に対する社会の態度の問題を挙げています。しかし、こうした要因は、早期からの適切な支援や教育によって改善・補正が可能なものが多く、ステレオタイプ的に視覚障害のある子供には発達的遅れがあると判断するのは早計だといえます。視覚障害のある乳幼児に対しては早期からの適切な対応が大変重要であり、できるだけ早期に保護者との連携を密にして協同での育児支援を進めていくことが大切になってきます。

②　指導計画

ねらい及び内容は、幼稚部の生活における幼児の発達の過程を見通し、幼児の生活の連続性、季節の変化などを考慮して、幼児の障害の状態や特性及び発達の程度、興味や関心などに応じて設定することが大切です。さらに、幼児の視覚障害やその他の障害の実態及び幼児を取り巻く状況の変化などに即して指導の過程を振り返り、評価を適切に行い、常に指導計画の改善を図ることも大切になります。

③　環境の重視

幼児の行う具体的な活動は、生活の流れの中で様々に変化するものであることに留意し、視覚障害の有無にかかわらず、幼児が望ましい方向に向かって自ら活動を展開していくことができるよう必要な援助をしていくことが何よりも望まれます。したがって、生活環境は具体的なねらいを達成するために適切なものとなるように構成し、幼児が自らその環境に関わることにより様々な活動を展開しつつ、必要な体験を得られるよう配慮することが求められます。その際、幼児の生活する姿や発想を大切にし、常にその環境が適切なものとなるようにすることが肝要です。

④　意図的な働きかけ

視覚の活用が困難なことに伴う発達の課題などについては、一人一人の幼児の視覚活用の状態や発達の状況、視覚以外の障害などの状態などにきめ細かく対応した指導を行っていく必要があります。具体的には食事・排泄（せつ）・衣服や靴の着脱といった生活面、姿勢の変換・移動・歩行・遊具遊びといった運動面、感触遊び・玩具遊び・道具使用といった操作活動面、身振りサイン・言葉といったコミュニケーション面、形・色・位置などの区別といった仮名文字・点字につながる初歩的な認知・学習面などの諸側面の実態を的確に把握し、より自立的な生活を送りながら健やかに育っていけるように指導及び支援をしていくことが求められます。これらの中には、幼児の自発的活動を待っていてはなかなか身に付きにくいものもあります。そうした活動については、遊びやゲーム的要素などを取り入れながら、意図的な働きかけが含まれていても、幼児にとっては自発的、能動的な活動となるような配慮を心がけることが大切です。

また、通常の学級へ就学するケースでは、空間の認知、点字学習の前段としての触覚活用能力、聴覚の活用など通常の学級への入学に備えた対応も考慮していく必要があります。

⑤　個別指導と集団指導

視覚障害のある幼児が聴覚、触覚及び保有する視覚などを十分に活用して周囲の状況を把握し、活発な活動が展開できるようにすることが大切です。そして、身の回りの具体的な事物・事象や動作と言葉とを結び付けて基礎的な概念の形成を図るようにするとともに、幼児の経験を広めて積極的な態度を養い、社会性や豊かな人間性を育むために、個別指導と集団指導を適切に組み合わせて対応していきます。

⑥　主体的な活動の促進

幼児の主体的な活動を促すためには、指導者が多様な関わりをもつことが重要であることを踏まえ、指導者は、理解者、共同作業者など様々な役割を果たし、幼児の発達に必要な豊かな体験が得られるよう、活動の場面に応じて適切な指導を行うようにします。幼児の生活は、家庭を基盤として地域社会を通じて次第に広がりをもつものであることに留意し、家庭との連携を十分に図るなどして、学校生活が家庭や地域社会との連続性を保ちつつ展開されるようにする必要があります。その際、地域の自然、人材、行事や公共施設などを積極的に活用し、幼児が豊かな生活体験を得られるように工夫することも大切なことです。

（2）小学部・中学部段階における指導

①　的確な概念の育成

ア　言葉と事物・事象の対応関係

視覚障害のある児童生徒は、視覚による情報収集の困難から、限られた情報や経験の範囲で概念が形成されたり、理解が一面的だったりすることがあります。特に実体験を伴わないまま、言葉による説明だけで事物・事象や動作をとらえてしまうことがあります。このような傾向を避け、的確な概念を形成するためには、児童生徒が聴覚、触覚及び保有する視覚などを十分に活用して、事物・事象や動作と言葉とを対応できるようにする指導が大切になります。また、教師が適時に言葉で説明を加えたり、児童生徒が理解を深める過程で、自ら確認できる情報を用意したりすることも大切です。さらに、他者の考えを聞く、必要な情報を調べる、読書をするなどにより、多くの語彙や多様な表現に触れられるようにすることも重要です。

イ　経験や体験の重視

視覚障害教育では、観察や実験、操作活動などを通じた直接体験によって具体的なイメージを形づくったり、見学・調査などの体験的な学習などによって経験の拡充を図ったりすることが必要です。

ウ　触覚の活用

盲児童生徒に対する指導を行うに当たっては、点字のみならず、触図（線や点などが凸状に浮き出していて触って分かる図）教材や模型などの触覚教材を活用して視覚的な情報を触覚で把握できるようにしたり、模型を用いて実験を行ったりするなど、指導内容や指導方法を工夫することが大切になります。その際、それらの活動の目的や児童生徒の実態に応じた触覚教材を用意して指導していくことに留意する必要があります。

触覚教材の種類としては、実物教材、模型、半立体的な教材（真空成型など）、触図教材（立体コピー、点図など）などがあります。触覚の技能が未熟なほど、立体的で直観的に明確に理解できる教材を用意し、触覚によるイメージの形成や観察の方法などを身に付けさせていくことが大事です。児童生徒の実態や学習内容などに応じて触図の作成方法を変更するなどして、より質の高い分かりやすい教材を準備していくようにしたいものです。併せて、児童生徒の触覚活用能力の育成を積極的に行っていくことも大事なことです。

盲児童生徒に触覚活用を促す場合には、まず何よりも触ることが好きになるように働きかけていくことが大切です。直観的に事物などが認識しやすく、触って心地よいものを十分に触る経験をさせることが初期の段階では大切です。その上で、認知しようとする属性に応じた手指の使い方を身に付けさせるなど触覚による経験を重ねていくことにより、２次元的な触図なども理解できるようになっていきます。

エ　運動・動作の理解

日常生活に必要な諸動作は、幼児期から周囲の人々の様子を視覚的な情報によって模倣することにより身に付いていくものです。そのため、視覚的な模倣が困難な視覚障害のある児童生徒に対しては、一つ一つの動作を丹念に指導していくことが重要になってきます。

また、運動の基本は走る・投げる・跳ぶといわれていますが、視覚障害のある児童生徒は、日常生活でこうした基本的な運動を全力で行う機会に恵まれていません。その上、動作を模倣し、フィードバックすることもできにくいために、その技能がなかなか上達しないといった面があります。しかし、できるだけ機会を設けてフォームなどを補正しながら継続的に運動に取り組むことによって、こうした動作を身に付けさせていくことが可能となります。また、動作などは、言葉でていねいに説明するとともに指導者の体の動きを触覚的にとらえさせることも有効です。この場合、指導者と児童生徒が同じ向きになって体の動きをとらえさせるようにすると、よりスムーズな理解を促すことができます。

オ　効果的な情報活用

聴覚や触覚は、視覚に比べると詳細な情報を得ることが困難な場合が多いので、情報収集のポイントを明確にし、部分的、継時的な情報を総合することが必要です。その際、まず全体像を大まかに把握し、続いて全体像との関連のもとに内容を詳しく理解するというような方法を身に付ける必要があります。

②　視覚障害の状態に応じた読み書きの指導

読み書きの手段として、視覚障害のある児童生徒が点字と普通文字のどちらを常用するかということは大きな課題です。原則的には、視覚障害についての医学的、教育的な観点から総合的に判断することになりますが、視力や視野の程度、眼疾患の進行状態、学習の効率性、本人の希望や意欲などが重要な判断基準となります。なお、筑波大学による2020（令和2）年の調査によれば、点字使用者と普通文字使用者の境界視力は、0.01～0.02となっています。（図Ⅱ－1－2）

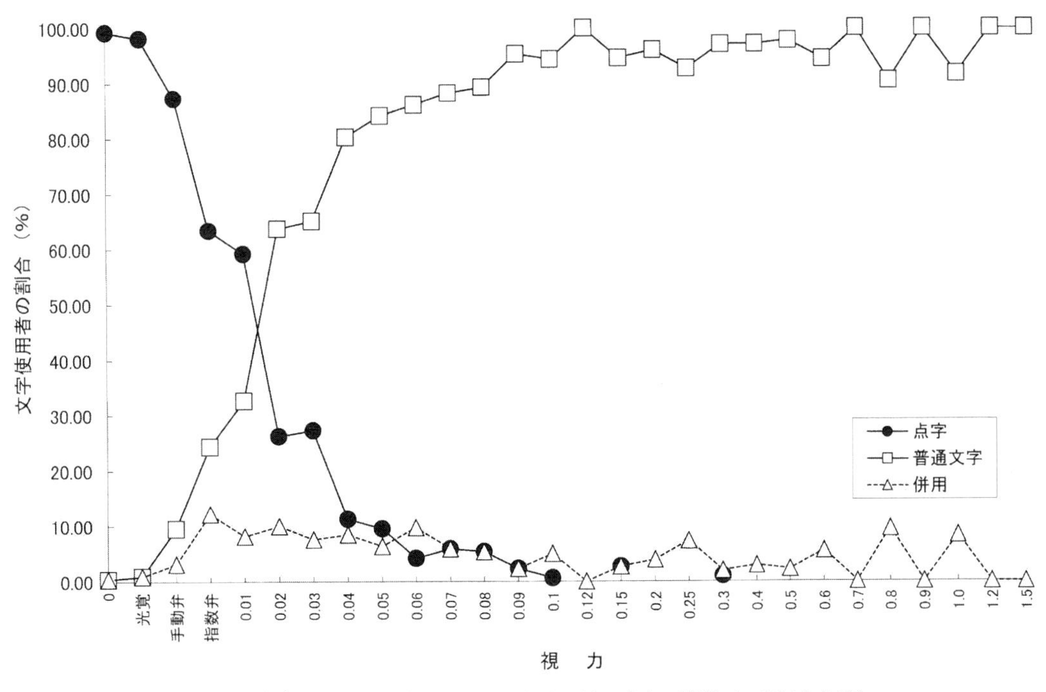

視覚特別支援学校児童生徒の視力と使用文字の関係（6歳以上全体）

（筑波大学2020年調査：柿澤敏文（2022）「2020年度全国視覚障害幼児児童生徒の視覚障害原因等実態調査報告書」より）

図Ⅱ－1－2　視力と使用文字の関係

ア　点字の指導

点字を常用して学習する児童生徒に対しては、点字の表記法を踏まえた系統的な指導が必要となります。先天盲の児童生徒は点字を学習しながら日本語についても習得していくことになるので、国語教育の一環として点字を扱っていくようにする必要があります。中途視覚障害の場合は、点字そのものの習得が中心となってきます。

視覚あるいは聴覚的刺激は外から自然に入ってきますが、触覚的刺激は直接触れなければ感じ取ることができません。また、受動的に触る場合と能動的に触る場合では、その属性の感じ方が異なります。点字の指導においては、学習する児童生徒が能動的に活動するような環境設定を大事にする必要があります。さらに、点字学習においては、その読み書きを速くする指導も大切です。点字の触読では、触圧、触運動、読書スピードに留意して指導することも大切です。初期の段階では指に力が入りがちですが、適度な触圧で読み進めることができるように働きかけていきます。また、点字は一般に人差し指の指頭を使って読みますが、その場合、右手でも左手でも指を左から右に滑らかに移動させてスムーズに読める力を付けるようにしていきます。点字による読書では、両手をうまく使い分けて効率よく読み進める技法を身に付けさせ、不自由なく読めるようになったら読速度を上げる指導を行うことなどが指導のポイントとなります。

点字の初期指導の詳細については、「点字学習指導の手引」（文部科学省，2023）を参照してください。また、読みについては、内容を読み取りながらその先を予測して読み進む方法を併せて指導すると効果的です。

イ　普通文字の指導

視覚活用が可能な児童生徒は、普通文字によって学習を進めることになります。その場合、初期の段階では、できるだけ児童生徒が視覚活用する上で負担の少ない環境を用意し、学習に集中できるように配慮することが大切になってきます。拡大教材や拡大読書器などの補助具を利用することで負担を軽減できる場合もあります。

他方、学習のレベルが上がってくると、すべての教材についてそうした配慮をすることも困難になってきます。児童生徒自身が、弱視レンズなどを活用することにより、一般向けの教材を積極的に活用できる力を付けていくことも忘れてはならないことだといえます。

漢字の読み書きについては、特に留意する必要があります。指導に当たっては、漢字を部首に分解し、基本漢字を徹底して指導する方法や漢字の読み書きの誤りの傾向を類型的に整理して指導に生かす方法などの工夫が求められます。

ウ　漢字・漢語の指導

点字を常用して学習する児童生徒に対する漢字・漢語の指導は、漢字の字義と結び付いた言葉が多い日本語の文章を正しく理解し、表現するために大変重要です。また、コンピュータ等の情報機器を活用することも考慮して、音声化された漢字や漢語の説明も含めた指導が必要となります。

漢字には、形･音･義の三要素が含まれています。例えば、漢字は、音と意味と字形をもっていることを理解させ、漢字の意味と音訓の読みについての理解を深めるようにすることが大事です。字形については、基礎的な文字について習得させることを基本として、児童生徒の実態に応じて対応するようにします。

③　学習上困難を伴う内容への配慮

ア　概念やイメージをつくりにくい内容

視覚に障害があるために学習上困難を伴う内容としては、視覚や触覚によって直接経験することが困難な「動いているもの」や「遠くにあるもの」、「触ると危険なもの」などがあります。このような内容については、児童生徒の理解力などを考慮して、模型の活用やモデル実験等の導入を試みるとともに、言語によりていねいに説明して理解を促していくようにすることが大切になってきます。

イ　基本の理解

各教科等の内容については、基礎的･基本的事項の理解や導入段階の指導に重点を置いて、内容の本質や法則性を具体的に把握できるようにすることが大切です。例えば、「体育」等で視覚障害のある児童生徒に各種のボールゲームなどを指導する場合は、視覚的模倣や空間的な把握が困難なことから、ルールの説明や基本的動作を習得する内容に精選して指導を十分に行うことが考えられます。

ウ　核になる観察や体験

視覚障害のある児童生徒は、初めての内容を理解することには時間を要することがあります。しかし、その内容の本質の理解や基礎的・基本的な事項の習得が十分であれば、それを基に予測し、演繹的に推論したり、考えを深めたりすることが可能になり、その後の発展、応用の学習は容易にできる場合が多くあります。したがって、視覚障害教育では基礎的、基本的な事項について十分に時間をかけて、概念やイメージの枠組みの確立を促していくことが大事になります。そうした「核になる観察や体験」を基に学習を発展させていくのです。

④　コンピュータなどの情報機器の活用

情報通信技術の進展によりコンピュータなどの情報機器を用いて、視覚に障害があっても点字と普通文字とを相互に変換したり、ディスプレイ画面上の文字を拡大したり、テキスト情報を音声化したりすることによって様々な情報を容易に収集し、また発信できるようになってきました。したがって、視覚障害のある児童生徒がコンピュータなどの情報機器を活用できるようにすることは大切なことだといえます。その際、情報入手の困難を補い、学習に必要な情報を得るだけでなく、得た情報を適切に分類したり、記録したりするなどして、児童生徒が問題解決的な学習等に主体的に取り組めるようにすることが大切です。

⑤　空間・時間の概念を活用した学習場面の状況の把握

視覚障害のある児童生徒は、空間や時間の概念の形成が十分でないために、周囲の状況や事象の変化の理解に困難が生じる場合があります。児童生徒が意欲的な学習活動を展開するためには、授業の流れや学習場面を的確に把握し、見通しがもてることが大切になってきます。

例えば、「家庭科」や「図画工作」「美術」などの教科においては、使用する道具や材料が教室内や机上のどこにどのように置いてあり、授業の展開に伴ってどのように動いてそれらの道具や材料をどのように使っていけばよいのかが事前に理解されていると、視覚障害のある児童生徒は見通しをもって安心して学習を進めることができるようになります。

視覚障害のある児童生徒の指導に当たっては、こうした空間的あるいは時間的見通しをもたせることが重要になります。

学年が進むにつれて、自ら空間や時間の概念の形成を図ったり、自分を基準とした位置関係で周囲の状況を把握したり、時間的な見通しをもって行動したりできる力が身に付くように働きかけていくことも大切です。

⑥　弱視児童生徒の視覚の活用と配慮

弱視児童生徒に対する指導では、視覚の活用が中心となりますが、弱視児童生徒の見え方は様々であり、視力のほかに、視野の広さ、色覚障害の有無、眼振やまぶしさの有無などの影響を受けている場合があり、その見え方の個人差が大きいということを理解しておくことがとても大切です。指導の効果を高めるためには、児童生徒一人一人の状態に対応して視覚の活用を図るように留意することが重要です。一方、児童生徒の視覚活用のレベルに応じて、触覚や聴覚など、他の感覚の併用も考える必要があります。

視覚の活用に当たっては、環境などの外的な条件の整備と児童生徒の視覚認知能力の向上といった内的な条件の整備という、二つの側面から配慮していくことが大事になってきます。

外的な条件の整備では、まず、網膜に写る像が大きくなるような配慮が考えられます。例えば、教材そのものを拡大・修正した拡大教材を用意する、拡大読書器や弱視レンズを活用するなどの方策が考えられます。また、教材を見やすくするために、内容の単純化や不必要な情報の除去、図と地*のコントラストの強化、色彩への配慮などが考えられます。さらに、眼を近づけて教材を見ることが多いので、疲労しないような学習環境の整備や机の高さの調節、書見台の利用、照明の調整が大切です。また、学用品についても、できるだけ見やすく使いやすいものを選定するよう配慮する必要があります。

内的な条件の整備では、弱視児童生徒の視覚認知能力の段階を知っておく必要があります。すなわち、１）視力などに相応した見え方ができていない段階、２）見る能力相応に見える段階、３）見えないはずのものまで理解することができる段階の三つです。

１）の段階では、基礎的な認知能力を育てるための取組が必要となります。この段階の指導としては、図と地の関係の認知、図形群化の認知、ものの属性の認知の三つのレベルの学習により認知能力の向上を図ります。基礎的認知能力の指導によって２）のレベルまで達したら、３）の応用的な認知能力の指導に入ります。ここでは、確かな概念やイメージを育てて、それを基に確かな予測ができるようにします。このことにより、見えないものまで「見える」ように思えるほど推測してとらえることができるようになるのです。

（3）高等部段階における指導

高等部段階での視覚障害のある生徒の指導では、基本的に小学部、中学部での配慮点を踏まえて、各教科･科目での指導の特性などに応じた工夫や配慮が求められることになります。

---

*ある物が他の物を背景として全体の中から浮き上がって明瞭に知覚されるとき、前者を図といい、背景を地という。

①　文字による理解、表現（漢字・漢語の理解を含む）

幼・小・中学部と特別支援学校（視覚障害）で教育を受けてきた生徒の場合は、中学部の段階ですでに点字または普通文字の読み書きの基礎はおおむね身に付けているといえます。高等部の段階ではこうした基礎の上に立って、さらに日本語を的確に理解したり、適切に表現したりする力を各教科・科目の指導を通して育成していくことが重要になってきます。

また、中途で視覚障害になった生徒については、現在の視力や視野などの状態、眼疾患の進行状態、学習の効率性、本人の希望や意欲などを考慮して、常用する文字を点字にするか、普通文字にするかを決定していきます。

点字を常用して学習する生徒に対する、漢字・漢語の意味や、構成などの指導は、小学部及び中学部における学習の基礎の上に立って、さらに日本語を正しく理解できるようにするために大切なことです。コンピュータなどの情報手段を活用する場合にも、ディスプレイ上の文章を音声化して理解するために漢字・漢語の理解が必要となるので、この点も踏まえた指導を進めます。

②　視覚的イメージを伴う事柄に対する指導

日常生活における会話や文学作品などでは、視覚的なイメージを伴い視覚以外の感覚ではその実態をとらえることが難しい表現を扱う頻度が高まってきます。視覚障害のある生徒に対して、視覚的なイメージを伴う事柄やそれを表現した言葉についても、小学部や中学部での対応を踏まえて視覚以外の感覚を活用したり体験などを通したりして、その実態をできるだけ把握できるように工夫することが大切です。また、これまでの経験や知識と関連付けてていねいに説明したり、視覚的なイメージを伴う言葉の用法の指導を行ったりすることによって、視覚的なイメージを伴う事柄についての理解を促すことが大切です。

③　学習上困難を伴う内容の指導

天体の観察などのように、視覚による観察や確かめ、あるいは実験などを基礎として学習活動を展開する内容は少なくありません。このような内容の指導に当たっても、小学部、中学部段階での指導を発展させた模型を用いた観察や実験などにより本質的な事柄を具体的に指導し、基本的な内容や法則性の理解を促すようにします。さらに、このような理解を基に演繹的に推論することなどによって学習内容を深め、発展させることができる力を育てていくことも高等部段階では大切になってきます。

④　触覚教材、拡大教材、情報機器の活用

視覚障害のある生徒の指導に当たっては、視覚補助具や触覚教材、拡大教材などの教材・教具を活用したり、指導方法を工夫したりすることによって、必要な情報を入手できるよう配慮することが大切であり、これは高等部段階の指導でも変わることはありません。情報機器の活用についても同様であり、視覚障害のある生徒がコンピュータなどの情報機器を十分に活用して、効果的な学習ができるよう配慮していきます。

また、視覚以外の聴覚や触覚を効果的に活用できるようにすることも重要です。聴覚や触覚は視覚に比べると厳密な情報が得にくいので、大まかな観察やデータで法則性を予測、推論した後で、詳しい資料を基に確かめてみるというような学習方法を身に付けることも大切です。

⑤　見通しをもった積極的な学習活動の展開

生徒が授業に積極的に参加するためには、授業が行われている教室や校内などの状況と自分との位置関係を十分に把握できていることが必要です。また、1時間の授業の流れの中で、その時々に取り組んでいる学習活動の位置付けが理解されていることも重要なことです。このため、各教科・科目の指導においては、視覚障害の状態に応じて空間的な位置関係や役割分担、学習展開の見通しや時間的な経過などが明確に理解できるようにして、生徒が積極的、主体的に学習に取り組めるようにしていくことが求められます。

⑥　社会経験を経るなどして入学してきた中途視覚障害者への配慮

特別支援学校（視覚障害）には、高等学校等を卒業し、社会経験を経るなどした後で、専門学科または専攻科に入学してくる生徒も在籍しています。病気・事故等により中途で視覚障害になり、自立を目指し、職業学科等に入学してくる生徒です。これらの生徒は、眼疾患の状況や学習面、生活面等の困難さから心理的に不安定になることもあり、支援や配慮が必要です。また、その社会経験等を踏まえた指導内容となるよう工夫することも大切です。

4　進路指導と進路の状況

（1）進路指導の意義と指導上の配慮事項

①　進路指導の意義

進路指導というと、「進路決定の指導」に重点が置かれ、進路先の選択･決定などにかかる「出口指導」に終始しがちになっている状況が少なからず見受けられます。進路指導とは、児童生徒が自らの在り方や生き方を考え、将来に対する目的意識をもって、主体的に自己の進路を選択決定し、生涯にわたる自己実現を図っていくことができるような能力や態度を身に付けることができるよう、指導・援助することであり、進路意識の向上や内面の発達に結び付いた指導が重要となってきます。それには「生きる力」の育成や観点を踏まえ、基礎・基本を確実に身に付けさせ、豊かな人間性や社会性、学ぶことや働くことへの関心や意欲、進んで課題を見つけそれを追求していく力とともに、集団生活に必要な規範意識やマナー、人間関係を築く力やコミュニケーション能力など、幅広い能力の形成を支援していくことを、これまで以上に重視していく必要があります。したがって、これらの指導は、学校の教育活動全体を通じて計画的、組織的に行い、小学校段階から発達段階や特性に応じて進めていくことが大切です。

②　指導上の配慮事項

個々の児童生徒が自立を目指し、視覚障害による学習上や生活上の種々の困難を主体的に改善･克服して、将来への夢や希望を抱き、進路選択できるようにするために、次の点に配慮する必要があります。

(ア) コミュニケーション能力の育成を図ること

(イ) 進路に関する正しい理解を促し、情報の提供を行うこと

視覚障害者の職業として大きな比重を占めている理療に対する正しい理解をもたせるともに、理療以外の職種の現状、求人や就職状況、将来展望などに関する情報を提供することが大切です。

(ウ) 体験を重視した学習や実習を取り入れること

視覚に障害のある児童生徒の指導では、あらゆる感覚を使って、実際に体験するということが特に重要です。したがって、児童生徒の特性、進路などを考慮しながら、積極的に就業体験や実習、体験入学などの機会を確保していきます。

(エ) 保護者との連携を図ること

定期的な個別面談や家庭訪問、学級懇談会などの機会を設けて、児童生徒の現在の姿や今後の目指す姿を保護者と共有していきます。

(オ) 基本的生活習慣を身に付けること

挨拶、身だしなみ、集団のルールなど基本的な習慣を身に付けておき、周囲からの支援も含めて他との協調性を培うことが大切です。

(カ) 障害補償機器を駆使する力を身に付けること

障害補償機器には、めざましい進歩が見られます。特に視覚障害者にとって、コンピュータなどの情報機器は、点字と普通文字との互換を可能にし、また、コンピュータの読み上げ機能や拡大表示などによりインターネットを通じて容易に情報の収集ややりとりができるようになりました。これらの機器を駆使することのできる力は、様々な職域での就労の可能性を広げるものです。小学部段階から系統的に指導していくことが重要です。

(キ) 卒業後のアフターケアを行うこと

定期的な進路先への訪問や情報提供、また、同窓会活動や余暇活動を行うことによって卒業生の状況を把握し、必要に応じて相談を行い、適切な支援が受けられるようにしておきます。

(ク) 個別の教育支援計画（個別の移行支援計画を含む）を整備し、小学部段階から発達段階に応じた一貫した進路指導に取り組むこと

児童生徒を生涯にわたって支援する観点から、個別の教育支援計画(個別の移行支援計画を含む)を作成し、卒業後の就労や生活支援などへの円滑な移行のために関係者・機関と連携をしながら個々の支援を計画的、組織的に行っていきます。

（2）卒業後の進路の状況

①　特別支援学校（視覚障害）高等部卒業後の進路状況

2023（令和５）年度に全国盲学校長会が特別支援学校（視覚障害）高等部卒業生の進路状況について調査を行っています（全国盲学校長会編『視覚障害教育の現状と課題』令和６年６月発行）。これによると、本科卒業生は、特別支援学校（視覚障害）の上級課程（専攻科）や大学などへの進学のほか、重複障害生徒の増加に伴い、施設への入所や在宅の割合が高くなってきています。また、本科保健理療科、専攻科保健理療科の卒業生はあん摩マッサージ指圧師の資格を、専攻科理療科の卒業生はあん摩マッサージ指圧師、はり師、きゅう師の資格を取得して、医療機関や治療院などに就職したり開業をしたり、その他、公務員・公共企業体や民間企業に就職したりするなど、その進路は多様化してきています。

②　職業教育

我が国の視覚障害者の職業の歴史を振り返ると、江戸時代は、盲僧やイタコなどの呪術的宗教者、琵琶、三味線、琴などを弾く芸能者、鍼治、按摩の施術者などの職業に就いていたことが知られています。これらの職業は徒弟的な教育によって伝授されていました。明治期に入り、京都の盲唖院や東京の楽善会訓盲院が設立され、普通教育とともに、鍼按、邦楽を中心とした職業教育がなされてきました。その後、各地で盲学校が設置され、普通教育とともに職業的自立を目指した教育が広がってきました。そこでの職業教育は、新たな職域開拓にも取り組んできてはいますが、あん摩マッサージ指圧師、はり師、きゅう師を養成する理療教育が中心となり、その流れが現在に至っています。

現在の特別支援学校（視覚障害）の高等部には、高等学校と同等の３年課程の本科と、さらにその上に専攻科が置かれています。本科には普通科と職業学科である保健理療科・音楽科・生活技能科などがあります。専攻科は、職業学科を主としており、理療科・保健理療科・理学療法科・音楽科・柔道整復科などがあります。理療科は、あん摩マッサージ指圧師、はり師、きゅう師を養成するための課程で、国家試験受験資格を取得することができます。進路としては、病院、診療所、リハビリテーションセンター、治療院のマッサージ師や鍼灸師として就職するほか、自宅などで開業する者や、老人ホームやヘルスキーパー（企業で社員の健康維持増進を図るために理療師を雇用する）として就職する者もいます。理学療法科は理学療法士を養成する課程で、2024（令和６）年度は２校で開設されています。国家試験の受験資格を取得することができ、病院や施設などへ就職しています。その他、音楽科、柔道整復科がそれぞれ１校開設されています。

あん摩マッサージ指圧師、はり師、きゅう師は、1988（昭和63）年の「あん摩マツサージ指圧師、はり師、きゆう師等に関する法律」の改正により、国家資格となっています。2023（令和５）年度の「あはき国家試験（あん摩マッサージ指圧師、はり師、きゅう師の語頭をとって「あはき」という）」において、あん摩マッサージ指圧師、はり師、きゅう師のそれぞれの特別支援学校（視覚障害）出身受験者の合格率は、晴眼者の合格率よりも低くなっています。こうした状況は、特別支援学校（視覚障害）における理療教育の課題になっています。あん摩マッサージ指圧師の資格取得が困難な生徒もいることから、特別支援学校（視覚障害）においては、理療教育のさらなる充実や資質向上に関する取組と、就職の場の確保・開拓を進めていく必要があります。

また一方では、視覚障害者の進路選択が多様化し、その可能性が広がり、理療以外の進路の拡大を図る取組も重要となってきています。大学受験や各種採用試験において拡大文字や点字での受験、さらに時間延長などの配慮がなされ、視覚障害者が大学などに進学しやすくなっています。また就労しやすいように条件を整えていくことも大切です。進路指導においては、変化する社会の中で、企業などのニーズも踏まえつつ、新たな職域の拡大を図り、本人にとっても望ましい職場環境を築くことを重視する必要があります。

視覚障害に他の障害を併せ有する児童生徒の進路指導も課題となっています。特別支援学校（視覚障害）の在籍児童生徒数が減少する中で、重複障害児童生徒の占める比率が高くなってきています。重複障害者のための施設、通所施設、作業所などの進路先を確保する取組と、自立に向けた指導の工夫をしていく必要があります。

就労後の職場定着を高めるためには、卒業後の定期的職場訪問、ハローワークや障害者就業・生活支援センターとの連携を図ることも大切です。

5　自立活動の指導

(1) 視覚障害のある子供の自立活動

①　現状と課題

近年、特別支援学校（視覚障害）においては、児童生徒数の減少と障害の重度・重複化、多様化が進んできています。このような状況に伴い、自立活動の指導に関わって、次の諸点が指導上の課題として指摘されています。

ア）自立活動の指導に必要な視覚障害教育に関する専門性
イ）見通しをもった一貫した指導
ウ）自立活動と各教科等との関係の明確化
エ）自立活動の指導の評価

②　自立活動における主な指導内容

視覚障害のある児童生徒が行動する場合には、基礎的・基本的事項の理解とともに、特に「予測と確かめ」の技能を有効に活用することが必要です。したがって、自立活動の指導においては、基礎的・基本的事項の理解の上で、この予測と確かめの技能を高めることによって、視覚障害による学習上や生活上の様々な困難を主体的に改善・克服することができるようにすることが必要です。

視覚障害のある児童生徒に対する自立活動における指導内容としては、次のようなものを挙げることができます。

ア）健康の維持・改善と管理に関する内容
- ○　自己の健康や障害の状態の理解
- ○　健康状態の回復、再発の予防
- ○　眼疾患に伴う視覚管理

イ）心理的な安定や意欲の向上に関する内容
- ○　視覚障害に起因する心理的な不適応への対応
- ○　視覚障害による学習上又は生活上の困難を改善・克服しようとする意欲

ウ）環境の把握と探索能力の向上に関する内容
- ○　視覚的な認知能力の向上
- ○　弱視レンズなどの視覚補助具の活用
- ○　触覚や聴覚の活用
- ○　触覚による観察の仕方
- ○　ボディ・イメージや空間概念の形成
- ○　地理的な概念の形成
- ○　不十分な感覚情報からの予測と既にもっている情報を手掛かりとした次にくる情報の予測

エ）適切な姿勢や運動における動作の習得
○　座位や立位の姿勢
○　運動時における動作やバランスの調整
○　運動における動作
オ）歩行能力の向上に関する内容
○　歩行軌跡の表現と歩行地図の活用
○　歩行の基本的技術
○　白杖の活用（白杖を通して得た感覚情報を総合的なイメージにまとめて周囲の状況を理解する）
○　歩行計画の作成
カ）作業能力の向上に関する内容
○　手指の巧緻性や身体の敏捷性
○　作業内容に応じた安全で能率的な姿勢
○　各種道具の使い方
○　平面や立体の構成
○　作図
○　作業工程と結果を予測した作業
○　並行作業
キ）日常生活技能の向上に関する内容
○　食事、排泄（はいせつ）、衣服の着脱、清潔の保持、持ち物の整理・整頓・管理、洗濯、掃除、買い物などの日常生活を適切に送るために必要な技能
ク）コミュニケーション能力の向上に関する内容
○　意思の相互伝達
○　場に応じたコミュニケーションの仕方
○　点字の初期指導及び中途視覚障害者に対する点字指導
○　点字使用者に対する普通文字の指導
○　コンピュータや情報通信ネットワークなどの情報手段の活用

③　授業時数と指導形態

ア　自立活動の授業時数

小学部、中学部における各学年の自立活動の時間に充てる授業時数は、児童生徒の障害の状態や特性及び心身の発達の段階等に応じて適切に定めることになっており、標準授業時数を示してはいません。ただし、標準授業時数を示していないからといって、自立活動の時間を確保しなくてもよいということではなく、個々の児童生徒の実態に応じて、適切な授業時数を確保する必要があります。近年、特別支援学校（視覚障害）に在籍している児童生徒の障害が重度・重複化、多様化してきていることから、個々の児童生徒の実態に応じて、適切な授業時数を設定する必要があります。

さらに、自立活動に充てる授業時数は、各学年の総授業時数の範囲に含まれることになっていますが、他の領域の時数を加えた場合、総授業時数が小学校または中学校の総授業時数を上回る場合も出てきます。こうした場合には、児童生徒の実態及びその負担過重について十分考慮し、適切な授業時数を確保することが大切です。

自立活動の指導は、毎週の自立活動の時間を中心にして継続的、系統的に行うことが基本

となりますが、より効果的な指導を行うためには、学習活動の特質や児童生徒の実態などに応じて指導時間を工夫して実施することが大切です。例えば、指導期間については、学期や年間を通じて継続的に指導する場合や短期間に単発的、集中的に指導する場合などが考えられます。

また、指導する時間帯については、通常の授業時間における指導に加え、始業前や放課後に短時間指導する場合や、いわゆる帯状の時間割で毎日継続的に指導する場合などが考えられます。

イ　自立活動の指導形態

自立活動の指導形態は、児童生徒一人一人の障害の状態や特性などを考慮すれば、個別指導を行うことが原則となります。しかし、指導内容によっては、集団の中で相互の働きかけを通して指導した方が効果的な指導が行える場合もあります。

例えば、屋外における歩行指導などは、児童生徒の安全を最優先するという視点からも個別指導を行う必要があります。一方、コンピュータの指導など、個々の児童生徒の到達度などに応じて学習活動が進められたり、一斉に実施したりすることが可能な学習活動などは、学級や学年単位など、集団指導をすることによって効果的な指導を行うことができる場合もあります。いずれにしても、児童生徒の実態や指導内容、指導体制などに応じて、最も効果的な指導形態を工夫することが大切です。

④　指導の評価

自立活動の指導は、まず児童生徒の実態把握を行い、それに基づいて個別の指導計画を作成していきます。そして、この個別の指導計画にしたがって学習活動を展開していくことになります。自立活動としての学習活動は、形成的評価や総括的評価を行うことによって、次の指導期間や次年度の指導計画を立案することになります。

このように、自立活動の指導は、PDCA（Plan-Do-Check-Action）のサイクルにしたがって行っていくことが大切です。

そして、自立活動の指導の評価を実施するに当たっては、児童生徒の実態把握が適切であったか、指導目標や指導方法が適切であったか、児童生徒の主体的な活動を引き出し適切な指導を行うことができたかなどの観点に基づいて実施することが必要です。特に、指導目標が達成されなかった要因を安易に児童生徒に求めることのないように、指導目標に対して児童生徒に応じた適切な指導を行うことができたかという、指導者側の評価を実施することが必要です。

（2）個別の指導計画の作成と展開

①　個別の指導計画作成上の配慮

自立活動の個別の指導計画を作成する際、特に注意をしなければならないことは、自立活動の六つの区分が、実際の指導を行う際の「指導内容のまとまり」を意味しているわけではないということです。

例えば、「歩行指導」は移動動作そのものに焦点を当てれば「身体の動き」に関わる内容ですが、白杖等により適切に情報を入手しながら歩行することが主な目的であれば「環境の把握」に関わる内容といえます。さらに、歩行する際に、通行人などに援助を依頼する必要がある場合には「コミュニケーション」や「人間関係の形成」の要素も含まれることになります。あるいは、歩行指導を通して一人で歩くことができるという自信がつけば、障害を主体的に改善・克服しようとする意欲にもつながり、そうした場合には「心理的な安定」に関わる内容も含まれています。

このように、一つの指導内容には自立活動の六つの区分が相互に関連していることが分かります。また、視点を変えれば、一つの指導内容を設定した場合、指導目標や評価の観点を明確にするためにも、その内容が六つの区分27項目のどの部分に関連があるかを示しておくことが必要です。

なお、特別支援学校教育要領・学習指導要領解説自立活動編（幼稚部・小学部・中学部）には、実態把握から具体的な指導内容を設定するまでの手順が示されており、視覚障害の場合の具体例も示されています。

② 歩行指導

ア 歩行指導とは

視覚障害者の歩行指導は、オリエンテーション・アンド・モビリティ・トレーニング（Orientation & Mobility Training）と呼ばれています。オリエンテーションとは定位のことで、自分のいる場所を定めること、つまり環境を認知することで、モビリティとは移動すること、つまり歩行運動を意味しています。したがって、視覚障害者にとっての歩行指導は単に歩行運動そのものを指すのではなく、常に自分の位置を確かめながら安全に目的地へ移動する能力を育てるということです。

歩行指導は対象が乳幼児から成人までと幅広くなっており、その内容や方法が異なっていますが、指導の順序としては「身近で狭い安全な空間から、未知で広い空間へ」が原則といえます。そして一般的に**表Ⅱ－1－1**のような手順で進められることになります。

表Ⅱ－1－1　歩行指導の手順

ア）手引き歩行（介添歩行）
イ）室内移動時の伝い歩き
ウ）白杖の導入と操作法（図Ⅱ－1－3）
エ）学校近隣の住宅街の歩行
オ）交通機関の利用
カ）混雑地の歩行と援助依頼
キ）単独通学などの応用歩行

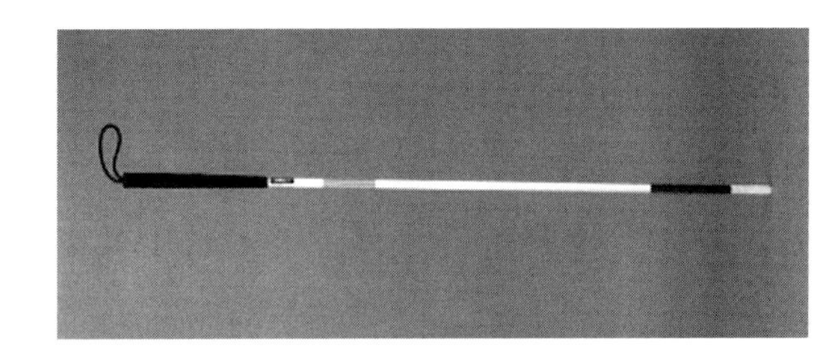

図Ⅱ－1－3　白杖（ジオム社グラスファイバーケーン）

イ 歩行指導の計画例

表Ⅱ－1－2として示した「歩行指導計画例」は、小学部低学年の先天盲の児童を想定した個別の指導計画例です。この計画は年間を前期・後期に分けていると想定し、その前期分を示しています。

視覚的な情報を活用することが困難な盲児童にとって、空間の広がりを理解させることは、歩行指導においてばかりではなく、教科学習の基礎としても非常に重要なことです。したがって、特に低学年の段階においては、生活科や社会科の地図学習、算数科の図形領域の指導とも関連を図りながら、指導を進めていくことが必要です。

表Ⅱ－1－2　歩行指導計画例

月	指導項目	指導内容	指導上の留意点
4	○校内の単独歩行	・教室内の伝い歩き ・机などの配置の理解	・腕を前方に伸ばして、探索と防御の姿勢をとらせる ・自分の机を基点として、教室の入り口、ロッカー、友人の机の位置などを確認させる
5		・教室を基点としての目的歩行	・教室からトイレ、下足箱、音楽室など、日常的に単独で行く場所を設定する ・方向の取り方について、壁と体との垂直方向を確実に体感させる
6		・複数の目的地への歩行 ・教室以外の基点からの目的歩行	・順路を口頭で言わせて確かめておく ・教室以外の場所を基点とした場合は、同じ目的地であっても方向が変わることに注目させる
7	○歩行地図	・積木模型による教室内地図の読み取り	・教室内に見立てた立体コピーに模型の机などを並べさせる ・人形による教室内散歩
9		・教室配列の理解	・自分の教室を基点として、両隣、上下階の教室の位置を理解させる ・上下階の教室の位置を確かめるために、自分の教室の窓からロープを下ろし、下の教室でそれを触らせて上下の位置関係を認識させる
10		・全校舎の配置の理解	・校舎モデルの活用

また、児童生徒の理解を深めるためにも模型や触地図などの教材・教具を工夫して、触覚や聴覚など視覚以外の感覚を十分に活用できるように工夫を図ることも大切です（**図Ⅱ－1－4**）。

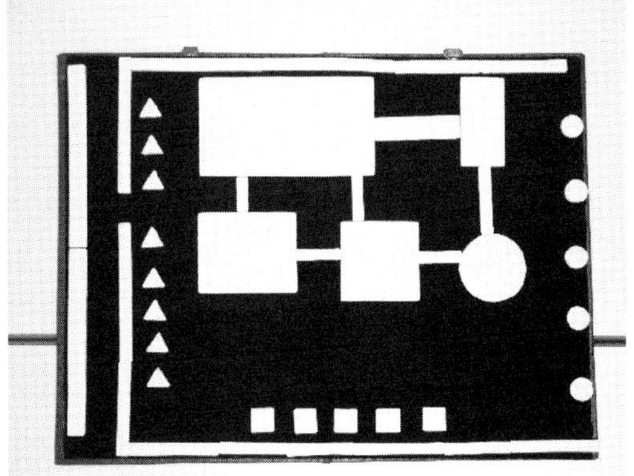

図Ⅱ－1－4　歩行指導時に用いる触地図の例

③　点字指導

ア　点字指導の内容

点字指導は、大別すると「読み」の指導と「書き」の指導、そして「点字表記法」の三つに分けることができます。そして、それぞれの内容は、次のように大まかに整理することができます。

ア）読みの指導
- ○　両手読みの動作の制御と点字触読の枠組み学習
- ○　継時的な文字の読み取りの学習
- ○　文節の意識と分かち書きの学習

イ）書きの指導
- ○　点字タイプライターによる書きの学習（図Ⅱ−1−5右）
- ○　点字盤（図Ⅱ−1−5左）・携帯用点字器による書きの学習
- ○　分かち書きと切れ続きの学習
- ○　文の構成と表記符号の学習

ウ）点字表記法の指導
- ○　語の書き表し方の学習
- ○　分かち書きの学習
- ○　表記符号の用法などの学習
- ○　文の種類による書き方の学習
- ○　とびら、目次、図表などの書き方の形式の学習
- ○　試験問題の様式の理解と解答の書き方の学習

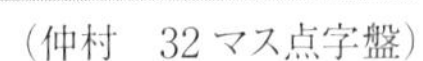
（仲村　32マス点字盤）

（Howe Press　パーキンスブレーラー）

図Ⅱ−1−5　点字盤と点字タイプライター

イ　点字学習の教育課程上の位置付け

点字は日本語の読み書きの基本となりますから、教育課程上、国語科における指導と密接に関連があります。国語科では点字指導の全体的な課題のうち、読み書きの能力を養うことがねらいとなっています。特に、点字特有の仮名遣いや分かち書きなどは系統的に指導していく必要があります。

一方、自立活動における点字指導としては、点字学習のレディネスの形成に関する指導、中途視覚障害者を含めた点字の初期指導、あるいは点字の触読速度を高める指導などが挙げられます。いずれにしても、国語科における指導内容と自立活動におけるそれとを明確に区別することは困難ですので、相互に関連を図りながら指導を行っていくことが大切です。

ウ　点字学習のアセスメント

年少の盲児に点字指導を行う場合、アセスメントとして次の諸点を確認する必要があります。

ア）机に正対していすに座った状態での両腕のコントロール、両手の分業と協応動作、両手指の分化と組合せ、タッピング、指先でビーズを数えることなどがどの程度できるか。
イ）物の配列順序、前後・上下・左右などの方向付け、基準や枠組みを手がかりとした位置決め、6点の配列関係と点の名称などを理解して具体的に操作することなどがどの程度できるか。
ウ）話し言葉の発達状況、文・文節・単語の意識化、音による単語の分解・構成、ごっこ遊びなどの象徴機能の習得状況、模型・図面・マークなどの標識としての理解、点字に対する興味・関心の程度などがどのような状態か。

エ　就学前、就学後の点字の読み指導の流れ

点字の読みの指導については、いくつかの指導方法がありますが、一般的に、読みの指導は次のような手順によって進められます。

ア）点字読みのための触運動としての行たどり
イ）五十音の清音1文字の読み
ウ）清音からなる単語読み
エ）清音からなる短文読み
オ）濁音、半濁音1文字の読み、単語読み
カ）促音、長音を含んだ単語読み
キ）特殊音の1文字の読み、単語読み
ク）すべての文字種を含んだ1行の文章読み
ケ）行替えのある文章読み
コ）1ページから数ページの読み
サ）童話などの短い物語の読み

オ　効率的な点字触読を行うための留意事項

点字の読みの指導については、児童生徒の特性などに応じて弾力的に実施していかなければなりません。そして、効率的に点字触読を行うためには、以下の諸点に特に留意する必要があります。

ア）触圧（触るときに点字を上から押す力）をかけすぎないこと
イ）指を上下に動かさないこと
ウ）なるべく戻り読みをしないこと

④　弱視レンズ指導

ア　弱視レンズとは

弱視の児童生徒の見えにくさを改善する方法の一つとして、網膜に写る像を拡大することが挙げられます。弱視レンズは、まさにレンズを通して光学的に網膜像を拡大するための道具です。弱視レンズは、遠くのものを見るための遠用弱視レンズ（単眼鏡）と手元の小さなものを見るための近用弱視レンズ（ルーペ）に大別されます。そして、それぞれに形状や倍率の異なる様々な種類があります（図Ⅱ－1－6）。

（上左・中央：ナイツ単眼鏡、上右：(株) ニコン単眼鏡、
下左・右：スペクウェル単眼鏡）

（上左・中央・右：コイルルーペ、
下中央・右：ピークルーペ）

図Ⅱ－1－6　遠用弱視レンズ（単眼鏡）と近用弱視レンズ（ルーペ）

イ　弱視レンズの活用

弱視の児童生徒にとって、弱視レンズが必要になったからといって直ちに活用できるわけではありません。弱視レンズを実用的に使いこなすためには、様々な技能が必要となります。弱視レンズを使用するために必要な技能として、以下の諸点が挙げられます。

<遠用弱視レンズ>

ア）見ようとするものにレンズを向ける
イ）止まっているものにピントを合わせる
ウ）瞬間的に現れたものを認知する
エ）目の前を横切るものをとらえる
オ）板書事項を読み取る
カ）板書事項を書写する
キ）近づいてくるものにピントを合わせる
ク）レンズの実視界よりも広いものをとらえる

<近用弱視レンズ>

ア）ピントを保持する
イ）レンズをスムーズに動かす
ウ）レンズの実視界よりも広いものをとらえる

ウ　弱視レンズ指導の内容例

上記のことを踏まえ、**表Ⅱ－1－3**として「弱視レンズの基本的な指導内容例」を示します。この表に示されている内容は、主に教室において学習する際に必要な弱視レンズの技能を身に付けるためのもので、就学前から小学校低学年において実施することを想定しています。

表Ⅱ－1－3　弱視レンズの基本的な指導内容例

	指導内容	指導方法	配慮事項
視機能評価	○遠距離視力の測定	・5mの距離から、利き目（見やすい方の目）の遠距離視力を測定する。	・普段学習している環境で測定する。
	○近距離視力の測定	・30cmの距離から近距離視力を測定する。	
	○最大視認力の測定	・近距離用単独視標を用いて、最も見やすい距離で、見える最小のものに対応する視力値を測定する。	・近距離用単独視標をどんなに近づけても良いことを周知させる。
遠用弱視レンズ	○レンズの選定	・遠距離視力と使い勝手に基づき遠用弱視レンズ（単眼鏡）の倍率と機種を選定する。	・0.5～0.7程度の視標が見える倍率を選択する。 ・持ちやすさを考慮する。
	○ランドルト環・絵・文字の認知	・あらかじめピントを合わせ三脚に固定されたレンズを通して認知させる。	・ピントの微調整は本人が行う。
	○絵・文字フラッシュ	・指導者が上下左右・斜めの可能な範囲内に提示する絵、文字カードをピントを合わせてある弱視レンズを通して探索させ、認知させる。	・できるだけ素早くレンズを向けることを意識付ける。
	○手持ち・ピント操作	・指導者の提示する絵、文字カードを、ピントの最も遠い位置及び最も近い位置からピントを合わせて認知させる。	・毎回、ピントが元に戻っているかを確認する。
	○短文読み	・黒板に板書された縦書き、または横書きの短文を指導者の合図で指定された行を読ませる。	・裸眼では見えない距離から実施する。
	○板書書写	・黒板に板書された縦書き、または横書きの短文・20～50文字の文章を弱視レンズで見ながらノートに書き写させる。	・1回に1行分を暗記させることを意識させる。
近用弱視レンズ	○レンズの選定	・最大視認力と使い勝手に基づき、近用弱視レンズ（ルーペ）の倍率と機種を決定する。	・5倍、10倍、15倍程度のものから選択する。
	○文字の認知	・5ポイントのひらがな、カタカナカード、あるいは8ポイントの漢字カードを書見台上に提示し、できるだけ素早く読ませる。	・毎回、同じ位置に提示する。
	○単語読み	・5ポイントのひらがな単語カードを書見台上に提示し、できるだけ素早く読み取らせる。	・姿勢があまり前屈みにならないように書見台の角度を調整する。
	○短文読み	・8ポイントの縦書き及び横書きの短文カードを書見台上に提示し、できるだけ素早く読み取らせる。	・ピントの位置を常に一定に保つことを意識付ける。
	○レンズによる読書	・10ポイントの文章カードまたは教科書、物語などの文章（100～150文字）を書見台上に提示し、できるだけ素早く読み取らせる。	・これから習う単元を選び、新出漢字も確認しながら進める。

エ　指導上の留意事項

弱視レンズの指導に関して、留意しなければならないこととして開始時期が挙げられます。小学校低学年においては、教科書の文字や教材等の文字は比較的大きく、学習も緩やかに進められることから、重度の視力障害でなければ弱視レンズを使用しなくても支障がない場合が多くあります。しかし、上述したように、弱視レンズは必要になった段階で直ちに使えるというものではないので、比較的早い段階から指導を開始し、弱視レンズが必要になると考えられる小学校３年生頃からスムーズに使用できるよう、計画性をもって指導を行うことが大切です。

また、児童生徒が主体的に取り組み、動機付けを図るためにも、読み取るまでの時間を設定したり、ゲーム的要素を取り入れたりするなど、単調な訓練に陥らないよう配慮する必要があります。

さらに、特に通常の学級に在籍している弱視の児童生徒の中には、弱視レンズを人前で使うことに気兼ねしたり、見えにくいことを知られたくなかったりするために、弱視レンズの使用を避けてしまいがちな者もいます。したがって、学習を円滑に進めるためには弱視レンズが必要不可欠なものであることを理解させ、常に励ましながら弱視レンズの使用を促していくことも重要な課題といえます。

6　情報機器の活用

視覚を使った普通文字の読み書きは、視覚に障害のある児童生徒には困難な作業です。しかし、近年では情報機器を使って文字情報を音声や点字へ変換したり、拡大表示させたりすることが容易にできるようになりました。さらに、聴覚や触覚などの感覚を効果的に利用できるように情報機器を選択して設定することによって、電子メールの送受信や Web コンテンツの閲覧もできます。このような情報機器の便利な活用方法について、盲児童生徒、弱視児童生徒、指導者のそれぞれの利用者の観点から説明します。

(1) 盲児童生徒の情報機器の利用

盲児童生徒は音声や点字を利用することで情報機器などを使うことができます。

①　音声日本語ワープロソフトを活用して普通文字を書く

普通文字、とりわけ漢字仮名交じり文を書くために、パソコンを活用した音声日本語ワープロソフトが一般に利用されています。**図Ⅱ－1－7**のように、キーボードから入力した文字は、スピーカーを介して音声で確認できます。また、点字ディスプレイにも出力できるので、画面を見なくても入力結果を確認できます。入力済みの文章は、カーソルを移動させることで１文字ごと、あるいは１行ごとに再確認することができます。文書を開く、保存する、各種設定を変更するといった操作も音声や点字を利用して行うことができます。

仮名漢字変換も音声を利用して行えます。同音異義語のある漢字を区別するための工夫として、その漢字を含んだ熟語などで説明する「詳細読み」や、音読みと訓読みを組み合わせ

図Ⅱ－1－7　ディスプレイの文字情報を点字ディスプレイや音声で確認している様子

た「音訓読み」などの読み上げ方があります。片仮名と平仮名、アルファベットの大文字と小文字を区別するためには、男性と女性の声や声の高低の違いなども利用します。

文字入力方法として、一般的なフルキー入力（ローマ字漢字入力及びカナ漢字入力）のほかに、視覚障害者のパソコン利用に特有な点字入力（６点入力とも呼ぶ）方式も使われます。これはキーボードの６つのキーを点字の６点に見立てて、複数のキーを同時に押して仮名１文字を入力する方式です。

音声日本語ワープロソフトは、後述するスクリーンリーダと併用し、その音声・点字出力機能を利用します。

②　音声読書システムを用いて普通文字を読む

教科書や新聞、雑誌、単行本などの印刷文書を視覚障害者が独力で読むための音声読書システムが開発されています。スキャナで印刷文書を読み取り、OCR（Optical Character Recognition）（光学的文字認識）ソフトでレイアウトと文字を認識し、読み取った文章を音声出力します。

音声日本語ワープロソフトと同様に、音声読書システムにもいくつかの種類があります。パソコン本体とソフトが一体となったシステムは、視覚障害者の使いやすさに配慮して設計されており、少ないキー操作と音声案内で操作できます。また、パソコンとスキャナ、OCR ソフトを用意すれば、音声読書システムを構築できます。タブレット型コンピュータに OCR ソフトのアプリをインストールし、カメラで撮影して音声で普通文字を読むことも可能です。OCR ソフトや OCR アプリには視覚障害者用と一般用があり、主として操作性と価格が異なっています。

デジタル録音図書も視覚障害領域では大切なツールの一つです。デジタル録音図書は、CD-ROM 等に保存された録音図書で、国際標準規格となっている DAISY（デイジー）形式のデジタル録音図書が普及しています。DAISY とは、アクセシブルな情報システムの英語表記（Digital Accessible Information System）の頭文字の略称です。DAISY 録音図書の再生方法としては、パソコンに専用のアプリケーションソフトをインストールして使用する方法と、携帯型録音再生機を使う方法の２通りがあります。携帯型録音再生機は、簡単なボタン操作でDAISY録音図書の録音や再生ができます。DAISY録音図書は、これまでに使われていたカセットテープ型の録音図書と異なり、見出しやページを基にして読みたいところへ移動することができる機能が備わっているため、効率よく読み進めることができるという特長があります。DAISY録音図書の製作は、点字図書館や一部の公共図書館、ボランティアグループ等で行われています。点字図書館や一部の公共図書館の他、点字図書や録音図書などの書誌データベースである「サピエ図書館」（全国視覚障害者情報提供施設協会が運営する情報提供ネットワーク）や「みなサーチ」（国立国会図書館障害者用資料検索）などからDAISY録音図書を入手して、学習することができます。パソコンのアプリケーションソフトを利用する場合には、読み上げられる文字がパソコンのモニターでハイライト表示されます。文字の大きさや色、読み上げ速度等も変更できますので、弱視や読字障害の児童生徒にも有効に活用されています。

③　点字エディタ・点字プリンタを用いて点字文書を作る

点字文書を直接作成するには点字エディタ（点字編集ソフトとも呼ぶ）を使います。点字エディタでは、フルキー方式のほかに点字入力方式でも入力できます。音声・点字出力に対応しているので、視覚障害のある児童生徒自身が利用できます。

パソコンから点字文書を印刷するには、点字プリンタ（**図Ⅱ－1－8**）を使います。印刷紙には、一般のコピー用紙より厚い点字用紙を用います。連続用紙または単票用紙の片面に点字印刷するのが基本ですが、高機能製品では、両面点字印刷、普通文字の印刷、高速印刷、点図印刷なども可能です。

なお、漢字仮名交じりの電子文書がある場合は、自動点訳ソフトを使って点字文章を作成できます。また、インターネット上にも無料の自動点訳エンジンがあります。

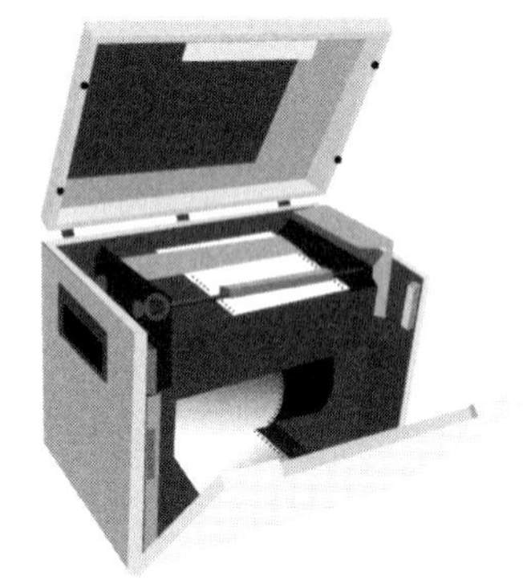

図Ⅱ－1－8　点字プリンタ

④　スクリーンリーダ等のアプリケーションソフトを使う

アプリケーションソフトやパソコンの基本機能を音声化するのがスクリーンリーダソフトです。スクリーンリーダソフトを導入すると、ワープロソフトやOCRソフト、Webブラウザ、メールソフトなどで利用可能となります。

現在のコンピュータ操作は、画面上のアイコンやメニューをマウスで操作する方式が主流です。しかし、視覚障害のある児童生徒は、カーソル位置を目で追うマウス操作はできません。そこで、マウス操作をすべてキーボード操作で代替し、操作に応じた音声を返すことで、盲児童生徒はパソコンが利用できるようになります。音声で出力される内容を点字ディスプレイに出力することもできます。

日常生活の中では、スマートフォンやタブレット型コンピュータの音声読み上げ機能を用いて、パソコンと同様な作業を行うことができるようになってきており、メールやSNS（Social Networking Service）の活用も進んでいます。

⑤　インターネットを利用する

インターネットを利用するには、音声Webブラウザまたはスクリーンリーダを使います。

ほとんどのスクリーンリーダソフトはWeb閲覧に対応していますが、読み上げ機能は少しずつ異なります。

電子メールソフトは、スクリーンリーダを使用することによって音声で利用可能となります。前述の通り、スマートフォンやタブレット型コンピュータの音声読み上げ機能によって利用することも可能になりました。

（2）弱視児童生徒の情報機器の活用

視覚を活用できる弱視児童生徒は、文字を拡大表示・印刷することで学習が可能です。

①　拡大読書器

印刷文字を光学的に拡大するには、近用弱視レンズ（ルーペ）が用いられますが、これより高い拡大率を得られるのが拡大読書器です。拡大読書器の仕組みは、カメラで撮影した映像に電子回路で様々な処理を加え、モニター画面に拡大して表示するというものです。その特徴として、高拡大率、広い画面、画像処理機能、筆記機能などがあります。画像処理による文字と背景の色やコントラストの変更、連続的な拡大率の変化など、個人に応じた調整が可能です。利用形態に着目すると据置型と携帯型に分類されます。学校では、自分の教室では据置型を使用し、教室を移動する場合は携帯型を使用するという使い分けが考えられます。

②　画面拡大ソフト

パソコンの出力映像を拡大して画面に表示することで、弱視児童生徒のコンピュータ操作が可能となります。一例を挙げると、市販されているWindows用の拡大ソフト（**図Ⅱ－1－9**）では、拡大読書器のように全画面を拡大表示する基本機能のほか、マウスカーソル近傍領域のみの拡大表示、マウスカーソルの色と大きさの変更、画面の色とコントラストの変更など多くの機能を備えています。

**図Ⅱ－1－9
画面拡大ソフトを用いた画面の拡大表示**

③　タブレット型コンピュータ

カメラが付属しているタブレット型コンピュータは、撮影した画像をその場で拡大表示させて確認できます。タブレット型コンピュータの基本ソフトには、文字の大きさ、背景色、コントラストなどを調整する機能があります。また、アプリケーションソフトを追加でインストールすることによって様々な機能を付加できます。児童生徒が自分自身の実態に合わせてカスタマイズできるよう、適切な指導が求められます。**図Ⅱ－1－10**のイラストは、小さくて読み取りにくい地図を拡大表示して見ている様子です。

**図Ⅱ－1－10
タブレット型コンピュータで地図を拡大させて見ている様子**

近年では、デジタル教科書やデジタル教材を閲覧することが可能な弱視児童生徒に配慮された機能を有するアプリケーションソフトもあります。

（3）指導者の情報機器の活用

ここでは、指導者が情報機器などを活用して触覚・拡大教材を作成する方法やデジタル教科書について取り上げます。

① 自動点訳ソフトを用いて点字文書をつくる

自動点訳ソフトを使って漢字仮名交じり文を点字文書に変換できます。自動点訳ソフトは、点字表記の規則に従って漢字の読み下しと分かち書きをし、点字印刷のためのレイアウト構成まで行います。点字表記の規則を知らない人でも操作でき、人手を使って点訳するより早く仕上がります。ただし、完全に正確な点訳は得られないので、印刷の前には専門家が点訳やレイアウトを確認する必要があります。有料の市販ソフトのほか、無償のものもあります。印刷には点字プリンタを用います。

② 点図作成ソフトと点字プリンタを用いて点図を作る

点図は、手で触って形を理解する触図の一種で、触察可能な線や面が多数の凸点の並びなどで構成されています。点図の作成には、点図作成ソフトを使います。フリーソフトでは、エーデルというソフトが提供されています。点の大きさ、点間距離、点の配列などを変えることで、種々の点線、いろいろな面パターンを作成できます。図の説明用に点字も入れられます。作成した図は、点図に対応した点字プリンタで出力します。

③ 立体コピー用紙と現像機を用いて立体コピー教材を作る

立体コピー教材も触図の一種です。立体コピー用紙の片面には特殊な成分が塗られており、この上に黒色の線を描きます。これを現像機に通して熱を加えると、黒く塗った部分だけが盛り上がり、触察可能となります。一般の作図ソフトとプリンタを使って、原図を立体コピー用紙に印刷できるので作成が容易です。図に点字を入れるには墨点字フォントを使います。その利用方法は簡単で、作図ソフトで仮名を入力してから文字を選択して、墨点字フォントに変換します。

④ ワープロソフトなどを用いて拡大教材を作る

拡大教材の作成について、文字や図などを拡大する簡易な方法としては、コピー機の拡大機能を使用して作成することが挙げられます。一方、この方法では、文字の大きさのみではなく行間や字間も拡大されてしまうなど、適切ではない場合があります。これについて、文字の大きさの他、行間や字間、フォントの種類なども適切に設定するためには、ワープロソフトを使用することが挙げられます。また、図についても、大きさを拡大するのみではなく、コントラストを上げたり、線を太くしたり、図中の文字を拡大したりするなど、見えやすいように修正することも重要ですが、そのためにワープロソフトなどの機能を使用することもできます。そして、修正した文字と図を、見えやすく、また内容を読み取りやすいように適切にレイアウトすることも重要であり、そのためにワープロソフトを使用することが挙げられます。

⑤ デジタル教科書

2016（平成 28）年 12 月に取りまとめられた「デジタル教科書」の位置付けに関する検討会議最終まとめや、2017（平成 29）年 10 月に開催された中央教育審議会初等中等教育分科会での議論において、円滑にデジタル教科書を導入することができるように学校教育法も改正されました（2018（平成 30）年５月）。こうしたことを踏まえ、視覚障害教育においてもデジタル教科書の文字の拡大、音声読み上げ、白黒反転等の各種機能を有効に活用した指導や学習の充実が今後ますます期待されています。2019（平成31）年４月からは、学習者用デジタル教科書が制度化され、必要に応じて教育課程の一部で紙の教科書に代えて学習者用デジタル教科書が使用できるようになりました。視覚障害のある児童生徒の場合には、教育課程の全部においても、紙の教科書に代えて学習者用デジタル教科書を使用することもできます。こうした流れを受けて、今後、学習者用デジタル教科書が視覚障害教育分野において合理的な配慮の観点からも普及していくことが期待されています。

7　主な検査法の種類と方法及び留意事項

ここでは、視覚障害教育における主な検査として視覚検査を取り上げます。

（1）視覚検査の目的と適用

視覚検査は、個々の児童生徒の視力、視野、屈折、色覚などの視機能が、どのような状態にあるかを知るためのものです。この視覚状況の把握については、指導者として、教科指導や自立活動の指導においてだけでなく児童生徒の活動全般において、どの場面で、どのように、どの程度視覚が活用できるかを把握するためにも、基礎的な情報を提供するものであり、知っておく必要があるものです。

教科の指導においては、例えば児童生徒が学習活動を行う際、通常の文字を使用するか、点字を使用するかといった文字の選択、また、通常の文字を使用する場合はその大きさの選択のための基礎的な情報を提供します。また、自立活動の指導においても、例えば歩行指導を行う場合、児童生徒がどの程度、あるいはどの場面で視覚を活用できるかを知るための情報を提供します。

我が国においては、視覚検査として、３歳児健康診査や就学時健康診断における視力検査がすべての幼児を対象として行われています。就学後も学校保健法によって定期的にすべての児童生徒を対象として視力検査が行われています。このような検査の結果、視力が低かった場合や、視覚障害があると考えられる場合、より精密な検査を受けることが必要です。また、障害のために通常の視覚検査を行うことのできない児童生徒の場合でも、その行動などから視覚障害があると考えられる場合は、やはり精密な検査を受けることや視覚障害の専門家による視機能の状態の把握が必要です。

なお、視力は、出生後から大人と同様というわけではなく、視力以外の視機能も十分ではありません。視力については、出生後から急速に発達が進み、就学時の６～７歳でほぼ大人と同じ見え方になり、小学校３、４学年の10歳頃までに視力が安定します（文部科学省,「障害のある子供の教育支援の手引き～子供たち一人一人の教育的ニーズを踏まえた学びの充実に向けて～」, 2021）。また、湖崎ら（1966）や山本（1997）によると、３歳児で視力1.0以上の視力である者が半数を超え、６歳児では大多数が1.0以上となるとされています。この時期は、視力をはじめとした視覚の機能の発達において非常に重要な時期であり、視力の臨界期、あるいは視覚の臨界期とも呼ばれています。そのため、この時期の子供については、このことを踏まえての対応が必要となります。

（2）視力検査と視野検査

①　視力検査

視力は、どれだけ細かいものを見分けることができるかを示すものです。一般に、視力は二つの点や線を二つのものとして分離して認め得る最小値（最小分離閾）を基にして測定します。さらに、その最小値としては視角を用い、視力の値としては、この視角の逆数を用います。**図Ⅱ－1－11**のように、視角というのは、眼と対象の両端とを結ぶ２本の線がつくる角度のことですが、その視角が１分（１度の60分の１）の場合、1/1で視力1.0、10分であれば、1/10で視力0.1となります。

視力検査は、**図Ⅱ－1－11**のようなランドルト環を用います。種々の大きさのランドルト環（視標といいます）の切れ目が、一定の距離から切れ目として分離していると認められるか否かによって視力を測ります。外径7.5mm、切れ目の幅1.5mmのランドルト環（視標）を５ｍの距離から見たとき、その切れ目の幅の視角が１分となるので、これを識別できる場合、視力1.0とします。同様に、切れ目の大きさが10分に対応する大きさのランドルト環の切れ目が識別できれば、視力0.1となります。５ｍの距離から0.1の視標が識別できない場合は、視標を見る距離を短くし、0.1の視標が識別できる距離を測ります。その時の距離がａメートルであれば、0.1 × a/5で求められる値を視力とします。例えば、２ｍの距離で0.1の視標が識別できた場合は、0.1 × 2/5 =0.04となります。

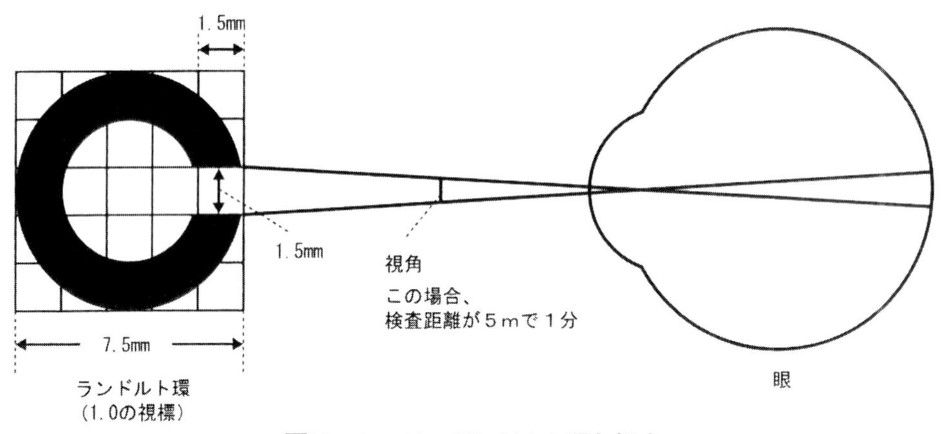

図Ⅱ－1－11　ランドルト環と視角

視力検査では、通常片眼を遮蔽して、片眼ずつ行います。この際の視標としては、各視標についてその切れ目の向きを変えたものが、いくつかずつ対応する視力の順に並んでいる並列視標（視力表）や、各視力に対応する視標を一つずつ提示する単一視標を用います。

視力表の場合は、検査者が提示したい切れ目の方向の視標を指示棒で指すなどして提示します。単一視標の場合は、検査者が視標を回転させて、測定したいランドルト環の切れ目の方向を提示します。

６歳程度以下の小児の場合、視力表では、並んだ視標の中から一つの視標を読み取ることが困難なので、単一視標を用います。

なお、このような視力検査では、上記のように、必要な場合は0.1のランドルト環を見る距離を短くすることで、0.01まで測ります。視力の数値としては、一般に0.01までです。ただし、0.01未満の視力についても測る方法はあり、順に指数弁（検査者が提示した指の数が分かる距離を測り、例えば30cm指数などといいます）、手動弁（同様に眼前で提示した手が動いているのが分かる場合）、明暗弁（光を感じる場合で光覚ありともいいます）、全盲（明暗弁もない場合）とします。なお、50cm指数の場合は、視力0.01に相当します。

上記のように、5mの距離で測る視力を遠見視力といいますが、ほかに、通常30cmの距離で測定する視力があり、近見視力といいます。教育においては、教科書を読んだり各種作業など近距離の対象を見たりすることが多いことを考えれば、近見視力も重要です。

②　視野検査

視線を一点に固定した状態で見える範囲を視野といいます。両眼で見える範囲を両眼性視野といい、片眼を遮蔽しての、左右それぞれの視野を単眼性視野といいます。

視野検査では、片眼ずつ、一点を固視した状態で、光などの視標を提示して、視標が見える範囲を測ります。視野の値は、固視点を中心とした角度で表します。片眼で見た場合の正常視野の範囲は、**図Ⅱ－1－12－a**のように耳側である外方が100度、鼻側である内方が60度、上方60度、下方70度となっています。視野検査には、視野計を用いた検査のほか、視野計を用いることができない場合、特に器具を用いず、検査者と被検査者が向き合った状態で、検査者の指を提示して、その見える範囲を測る対座法と呼ばれる方法もあります。

また、視野の周辺部を測る周辺視野検査と、視野の中心部を測る中心視野検査があります。これは、視野の中心部と周辺部では視機能が異なることに対応するものです。前述した**図Ⅱ－1－12－a**は正常な周辺視野、**図Ⅱ－1－12－b**は正常な中心視野を示しています。

視野検査には、さらに、動的視野検査と静的視野検査があります。動的視野検査では、光の視標を周辺の各方向からから中心へと動かしていって、視標が見えた時点で、見えたことを答えてもらうものです。静的視野検査では、視標は動かず、目の前の各地点で光の視標が

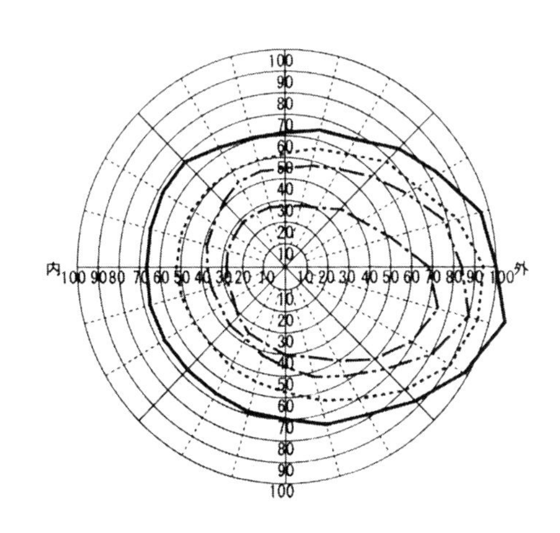

図Ⅱ－1－12－a　正常周辺視野（右眼）
（実線と斜線の各範囲は、各色を感じる範囲（色視野）であり、外側から、白、青、赤、緑の各色が見える範囲を表す。）

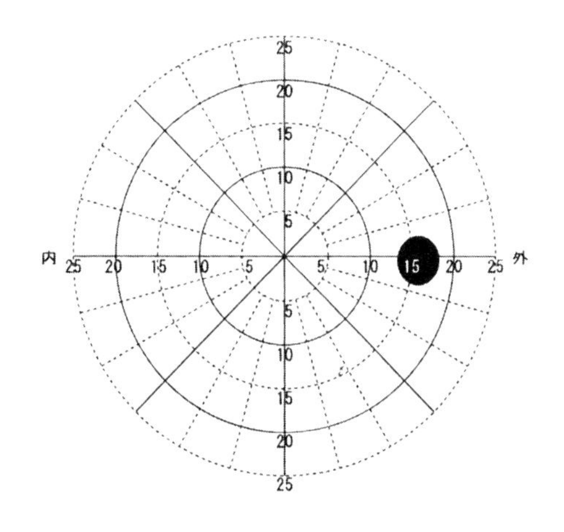

図Ⅱ－1－12－b　正常中心視野（右眼）
（黒点はマリオット氏盲点。これは視神経が網膜から出ていく部分に相当し、その部位の視力はない）
（丸尾敏夫(2014)『NEW エッセンシャル眼科学第8版』医歯薬出版より転載）

図Ⅱ－1－12　視野

ついたり消えたりします。その光が見えたら、見えたことを答えてもらうものです。それぞれの視野検査で用いられる視野計としては、動的視野についてはゴールドマン視野計、静的視野についてはハンフリー自動視野計と呼ばれているものがあります。

（3）その他

視覚検査には、上記のほか、屈折検査、色覚検査、光覚検査（暗順応検査)、調節検査、眼位検査、眼球運動検査などがあります。

これらのうち、屈折検査は、遠視、近視、乱視の屈折異常の有無とその程度を測るものです。その結果、屈折異常があれば、その種類と程度に対応して、眼鏡やコンタクトレンズによる屈折矯正が必要です。色覚検査は、色を識別する視機能を調べるものです。これは、一般に先天的な色覚異常の有無や種類及び程度をみるものですが、視覚障害児童生徒においては、色覚異常ではなくても、色覚が十分ではない場合があり、どの色が見えにくいか、あるいはどの色とどの色が混同されやすいかなどを調べることは重要です。

また、暗順応とは、明るいところから暗いところに入ったときに最初は見えないものが、次第に見えてくることですが、光覚検査（暗順応検査）は、この視機能について、明順応後(明るさに慣れさせた後)、暗室で光を提示し、時間の経過においてどこまで弱い光でも見えるかを測るものです。

調節検査は、眼の水晶体（レンズ）の厚みを変えることによって、近いところでも網膜に鮮明な像を結ぶという、調節の機能を調べるものです。眼位検査は、斜視及び斜位の有無と種類を調べるものであり、眼球運動検査は、眼の水平方向や上下方向などへの動きについて、その異常の有無と種類を調べるものです。

引用・参考文献

・原田政美．眼のはたらきと学習．慶應義塾大学出版会，1989.
・五十嵐信敬．視覚障害幼児の発達と指導．コレール社，1993.
・飯鉢和子・鈴木陽子・茂木茂八．日本版フロスティッグ視知覚発達検査．日本文化科学社，1977.
・柿澤敏文．2020 年度全国視覚障害幼児児童生徒の視覚障害原因等実態調査報告書．筑波大学人間系障害科学域，2022.
・小口芳久・澤充・大月洋・湯澤美都子編．眼科検査法ハンドブック第４版．医学書院，2005.
・湖崎克・小山賢二・柴田裕子・三上千鶴．幼稚園児の視力について．臨床眼科，20，5，1966.
・丸尾敏夫．NEW エッセンシャル眼科学第８版．医歯薬出版，2014.
・文部科学省．学校教育法等の一部を改正する法律の公布について（通知）．2018.
・文部科学省．学習者用デジタル教科書の効果的な活用の在り方等に関するガイドライン．2018.
・文部科学省．障害のある児童生徒等に対する早期からの一貫した支援について（通知）．2013.
・文部科学省．教科書発行者等による市販拡大教科書一覧．
https://www.mext.go.jp/a_menu/shotou/kyoukasho/kakudai/1256604.htm.（アクセス日 2024 年 10 月 29 日）
・文部科学省．点字学習指導の手引き（令和５年改訂版）．2023.
・文部科学省．特別支援学校学習指導要領解説各教科等編（小学部・中学部）．2018.
・文部科学省．特別支援学校高等部学習指導要領．2019.
・文部科学省．特別支援学校教育要領・学習指導要領解説自立活動編（幼稚部・小学部・中学部）．2018.
・文部科学省．特別支援学校教育要領・学習指導要領解説総則編（幼稚部・小学部・中学部）．2018.
・文部科学省．「デジタル教科書」の位置付けに関する検討会議　最終まとめ．2016.
https://www.mext.go.jp/b_menu/shingi/chousa/shotou/110/houkoku/__icsFiles/afieldfile/2017/01/27/1380531_001.pdf.（アクセス日 2024 年 10 月 29 日）
・文部科学省．障害のある子供の教育支援の手引き～子供たち一人一人の教育的ニーズを踏まえた学びの充実に向けて～．2021.
・文部省．視覚障害児の発達と学習．ぎょうせい．1984.
・文部省．歩行指導の手引き．慶應義塾大学出版会．1985.
・佐藤泰正．視覚障害心理学．学芸図書，1988.
・山本節．乳幼児の視力発達．眼科診療プラクティス 27　小児視力障害の診療．文光堂，1997.
・全国盲学校長会．視覚障害教育の現状と課題．2024.

2 聴覚障害

1　聴覚障害の基礎知識と実態把握

(1) 聴覚障害の基礎知識

聴覚は、環境音や音声を知覚し、人とのコミュニケーション活動を行うために重要となる感覚の一つです。また、聴覚は音声言語の獲得においても重要な役割を果たしています。生後まもない新生児にも音に対する反射が見られます。やがて、周囲の人々からの語りかけや様々な環境音を聞き、自らも発声するようになり、音声によるコミュニケーション活動が活発になっていく様子が見られます。

聴覚障害とは、一般に音が耳介から大脳の第一次聴覚野に至るまでの経路のどこかの部位に障害が生じている状態を指します。耳介と外耳道を外耳、鼓膜から蝸牛入口までを中耳、蝸牛から聴神経までを内耳といいます（**図Ⅱ−2−1**）。障害部位により、聞こえ方が異なります。また、障害部位によって、音のエネルギーが内耳の感覚細胞を刺激するまでの音響物理的な障害と、感覚細胞から第一次聴覚野に至るまでの神経系の障害とに分けることができます。前者を「伝音難聴」、後者を「感音難聴」と呼び、障害が両方にわたる場合を「混合性難聴」といいます。

聴覚に障害があると、周囲の音や音声を十分に聞き取ることができないため、音声言語の獲得や音声によるコミュニケーションが困難になります。また、周囲の音や音声は聞こえていたとしても、微妙な音の聞き分けができず「何か言われているのは分かるけれども、何と言われているのかが分からない」といったように、言葉の意味理解が困難になります。

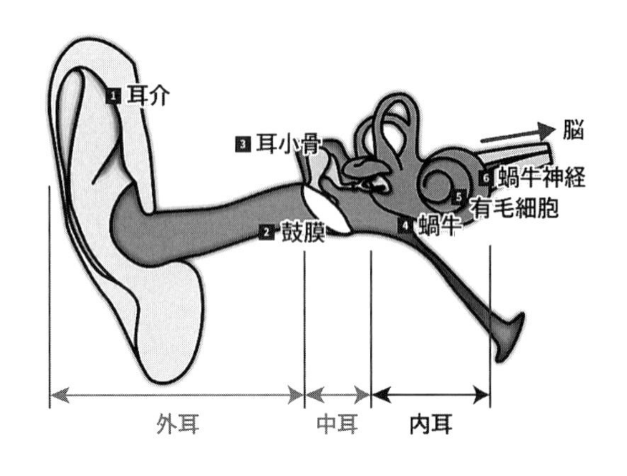

（一般社団法人日本耳鼻咽喉科頭頸部外科学会 WEB サイト「難聴について」
https://www.jibika.or.jp/owned/hwel/hearingloss/ より転載）

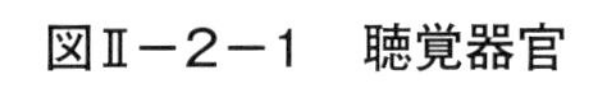
図Ⅱ−2−1　聴覚器官

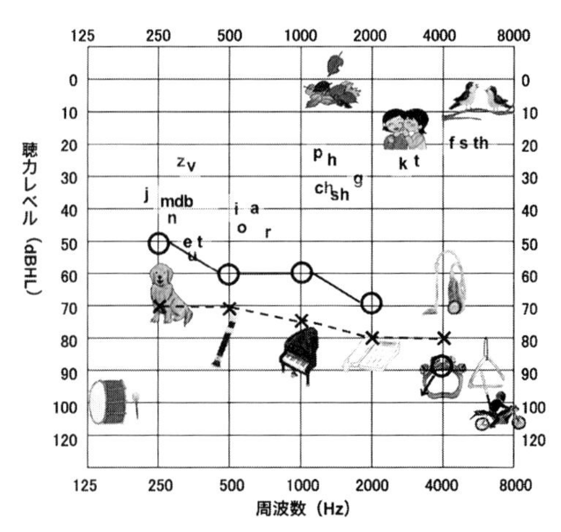

（文部科学省（2021b）「聴覚障害のある児童のための音楽指導資料」より転載）

図Ⅱ−2−2　オージオグラム

聴覚障害の状態は、音の強さ（デシベル：dB）と高さ（ヘルツ：Hz）によるオージオグラム（**図Ⅱ－2－2**）により表されます。しかし、聴覚障害による聞こえの困難さはオージオグラムのような客観的基準で表されるものだけではありません。学習や生活上の困難さとなって表れ、その困難さは本人の年齢や生活環境、音声言語の獲得の状況などにより、個人差があることに留意する必要があります。聴覚障害のある子供に対する教育的な関わりには、聞こえにくさに対する総合的な視点が必要となります。

（2）聴覚障害のある子供の実態把握

現在、新生児聴覚スクリーニング検査の普及により、生後まもなく聴覚障害の有無を判定するシステムが整備されてきており、養育者と医療や教育の専門家等が適切な連携を図り、早期からの実態把握や教育的対応を進めていくことの重要性が注目されています。聴覚障害の早期支援等に関わる担当者は、まず、聴覚障害の原因、部位、程度などについての基本的な理解が必要となります。また、聴覚障害のない子供の聞こえや言葉の発達について理解しておくこと、さらには、聴力検査の手順や判断の基準となる聴力レベルについても理解しておく必要があります。

また、子供が音や音声言語、手話等に関してどのような環境で養育されているのかについての情報も大切になります。次に、補聴器や人工内耳等をはじめとする聴覚補償機器についての知識や操作・調整の技術も聞こえの発達を支える上で大切になります。近年は人工内耳の手術を受ける子供が増えていることから、関連する基本的知識も必要です。

①　聞こえの発達

聴覚障害のある子供が、補聴器や人工内耳等を利用したからといって、聴覚障害のない子供と同様に周囲の音や音声を正確に聞き取り、聴覚が発達するわけではありません。補聴器や人工内耳等の効果や聞こえの状態、本人の保有する聴覚を通して周囲の音や音声をどの程度理解しているかなど聴覚活用の状態を養育者や専門家が注意深く把握し、子供が音や音声の意味を理解する意図的な場面や活動を設定していく必要があります。子供の聴覚障害に関する実態を把握するとともに、聴覚を活用しやすい環境整備や関わり方を工夫することも必要です。

②　コミュニケーションの発達

聴覚障害のない子供は、周囲の音や音声を聞く中で、自然に話し言葉によるコミュニケーション能力を発達させていきます。しかし、聴覚障害があると、音や音声に依存することの多い話し言葉中心の環境では、コミュニケーションが困難な状態に置かれることになります。

はじめは周囲の音や音声情報を受け身的に聞いている子供も、成長とともに自分が獲得した話し言葉を用いて他者や周りの環境に積極的に関わろうとしていきます。聴覚障害があると、このようなコミュニケーションに用いられる感覚経路の一つである「聴覚－音声回路」が円滑に働かないために、音や音声情報が子供に伝わりにくくなります。実際のコミュニケーションは、相手の表情や周囲の出来事、人との関わりなどの場面で様々な感覚を用いて総合的に行われるものであるため、関わり手が音や音声だけに意識を向け過ぎると、子供のコミュニケーションに対する意欲をそぐことにもなりかねません。聴覚障害のある子供のコミュニケーションの発達については、視覚情報を用いることが重要です。周囲の音や音声の意味が見て分かるような配慮や手話の活用によるコミュニケーションは、聴覚障害のある子供の意味理解を促し、発達を支えます。このように、コミュニケーションを促すためには、聞くことや見ることについての配慮とともに、コミュニケーションに対する子供の意欲を高める関わり方が求められます。子供たちは様々な人々や集団の中でコミュニケーションのとり方を学習していきます。このため、家庭や地域における子供のコミュニケーションの状況を踏まえた教育的対応が必要になります。

③　聴覚障害の理解

聴覚障害を理解する上で重要な課題として、一つ目はコミュニケーションが挙げられます。聴覚障害がコミュニケーション全般を困難にすると理解することは正しくありません。視覚やその他の感覚を用いるコミュニケーションが多くの集団や社会で用いられているためです。また、音や音声が聞こえにくいために音声言語や音を通して学ぶことが困難であるとしても、このこと自体が聞こえにくい子供の学習の全てを妨げると考えることも適当ではありません。学習すべき情報は聴覚だけでなく、視覚やその他の感覚も重要な働きを担い、最終的には多くの感覚が効果的に使われていきます。したがって、聴覚障害のある子供たちの学習をはじめ、コミュニケーションや社会参加などを考えるときには、聴覚障害の状態を把握するとともに、聞こえを含めた様々な感覚を活用した関わりが大切になります。

二つ目の課題は、本人や周囲の人々の障害に対する意識や態度の形成に関することが挙げられます。聴覚障害のある子供の保護者の大半は、自分自身が聞こえにくい経験がない人々であると推察されます。このため、聞こえにくさに対する保護者の意識には、障害の発見後、初期段階で接する医療や教育の専門家の説明の仕方や態度が大きな影響を与えます。聴覚障害者の実際のコミュニケーションや社会参加の様子についての理解がないままに、聴覚障害を過度に否定的に意識することにより、子供の将来の発達への期待がそがれる可能性があります。

また、保護者が聴覚障害のみに注目するあまり、全体的な発達や学習、コミュニケーションのための多様な方法に目が向かなくなることもあります。このため、保護者が聴覚障害を適切に理解するとともに、発達や学習の支援にも意識が向くように、働きかけることが大切です。聴覚障害のある子供たちは保護者や地域の人々との適切な関わりの中で、自己意識を発達させていきます。子供の社会参加や自己実現に向けて、周囲の人々が協力しながら関わることが大切であり、聞こえにくい人々の社会参加の様子や問題解決の方法などについても、様々な活動を通して取り上げていくことが必要です。

2　聴覚障害のある子供に応じた教育課程編成

表Ⅱ－２－１に、全国の特別支援学校（聴覚障害）の数と各学部の在籍者数を示しました。2022（令和４）年度の時点で、特別支援学校（聴覚障害）の設置数は分校を含めて84校あります。

特別支援学校（聴覚障害）は、1948（昭和23）年度から就学義務制が学年進行で実施されました。また、難聴特殊学級（平成19年4月以降は「特別支援学級」に名称変更）は昭和40年代に全国各地に設置が広まり、通級による指導は1993（平成５）年に制度化され、同年４月から本格実施されました。**表Ⅱ－２－２**に、特別支援学校（聴覚障害）及び難聴特別支援学級の在籍者数、通級による指導（難聴）を受けている児童生徒数の推移を示しました。

表Ⅱ－２－１　特別支援学校（聴覚障害部門のみ設置）の学校数と各学部の在籍者数

令和４年５月１日現在

学校数（校）	幼稚部（人）	小学部（人）	中学部（人）	高等部（人）
84	870	1,561	956	1,197

（文部科学省「特別支援教育資料（令和４年度）」より）

表Ⅱ－２－２　聴覚障害児童生徒の在籍者の推移

（人）

年度	幼稚部	小学部	中学部	高等部
平成31・令和元	1,042	1,761	1,046	1,425
令和　2	972	1,756	986	1,352
令和　3	954	1,685	998	1,301
令和　4	870	1,561	956	1,197

年度	小学校特別支援学級	小学校通級による指導	中学校特別支援学級	中学校通級による指導
平成31・令和元	1,357	1,775	528	423
令和　2	1,400	1,626	553	322
令和　3	1,377	1,725	537	362
令和　4	1,364	1,701	563	422

（文部科学省「特別支援教育資料（令和元年度～５年度）」より）

このように、聴覚障害のある子供の教育の場には、特別支援学校（聴覚障害）、難聴特別支援学級、通級による指導（難聴）があります。このほか、小・中学校の通常の学級にも、聴覚障害のある子供が在籍しています。

（1）聴覚障害に対応した教育課程編成の基本的な考え方

2017（平成29）年４月に特別支援学校幼稚部教育要領及び小学部･中学部学習指導要領が、2019(平成31)年２月に特別支援学校高等部学習指導要領が告示されました。本改訂は、初等･中等教育全体の改善･充実の方向性が重視されたものです。特別支援学校の幼稚部、小学部、中学部、高等部の教育課程は、幼稚園、小学校、中学校、高等学校に準ずるものとされています。ここでいう「準ずる」とは、原則として同一ということを意味していますが、それらの取扱いに当たっては、子供の障害の状態や特性及び発達の程度等に十分配慮する必要があります。聴覚障害に関わる特に留意する事項として、以下が示されています。

①　幼稚部

・早期からの教育相談との関連を図り、保有する聴覚や視覚的な情報などを十分に活用して言葉の習得と概念の形成を図る指導を進める。

・言葉を用いて人との関わりを深めたり、日常生活に必要な知識を広げたりする態度や習慣を育てる。

② 小学部・中学部

・体験的な活動を通して、学習の基盤となる語句などについて的確な言語概念の形成を図り、児童生徒の発達に応じた思考力の育成に努める。

・児童生徒の言語発達の程度に応じて、主体的に読書に親しんだり、書いて表現したりする態度を養うよう工夫する。

・児童生徒の聴覚障害の状態等に応じて、音声、文字、手話、指文字等を適切に活用して、発表や児童生徒同士の話し合いなどの学習活動を積極的に取り入れ、的確な意思の相互伝達が行われるよう指導方法を工夫する。

・児童生徒の聴覚障害の状態等に応じて、補聴器や人工内耳等の利用により、児童生徒の保有する聴覚を最大限に活用し、効果的な学習活動が展開できるようにする。

・児童生徒の言語概念や読み書きの力などに応じて、指導内容を適切に精選し、基礎的・基本的な事項に重点を置くなど指導を工夫する。

・視覚的に情報を獲得しやすい教材・教具やその活用方法等を工夫するとともに、コンピュータ等の情報機器などを有効に活用し、指導の効果を高める。

③ 高等部

・生徒の興味・関心を生かして、主体的な言語活動を促すとともに、抽象的、論理的な思考力の伸長に努める。

・生徒の言語力等に応じて、適切な読書習慣や書いて表現する力の育成を図り、主体的に情報を収集・獲得し、適切に選択・活用する態度を養う。

・生徒の聴覚障害の状態等に応じて、音声、文字、手話、指文字等を適切に活用して、発表や生徒同士の話合いなどの学習活動を積極的に取り入れ、正確かつ効率的に意思の相互伝達が行われるよう指導方法を工夫する。

・生徒の聴覚障害の状態等に応じて、補聴器や人工内耳等の利用により、生徒の保有する聴覚を最大限に活用し、効果的な学習活動が展開できるようにする。

・生徒の言語力等に応じて、指導内容を適切に精選し、基礎的・基本的な事項に重点を置くなど指導を工夫する。

・視覚的に情報を獲得しやすい教材・教具やその活用方法等を工夫するとともに、コンピュータ等の情報機器などを有効に活用し、指導の効果を高める。

また、聴覚障害の特性を踏まえた自立活動の指導においては、**表Ⅱ－２－３**に示した内容例を参考にしながら、個に応じて取り上げる必要があります。

表Ⅱ－２－３　自立活動の指導内容例

・障害の理解、補聴器や人工内耳等の管理と適切な聞こえの状態の維持に関する態度や習慣等 ・周囲の状況や変化を理解する方法の習得や意欲・態度等 ・他者の意図や感情の理解の仕方、順序立てて考えたり総合的に判断したりする態度等 ・補聴器や人工内耳等の装用により保有する聴覚を活用する意欲・態度、視覚の活用（コミュニケーション手段、補助手段や生活機器）等 ・姿勢や身体の使い方（緩急のコントロール）等 ・傾聴態度、多様なコミュニケーション手段の活用、言語の意味理解を深める体験、体系的な言語の習得等

そして、実際に指導を行うに当たっては、**図Ⅱ－2－3**に示したように机を配置するなどして、子供同士のコミュニケーションを活発にする配慮も必要です。

図Ⅱ－2－3　机の配置（馬蹄形）
（画像提供：横須賀市立ろう学校）

（2）障害に応じた教育課程の編成

①　特別支援学校（聴覚障害）

特別支援学校（聴覚障害）における各学部の教育課程は、それぞれ小学校、中学校、高等学校の教育課程に準ずる教育を行い、小学校、中学校又は高等学校の教育目標の達成に努めるとともに、障害による学習上又は生活上の困難を改善・克服し自立を図るために必要な知識、技能、態度及び習慣を養うことを目標としています。

これらの目標を達成するために、聴覚障害のある子供一人一人の聴覚活用やコミュニケーション等の状態に応じた指導とともに、知的障害などを併せ有している場合もあることから、一人一人の障害の状態等を考慮した弾力的な教育課程を編成しています。例えば、「小学校・中学校・高等学校に準ずる教育課程」「小学校・中学校・高等学校の下学年の教育課程」「特別支援学校（知的障害）を参考にした教育課程」「自立活動を主とした教育課程」を編成することができます。

②　難聴特別支援学級

難聴特別支援学級は、聴覚障害があり、特別支援学級において教育を行うことが適当である子供を対象とし、小・中学校に設置されている学級です。

小学校学習指導要領（平成 29 年告示）、中学校学習指導要領（平成 29 年告示）において、子供の学習上又は生活上の困難を克服し自立を図るため、自立活動を取り入れることとされました。また、個別の教育支援計画及び個別の指導計画の作成と活用が義務化されました。自立活動の主な内容は、聴覚活用に関すること、音声言語の受容（聞き取り及び読話）と表出（話すこと及び書くこと）に関することが挙げられます。また、子供の障害の状態等に応じて、言語（語句、文、文章等）の意味理解やコミュニケーションの改善に関する内容も取り上げられます。

③　通級による指導（難聴）

通級による指導は、小・中学校の通常の学級に在籍している聴覚障害のある子供に対して、各教科等の大部分の授業を通常の学級で受けながら、一部の授業について子供の障害に応じた特別の指導を特別な場で行う教育形態です。ここでいう特別の指導とは、障害による学習上又は生活上の困難の改善・克服を目的とする指導であり、例えば、保有する聴覚の活用、話し言葉や学習に必要な言語の指導などが挙げられます。また、特に必要がある時には、国語や外国語活動、外国語の内容を取り扱いながら、文章を読むために必要な語彙や言語概念を身に付けるための指導を行ったり、音楽の内容を取り扱いながら、歌唱や楽器の演奏に関して補聴器や人工内耳等を活用し、より適切に行うことができるように指導を行ったりすることができます。なお、学習指導要領の改訂により、特別支援学級同様に、通級による指導を受ける子供についても、個別の教育支援計画及び個別の指導計画の作成及び活用が義務化されました。

④　通常の学級に在籍する聴覚障害のある子供の指導

学校教育法施行令第22条の3に規定された障害の程度であっても、教育委員会の総合的判断により、通常の学級に在籍する場合があります。この場合の留意事項としては、教室の座席配置、授業の際の教師の話し方などの工夫により、話し言葉によるコミュニケーションの円滑化を図ることが挙げられます。また、学級集団の規模や教室内の音環境などによっては、デジタルワイヤレス補聴援助システム等を使用して教師の声等が安定して聴覚障害のある子供に届くようにするための配慮も必要となります。そのほか、状況によっては人間関係の調整や危険防止などの面でも配慮を要することがあります。

（3）特別支援学校（聴覚障害）で使用される教科書

特別支援学校（聴覚障害）で使用される教科書は、小・中学校、高等学校に準じた教育を行うため、学校教育法第34条の規定が準用され、文部科学大臣の検定を経た教科用図書又は文部科学省が著作の名義を有する教科用図書を使用することになります。

このほか、特別支援学校（聴覚障害）や難聴特別支援学級で、特別の教育課程を編成し、検定教科書又は文部科学省著作教科書を使用することが適当でない場合においては、他の適切な教科用図書を使用することができることになっています（学校教育法附則第9条）。また、知的障害を併せ有する聴覚障害の子供の教育課程や高等部の専門的な学科における教育課程編成に際しては、この附則第9条の規定が用いられることもあります。

聴覚障害教育においては、文部科学省著作教科書があり、現在、小・中学部を対象として、各学年に対応した「特別支援学校（聴覚障害）用『国語』（言語指導／言語）」（図Ⅱ－2－4）が作成されています。聴覚障害がある場合、国語の習得に関して特別な指導が必要であることから、「国語」の検定教科書に併せて、「特別支援学校（聴覚障害）用『国語』（言語指導／言語）」の教科書が無償給与され、自立活動や国語の時間に用いられています。

図Ⅱ－2－4　文部科学省著作
「特別支援学校（聴覚障害）用『国語』」

3　各教科等の指導

（1）幼稚部段階における指導の工夫

特別支援学校（聴覚障害）の幼稚部では、体系化された言語を正しく身に付けると同時に、言語のもつ機能、自分の行動や感情を調節するための言語など、感情や情緒の基盤となる言語の働きを育てることも重視しています。

実際の教育では、生活全体を通して幼児の言葉を育てるため、意図的な場面設定をしたり、教師が意図的に関わったりする必要があります。例えば、遊びの題材は、幼児の興味・関心を踏まえ、幼児が自ら「やってみたい」と思うようなものの提示が求められます。教師は、幼児が感じ、表現したいことに共感し、幼児の思いを言葉で表現することにより、幼児が自分に必要な言葉に触れる機会を提供します。そして、幼児は教師などの言葉の模倣等を通して自らの言葉を獲得していきます。

このように、幼児が言葉を獲得していく際には、教師のモデルとなる表現（発話、手話表現など）に触れることが重要です。教師は、幼児の気持ちや表現したいことをその場で判断し、代わりに話し言葉や手話などで表現することにより、徐々に幼児の模倣を促していきます。自分の表現したいことを身近な大人が表現してくれているということが分かると、幼児の模倣の習慣も身に付いてきます。そして、自分がしたこと、感じたこと、考えたこと、相手に伝えたいことなど、生活全体を通して必要な言葉を身に付けていきます。

（2）小学部・中学部段階における指導の工夫

聴覚障害のある児童生徒の場合、言語の獲得が困難となり、教科等の学習をする際に必要な言語概念を十分に身に付けていない場合があることに留意する必要があります。例えば、国語科の教材文を理解するためには、語彙や文の意味、教材文で扱う題材に関する知識などが必要です。

こうした指導を行う場合、日常生活の中で、それぞれの児童生徒が、その言葉に関わる具体的な体験をどの程度有しているか、体験したことを言葉で表現できるか、あるいは書かれた文を読み、自分の体験と結び付けて考えることができるか、などについて把握する必要があります。そして、必要に応じて、国語科だけでなく自立活動や他教科など、学校生活の中で具体的な体験を通して言葉の理解を促したり、表現する場を設けたりすることが重要です。また、実際の学習においては、考えたことやどのように問題を解いたのかといった思考の過程をそのつど言語化したり板書などで視覚化したりすることも、思考力を育む上で重要です。

また、教科指導や生活全体を通して、読んで分かる経験や書いて伝える経験を多く設定することが必要です。そのためには、例えば、低学年段階では、生活文や筋の展開が分かりやすくイメージしやすい物語文など、児童の読みの力に合った文や文章を教師が自作したり、教材文の量や表現を変えたりするなどの工夫も考えられます。読んだり書いたりする力は、「読んで分かったことなどを話す（書く）」「話したことや考えたことをまとめて書く」など、話す、聞く（見る）、読む、書くといった言語活動を組み合わせて繰り返し用いることで身に付いていくため、意図的に学習活動の中に位置付けることが重要です。

さらに、教科指導に当たっては、言語面に配慮した指導や支援も必要となることから、指導内容の精選により効率的な学習を進めることが重要です。また、教科横断的な視点により単元間や教科等間で意図的に指導内容の配列を行ったり、指導内容を計画的に関連付けたりしながら学習を進めることが求められます。さらには、児童生徒の実態に応じて、児童生徒の興味・関心の高い内容を優先的に取り上げたり、基礎的・基本的な内容を重視しつつ、児童生徒が知識を相互に関連付けて深く理解したり、情報を精査して考えを形成したり、問題を見いだして解決策を考えたりすることができるよう、系統的かつ計画的に学習を進めることが求められています。

授業においては、教師と児童生徒のやりとりだけでなく、児童生徒間の話し合い活動が活発に行われるようにし、児童生徒間で考えや意見を交わしながら、多様な物の見方や感じ方、考え方があることを意識できるようにすることが求められます。このため、授業でのやりとりでは、単に友達が何と言ったかを復唱するだけに留まらず、友達の発言はどのような内容であったのかを自分の言葉で説明する、自分の考えとどこが似ていて、どこが違うのかを説明するといった場面を設けたり、友達の発言を聞いて自分はどう思ったかを述べる、自分の考えがどのように変わったのかを説明するといった場面を設けたりすることも重要です。

なお、聴覚障害のある児童生徒の教科指導に当たっては、教材活用の目的を明確にし、視覚的に情報を獲得しやすいように教材・教具を工夫することが必要です。

（3）高等部段階における指導の工夫

高等部段階では、学習内容がより多様で複雑になり、具体物で示したり体験したりすることが困難な抽象的な学習内容も増えます。このため、題材の設定に当たっては、生徒の興味・関心に合ったもの、生徒の生活に根差したものを重視する必要があります。例えば、数学科において、二次関数の学習では「毎秒40メートルの速さで真上に打ち上げたボールは、〇〇球場の天井までとどくだろうか」という問題、割合の学習では消費税の計算、割引セール後の価格などを題材にし、生徒の生活と学習とが関連していることに気付かせ、数学的な考え方の必要性や面白さを実感させることが効果的です。

指導内容の精選に当たっては、就労や進学などの進路先、社会自立に必要な力なども視野に入れて検討する必要があります。例えば、国語科の場合、職場や社会生活で触れることが予想されるジャンルの読み物や文体に重点を置くことも考えられます。数学科の場合は、中学部教師との連携を図り、義務教育段階から高等部段階までの指導内容でどこに重点を置くのか、どの内容をどこまで指導するのかなどを検討することも重要です。

4　進路指導と進路の状況

（1）進路指導の意義と指導上の配慮事項

①　進路指導の意義

高等部へ入学してくる生徒は、当然のことながら、入学時点において言語力や学力等に個人差があるため、個々の生徒の実態を踏まえて十分な教育活動を行い、学校卒業後の進路を視野に入れた指導を行うことが大切です。

特別支援学校（聴覚障害）の職業教育の意義を歴史的に振り返ってみると、「聴覚に障害のある生徒が特別支援学校（聴覚障害）の職業学科で専門性を身に付け」、「職を得て」、「自らの個性を発揮し自己実現を達成すると同時に」、「社会と関わることで社会的な責任を果たすことができるようになる」という一連の職業教育の営みにより築かれてきました。このような背景から、望ましい勤労観・職業観を育成し、職業生活に必要な専門的知識や技術・技能の基礎・基本を身に付けることを目的とする特別支援学校（聴覚障害）の職業に関する専門教育の意義は大きいといえます。聴覚障害児の人生を見通したとき、特別支援学校（聴覚障害）の職業教育が本人の精神的・経済的豊かさの基礎づくりに重要な役割を果たしてきました。

② 卒業後の進路状況

特別支援学校（聴覚障害）の高等部（本科１～３年）を卒業した生徒の進路先は、就職と進学に大別されているのが現状です（**表Ⅱ－２－４**）。就職においては、雇用促進法などの施策により希望者のほとんどの就職が決定するという状況にあります。しかし、近年では景気の動向にも影響を受け、正社員としてではなく契約社員等としての就職という状況も生まれてきています。職種としては製造業、事務金融、サービス業への就労が多い状況です。

また、進学の面では特別支援学校（聴覚障害）専攻科（本科卒業後）への進学だけでなく、専門学校や大学などへの進学を希望する者が多くいる状況です。このように、進路先が多様化していることも踏まえ、特別支援学校（聴覚障害）における教育課程については、校内で十分に検討することが大切です。

表Ⅱ－２－４　令和４年度特別支援学校（聴覚障害）高等部（本科）卒業後の状況（国・公・私立計、中学部卒業者及び専攻科修了生は除く）

区分	進学									就職				
	大学	短期大学	筑波技術大学	専門学校	各種学校	職能開発学校	自校聾学校専攻科	他校聾学校専攻科	小計	一般就職	福祉就職	小計	その他	卒業生合計
総数	75	5	21	29	5	12	33	14	194	112	56	168	14	376

（全国聾学校長会編「聴覚障害教育の現状と課題 21」（令和６年６月）より）

③ 指導上の配慮事項

進路指導において、自分と社会との関わりを理解し、自己の在り方や生き方を考える上で就業体験が重要です。

就業体験は、職業現場における実際的な知識や技術・技能に触れることが可能となるとともに、学校における学習と職業との関係についての生徒の理解を促進し、学習意欲を喚起したり、自己の職業適性や将来設計について考えたりする機会となります。また、生徒が教師や保護者以外の大人と接する貴重な機会となり、異世代とのコミュニケーション能力の向上など、高い教育効果が期待できます。就業体験の教育効果を高めるためには、以下のようなねらいを明確にすることが重要です。

a）勤労の尊さや創造することの喜びの体得に資すること
b）望ましい勤労観や職業観の育成に資すること
c）職業生活、社会生活に必要な知識・技術の習得及び創造的な能力や態度の育成に資すること
d）啓発的経験を助長し、進路意識の伸長に資すること
e）社会の構成員として生きる力を養い、社会奉仕の精神の涵養に資すること

（2）職業教育

高等部学習指導要領には、特別支援学校（聴覚障害）の独自の教科として印刷、理容・美容、クリーニング、歯科技工が示されています。このほか、多くの特別支援学校（聴覚障害）には主な職業学科として、産業工芸や被服、機械等に関する科が設置されています。

現行の学習指導要領では、特色ある教育、特色ある学校づくりに対応するため、弾力的な教育課程を編成できるようになっています。

印刷科においては、社会における情報化の進展、印刷技術の革新等に対応するため、コンピュータグラフィックスの応用や図案･製図の内容等の改善が行われています。また、理容科･美容科においては、理容師・美容師に必要な実践的な能力や態度を育成するとともに、専門性を確保する観点から内容等の改善が行われています。

5　自立活動の指導

（1）聴覚障害のある子供の自立活動

①　自立活動における主な指導内容

特別支援学校における自立活動の内容として、学習指導要領に6区分 27 項目が示されていますが、聴覚障害のある子供については、従来から「聴覚活用」「発音指導」「言語指導」「コミュニケーションに関する指導」「障害認識に関する指導」などの観点がよく取り上げられています。

表Ⅱ－２－５に幼稚部から高等部までの主な指導内容例を示しました。これらはあくまでも例示であり、幼稚部から高等部まで、対象の子供の年齢や個々の実態に応じて具体的な指導内容を設定し、個別に指導計画を作成することが必要です。

②　指導時数と指導形態

自立活動に充てる授業時数は、子供の障害の状態に応じて適切に定めることになっています。自立活動の指導は、授業時間を特設して行う自立活動の時間における指導を中心としながら、各教科等の指導とも密接な関連を図って行われなければなりません。

指導形態には、個別指導、学級での一斉指導、グループ別編成による指導などがあり、子供の実態に応じて、必要な指導形態を工夫することになりますが、自立活動の指導計画は個別に作成されることが基本であり、最初から集団で指導することを前提とするものではない点に十分留意することが重要です。

③　指導の評価

自立活動の指導においては、一人一人の目標が達成されたかどうかについて、個人内到達度を評価します。評価を次の指導計画の作成に有効に活用することは、より適切な指導が展開されることにつながります。

特別支援学校（聴覚障害）においては、定期的に保護者の授業参観を設定している学校が多いですが、その後の懇談会等で、指導の経過、今後の予定、見通しなどについて担任等と話合いが行われます。個別の指導計画は、保護者への説明や日常の授業実践に生かされることが大切です。

表Ⅱ－2－5　自立活動の指導内容例（区分別）

①　聴覚活用に関する内容
ア　補聴器や人工内耳を活用する指導
・補聴器や人工内耳の取扱いや管理
・補聴器や人工内耳の装用習慣
・聴力や補聴器等についての知識
イ　保有する聴覚を活用する指導
・音、音楽の聞き取り
・言葉の聞き取り
・聴覚活用への関心・意欲
②　コミュニケーション・言語に関する内容
ア　コミュニケーションに関する指導
・コミュニケーションの意欲・態度
・コミュニケーション手段（手話、指文字、キュード・スピーチ、読話、その他の補助的な手段の活用など）
イ　日本語の基礎的・基本的な言語体系の習得に関する内容
・語彙、文、文章などによる理解と表出
・正しい発声・発語を促す指導
③　発音・発語に関する内容
ア　音器（息、声、舌、あご、唇など）
イ　単音（母音、子音）
ウ　語句、文
④　障害認識に関する内容
ア　自己の障害の理解、自己を肯定的にとらえる機会
イ　障害による困難さを改善・克服する意欲
ウ　聞こえやすさやコミュニケーションのしやすさのための環境調整

（2）個別の指導計画の作成と展開

①　個別の指導計画作成の観点

自立活動の指導は個別の指導計画に基づき行われます。聴覚障害のある子供には、特に次のことに配慮する必要があります。

ア　保有する感覚の活用に関すること

・補聴器や人工内耳等の装用により、保有する聴覚の有効な活用を図ることを重視します。聴覚の活用には、周囲の音（生活音、自然の音、自分が出す音など）を聞き、必要な情報を得ること、音楽の鑑賞や演奏などを楽しむこと、話し言葉を聞きコミュニケーションに役立てることなど、様々な側面があります。したがって、一人一人の聴覚障害の程度や状態に留意し、保有する聴覚を最大限に活用するような指導をすることが大切です。

イ　感覚を総合的に活用した周囲の状況についての把握と状況に応じた行動に関すること

・言語の習得にはその基となるイメージ等の概念の形成が大切です。この概念を獲得するためには豊かな経験が大切になります。そのため、視覚や触覚あるいは保有する聴

覚等を総合的に活用し、子供の興味・関心を引きながら、経験に即して主体的に言葉を身に付けることができるように指導することが大切です。

ウ　コミュニケーションの基礎的能力に関すること

・発達段階に応じて、相手を注視する態度や構えを身に付けさせたり、身振りで表現したり、声を出したりして、相手と関わることができるようにするなど、コミュニケーションを行うための基礎的な能力を身に付けさせる必要があります。

エ　言語の受容と表出に関すること

・聴覚障害のある子供は音や音声情報が受け取りにくいことから、結果として発音が不明瞭になることがあります。聞く態度を育てたり、補聴器や人工内耳等の活用を図ったりすることなどの点に留意して指導しますが、聴覚以外に視覚の活用についても配慮することが大切です。

オ　言語の形成と活用に関すること

・聴覚障害のある子供は、様々な経験をしているものの、実際に見たもの、経験したことなどに関する話し言葉が聞こえない、あるいは聞こえにくい状態で育ちます。この結果、自分の経験と言葉を結び付けることが困難になりやすいため、子供の主体性を尊重しながら周りの人々による意図的な働きかけが必要です。また、子供の発達段階等に応じて、抽象的な言語の理解力を育てていくことも重要な課題です。

・話し言葉や書き言葉、指文字や手話を活用するなどして言語の受容・表出を的確に行うように努め、併せて言語の意味理解を深め、文法に即した表現を促すなどして体系的な言語の習得を図り、適切に用いることができるようにすることが大切です。

カ　コミュニケーション手段の選択と活用に関すること

・聴覚に障害がある場合には、補聴器・人工内耳等を装用して聞くこと、読話すること、話すことや書くことのほかに、キュード・スピーチや指文字、手話がコミュニケーションを図るための方法として考えられます。いずれの方法もその機能に特徴があることから、子供の障害の状態や発達段階等を考慮して、適切な選択や活用に努め、円滑なコミュニケーションが行えるようにすることが大切です。

表Ⅱ−2−6に、特別支援学校（聴覚障害）に在籍する児童（小学部４年）の個別の指導計画例を示します。

表Ⅱ−2−6 個別の指導計画（例）

内　容	長期目標	身の回りや社会の出来事に対する関心を深める。 人と伝え合う楽しさを味わい、より豊かにかかわりたいという気持ちを養う。
	短期目標	自分がやったことや頑張ったことに自信をもち、のびのびと自己表現できるようにする。
学　期	1 学期	
聴　覚	内　容	補聴器や人工内耳を活用し、自分にとっての聞こえやすさに少しずつ関心をもつようにする。
	記　録	補聴器や人工内耳の管理がしっかりできた。補聴援助システム使用時とそうでないときの聞こえやすさについては、まだ分かりづらいようだ。
発　音	内　容	場に合った声の大きさを意識する。 子音 /s/、/f/ の発音の練習を行う。
	記　録	気持ちが高揚すると大きな声になる。
コミュニケーション・言語	内　容	いろいろな人とかかわる機会を増やし、場慣れするとともに、場や相手に応じた話し方を身に付ける。
	記　録	伝えたい気持ちが先走り、話が前後したり大切な部分が抜けたりする。少しずつ順を追って質問すると、的確に答えられ、伝えられる。
障害認識	内　容	困ったときや失敗したときにどうしたらよいかを考え、人の助けを借りつつ自分なりに行動できる力を身に付ける。
	記　録	困ったときや失敗したときに、なかなかその事実に向き合うことが難しいが、少しずつ自分から向き合うように促し、気持ちを考えさせるように努めてきた。
その他	内　容	特に設定なし。
	記　録	特になし。
評　価		自分のことを伝えたい気持ちが旺盛で経験したことや感じたことなどをたくさん話しかけてくる。 日記にも毎日ていねいに取り組み、したことだけでなく、そのときの様子や気持ちも表現できるようになってきた。補聴援助システムのマイクの取扱いにも留意し、大切な物であるという意識が見られる。

②　聴覚障害と言語指導、コミュニケーション

聴覚障害教育においては、その障害特性により、従来から言語指導法を追求してきました。どのようなコミュニケーション手段を活用したとしても、言語指導法を踏まえなければ言語の概念が形成できるとはいえません。言語指導法には自然法や構成法などがあり、指導場面での配慮が必要です（**表Ⅱ−2−7、表Ⅱ−2−8**）。

表Ⅱ－２－７　言語指導（例1）

日常の生活の中で、曖昧な表現を正しい言葉・表現へと導くための指導（例）
①話したいという雰囲気を生活場面でつくり出す。 ・年齢に応じた生活体験を充実させる。 ・情動、感情の高ぶり、相手に伝えたい・話したいと思う場面をとらえる。 ・話す必然性のある場面を用いる。 ・周囲の状況や場面が、言葉を使う文脈に沿っており、自然であること。 **②子供からの曖昧な表現を、年齢に即した正しい表現に誘導する（即時模倣を促す）。** ・子供同士が伝え合う場面を設ける。 ・子供が伝えたいことが相手に伝わりにくい場合は、教師がモデルとなる表現をしてみせ、模倣を促す。この際、子供の実態に即して、音声・口形の模倣、聴覚の活用、話し言葉レベルでの模倣（口声模倣）、手話の模倣などで対応する。 ・教師や保護者側からの共感や質問は、子供が使う言葉を確実に把握してから行う（教師が、教師と子供の一人二役を演ずる場面が必要となる）。 **③子供に模倣の習慣が身に付き、簡単なやりとりができるようになったら、拡充模倣により、語彙の拡充を図る。** ・「ちょうだい」→「○○をちょうだい」 ・自然な場面を活用して、日常的に、適切な表現を提示し、即時模倣を促すことで体験や感情の言語化を促す。また、曖昧な表現を正しい表現へと導くようにする。 **④年齢に応じて、使用する言葉の概念を高める。**

表Ⅱ－２－８　言語指導（例2）

教科指導などで学習した言葉や表現を日常生活で使えるようにするための指導（例）
①教科指導などに出てきた新たな「言葉」の概念を、子供の体験や、前時の学習などをもとに解説する ・一斉に読む（音声・口形・口声模倣・手話） **②学習によって知識として覚えた「言葉」について、日常生活で使用する場面を意図的に設定する。** ・学習した言葉を短冊黒板（小黒板）等に掲示しておき、子供の目に触れるようにしておく ・学習した言葉を教師が様々な場面で使ってみせる。 ａ　日常会話に取り込む ｂ　表現する機会を設ける ｃ　動作化（劇化など） ・文章から行動へ ａ　日記、作文 ｂ　連絡帳から行動できること **③助詞の脱落、曖昧な言葉の使い方、練習中の発音は、ていねいに指導する。教師は決して曖昧さを見逃さないようにする。** **④自発語の確認（今、どのような言葉が使えるのか）を行う。**

（3）手話の指導

①　手話の歴史と成立

手話は他者とコミュニケーションを図るために重要です。17 世紀フランスで生まれたド・レペによる教育方法（手話法）が知られており、この方法はヨーロッパやその他の国々に広まり、それぞれの国で用いられていた手話と融合しながら聴覚障害教育の基礎の一つを形成しました。

我が国においても、江戸時代に聴覚障害のある子供が寺子屋で学ぶ様子などが伝えられており、手話が生まれ発展する環境は古くからあったものと思われますが、全国的な規模で手話が用いられるようになったのは、1878（明治11）年に設立された京都盲唖院などの学校で手話を用いた教育が開始されたことが大きいとされています。

②　指文字の歴史と成立

指文字（**図Ⅱ－２－５**）は手指で形づくられた文字であり、我が国の聴覚障害教育として初めて設立された学校である京都盲唖院においても指文字が用いられました。しかし、実用性に乏しい面があり、指文字が普及するようになったのは、大阪市立聾唖学校の大曽根源助が、アメリカの指文字をもとにして日本語の五十音に対応するように開発した大曽根式指文字からでした。現在、日本で用いられている指文字として一般的なものは、この大曽根式指文字です。

③　手話・指文字の指導

手話・指文字の指導に当たっては、まず、手話・指文字を用いる際に活用する視覚や手指機能に十分配慮することが必要です。視覚によるコミュニケーションが十分に成立するための配慮として、手話や指文字が明瞭に視認できる環境が必要です。併せて、読み取り手の視野等についても配慮が必要になります。また、言語学習は、その言語でコミュニケーションすることを楽しむ環境が必要であることから、発達段階や学習の進度に合わせた手話の検討を行うとともに、手話・指文字によるコミュニケーションを楽しむことのできる集団づくり

あ アルファベットの「A」
い アルファベットの「I」
う アルファベットの「U」
え アルファベットの「E」
お アルファベットの「O」
か アルファベットの「K」
き 影絵のきつね
く 手話の数詞「9」
け アルファベットの「B」
こ カタカナの「コ」の一部
さ アルファベットの「S」
し 手話の数詞「7」
す カタカナの「ス」
せ 手話の「兄弟」
そ 手話の「それ」
た 手話の「男」と同じ
ち カタカナの「チ」
つ カタカナの「ツ」
て 手そのものを示す
と 手話の「・・・と」
な アルファベットの「N」
に カタカナの「二」
ぬ 手話の「盗む」
ね 手話の「根」
の カタカナの「ノ」
は アルファベットの「H」
ひ 手話の数詞「1」
ふ カタカナの「フ」
へ カタカナの「へ」
ほ 「帆」をかたどる
ま アルファベットの「M」
み 手話の数詞「3」
む 手話の数詞「6」
め 「目」をかたどる
も 手話の「同じ」
や アルファベットの「Y」
濁音（例：ぎ） 指文字「き」を横に移動
ゆ 温泉マークの「湯気」
半濁音（例：ポ） 指文字「ホ」を上に移動
よ 手話の数詞「4」
ら アルファベットの「R」
り カタカナの「リ」
る カタカナの「ル」
れ カタカナの「レ」
ろ カタカナの「ロ」
わ アルファベットの「W」
促音（〇っ〇） 指文字「つ」を後ろに引く
を アルファベットの「O」を後ろに引く
長音 人さし指で「I」と空書
ん カタカナの「ン」
0 1 2 3 4
5 6 7 8 9

図Ⅱ－２－５　指文字（五十音、数）

などの配慮が大切です。

教科指導では、学習を通して思考したことや理解したこと、身に付けた知識や技能、表現したことなど、手話や指文字でやりとりしたことを日本語による理解と対応させる必要があります。その際は、手話と日本語の対応についての指導者の知識や技術が必要になり、学習を評価する際は、子供の理解や表現がどのような手段でなされたのかを十分把握する必要があります。

このほかにも各教科の専門用語に対応する手話単語や、教科の理解を支える手話教材などを必要に応じて整備することが求められます。

6　情報機器の活用

特別支援学校（聴覚障害）では、電子黒板などの情報機器を積極的に活用し指導しています。文部科学省「教育の情報化の手引」には、情報機器の活用方法として、教科書等を大型提示装置（電子黒板や大型ディスプレイ等）に提示し、子供の視線を１か所に集中させて授業を進めたり、音声認識技術を用いて話者の声をテキストに変換し、大型提示装置や学習者用の端末にリアルタイムで表示するシステムを使用したりする例が挙げられています。このように、情報機器を有効に活用することで、学習内容の共有や話合いを円滑にし、効果的な指導が可能になります。また、授業だけではなく、生活面において「見える校内放送」として行事案内や身近なニュースなどを提示する取組も増えており、自ら情報を収集したり獲得したりする態度を育むことにつなげています。子供に対し、大型提示装置を用いた授業をするに当たっては、次のような点について留意することが大切となります。

①　大型提示装置の使用目的と使用場面を検討すること

授業の計画を立てる際は、大型提示装置と既存の教材それぞれを用いる目的と使用場面を明らかにしておくことが効率的な学習を進めるために必要です。１時間の授業の中で黒板に板書する事柄、使用する掲示物、大型提示装置に提示する画像など、授業後に振り返ると学習過程が分かるような板書構成を計画することが必要です。

②　子供が注目して学習を進められるルールづくりや教師の話し方に留意すること

聴覚障害のある子供は、視覚を通して多くの情報を得ることができますが、映像を見ながら教師の説明を聞くなど、見ることと聞くことを同時に行うことは困難です。このため、教師は授業を進める際に、何に注目させたいかを明確にし、適切な指示を行ったり、ルールをつくったりすることが重要です。

③　子供にとって見やすい配置、画面になるよう留意すること

画面や文字の大きさ、字体、色使いの他、大型提示装置と子供との距離、位置も踏まえて配置を考えることが必要です。

7　主な検査の種類と方法及び留意事項

（1）聴力検査の目的と適用

①　聴覚障害の状態を把握する目的

聴覚障害とは、聴覚機能の永続的低下と環境との相互作用で生じる様々な問題点の総称を表しています。聴覚障害には様々な病態が含まれますが、聴覚機能の低下の代表的なものとして難聴が挙げられます。聴覚機能の低下が乳幼児期に生じると、失聴した時期や聴覚障害の程度、医療や教育での対応にもよりますが、言語発達やコミュニケーション、学習の習得や社会参加の面に種々の課題が生じます。

これまでの特別支援学校（聴覚障害）での早期からの教育実践の結果、可能な限り早期から教育的対応を開始することが望ましいことが明らかになっています。また、近年、新生児聴覚スクリーニング検査が普及してきており、生後１週間程度から１か月程度で聴覚障害の可能性を発見することができるようになっています。

こうしたことから、早期から適切な教育的対応をするために聴力検査や日常生活における観察などを通して、対象児の聴覚障害の状態を的確に把握することが重要になります。

②　聴力レベルの特徴と学校教育への適用

聴覚障害の程度は、聴力レベル（dBHL）で表します。失聴時期や早期からの教育的対応により実態に個人差はありますが、聴力レベルで聴覚障害の程度が分けられています。平均聴力レベルが25～40dBHL程度の軽度の聴覚障害の場合、静かな環境における４～５ｍ離れた相手の話し声（以下、「話声」）や、50cm以内のささやき声を聞き取ることができますが、日常生活では聞き返しが多くなります。一対一で会話するような場面では支障は少ないですが、学校などの集団の中では周囲の騒音のため聞き取れないことがあります。また、教室の座席が後ろの方であると、教師の話を正確に聞き取ることが難しくなることがあります。その結果、言語発達に影響を及ぼしたり、学習面での問題が生じたり、周囲とのコミュニケーションがスムーズに行われなかったりすることがあります。補聴の必要性も含めて慎重に対応することが必要です。

平均聴力レベルが40～60dBHL程度の場合は、静かな環境における通常の話声を1.5～4.5ｍの距離であれば、かろうじて聞き取れるため、言語習得前に聴覚障害が生じた場合でも、家庭内での生活上の支障が見逃されやすい傾向にあります。言語発達に遅れが生じると、学習面での困難も生じ得るため、適切な補聴の上での教育的な対応が必要となります。

平均聴力レベルが60～90dBHL程度の場合は、静かな環境における通常の話声を0.2～1.5ｍの距離であれば、かろうじて聞き取ることができます。補聴器等の調整と装用が適正であれば、聴覚のみでの会話聴取が可能となる場合も多いです。言語習得前に障害が生じた場合、障害の程度や言語環境の違いなどで言語発達の状態は様々ではありますが、わずかな生活言語の獲得にとどまってしまうこともあるため、適切な補聴器等の装用と教育的な対応が不可欠となります。

平均聴力レベルが90dBHL以上で、言語習得期前に聴覚障害が生じた場合には、早期からの適切な教育的対応を行わなければ言語習得が著しく困難となります。

聴覚障害の状態は、聴力型、補聴器や人工内耳の装用状況などによって様々です。このため、聴覚障害のある子供の教育的対応に際しては、平均聴力レベルの数値のみで判断するのではなく、専門の耳鼻科医や聴覚障害教育の専門家などの意見を参考にするなど、十分に配慮した対応が必要です。

（2）聴力検査

①　行動観察による聴力検査

乳幼児の発達過程においては、音や音声に対して驚いたり振り向いたりする反応が認められます。また、乳幼児の行動を注意深く観察していると、自分の声をフィードバックして発声するなど行動に特徴があります。

一般的に、乳幼児に対して正確な聴力検査を行うことは難しいものとなります。得られた結果が信頼できるものかどうかについて、行動を観察して確認したり、補聴器や人工内耳等の調整（フィッティング、マッピング）が妥当かどうか補聴器や人工内耳等を装用した際の様子から見極めたりすることが重要となります。

観察法には、子供が自然な環境にいるときにどのような行動をとるかを観察する方法と、一定の条件を設定した場面（遊具、対人、生活場面など）でどのような行動が見られるかを観察する方法があります。

聴覚障害児は、聴覚からよりも視覚を用いて周囲の状況を知ろうとする傾向があります。そのため頻繁に周囲の状況を見て把握する動作が、一見、多動と見誤られることがあることから、観察の際はこうしたことにも留意する必要があります。

②　聴力検査の方法

聴力検査には、純音を用いる検査法と語音を用いる検査法などがあります。音の強さを次第に弱くしていくと聞こえる音が小さくなり、ついには音が聞こえなくなります。この「聞こえる」と「聞こえない」の境目の音の強さを最小可聴（閾）値といいます。最小可聴値の測定には、いくつかの種類の音を用いる方法があります。通常用いられる方法は、特定の周波数の音のみを使用した純音を用い、日本工業規格で定められた性能をもつオージオメータによって測定する検査法（標準聴力検査）になります。

ア　純音聴力検査

500Hz、1000Hz、2000Hzの純音（医療機関等で詳しく検査する場合は125Hz～8000Hz）を片耳ずつ聞かせ、聞こえるかどうかを応答させる検査です。それぞれの周波数で得られた最小可聴値を下記の公式に当てはめ、平均聴力レベルを求めます。

平均聴力レベル（四分法）A dB；500Hz、B dB；1000Hz、C dB；2000Hz

$$(A + B \times 2 + C) \div 4$$

聴力検査は、通常、気導聴力と骨導聴力とを併せて行い、両閾値の関係から障害が伝音難聴か感音難聴なのかを鑑別します（**表Ⅱ－2－9**）。

表Ⅱ－2－9　伝音難聴と感音難聴の鑑別

区　分	伝音難聴	感音難聴
1）鼓膜・中耳所見	異常あり	異常なし
2）気導聴力レベル	70dB を超えない	全く反応のない程度まで様々
3）気導・骨導聴力ギャップ	大きい	小さい
4）補充現象（リクルートメント）	ない	ある
5）聴力型	水平型・低音部の障害など	高音部の障害が顕著
6）語音明瞭度	よい	わるい

（文部科学省（2021a）「障害のある子供の教育支援の手引」より）

イ　語音聴力検査

語音聴力検査の目的は、音声を聞いて、それを聞き取る能力と聞き分ける能力がどのような状態にあるかを知り、聴覚障害の程度の把握や指導の評価（補聴器や人工内耳等の装用の状態や聴覚活用の状態）などについて判断することにあります。

語音聴力検査には、語音聴取閾値検査（語音了解閾値検査）と語音弁別検査とがあります。使用する検査音（検査リスト：**図Ⅱ－2－6**）は、日本聴覚医学会で作成されたものを用います。

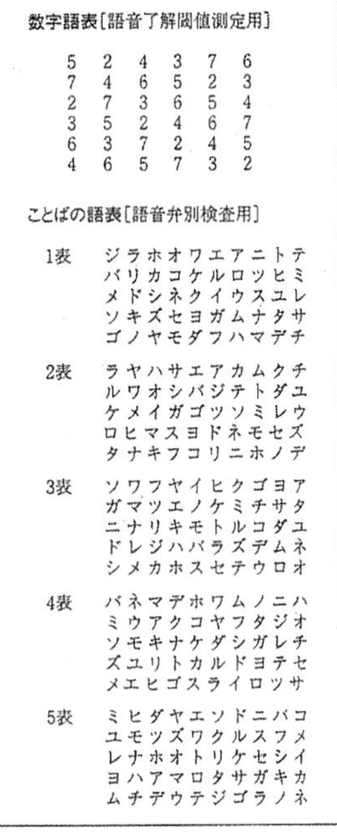

数字語表［語音了解閾値測定用］

5	2	4	3	7	6
7	4	6	5	2	3
2	7	3	6	5	4
3	5	2	4	6	7
6	3	7	2	4	5
4	6	5	7	3	2

ことばの語表［語音弁別検査用］

1表　ジ ラ ホ オ ワ エ ア ニ ト テ
バ リ カ コ ケ ル ロ ツ ヒ ミ
メ ド シ ネ ク イ ウ ス ユ レ
ソ キ ズ セ ヨ ガ ム ナ タ サ
ゴ ノ ヤ モ ダ フ ハ マ デ チ

2表　ラ ヤ ハ サ エ ア カ ム ク チ
ル ワ オ シ バ ジ テ ト ダ ユ
ケ メ イ ガ ゴ ツ ソ ミ レ ウ
ロ ヒ マ ス ヨ ド ネ モ セ ズ
タ ナ キ フ コ リ ニ ホ ノ デ

3表　ソ ワ フ ヤ イ ヒ ク ゴ ヨ ア
ガ マ ツ エ ノ ケ ミ チ サ タ
ニ ナ リ キ モ ト ル コ ダ ユ
ド レ ジ ハ バ ラ ズ デ ム ネ
シ メ カ ホ ス セ テ ウ ロ オ

4表　バ ネ マ デ ホ ワ ム ノ ニ ハ
ミ ウ ア ク コ ヤ フ タ ジ オ
ソ モ キ ナ ケ ダ シ ガ レ チ
ズ ユ リ ト カ ル ド ヨ テ セ
メ エ ヒ ゴ ス ラ イ ロ ツ サ

5表　ミ ヒ ダ ヤ エ ソ ド ニ バ コ
ユ モ ツ ズ ワ ク ル ス フ メ
レ ナ ホ オ ト リ ケ セ シ イ
ヨ ハ ア マ ロ タ サ ガ キ カ
ム チ デ ウ テ ジ ゴ ラ ノ ネ

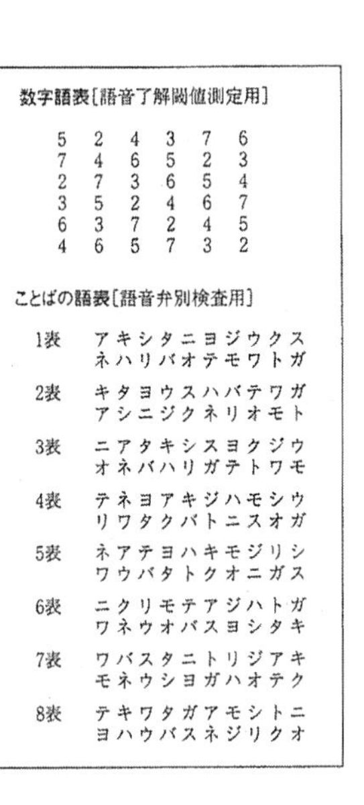

数字語表［語音了解閾値測定用］

5	2	4	3	7	6
7	4	6	5	2	3
2	7	3	6	5	4
3	5	2	4	6	7
6	3	7	2	4	5
4	6	5	7	3	2

ことばの語表［語音弁別検査用］

1表　ア キ シ タ ニ ヨ ジ ウ ク ス
ネ ハ リ バ オ テ モ ワ ト ガ

2表　キ タ ヨ ウ ス ハ バ テ ワ ガ
ア シ ニ ジ ク ネ リ オ モ ト

3表　ニ ア タ キ シ ス ヨ ク ジ ウ
オ ネ バ ハ リ ガ テ ト ワ モ

4表　テ ネ ヨ ア キ ジ ハ モ シ ウ
リ ワ タ ク バ ト ニ ス オ ガ

5表　ネ ア テ ヨ ハ キ モ ジ リ シ
ワ ウ バ タ ト ク オ ニ ガ ス

6表　ニ ク リ モ テ ア ジ ハ ト ガ
ワ ネ ウ オ バ ス ヨ シ タ キ

7表　ワ バ ス タ ニ ト リ ジ ア キ
モ ネ ウ シ ヨ ガ ハ オ テ ク

8表　テ キ ワ タ ガ ア モ シ ト ニ
ヨ ハ ウ バ ス ネ ジ リ ク オ

図Ⅱ－2－6　検査リスト

（日本聴覚医学会（2024）『聴覚検査の実際 改訂5版』P.222，表3・表4より）

語音聴取閾値は、数字リストを様々な音の強さで聞かせ、何パーセント正しく聞き取れたかを測定し、その明瞭度曲線を求め、この曲線が50パーセントの明瞭度を示した点の音圧をもって表示します。語音弁別能力とは、あらかじめ決められた単音節リストを様々な音の強さで聞かせ、その明瞭度曲線を求め最高明瞭度をパーセントで示したものです。

以上の二つの明瞭度曲線を所定の記録用紙に表したものをスピーチオージオグラム（**図Ⅱ－2－7**）といいます。

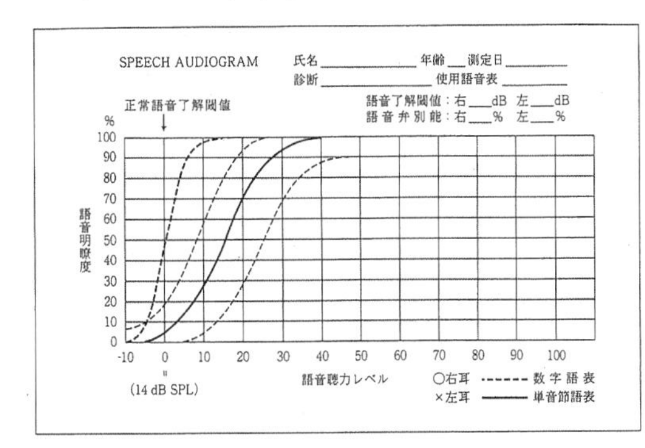

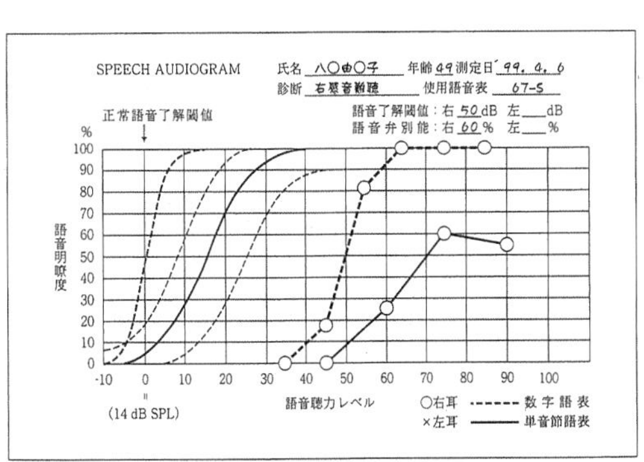

図Ⅱ－2－7　スピーチオージオグラム

（日本聴覚医学会（2024）『聴覚検査の実際 改訂5版』P.226，図4・図5より）

ウ　幼児聴力検査

聴力検査は、被検者が検査音を聞き、「聞こえる」、「聞こえない」を自ら判断し、結果を定められた方式で検査者に示すことによって成立します。しかし、乳幼児や知的障害のある子供など、子供の発達の状態によっては、検査の協力を求めることが困難な場合があります。そのため被検児の発達年齢に即し、聴力検査を行う方法が開発されており、それが幼児聴力検査法として行われています。

１～２歳代では、大脳皮質の活動の発達に伴った聴性行動反応閾値が30dB 近くまで達するので、40 ～ 50dB 程度の音が聞こえたかどうかについて、COR（条件詮索反応聴力検査）が可能となります。３歳代になると、音刺激を条件とする条件形成が成立し、この条件付けを利用して遊戯聴力検査が実施され、聴力閾値の測定を行うことが可能です。

各検査の適用年齢は、およそ次の**表Ⅱ－２－10**に示すとおりですが、発達の状態や興味・関心なども勘案して検査の方法を選択する必要があります。

幼児の聴力検査では、様々な理由で反応を示さないことがあります。このような場合は、検査を繰り返したり、検査方法を変えたりして、聴覚障害の状態の把握が適切に行われるようにする必要があります。この際、行動観察などの資料は、貴重な情報として適切に活用する必要があります。

幼児の聴力閾値の検出法としては、聴性脳幹反応（ABR）や聴性定常反応（ASSR）、OAE（耳音響放射）を指標とした他覚的聴力検査法なども利用されています。

表Ⅱ－２－10　乳幼児聴力検査法と適用年齢

第１段階	**聴覚障害の有無の判定（０～１歳代）** 新生児聴性反応、聴性行動反応、ABR（聴性脳幹反応検査：auditory brainstem response）、OAE（耳音響放射:otoacoustic emission）、ASSR（聴性定常反応検査:auditory steady-state response）を利用する。
第２段階	**聴覚障害のおおよその程度の判定（１～３歳代）** 聴性行動反応、COR（条件詮索反応聴力検査：conditioned orientation response audiometry）、遊戯聴力検査（peep shoe test、play audiometry）などを利用する。
第３段階	**聴力レベルの判定（３～４歳代）** 遊戯聴力検査（peep shoe test、play audiometry）、標準聴力検査などを利用する。

（文部科学省（2021a）「障害のある子供の教育支援の手引」より）

エ　補聴器適合検査

補聴器を装用した状況での音や音声の聞こえの状況を把握する検査です。検査音には震音やバンドノイズ等、日常の会話音に近い検査音を使用します。補聴器のフィッティング状況によっても検査結果が変動することがあります。学校の教室環境下で、通常の会話を聞き取るには、補聴器を装用した状況で少なくとも 60dBSPL 以上の音が聞き取れるようにすることが望まれます。聞こえは個人の聴力型、補聴器などの性能やフィッティング、イヤモールド（耳形耳せん）の状況などに関係することでもあり、検査結果には慎重な判断が必要となります。

③　新生児聴覚スクリーニング

我が国では、2000（平成12）年に厚生労働省のモデル事業として新生児聴覚スクリーニングが開始されました。新生児期に発見できる聴覚障害は、先天性難聴と新生児期に発生する聴覚障害があり、両耳に補聴器の装用が必要な聴覚障害児の出現率は、約1,000人に1人といわれています。できるだけ早期に難聴を発見・診断し教育的支援を開始することが、コミュニケーションをはじめ、子供の発達にとって重要です。

新生児聴覚スクリーニングにより難聴の可能性が発見された場合、ABRなどにより更なる精密検査が必要になります。早期に難聴が発見されたとしても、保護者に対する適切な助言や支援がなされない場合には、保護者に困惑や不安が生じることになります。このため、医療機関、福祉機関、教育機関の連携が必要です。

④　補聴器

補聴器は音や音声を電気的エネルギーに変換し、増幅して耳に伝える機器です。補聴器は、個人で使用するポケット型、耳かけ型（**図Ⅱ－２－８**）、耳あな型（挿耳型）、骨導式など、様々なタイプがあります。補聴器の活用には、装用者の生活や学習環境、家族や周囲の理解や協力が必要です。また、子供においては、成長に合わせてイヤモールド（**図Ⅱ－２－９**）の製作が必要です。

⑤　補聴援助システム

特別支援学校（聴覚障害）などでは、明瞭な受信音を保障するために、補聴援助システムが設備されています。補聴援助システムを使用することで、遠隔話者の声を補聴器や人工内耳等に直接伝えることができます。補聴援助システムとしては、FM補聴システム、磁気誘導式ループシステム、赤外線補聴システム、デジタル無線を用いたシステムなどがあります。

⑥　人工内耳

平均聴力レベル90dBHL以上である場合、感覚機能に直接働きかける機器として人工内耳があります（**図Ⅱ－２－10**）。人工内耳は医療機関で埋め込み手術をして装着するものです。

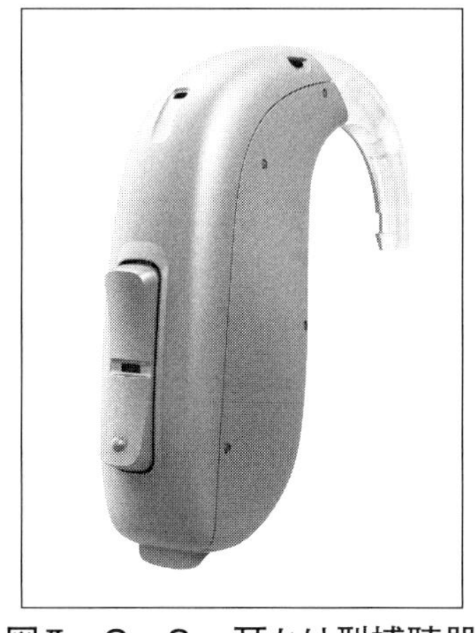

図Ⅱ－２－８　耳かけ型補聴器

（画像提供：オーティコン補聴器）

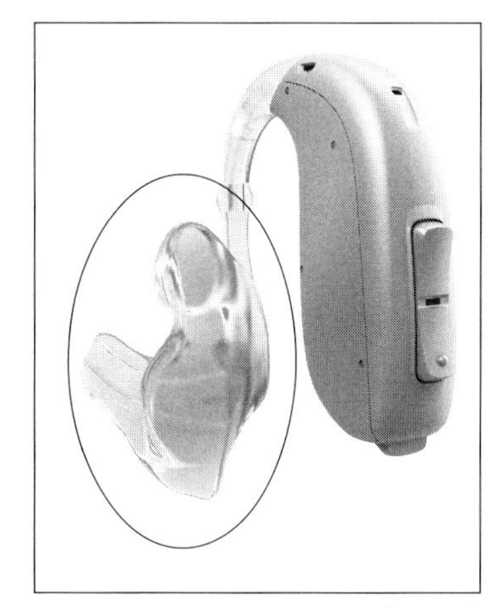

図Ⅱ－２－９　イヤモールド（囲み部分）

（画像提供：オーティコン補聴器
提供元画像を一部修正）

近年、人工内耳の効果が確認され、埋め込み手術に関する適応基準もより低年齢化しています。

人工内耳は、聞こえのすべてをカバーするものではなく、保護者に対する支援も重要であり、術前、術後のカウンセングやリハビリテーションが重要です。

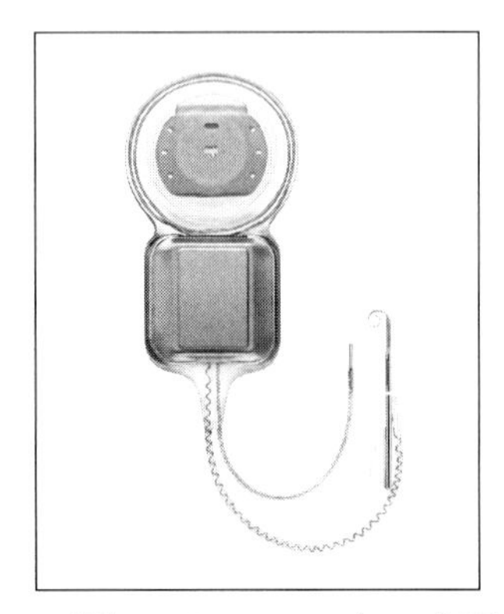

図Ⅱ－２－10　人工内耳（左：体内装置、右：体外装置）

（画像提供：日本コクレア）

引用・参考文献

・文部科学省．障害のある子供の教育支援の手引～子供たち一人一人の教育的ニーズを踏まえた学びの充実に向けて～．2021a.

・文部科学省．聴覚障害のある児童のための音楽指導資料．2021b.
https://www.mext.go.jp/content/20210317-mxt_tokubetu01-100002897-3.pdf（アクセス日 2024 年 11 月 12 日）

・文部科学省．聴覚障害教育の手引－言語に関する指導の充実を目指して－．ジアース教育新社．2020.

・文部科学省．教育の情報化に関する手引．2019.

・文部科学省．特別支援教育資料（令和５年度）．2025.

・文部科学省．特別支援教育資料（令和４年度）．2024.

・文部科学省．特別支援教育資料（令和３年度）．2022.

・文部科学省．特別支援教育資料（令和２年度）．2021.

・文部科学省．特別支援教育資料（令和元年度）．2020.

・文部科学省．特別支援教育資料（平成 29 年度）．2018.

・文部科学省．小学校学習指導要領（平成 29 年告示）．2017.

・文部科学省．中学校学習指導要領（平成 29 年告示）．2017.

・文部科学省．特別支援学校幼稚部教育要領 小学部・中学部学習指導要領（平成 29 年告示）．2017.

・文部科学省．特別支援学校高等部学習指導要領（平成 31 年告示）．2019.

・日本聴覚医学会編．聴覚検査の実際改訂５版．南山堂，2024.

・日本耳鼻咽喉科頭頸部外科学会．Hear well Enjoy life, 聞こえのしくみ．2023.
https://www.jibika.or.jp/owned/hwel/hearingloss/#mechanism（アクセス日 2024 年 11 月 12 日）

・全国聾学校長会事務局．聴覚障害教育の現状と課題 21．全国聾学校長会，2024.

Column
コラム

ICT・AAC

情報化やグローバル化といった社会的変化が、人間の予測を超えて進展するようになってきており、予測困難な時代(Society5.0)の到来が予想されています。AI(人工知能)、ビッグデータ、IoT(Internet of Things)などは、現在の日常生活においても急激な発展を見せていることは明らかです。こうした中、児童生徒がこれからの日常生活で当たり前に先端技術が搭載された機器を活用するようになることは十分予測できます。教育の現場においても先端技術の活用が進められるよう、国としても政策を進めている現状です(文部科学省，2019「新時代の学びを支える先端技術活用推進方策(最終まとめ)」)。

特別な支援の必要な児童生徒に対して、学びを円滑に進めるための方法として、これまでも授業の場面等において積極的にICT機器が用いられてきました。ICT(Information and Communication Technology)とは、コンピュータや情報通信ネットワーク(インターネット等)などの情報コミュニケーション技術のことを指しています。

授業の場面で用いられるICT機器は、例えば、タブレット端末や電子黒板等が挙げられます。これらは集団における一斉の授業で用いられるほか、個別の合理的配慮の手段としても用いられることがあります。その中でも、特にAAC(Augmentative and Alternative Communication)の一つの手段としてICT機器が用いられるようになってきました。

AACとは「コミュニケーション能力に障害がある人が、本人の能力(音声、表情、サイン、身振りなど)、ローテク(文字盤、絵カード、シンボル、写真など)、ハイテク(電子機器など)その他、様々な手段の活用によって、自分の意思を相手に伝えることを支援する臨床活動の領域のことである」としています(木村，2016)。障害のある乳幼児から成人、高齢者までのあらゆる年齢層に対して、1980年代、アメリカを中心とした障害者の自立生活運動の中で生まれた新しい自立観の前提として「コミュニケーション環境の保障」や「意思表明権の保障」という概念が焦点化されてきました。AACの概念は、このような中で共に発展してきたという背景があります。

ICT機器の発展によりAACを含め、その利活用を行うための教員の資質向上が、教育現場では早急に求められるようになってきています。このことに関する研修の在り方についても今後検討が必要であると考えられます。

引用・参考文献

木村秀生(2016)用語の解説「AAC(Augmentative and Alternative Communication)」，リハビリテーション研究，第166号，p47(https://www.dinf.ne.jp/doc/japanese/prdl/jsrd/rehab/r166/r166_glossary.html 2019年11月25日閲覧)
独立行政法人国立特別支援教育総合研究所(2011)専門研究A「障害の重度化と多様化に対応するアシスティブ・テクノロジーの活用と評価に関する研究(平成21年度～22年度)研究成果報告書」
文部科学省(2010)教育の情報化の手引き
文部科学省(2019)新時代の学びを支える先端技術活用推進方策(最終まとめ)

3 知的障害

1　知的障害の基礎知識と実態把握

（1）知的障害の基礎知識

知的障害とは、一般に「知的機能の発達の明らかな遅れ」と「適応行動の困難性を伴う状態」が発達期に起こるものとされています。認知や言語などに関わる「知的機能」や他人との意思の交換、日常生活や社会生活、安全、仕事、余暇利用などについての「適応行動」が同年齢の子供に求められる程度までには至っておらず、特別な支援や配慮が必要な状態とされています。知的障害は発達期に生じるとされていますが、その多くは胎児期、出生時及び出生後の比較的早期に起こります。発達期の規定の仕方は必ずしも一定していなく成長期（おおむね18歳）までとすることが一般的ですが、近年では22歳までとする立場（AAIDD知的障害マニュアル第12版，2024参照）もあります。

「知的機能の発達の明らかな遅れ」とは、認知や言語などに関わる機能の発達などの知的面において同年齢の子供と比較して平均的水準より有意に遅れがあるということです。また、「適応行動の困難性を伴う状態」とは、他人との意思の交換、日常生活や社会生活、安全、仕事、余暇利用などの適応能力について、その年齢段階に標準的に要求される程度までには至っていないということです。そのため、困難性の有無を判断するには、特別な支援や配慮がなくとも、同じ年齢の者と同様な行動や振る舞いが可能であるかどうかを検討することが大切となります。

また、知的機能と適応行動の状態は、環境的・社会的条件で変わり得る可能性があるといわれており、発達上の遅れ又は障害の状態は、ある程度持続するものですが、不変で固定的であるということではありません。教育的対応を含む環境条件を整備することによって、障害の状態がある程度改善されたり、知的発達の遅れがあまり目立たなくなったりする場合もあります。

（2）知的障害のある子供の実態把握

知的障害のある子供に関する理解や教育内容、指導・支援手立ての検討に当たっては、まず障害の有無、障害の状態、学校生活における支援や配慮の必要性について検討する必要があり、知的機能、身辺自立、社会生活能力などの状態のほか、必要に応じて、運動機能、生育歴及び家庭環境、身体的状態、学力や学習状況などの観点から、実態把握を行うことが必要です。

①　知的機能に関する検査等

知的機能の状態の把握については、標準化された知能検査や発達検査などを用いることが一般的です。知能検査には集団式の検査もありますが、知的機能を的確に把握するためには個別式の検査を行うことが必要です。検査の実施に当たっては、それらの検査の実施に習熟した検査者が担当することが重要です。特に、検査場面での円滑な実施のために、事前に検査者と子供が一緒に遊ぶなどして、信頼関係を築いておくことが大切です。

知能検査や発達検査の結果は、精神年齢（MA：Mental Age）又は発達年齢（DA：Developmental Age）、知能指数（IQ：Intelligence Quotient）又は発達指数（DQ：Developmental Quotient）などで表されます。また、検査によっては、知能偏差値（ISS：Intelligence Standard Score）で表されることもあります。

知能指数等は、発達期であれば変動が大きい場合があります。また、比較的低年齢段階においては、心理的・社会的環境条件の影響を受けやすく、結果の解釈に当たっては、生活環境、教育環境などの条件を考慮する必要があります。知的障害がある場合、その原因や特徴については、主に医学的診断によって明らかにされます。

知的機能については、おおむね知能指数（又は発達指数）70 ～ 75 程度以下を平均的水準以下としていますが、判断に当たっては、使用した知能検査等の誤差の範囲及び検査時の被検査者の身体的・心理的状態、検査者と被検査者との信頼関係の状態などの影響を考慮する必要もあります。さらに、知能検査の結果がほぼ同じであっても、年齢段階や経験などによって、その状態像が大きく異なる場合もあることに留意する必要があります。

② 適応行動に関する検査等

適応行動の困難性については、コミュニケーション能力、日常生活能力、社会生活能力、社会的適応性などについて、観察や検査等で明らかにする必要があります。

標準化された検査を適用することと併せて、独自の調査項目を設定して行動観察を行うことも大切です。また、プライバシーに十分配慮しながら家庭生活についての調査を実施することも必要です。

標準化された生活能力に関する検査の結果は、社会性年齢（SA：Social Age）と社会性指数（SQ：Social Quotient）などで表されます。社会性年齢や社会性指数と精神年齢や知能指数又は発達年齢や発達指数などを対比することにより、発達の遅れの状態や環境要因の影響などが明らかになることがあります。

行動観察や生活状況を調査することによって適応行動の困難性を判断する場合は、新入学児童であれば同年齢の仲間と遊んだり、一緒に行動したりすることができるかどうか、その年齢段階において標準的に要求される身辺処理の能力の程度などが基準となります。

知的障害のほか、視覚障害、聴覚障害、肢体不自由、病弱、言語障害、情緒障害を併せ有している場合は、適応行動の困難性が増加することが多くなります。そのため、他の障害を併せ有する場合は、その状態等を十分に考慮して検査等の結果を解釈することが大切です。

③ 総合的な判断

検査結果をもとに、検査者や観察者、専門家の意見を踏まえて総合的に判断する必要があります。

知的機能の発達に遅れがあることが確認され、適応行動の困難性が明らかになり、これらの状態の原因などがある程度推定されたとき、知的障害と判断されます。しかし、検査や調査、観察などによって得られた資料は、子供の実態のすべてを表しているのではなく、いくつかの視点からとらえた実態の一部であり、さらに、それらはある時点のある条件下の状態であることに留意する必要があります。

したがって、検査等によって把握されていない状態が少なからずあること、検査等に関わる諸条件により状態が変わり得ることなどに留意して総合的な判断をすることが必要です。特に、知能指数などの測定値については、その数値だけを切り離して判断するのでなく、他の調査結果などを考慮して総合的に解釈する必要があります。

また、障害の程度等の状態の判断に当たっては、知能検査や発達検査などで測定される知能指数や発達指数だけでなく、他の知的機能や社会的適応性に関する調査結果や重複障害の有無やその状態などを総合的に考慮することが重要です。

さらに、学校生活上の特別な支援や配慮の必要性と関連付けることが大切です。つまり、障害の程度を調査結果などだけでなく、特別な教育的対応の必要性の内容や程度を考慮して総合的に判断することが重要です。その際、知的機能の状態は同程度でも、適応行動の困難性の程度はそれまでの経験などによって様々であり、年齢段階によって標準的に要求される適応行動も異なることから十分に検討する必要があります。

2　知的障害のある子供に応じた教育課程編成

（1）知的障害に対応した教育課程編成の考え方

知的障害のある子供に対する教育を行う特別支援学校（以下、特別支援学校（知的障害））には幼稚部、小学部、中学部、高等部が設けられており、また、高等部には普通教育を主とする学科のほかに専門教育を主とする学科が設けられている場合があります。

知的障害教育において、一人一人の子供の全人的な発達を図り、その可能性を最大限に伸ばすという点では、基本的に幼稚園、小学校、中学校及び高等学校と同様です。ただし、在学する子供の障害の状態等を考慮すると、学習上又は生活上の困難を改善・克服し自立を図るために必要な知識、技能、態度及び習慣を養う側面を重視することも重要です。

教育課程の編成に当たっては、子供の障害の状態や発達段階を的確に把握し、地域の特色を踏まえて、自立し社会参加するための「生きる力」を具体化し、必要となる指導内容を適切に選択・組織するとともに、実際的、体験的な活動を通して子供が主体的に学習活動に取り組めるよう指導計画を作成することが必要です。

また、高等部においては、普通教育を主とする学科及び専門教育を主とする学科において、将来の職業的自立を目指した必要な職業教育が行われています。生徒が働くことの意義、喜び、楽しさなどを学び、職業生活に必要な基礎的な知識や技術・技能の習得や勤労観・職業観の育成が図られるよう、地域性や社会の変化、産業の動向等を踏まえた創意工夫を凝らした教育課程の編成に努める必要があります。

（2）教育的対応の基本

知的障害のある子供の教育に当たっては、知的障害の学習上の特性等を理解しておくことが必要です。知的障害のある子供の学習上の特性としては、以下のものが挙げられます（文部科学省：特別支援学校学習指導要領解説各教科等編，2018より一部抜粋）。

・学習によって得た知識や技能が断片的になりやすく、実際の生活の場面の中で活かすことが難しい。そのため、実際の生活場面に即しながら，繰り返して学習することにより、必要な知識や技能等を身に付けられるようにする継続的、段階的な指導が重要となる。
・成功経験が少ないことなどにより、主体的に活動に取り組む意欲が十分に育っていないことが多い。そのため、学習の過程では、子供が頑張っているところやできたところを細かく認めたり、称賛したりすることで、子供の自信や主体的に取り組む意欲を育むことが重要となる。
・抽象的な内容の指導よりも、実際的な生活場面の中で、具体的に思考や判断、表現できるようにする指導が効果的である。

このような特性等から、次のような教育的対応を基本とすることが重要です（文部科学省：特別支援学校学習指導要領解説各教科等編，2018より一部抜粋）。

・児童生徒の知的障害の状態、生活年齢、学習状況や経験等を考慮して教育的ニーズを的確に捉え、育成を目指す資質・能力を明確にし、指導目標を設定するとともに、指導内容のより一層の具体化を図る。
・望ましい社会参加を目指し、日常生活や社会生活に生きて働く知識及び技能、習慣や学びに向かう力が身に付くよう指導する。
・職業教育を重視し、将来の職業生活に必要な基礎的な知識や技能、態度及び人間性等が育つよう指導する。その際に、多様な進路や将来の生活について関わりのある指導内容を組織する。
・生活の課題に沿った多様な生活経験を通して、日々の生活の質が高まるよう指導するとともに、よりよく生活を工夫していこうとする意欲が育つよう指導する。
・自発的な活動を大切にし、主体的な活動を促すようにしながら、課題を解決しようとする思考力、判断力、表現力等を育むよう指導する。
・児童生徒が、自ら見通しをもって主体的に行動できるよう、日課や学習環境などを分かりやすくし、規則的でまとまりのある学校生活が送れるようにする。
・生活に結びついた具体的な活動を学習活動の中心に据え、実際的な状況下で指導するとともに、できる限り児童生徒の成功経験を豊富にする。
・児童生徒の興味や関心、得意な面に着目し、教材・教具、補助用具やジグ等を工夫するとともに、目的が達成しやすいように、段階的な指導を行うなどして児童生徒の学習活動への意欲が育つよう指導する。
・児童生徒一人一人が集団において役割が得られるよう工夫し、その活動を遂行できるようにするとともに、活動後には充実感や達成感、自己肯定感が得られるように指導する。
・児童生徒一人一人の発達の側面に着目し、意欲や意思、情緒の不安定さなどの課題に応じるとともに、子供の生活年齢に即した指導を徹底する。

（3）障害に応じた教育課程の編成

①　特別支援学校（知的障害）

特別支援学校（知的障害）の教育課程・指導計画については、子供の発達段階や経験などを踏まえ、実生活に結び付いた内容を中心に構成していることが大きな特色となっています。

小学部、中学部、高等部における各教科の目標と内容は、子供の障害の状態などを考慮して、小学部の生活科をはじめ、小学校等とは別な各教科等を設定しています。

特別支援学校（知的障害）では、子供の障害の状態等に即した指導を進めるため、各教科のそれぞれの時間を設けて行う教科別に指導を行う場合（教科別の指導）、道徳科、外国語活動、特別活動、自立活動の時間を設けて指導を行う場合と学校教育法施行規則第130条第２項の規定による各教科等を合わせて指導を行う場合（「各教科等を合わせた指導」といわれます。）を適切に組み合わせて指導を行っています。

各学校においては、障害の状態等に即した指導が適切に行われるように指導計画を作成し、指導を行う必要があります。

②　知的障害特別支援学級

知的障害のある子供においては小・中学校の各教科等の目標や内容をそのまま適用することが適切でない場合が見られます。その際、知的障害特別支援学級の教育課程の編成に当たっては、学校教育法施行規則第138条の規定による「特別の教育課程」を編成し教育を行うことができます。

特別の教育課程を編成する場合は、特別支援学校小学部・中学部学習指導要領を参考とし、学級の実態や子供の障害の程度等を考慮の上、実情に合った教育課程を編成する必要があります。知的障害特別支援学級における特別の教育課程の編成に当たっては、次のような例が考えられます。

(ア) 各教科の目標・内容を前学年の教科の目標・内容に替えて指導を行う。
(イ) 特別支援学校小学部・中学部学習指導要領に示している知的障害のある児童生徒に対する教育を行う特別支援学校の各教科の中から、児童生徒の知的発達の段階に即した目標、内容を選択し組織する。
(ウ) 特別支援学校小学部・中学部学習指導要領第7章に示している「自立活動」の指導を行う。
(エ) 特別支援学校小学部・中学部学習指導要領第3章「特別の教科　道徳」の1及び2、第6章「特別活動」の1及び2に示している留意事項に基づいた指導を行う。
(オ) 学校教育法施行規則第130条第2項に規定されている「各教科等を合わせた指導」を行う。

なお、総合的な学習の時間については、特別支援学級が小学校や中学校に設置された学級であることなどから、同様に設けることに留意する必要があります。

（4）特別支援学校（知的障害）の各教科の基本的な考え方

特別支援学校（知的障害）の各教科においては、子供が自立し社会参加するために必要な知識や技術、態度などを身に付けるため、学部ごとに障害の状態や学習上の特性などを踏まえた目標、内容が示されています。小学部、中学部、高等部それぞれの各教科等の構成と履修は次のようになっています（**表Ⅱ－３－１**）。

表Ⅱ－３－１　特別支援学校（知的障害）の各教科の構成と履修

小学部	生活、国語、算数、音楽、図画工作、体育の６教科で構成されている。 第１学年から第６学年を通して履修する。 外国語活動は児童や学校の実態を考慮して、小学部３学年以降の児童を対象とし、必要に応じて設けることができる。
中学部	国語、社会、数学、理科、音楽、美術、保健体育、職業・家庭の８教科で構成されている。 第１学年から第３学年を通して履修する。 外国語科は、生徒や学校の実態を考慮し、必要に応じて設けることができる。 その他特に必要な教科を学校の判断により設けることができる。
高等部	**〔各学科に共通する各教科〕** 国語、社会、数学、理科、音楽、美術、保健体育、職業、家庭、外国語、情報の 11 教科で構成されている。 外国語と情報については、生徒や学校の実態を考慮し、必要に応じて設けることができる教科であるが、その他の教科は、すべての生徒に履修させることになっている。 **〔主として専門学科に開設される各教科〕** 家政、農業、工業、流通・サービス、福祉の５教科で構成されている。 **〔学校設定教科〕** 特色ある教育課程の編成を行う上で、上記に示された教科以外の教科を学校独自に設けることができる。

各教科の内容は、学年別に示さず、小学部は３段階、中学部は２段階、高等部は２段階（ただし、高等部の主として専門学科において開設される教科は１段階）で示しています。各教科の内容が学年別ではなく段階で示しているのは、対象とする子供の学力や学習状況が、同一学年であっても知的障害の状態や経験の程度が様々であり、個人差が大きいことによります。また、段階として示しているのは、個々の子供の実態等に即して各教科の内容を選択し、指導しやすくするためです。したがって、各学校においては学習指導要領第２章に示している各教科の内容（段階）をもとに、子供の知的障害の状態や経験などに応じて具体的な指導内容を設定することが必要です（**表Ⅱ－３－２**）。

表Ⅱ－３－２　特別支援学校（知的障害）の各教科の段階

■小学部１段階 ・主として知的障害の程度は比較的重く、他人との意思の疎通に困難があり、日常生活を営むのにはほぼ常時援助が必要であるものを対象とした内容。
■小学部２段階 ・知的障害の程度は１段階ほどではないが、他人との意思の疎通に困難があり、日常生活を営むのに頻繁に援助を必要とするものを対象とした内容。
■小学部３段階 ・知的障害の程度は他人との意思の疎通や日常生活を営む際に困難さが見られる。適宜援助を必要とするものを対象とした内容。
■中学部１段階 ・小学部３段階を踏まえ、生活年齢に応じながら、主として経験の積み重ねを重視するとともに、他人との意思疎通や日常生活への適応に困難が大きい生徒にも配慮した内容。

■中学部２段階 ・中学部１段階を踏まえ、生徒の日常生活や社会生活及び将来の職業生活の基礎を育てることをねらいとする内容。
■高等部１段階 ・中学部２段階の内容やそれまでの経験を踏まえ、生活年齢に応じながら、主として卒業後の家庭生活、社会生活及び職業生活などの関連を考慮した、基礎的な内容。
■高等部２段階 ・高等部１段階を踏まえ、比較的障害の程度が軽度である生徒を対象として、卒業後の家庭生活、社会生活及び職業生活などの関連を考慮した、発展的な内容。
■高等部の主として専門学科において開設される教科については１段階

（5）教科書

特別支援学校（知的障害）の教科書は、子供の実態等に即したものが採択及び使用されています。特別支援学校（知的障害）用の教科書としては、文部科学省の著作により小学部では、生活、国語、算数、音楽、中学部では、国語、社会、数学、理科、音楽、職業・家庭の教科書が作成されています。各教科書は、学習指導要領における特別支援学校（知的障害）の各教科に示している具体的内容の各段階に対応するように作成されています（小学部１段階は☆、２段階は☆☆、３段階は☆☆☆、中学部１段階は☆☆☆☆、２段階は☆☆☆☆☆）。

この他に学校教育法附則第９条で示されているように、文部科学大臣の検定を経た教科用図書又は文部科学省が著作の名義を有する教科用図書を使用することが適当でない場合は、設置者の定めるところにより、他の適切な教科書を使用することができるようになっています。

特別支援学級で使用される教科書については、特別の教育課程の編成により当該学年の検定教科書を使用することが適当でない場合、当該小学校及び中学校の設置者の定めるところにより、他の適切な教科書を使用することができます。この場合、原則として下学年用の検定教科書又は特別支援学校（知的障害）用の文部科学省著作教科書が採択されますが、それが不適当な場合は、設置者は他の図書を採択することができます。

3　各教科等の指導

（1）指導計画の作成と指導

①　教科別に指導を行う場合

特別支援学校（知的障害）においては、特別支援学校小学部・中学部学習指導要領及び高等部学習指導要領に示す知的障害者である児童生徒に対する教育を行う特別支援学校の各教科をもとに各教科の内容の指導を行うこととなりますが、教科ごとの時間を設けて指導を行う場合は、「教科別の指導」と呼ばれています。

指導を行う教科やその授業時数の定め方は、対象となる子供の実態によっても異なります。したがって、教科別の指導を計画するに当たっては、教科別の指導で行う内容について、一人一人の子供の実態に合わせて、個別的に選択・組織することが必要とされることが多いです。その場合、一人一人の子供の興味や関心、生活年齢、学習状況や経験等を十分に考慮することが大切です。

また、指導に当たっては、特別支援学校小学部・中学部学習指導要領及び高等部学習指導要領における各教科の目標及び段階の目標を踏まえ、子供に対しどのような資質・能力の育成を目指すのかを明確にしながら、授業を創意工夫する必要があります。その際、生活に即した活動を十分に取り入れつつ、学んでいることの目的や意義が理解できるよう段階的に指導する必要があります。

教科別の指導を一斉授業の形態で進める場合、子供の個人差が大きい場合もあるので、それぞれの教科の特質や指導内容に応じてさらに小集団を編成し個別的な手立てを講じるなどして、個に応じた指導を徹底する必要があります。

さらに、個別の指導計画の作成に当たっては、他の教科、道徳科、外国語活動、総合的な学習の時間（小学部を除く、高等部は総合的な探究の時間）、特別活動及び自立活動との関連、また、各教科等を合わせて指導を行う場合との関連を図るとともに、子供が習得したことを適切に評価できるように計画する必要があります。

②　道徳科、外国語活動、特別活動の時間を設けて指導を行う場合

特別の教科　道徳（道徳科）、外国語活動、特別活動、自立活動の時間を設けて指導を行う際には、次のことに留意する必要があります。

ア　特別の教科　道徳

道徳科の目標については、小学部・中学部学習指導要領第３章において準用する小学校学習指導要領及び中学校学習指導要領の第３章において「よりよく生きるための基盤となる道徳性を養うため、道徳的諸価値についての理解を基に、自己を見つめ、物事を多面的・多角的に考え、自己の生き方についての考えを深める学習を通して、道徳的な判断力、心情、実践意欲と態度を育てる」と示しています。

特別支援学校における道徳科の内容及び指導計画の作成と内容の取扱いについては、各特別支援学校を通じて、小学校又は中学校に準ずることとしています。しかしながら、指導計画の作成と内容の取扱いについて、小学校又は中学校の学習指導要領に準ずるのみならず、次のような特別支援学校独自の項目が三つ示されています。

第一は、子供の障害による学習上又は生活上の困難を改善・克服して、強く生きようとする意欲を高め、明るい生活態度を養うとともに、健全な人生観の育成を図ることの必要性、第二は、各教科、外国語活動、総合的な学習の時間、特別活動及び自立活動との関連を密にしながら、経験の拡充を図り、豊かな道徳的心情を育て、広い視野に立って道徳的判断が養われるように指導することの必要性、第三は、個々の子供の知的障害の状態、生活年齢、学習状況及び経験等に応じて、適切に指導の重点を定め、指導内容を具体化し、体験的な活動を取り入れるなどの工夫を行う必要性です。

道徳科の内容については、小学校学習指導要領及び中学校学習指導要領において以下のように示しています。

1　主として自分自身に関すること
2　主として人との関わりに関すること
3　主として集団や社会との関わりに関すること
4　主として生命や自然、崇高なものとの関わりに関すること

この四視点を踏まえ、各学校で内容を適切に設定することが必要です。

また、特別支援学校（知的障害）の高等部については、高等部段階の特別の教科道徳の目標及び内容が設けられており、「道徳の目標及び内容については、小学部及び中学部における目標及び内容を基盤とし、さらに、青年期の特性を考慮して、健全な社会生活を営む上で必要な道徳性を一層高めることに努めるものとする」と示されています。高等部では、個々の生徒の知的障害の状態、生活年齢、学習状況及び経験等を考慮するとともに、生徒の活動範囲の広がりに応じて、様々な人々との関係を適切に形成できるようにすることや、青年期の心理的発達の状態などを考慮することが大切です。

イ　外国語活動

2017（平成29）年の特別支援学校学習指導要領の改訂により、特別支援学校（知的障害）小学部に外国語活動が新設され、子供又は学校の実態に考慮し、必要に応じて外国語活動の時間を設けることができるようになりました。知的障害のある子供においても、例えば、外国語の歌詞が一部含まれている歌を聞いたり、外国での生活の様子を紹介する映像を見たりするなど、日常生活の中で外国の言語や文化に触れる機会が増えてきています。そのため、小学校中学年へ導入された外国語活動を踏まえながら、知的障害のある子供の実態を考慮し、外国語に親しんだり、外国の言語や文化について体験的に理解や関心を深めたりしながら、コミュニケーションを図る素地となる資質・能力を育成することが必要です。

小学部の外国語活動の目標は「コミュニケーションを図る素地となる資質・能力」を育成することです。中学部の外国語科の目標も同様に「コミュニケーションを図る素地となる資質・能力」を育成することとされています。小学部において外国語活動を設ける場合は、小学部までの学習の成果が中学部での教育に円滑に接続され、コミュニケーションを図る素地となるよう資質・能力が育成されるよう工夫する必要があります。

なお、知的障害のある子供の学習の特性等を踏まえ、外国語活動の目標及び内容については以下の配慮が行われています（文部科学省：特別支援学校学習指導要領解説各教科等編，2018）。

・知的障害のある児童に対する外国語活動では、育成を目指す三つの資質・能力を目標とすることは小学校の外国語活動と同様であるが、「聞くこと」、「話すこと」の二つの領域の言語活動を設定し、領域別の目標は学習指導要領に示さないこととした。これは、言語活動や行動などを指標とした目標を一律に設定することは知的障害のある児童の実態や学習の特性にそぐわないため、指導計画を作成する際、適切な目標を設定することができるようにしたものである。
・外国語活動は小学校と同学年からとなる、小学部3学年以上の児童を対象とし、国語科の3段階の目標及び内容を学習する児童が学ぶことができるように目標及び内容を設定している。
・内容の設定に当たっては、知的障害のある児童の学習の特性を踏まえ、育成を目指す資質・能力が確実に育まれるよう、興味・関心のあるものや日常生活と関わりがあるものなどを重視した。

ウ　特別活動の指導

特別活動の目標は、小学部・中学部学習指導要領第６章及び高等部学習指導要領第５章において準用する小学校学習指導要領第６章、中学校学習指導要領第５章及び高等学校学習指導要領第４章に示されています（以下は小学校のみ掲載）。

【小学校】

「集団や社会の形成者としての見方・考え方を働かせ、様々な集団活動に自主的、実践的に取り組み、互いのよさや可能性を発揮しながら集団や自己の生活上の課題を解決することを通して、次のとおり資質・能力を育成することを目指す。」

(1) 多様な他者と協働する様々な集団活動の意義や活動を行う上で必要となることについて理解し、行動の仕方を身に付けるようにする。

(2) 集団や自己の生活、人間関係の課題を見いだし、解決するために話し合い、合意形成を図ったり、意思決定したりすることができるようにする。

(3) 自主的、実践的な集団活動を通して身に付けたことを生かして、集団や社会における生活及び人間関係をよりよく形成するとともに、自己の生き方についての考えを深め、自己実現を図ろうとする態度を養う。

特別活動の内容は、以下のような構成です。

【小学校】	A　学級活動	B　児童会活動	C　クラブ活動	D　学校行事
【中学校】	A　学級活動	B　生徒会活動	C　学校行事	
【高等部】	A　ホームルーム活動	B　生徒会活動	C　学校行事	

特別支援学校における特別活動の指導計画の作成に当たっては、特別支援学校学習指導要領において次の二つの配慮が示されています。

第一は、小・中学部においては学級活動における集団の構成に当たっての配慮、高等部においては指導計画の作成に当たっての配慮、第二に交流及び共同学習や地域の人々との活動を共にする際の具体的な交流活動の配慮です。

特別活動の実施に当たっては、子供が互いのよさや可能性を発揮しながら、多様な他者と協働することが大変重要ですが、特別支援学校（知的障害）における一学級当たりの子供数は、小・中学校に比較するとかなり少なくなっており、学級を単位として行われる学級活動を実施する上で、集団の構成上創意工夫が必要です。このため、状況に応じて他の学級や学年と一緒に活動を行うことなどによって、少人数からくる制約を解消するよう努めることが重要です。

特別支援学校（知的障害）では、地域の小・中学校や高等学校等、高齢者や地域の人々等との交流及び共同学習が行われていますが、子供の実態や生活経験、地域の特色などを踏まえ、子供が主体的に取り組み、共に活動する人々との関わり合いを大切にした活動の内容や方法、活動の展開や環境づくりを工夫するとともに、できる限り継続した交流及び共同学習が実施できるように、指導計画を作成することが大切です。

さらに、特別活動の内容の指導においても、子供一人一人の知的障害の状態、生活年齢、学習状況及び経験等に応じた指導の重点を明確にし、具体的なねらいや指導内容を設定することが重要です。その際、特に、子供の理解に基づく、生活に結び付いた内容を、実際的な場面で具体的な活動を通して指導することが必要です。

③ 各教科等を合わせて指導を行う場合

各教科等を合わせて指導を行う場合とは、各教科、道徳科、特別活動、自立活動及び小学部においては外国語活動の一部又は全部を合わせて指導を行うことをいいます。各教科等を合わせて指導を行う際には、各教科等で育成を目指す資質・能力を明確にした上で、特別支援学校小学部・中学部学習指導要領第１章第４節の１の（１）（高等部学習指導要領も同様）に留意しながら、効果的に実施していくことができるようにカリキュラム・マネジメントの視点に基づいて計画（Plan）－実施（Do）－評価（Check）－改善（Action）していくことが必要です。特別支援学校（知的障害）においては、子供の学校での生活を基盤として、学習や生活の流れに即して学んでいくことが効果的であることから、従前から、日常生活の指導、遊びの指導、生活単元学習、作業学習などとして実践されてきており、それらは「各教科等を合わせた指導」と呼ばれています。なお、中学部（高等部）では、総合的な学習（探究）の時間を適切に設けて指導をすることに留意する必要があります。

各学校において、各教科等を合わせて指導を行う際は、子供の知的障害の状態、生活年齢、学習状況や経験等に即し、以下に示す事項を参考とすることが有効です。また、各教科等を合わせて指導を行う場合においても、各教科等の目標を達成していくことになり、育成を目指す資質・能力を明確にして指導計画を立てることが重要です。

ア 日常生活の指導

日常生活の指導は、子供の日常生活が充実し、高まるように日常生活の諸活動について、知的障害の状態、生活年齢、学習状況や経験等を踏まえながら計画的に指導するものであり、生活科を中心として、特別活動の〔学級活動〕など広範囲に各教科等の内容が扱われます。例えば、衣服の着脱、洗面、手洗い、排泄（せつ）、食事、清潔など基本的生活習慣の内容や、あいさつ、言葉遣い、礼儀作法、時間を守ること、きまりを守ることなどの日常生活や社会生活において、習慣的に繰り返される、必要で基本的な内容が取り上げられます。

日常生活の指導に当たっては、次のような点を考慮することが重要です。

- 日常生活や学習の自然な流れに沿い、その活動を実際的で必然性のある状況下で取り組むことにより、生活や学習の文脈に即した学習ができるようにする。
- 毎日反復して行い、望ましい生活習慣の形成を図るものであり、繰り返しながら取り組むことにより習慣化していく指導の段階を経て、発展的な内容を取り扱うようにする。
- できつつあることや意欲的な面を考慮し、適切な支援を行うとともに、生活上の目標を達成していくために、学習状況等に応じて課題を細分化して段階的な指導ができるものにする。
- 指導場面や集団の大きさなど、活動の特徴を踏まえ、個々の実態に即した効果的な指導ができるよう計画する。
- 学校と家庭等とが連携を図り、子供が学校で取り組んでいること、また家庭等でこれまで取り組んできたことなどの双方向で学習状況等を共有し、指導の充実を図るようにする。

イ　遊びの指導

遊びの指導は、主に小学部段階において、遊びを学習活動の中心に据えて取り組み、身体活動を活発にし、仲間との関わりを促し、意欲的な活動を育み、心身の発達を促していくものです。特に小学部の就学直後をはじめとする低学年においては、幼稚部等における学習との関連性や発展性を考慮する上でも効果的な指導の形態となる場合がみられ、義務教育段階を円滑にスタートさせる上でも計画的に位置付ける工夫が考えられます。

遊びの指導では、生活科の内容をはじめ、体育科など各教科等に関わる広範囲の内容が扱われ、場や遊具等が限定されることなく、児童が比較的自由に取り組むものから、期間や時間設定、題材や集団構成などに一定の条件を設定し活動するといった比較的制約性が高い遊びまで連続的に設定されます。また、遊びの指導の成果を各教科別の指導につながるようにすることや、諸活動に向き合う意欲、学習面、生活面の基盤となるよう、計画的な指導を行うことが大切です。遊びの指導に当たっては、次のような点を考慮することが重要です。

・児童の意欲的な活動を育めるようにすること。その際、児童が主体的に遊ぼうとする環境を設定する。
・教師と児童、児童同士の関わりを促すことができるよう、場の設定、教師の対応、遊具等を工夫し、計画的に実施する。
・身体活動が活発に展開できる遊びや室内での遊びなど、児童の興味や関心に合わせて適切に環境を設定する。
・遊びをできる限り制限することなく、児童の健康面や衛生面に配慮しつつ、安全に遊べる場や遊具を設定する。
・自ら遊びに取り組むことが難しい児童には、遊びを促したり、遊びに誘ったりして、いろいろな遊びが経験できるよう配慮して、遊びの楽しさを味わえるようにする。

ウ　生活単元学習

生活単元学習は、子供が生活上の目標を達成したり、課題を解決したりするために、一連の活動を組織的・体系的に経験することによって、自立や社会参加のために必要な事柄を実際的・総合的に学習するものです。生活単元学習では、広範囲に各教科等の目標や内容が扱われます。

生活単元学習の指導では、子供の学習活動は、実際の生活上の目標や課題に沿って指導目標や指導内容を組織されることが大切です。また、小学部において、児童の知的障害の状態等に応じ、遊びを取り入れたり、作業的な指導内容を取り入れたりして、生活単元学習を展開している学校があります。どちらの場合でも、ここの子供の自立と社会参加を視野に入れ、個別の指導計画に基づき、計画・実施することが大切です。

生活単元学習の指導計画の作成に当たっては、以下のような点を考慮して単元を構成することが重要です。

・単元は、実際の生活から発展し、児童生徒の知的障害の状態や生活年齢等及び興味や関心を踏まえたものであり、個人差の大きい集団にも適合するものにする。
・単元は、必要な知識や技能の習得とともに、思考力・判断力・表現力等や学びに向かう力、人間性等の育成を図るものであり、生活上の望ましい態度や習慣が形成され、身に付けた指導内容が現在や将来の生活に生かされるようにする。
・単元は、児童生徒が指導目標への意識や期待をもち、見通しをもって、単元の活動に意欲的に取り組むものであり、目標意識や課題意識、課題の解決への意欲等を育む活動をも含んだものにする。
・単元は、一人一人の児童生徒が力を発揮し、主体的に取り組むとともに、学習活動の中で様々な役割を担い、集団全体で単元の活動に協働して取り組めるものにする。
・単元は、各単元における児童生徒の指導目標を達成するための課題の解決に必要かつ十分な活動で組織され、その一連の単元の活動は、児童生徒の自然な生活としてのまとまりのあるものにする。
・単元は、各教科等に係る見方・考え方を生かしたり、働かせたりすることのできる内容を含む活動で組織され、児童生徒がいろいろな単元を通して、多種多様な意義のある経験ができるよう計画されていること。

生活単元学習の指導を計画するに当たっては、一つの単元が２、３日で終わる場合もあれば、１学期間など長期にわたる場合もあるため、年間における単元の配置、各単元の構成や展開について組織的・体系的に検討し、評価・改善する必要があります。

エ　作業学習

作業学習は、作業活動を学習活動の中心にしながら、子供の働く意欲を培い、将来の職業生活や社会自立に必要な事柄を総合的に学習するものです。とりわけ、作業学習の成果を直接、子供の将来の進路等に直結させることよりも、子供の働く意欲を培いながら、将来の職業生活や社会自立に向けて基盤となる資質・能力を育むことができるようにしていくことが重要です。

作業学習の指導は、中学部では職業・家庭科の目標及び内容が中心となるほか、高等部では職業科、家庭科及び情報科の目標及び内容や、主として専門学科において開設される各教科の目標及び内容を中心とした学習へとつながるものです。なお、小学部の段階では、生活科の目標及び内容を中心として作業学習を行うことも考えられますが、児童の生活年齢や発達の段階等を踏まえれば、学習に意欲的に取り組むことや、集団への参加が円滑にできるようにしていくことが重要となることから、生活単元学習の中で、道具の準備や後片付け、必要な道具の使い方など、作業学習につながる基礎的な内容を含みながら単元を構成することが効果的です。

作業学習で取り扱われる作業活動の種類は、農耕、園芸、紙工、木工、縫製、織物、金工、窯業、セメント加工、印刷、調理、食品加工、クリーニングなどのほか、事務、販売、清掃、接客なども含み多種多様です。作業活動の種類は、生徒が自立と社会参加を果たしていく社会の動向なども踏まえ、地域や産業界との連携を図りながら、学校として検討していくことが大切です。

作業学習の指導に当たっては、以下の点を考慮することが重要です。

・児童生徒にとって教育的価値の高い作業活動等を含み、それらの活動に取り組む意義や価値に触れ、喜びや完成の成就感が味わえるようにする。
・地域性に立脚した特色をもつとともに、社会の変化やニーズ等にも対応した永続性や教育的価値のある作業種を選定するようにする。
・個々の児童生徒の実態に応じた教育的ニーズを分析した上で、段階的な指導ができるものにする。
・知的障害の状態等が多様な児童生徒が、相互の役割等を意識しながら協働して取り組める作業活動を含むようにする。
・作業内容や作業場所が安全で衛生的、健康的であり、作業量や作業の形態、実習時間及び期間などに適切な配慮がなされているようにする。
・作業製品等の利用価値が高く、生産から消費への流れと社会的貢献などが理解されやすいものにする。

なお、中学部の職業・家庭科に示す「産業現場等における実習」（一般に「現場実習」や「職場実習」と呼ばれている。）を、他の教科等と合わせて実施する場合は、作業学習として位置付けることができます。その場合、「産業現場等における実習」については、現実的な条件下で子供の職業適性等を明らかにし、職業生活ないしは社会生活への適応性を養うことを意図するとともに、働くことに関心をもつことや、働くことの良さに気付くなど、将来の職業生活を見据えて基盤となる力を伸長できるように実施していくことに留意したいところです。さらに、各教科等の目標や広範囲な内容が包含されていることに留意する必要があります。

産業現場等における実習は、これまでも企業等の協力により実施され、大きな成果が見られますが、実施に当たっては、保護者、事業所及び公共職業安定所（ハローワーク）などの関係機関等との密接な連携を図り、綿密な計画を立て、評価・改善することが大切です。また、実習中の巡回指導についても適切に計画し、生徒の状況を把握するなど柔軟に対応する必要があります。

④　総合的な学習（探究）の時間

特別支援学校（知的障害）における総合的な学習（探究）の時間は、中学部及び高等部において教育課程に位置付け実施することが必要です。小学部については、全学年に総合的な教科である「生活科」が設定されていること、そのなかで、児童に身近で分かりやすい生活に根ざした探究課題を設定したり、体験活動や探究課題の解決を目指した学習の過程を設定したりしやすいことから、総合的な学習の時間については設けないことになっています。

総合的な学習（探究）の時間の目標、各学校において定める目標及び内容並びに指導計画の作成と内容の取扱いについては、特別支援学校小学部・中学部学習指導要領第５章及び高等部学習指導要領第４章に以下の３点が示されています。

1　児童又は生徒の障害の状態や発達の段階等を十分考慮し、学習活動が効果的に行われるよう配慮すること。
2　体験活動に当たっては、安全と保健に留意するとともに、学習活動に応じて、小学校の児童又は中学校の生徒、高等学校の生徒などと交流及び共同学習を行うよう配慮すること。

3　知的障害者である生徒に対する教育を行う特別支援学校中学部において、探究的な学習を行う場合には、知的障害のある子供の学習上の特性として、学習によって得た知識や技能が断片的になりやすいことなどを踏まえ、各教科等の学習で培われた資質・能力を総合的に関連付けながら、具体的に指導内容を設定し、生徒が自らの課題を解決できるように配慮すること。

総合的な学習（探究）の時間の指導計画の作成に当たっては、子供が主体的・協働的に取り組めるようにするために、個々の子供の知的障害の状態、生活年齢、学習状況や経験等を考慮しながら、単元を設定し、子供が自らの課題を解決できるように配慮することが大切です。

なお、指導計画の作成に当たって、生活単元学習との特色の違いについて論じられることがありますが、特に次の点に留意することが必要です。

生活単元学習は、子供が生活上の課題処理や問題解決のための一連の目的活動を組織的に経験することによって、自立的な生活に必要な事柄を実際的・総合的に学習する「指導の形態」であり、子供の実態に応じて各学校において設けることとなります。生活単元学習の内容については、生活上の課題を成就するために必要な活動で組織され、子供が取り組む学習活動には各教科等の内容が含まれます。これらの内容は、子供の生活の流れやまとまりに基づいて一連の活動として単元化し、計画・展開されるものであり、各教科等の内容はその過程で習得されます。

これに対して、総合的な学習（探究）の時間は中学部及び高等部の教育課程上必置であり、生徒の「生きる力」をはぐくむ観点から、横断的・総合的な学習や生徒の興味・関心等に基づく学習など各学校が創意工夫を生かし、特色ある教育活動を展開することになります。指導計画を作成する場合は、それぞれの特徴や趣旨が生きるように学習活動を工夫する必要があります。

⑤　幼稚部における指導

特別支援学校（知的障害）の幼稚部は、国、公、私立合わせて18学級（単一障害学級）設置されています（令和５年５月１日現在）。

知的障害者のある子供に対する教育を行う特別支援学校においては、子供の活動内容や環境の設定を創意工夫し、活動への主体的な意欲を高めて、発達を促すようにすることが大切です。また、ゆとりや見通しをもって活動に取り組めるように配慮するとともに、周囲の状況に応じて安全に行動できるようにすることも大切です。

幼稚部における教育においては、一人一人の子供の障害の状態や特性及び発達の程度等、知的障害の状態、興味や関心、生活経験等の実態を踏まえ、具体的な指導内容を設定することが必要です。その際、次のような工夫が大切です。

・特別支援学校幼稚部教育要領第２章に示された各領域の内容から、必要な内容を選択し、十分に活動できるような指導内容を設定すること。
・活動内容は、幼児が理解でき、意欲的に取り組めるものとすること。このために、活動内容を厳選するとともに、活動時間を十分確保すること。

・幼児が興味をもって意欲的に取り組み、発達を一層促す活動を大切にし、繰り返し行うことについても配慮すること。
・幼児の活動内容は、幼稚部の生活の自然な流れの中に設定するよう工夫すること。

また、子供の知的障害の状態や生活経験等に応じて、主体的な意欲をもち活動する力を育むためには、様々な環境の設定に創意工夫を加えることが大切です。その場合、次のような点に配慮することが必要です。

・教室等の環境設定については、照明、色彩、掲示物などを工夫すること、活動目的に応じて場の状況や色調などを変えること、子供の関心のある遊具や用具、素材を用意すること。また、子供の円滑な活動を促すために、衣服に工夫を加えて着脱しやすいようにしたり、収納方法に配慮したりすること。
・教師は幼児と一緒に活動することによって、幼児の活動への参加を促し、子供自らが達成感や充実感を味わいながら意欲を高めていくことができるようにすること。また、言語発達の遅れが顕著な場合には、言語発達を促すため、その時点で有している言語を最大限に生かすことができるようにするなどの言語環境を整えること。

さらに、知的障害のある子供の指導に当たっては、保護者との連携を図りながら、子供の行動の理解を深めたり、効果的な指導内容・方法を工夫したりすることなどが重要です。その際、特に次の事項に配慮することが大切です。

・幼児の実態に即した分かりやすい日課を設定し、生活のリズムを身に付けるようにすること。
・身体活動を活発に行うことができるようにし、行動範囲を広げるとともに、身の回りのことを自分でしようとする意欲や態度の芽生えを育てること。
・いろいろな遊びを通して、人やものとの関わり方を身に付け、教師や友達に働き掛けようとする意欲や態度を育てること。
・教師や友達と関わる中で、自分の要求を表現したり、表現しようとすることや言葉を交わしたりすることができるようにすること。
・いろいろな道具や用具、素材を扱うことにより、目的に合わせて、手指を効果的に使えるようにすることや、手指を使おうとする意欲を育むこと。

このほか、子供が一つの活動にゆとりをもって取り組むことができるように、時間設定を工夫して十分な活動時間を確保するとともに、子供の主体的な活動を促すため、必要最低限の援助や指示に努めるよう留意することも大切です。

（2）知的障害特別支援学級における指導

知的障害特別支援学級における指導においては、障害のない子供に対する教育課程をそのまま適用することが適当でない場合には、子供の実態や発達段階を踏まえて特別の教育課程を編成できることが、学校教育法施行規則第138条に規定されています。

特別の教育課程を編成する場合には、学級の実態や子供の障害の程度等を考慮の上、特別支援学校小学部・中学部学習指導要領を参考にして、実情に合った教育課程を編成する必要があります。例えば各教科の目標・内容を下学年の教科の目標・内容に替えたり、各教科を、知的障害のある子供に対する教育を行う特別支援学校の各教科に替えたりすることなどが考えられます。また、「教科別の指導」、「道徳科、外国語活動、特別活動の時間を設けて指導を行う場合」に加えて「各教科等を合わせた指導」を位置付け、子供の生活に即した事柄を実際的、体験的に学習できるように工夫することが必要です。また、子供が障害による学習上又は生活上の困難の改善・克服を目的とした指導領域である「自立活動」を取り入れ、一人一人の子供について個別の指導計画を作成し、適切な指導及び必要な支援を行うことも大切です。

「教科別の指導」や「道徳科、外国語活動、特別活動の時間を設けて指導を行う場合」、「各教科等を合わせた指導」、「総合的な学習の時間」などの指導計画を作成する際には、学習内容を相互に関連付け、総合的に学習できるように配慮することが必要です。例えば、生活単元学習において「校外学習に出かけよう」という単元を行う場合、国語科の指導において見学先へ礼状を書く活動を行ったり、算数科の指導においてバスや電車などの運賃を計算する活動を行ったりするなど、子供の実際的、社会的な活動に即して学習内容を関連付けながら指導を展開することで一層の効果が期待できます。

また、小・中学校のいずれの特別支援学級においても、通常の学級の子供と活動を共にする機会を設け、集団生活への参加を促し相互理解を深めていくことが大切です。その際、特別支援学級の子供の負担が大きくならないように配慮し、一人一人の指導目標を明確にするとともに活動内容や活動方法を工夫し、全教職員の共通理解の下に指導に当たることが大切です。

4　進路指導と進路の状況

(1) 進路指導の意義と指導上の配慮事項

①　進路指導の意義

学校教育においては、予測困難な社会の変化に主体的に関わり、感性を豊かに働かせながら、どのような未来を創っていくのか、どのように社会や人生をよりよいものにしていくのかという目的を自ら考え、自らの可能性を発揮し、よりよい社会と幸福な人生の創り手となる力を身に付けられるようにすることが重要です。

進路指導の取組は、子供に学校で学ぶことと社会との接続を意識させ、一人一人の社会的・職業的自立に向けて必要な基盤となる資質・能力を育み、キャリア発達を促すキャリア教育の充実を図ることが示されており、狭義の「進路指導」に偏ることなく指導していくことが必要です。特に進路に関連する内容が意識されにくい小学部段階から中学部・高等部へのつながりを意識し、特別活動の学級活動（ホームルーム活動）を要としながら、総合的な学習（探究）の時間や学校行事、道徳科や各教科等における学習、個別指導としての教育相談等の機会を生かしつつ、学校の教育活動全体を通じて必要な資質・能力の育成を図っていく取組が重要となります。また、キャリア教育の視点から小・中・高等部のつながりを考慮しながら、将来に向けた自己実現に関わることについて、一人一人の意思決定を大切にし、基礎的・汎用的能力を育み、高等部卒業後の職業生活や社会自立を見据えた教育活動を充実していくことが求められます。

中学部段階の生徒は心身両面にわたる発達が著しく、自己の生き方についての関心が高まる時期にあります。このような発達段階にある生徒が自分自身を見つめ、自分と社会との関わりを考え、将来様々な生き方や進路の選択の可能性があることを理解するとともに、自らの意志と責任で自己の生き方、進路を選択することができるよう適切な指導・援助を行うことが必要です。

加えて、高等部段階における生徒は、知的能力や身体的能力の発達が著しく、また、人間としての在り方・生き方を模索し、価値観を形成するという時期にあります。このような発達の段階にある生徒が自己理解を深めるとともに、自己と社会の関わりについて深く考え、将来の在り方・生き方、進路を選択決定して、将来の生活において望ましい自己実現ができるよう指導・援助を行う進路指導が必要です。

②　指導上の配慮事項

学校の教育活動全体を通じて行うキャリア教育や進路指導を効果的に進めていくためには、校長のリーダーシップの下、進路指導主事やキャリア教育担当教師を中心とした校内の組織体制を整備し、学年や学部、学校全体の教師が共通の認識に立って指導計画の作成に当たるなど、それぞれの役割・立場において協力して指導に当たることが重要です。特に高等部においては、家庭や地域社会、公共職業安定所をはじめとする関係機関との連携についても十分配慮していく必要があります。

知的障害のある子供の学習上の特性としては、学習によって得た知識や技能が断片的になりやすく、実際の生活の場面の中で生かすことが難しいことが挙げられます。そのため、実際の生活場面に即しながら、繰り返して学習することにより、必要な知識や技能等を身に付けられるようにする継続的、段階的な指導が重要となります。

小学部の段階では、児童の生活年齢や発達の段階等を踏まえ、学習に意欲的に取り組むことや、集団への参加が円滑にできるようにしていくことが重要となることから、生活科をはじめとする各教科等の内容を関連付けながら、例えば、道具の準備や後片付け、必要な道具の使い方など、将来的に働く生活へとつながる基礎的な内容を取り扱いながら指導計画を検討し実施することが効果的です。

中学部においては、子供が自らの生き方を考え、主体的に進路を選択することができるよう、学校の教育活動全体を通じ、組織的かつ計画的な進路指導を行っていく必要があります。ここでいう生き方や進路選択は、中学部卒業後の進学や就職について意思決定することがゴールではありません。中学部卒業後も、様々なことを学んだり、職業経験を積んだりしながら、自分自身の生き方や生活をよりよくするため、常に将来設計を描き直したり、目標を段階的に修正して、自己実現に向けて努力していくことができるようにすることが大切です。特別支援学校（知的障害）の中学部から自校の高等部に進学する子供が多いことから、高等部で何を学ぶのか、しっかりとした目的意識をもって進路の選択ができるよう、保護者と密接な連携を図りながら指導を進めていく必要があります。

また、高等部におけるキャリア教育や進路指導は、高等部における教育の目標である「社会において果たさなければならない使命の自覚に基づき、個性に応じて将来の進路を決定させ」ることや、「個性の確立に努める」ことを目指して行われるものであり（学校教育法第51条）、全校の教職員の共通理解と協力的な指導体制によって、学校の教育活動全体を通じて組織的、計画的、継続的に行われることが重要です。進路の選択決定や将来設計は、高等部卒業後の就職や進学等について意思決定することがゴールではありません。高等部卒業後の社会的移行においても、様々なことを学んだり、職業経験を積んだりしながら、自分自身の在り方・生き方や進むべき方向性とその具体的な選択肢について探索・試行し、常に将来設計や目標を修正して、自己実現に向けて努力していくことができるようにすることが大切です。高等部段階では、進路の選択に関して、子供一人一人が自己理解を深め、自己の将来の生き方を考え、卒業後の進路を主体的に選択し、さらに積極的にその後の生活において自己実現を図ろうとする態度を育てるよう配慮することが求められています。

高等部卒業後の子供の進路は様々です。しかしながら、どのような進路に進むにしても、高等部における教育に求められるのは、社会的・職業的自立に向けて必要となる資質・能力を育成するとともに、生涯にわたって、必要となる知識及び技能などを自ら身に付けていくことができるようにすることです。こうした観点から、高等部における教育には、子供が進もうとしている進路を見据えながら、必要な資質・能力を育成することができるよう、教育課程の改善･充実を図っていくことが求められるのであり、そのための手段として、例えば、企業や福祉施設等と連携して実践的な教育活動を導入していくことなども考えられます。

さらに、キャリア教育や進路指導を進めるに当たり、家庭・保護者の役割やその影響の大きさを考慮し、個別の教育支援計画を活用し、家庭・保護者との共通理解を図りながら進めることが重要です。その際、各学校は、保護者が子供の進路や職業に関する情報を必ずしも十分に得られていない状況等を踏まえて、産業構造や進路を巡る環境の変化等の現実に即した情報を提供して共通理解を図った上で、将来、子供が社会の中での自分の役割を果たしながら、自分らしい生き方を実現していくための働きかけを行うことが必要です。また、特別支援学校（知的障害）の高等部においては、必履修教科である職業が設けられていることなどを踏まえた取組が望まれます。

（2）卒業後の進路状況

①　特別支援学校（知的障害）高等部の進路状況

図Ⅱ－３－１に、特別支援学校（知的障害）高等部卒業生の進路別人数の推移を示しました。高等部の卒業者数は2008（平成20）年に一時的に減少しましたが、その後増加を続け、2020（令和２）年を境に再び減少傾向に転じています。内訳をみると、就職者は2003（平成15）年まで減少傾向でしたが、その後、増加に転じ、2017（平成29）年以降は6000人台で推移しています。

進学者は2007（平成19）年まで100人に迫る勢いでしたが、その後は60人から80人程度で推移しています。教育訓練機関等は2007（平成19）年まで増加し続け、その後は230人から300人程度を推移しています。社会福祉施設・医療機関は1990年代と2020年代で比較すると約7,000人程度増えており、直近でも11,000人台で推移しています。

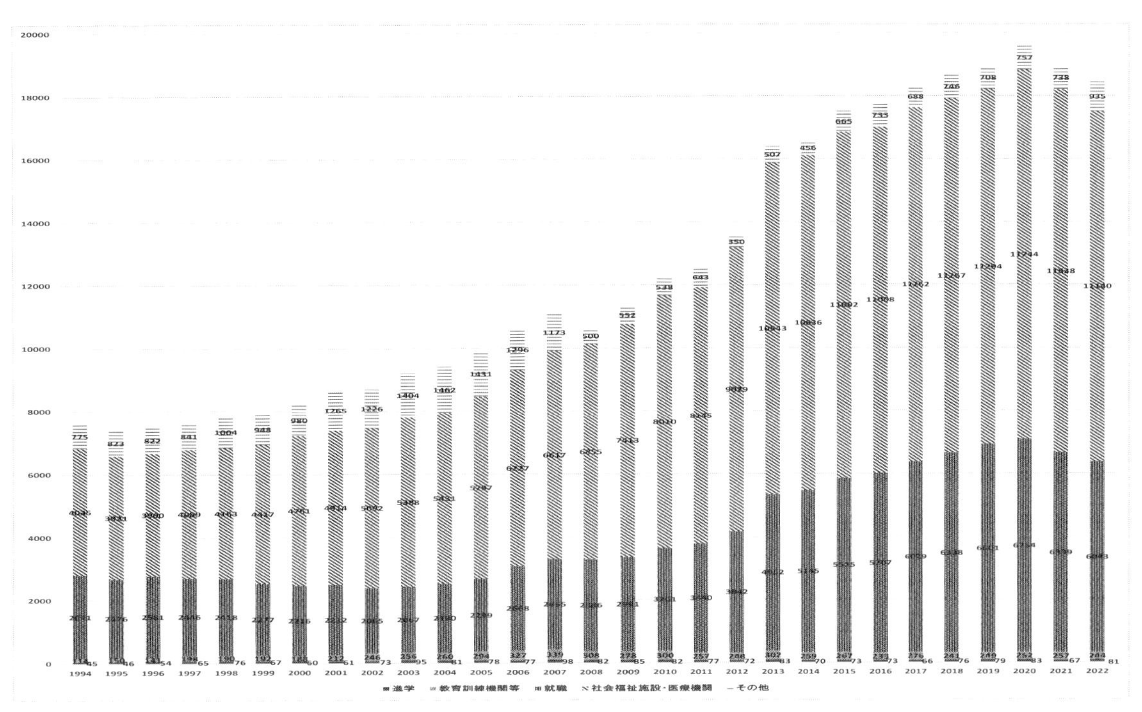

図Ⅱ－3－1　特別支援学校（知的障害）高等部卒業生の進路別人数の推移

（文部科学省「特別支援教育資料」より作成）

②　特別支援学校（知的障害）高等部卒業者の職業別就職者数

図Ⅱ－3－2は、特別支援学校（知的障害）高等部卒業者の職業別就職者数です。「製造・製作」や「運搬・清掃等」が大きな割合を占めていますが、「サービス」「販売」「事務」などの業種も一定の割合を占めており、引き続き職種の多様化が見られます。

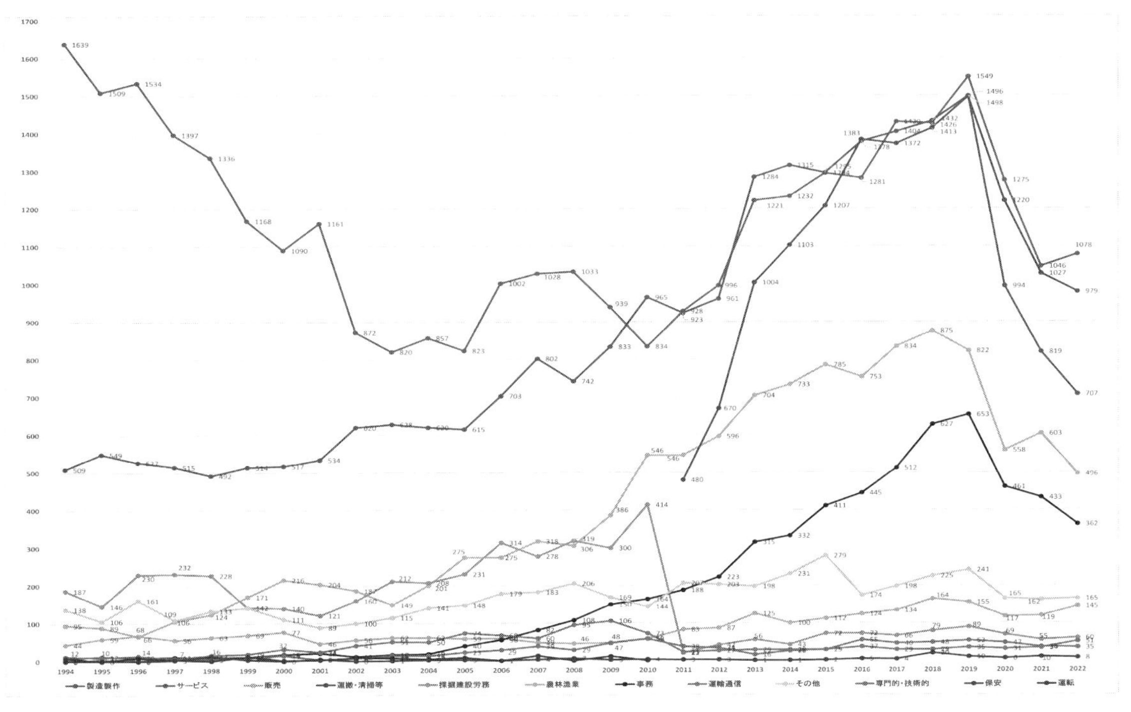

図Ⅱ－3－2　特別支援学校（知的障害）高等部卒業者の職業別就職者数の推移

（文部科学省「特別支援教育資料」より作成）

5　自立活動の指導

（1）知的障害のある子供の自立活動

知的障害のある子供は、全般的な知的発達の程度や適応行動の状態に比較して、言語、運動、情緒、行動等の特定の分野に顕著な発達の遅れや特に配慮を必要とする様々な状態が知的障害に随伴して見られます。そのような障害の状態による困難の改善等を図るためには、自立活動の指導を効果的に行う必要があります。

知的障害のある子供に対する教育を行う特別支援学校では、知的障害のある子供のための各教科等が設けられており、知的障害のある子供はこれを履修することになっています。学校教育法施行規則第130条第２項に基づいて、各教科、道徳科、外国語活動、特別活動及び自立活動の全部又は一部を合わせた指導を行う場合においても、自立活動について個別の指導計画を作成し、指導目標や指導内容を明記する必要があります。

自立活動の時間を設けて指導を行う場合は、一人一人の子供の障害の状態等を十分考慮し、個別の指導計画に基づいて個人あるいは小集団で指導を行うなど、効果的な指導を進めることが大切です。

①　自立活動における主な指導内容

個々の子供に指導する具体的な指導内容は、自立活動の内容の六つの区分の下に示された27項目の中から必要とする項目を選定した上で、それらを相互に関連付けて設定することが重要です。以下は、それぞれの区分について留意すべき具体的な内容の例です。

ア　健康の保持

障害に伴う様々な要因から生活のリズムや生活習慣の形成が難しいことがあります。そのような場合には、個々の子供の困難の要因を明らかにし、１日の生活状況を把握した上で、基礎的な生活のリズムが身に付くように日課に即した日常生活の中で指導するなど、健康維持の基盤の確立を図るための指導内容の設定が必要です。てんかんや心臓疾患などを併せ有するような場合では、子供の一日の生活リズムの安定を図るなどの内容も考えられます。このような場合では、生活リズムなどの基礎的な情報のほか、服薬の種類や時間、発作の有無とその状態など体調に関する情報もていねいに入手しておくことが必要です。

また、知的障害のある子供は、運動量が少なく結果として肥満になったり、外出することを嫌がったりするなどして、障害そのものによるのではなく、二次的要因により体力低下を招く場合もあります。このような体力低下を防ぐためには、コミュニケーションや心理的な安定の内容とも関連させながら運動への意欲を高めながら適切な運動を取り入れたり、食生活と健康について実際の生活に即して学習したりするなど、日常生活における自己の健康管理のための指導が大切です。医療機関や家庭との密接な連携も大切になります。

イ　心理的な安定

生活環境など様々な要因から、心理的に緊張したり不安になったりする状態が継続し、集団に参加することが難しくなるような場合があります。このような場合、環境的な要因が心理面に大きく関与していることも考えられることから、睡眠、生活リズム、体調、気候、家庭生活、人間関係などその要因を明らかにし、情緒の安定を図る指導とともに必要に応じて環境の改善を図ることが大切です。

過去の失敗経験等により自信をなくしたり、情緒が不安定になりやすかったりする場合もあります。そのような場合には機会を見つけて自分のよさに気付くようにしたり、自信がもてるよう励ましたりして、活動への意欲を促すように指導することが重要です。

また、コミュニケーションが苦手で、人と関わることに消極的になったり、受け身的な態度になったりすることがあります。要因としては、音声言語が不明瞭だったり、相手の言葉が理解できなかったりすることに加えて、失敗経験から人と関わることに自信が持てなかったり、周囲の人への依存心が強かったりすることなどが考えられます。こうした場合には、まずは、自分の考えや要求が伝わったり相手の意図を受け止めたりする、双方向のコミュニケーションが成立する成功体験を積み重ね、自ら積極的に人と関わろうとする意欲を育てることが大切で、その上で、言語表出やコミュニケーション手段の選択と活用に関することなどの指導をすることが大切になります。

情緒の安定を図る指導において、障害の状態や発達の段階等にも考慮し、問題となる行動の要因やその意味を把握することが大切です。そのような場合、問題が生じた場面で直接指導することもありますが、日常的な場面で計画的に指導することが大切です。さらに「状況の理解と変化への対応に関すること」では、場所や場面の状況を理解して心理的抵抗を軽減したり、変化する状況を理解して適切に対応したりするなど、行動の仕方を身に付けることを指導の内容としています。例えば、見通しのもちにくい子供に対して予想される事態や状況を説明したり、事前に体験できる機会を設定したりすることなどが必要です。

ウ　人間関係の形成

自他の理解を深め、対人関係を円滑にし、集団参加の基盤を培う観点から内容が示されています。これらの内容は多くの人との関わりや様々な経験を通じて獲得されますが、障害による認知上の困難や経験の不足等からその獲得が十分でないなど、子供の実態に応じて指導内容として設定することが必要になります。

「自己の理解と行動の調整に関すること」は、自分の得意なことや不得意なこと、自分の行動の特徴などを理解し、集団の中で状況に応じた行動ができるようになることを意味しています。知的障害のある子供の場合、過去の失敗経験等の積み重ねにより、自分に対する自信がもてず、行動することをためらいがちになることがあります。このような場合は、まず本人が容易にできる活動を設定し、成就感を味わうことができるようにして、徐々に自信を回復しながら、自己の理解を深めていくことが大切です。

エ　環境の把握

感覚を有効に活用し、空間や時間などの概念を手がかりとして、周囲の状況を把握したり、環境と自己との関係を理解したりして、的確に判断し、行動できるようにする観点から内容が示されています。

知的障害のある子供の場合、自分の身体に対する意識や概念が十分にそだっていないため、ものや人にぶつかったり、簡単な動作をまねすることが難しかったりすることがあります。

そこで、粗大運動や微細運動を通して、全身及び身体の各部位を意識して動かしたり、身体の各部位の名称やその位置などを言葉で理解したりするなど、自分の体に対する意識を高めながら、自分の身体が基点となって位置、方向、遠近の概念の形成につなげられるよう指導することが大切です。

また、認知や行動の手がかりとなる概念を形成する過程では必要な視覚情報に注目することが難しかったり、読み取りや理解に時間がかかったりすることがあります。そこで、興味・関心のあることや生活上の場面を取り上げ、実物や写真などを使って見たり読んだり、理解したりすることで、確実に概念の形成につなげていくよう指導することが大切です。

オ　身体の動き

「姿勢と運動・動作の基本的技能に関すること」では、日常生活に必要な動作の基本となる姿勢保持や上肢・下肢の運動の改善及び習得などの基本的技能に関することを内容としています。知的障害のある子供は知的発達の程度等に比較して身体の部位を適切に動かしたり、指示を聞いて姿勢を変えたりすることが困難な場合があります。このような場合、より基本的な動きの指導から始め、徐々に複雑な動きを指導することが考えられます。そして、次第に目的の動きに近付けていくことにより、必要な運動・動作が子供に確実に身に付くよう指導することが重要です。

「日常生活に必要な基本動作に関すること」は、食事、排泄(せつ)、衣服の着脱、洗面、入浴などの基本動作を身に付けることができるようにすることを意味しています。知的障害のある子供の場合、知的発達の程度に比較して、細かな手指の操作が困難であり、衣服の着脱や食事などが困難なことがあります。要因としては、目と手の供応動作の困難さや巧緻性、持続性の困難さなどの他、認知面及び運動面の課題、あるいは日常生活場面等における経験不足などが考えられます。このような場合には、子供が意欲的に取り組み、道具等の使用に慣れていけるよう、興味や関心がもてる内容や課題を工夫し、使いやすい適切な用具や素材に配慮することが大切です。その上で、課題の難易度を考慮しながら、日常生活に必要な基本動作を指導していくことが大切です。

「作業に必要な動作と円滑な遂行に関すること」は、作業に必要な基本動作を習得し、その巧緻性や持続性の向上を図るとともに、作業を円滑に遂行する能力を高めることを意味しています。

知的障害のある子供の場合、粗大な運動・動作には問題は見られないものの、細かい手先を使った作業の遂行が難しかったり、その持続が難しかったりすることがあります。要因としては、自分の身体の各部位への意識が十分に高まっていないことや、目と手の協応動作の困難さ、巧緻性や持続性の困難さなど、認知面や運動・動作面の課題、あるいは経験不足や見通しのもちにくさなどが考えられます。このような場合には、手遊びやビーズなどを仕分ける活動、ひもにビーズを通す活動など、子供が両手や目と手の協応動作などができるように指導することが大切であり、その際、興味や関心のもてる内容や課題を工夫し、楽しんで取り組めるようにしたり、ものづくりをとおして、他者から認められ、達成感が得られるようにしたりするなど、意欲的に取り組めるようにすることが大切です。

カ　コミュニケーション

知的障害のある子供の場合、自分の気持ちや要求を適切に相手に伝えられなかったり、相手の意図が理解できなかったりしてコミュニケーションが成立しにくいことがあります。そこで、自分の気持ちを表した絵カードを使ったり、簡単なジェスチャーを交えたりするなど、要求を伝える手段を広げたり、人とのやりとりや人と協力する活動など、認知発達や社会性の育成を促す学習などを通して、適切な関わりができるように指導することが大切です。

また、発声や身体の動きによって気持ちや要求を表すことができますが、発声や指差し、身振りやしぐさなどをコミュニケーション手段として適切に活用できない場合もあります。このような場合には、子供が欲しいものを要求する場面などで、ふさわしい身振りなどを指導したり、発声を要求の表現となるよう意味付けたりするなど子供の様々な行動をコミュニケーション手段として活用できるようにすることが大切です。

自閉症を併せ有する場合は、他の人への関心が乏しく結果として他の人からの働きかけを受け入れることが難しい場合もあることから、個々の子供の興味や関心のある活動の中で教師の言葉かけに対して視線を合わせたり、子供が楽しんでいる場面で教師が「楽しいね」などの言葉をかけたりするなどして、教師との信頼関係を形成し、教師の言葉や動きに対する関心を高めるようにすることが大切です。また、コミュニケーション手段として身振りや機器などを活用する際には、個々の子供の実態を踏まえ、無理なく活用できるように工夫することが必要です。

「コミュニケーション手段の選択と活用に関すること」では、対人関係における緊張や記憶の保持などの困難さを有し適切に意思を伝えることが難しい場合、タブレット端末に入れた写真や手順表などの情報を手がかりとすることや、音声出力や文字・写真など、代替手段を選択し活用したコミュニケーションができるようにしていくことも大切です。

② 指導時間と指導形態

自立活動の時間に充てる授業時数について、各学校は子供の実態に応じて適切に定める必要があります。授業時数を標準として示さない場合にも自立活動の時間を確保しなくてもよいということではなく、個々の子供の実態に応じて適切な授業時数を確保する必要があります。

特に、知的障害のある子供の指導に対して各教科等の内容の一部または全部を合わせて指導を行う場合には、その授業時数について留意が必要です。

③ 指導上の留意点

指導内容の設定に当たっては、子供が興味をもって主体的に取り組み、成就感を味わうとともに自己を肯定的に捉えることができるような指導内容を取り上げることに留意する必要があります。また、障害による学習上又は生活上の困難を改善・克服しようとする意欲を高めることも大切です。

「障害による学習上または生活上の困難を改善・克服する」というと、発達の遅れている面や改善の必要な状態に着目しがちですが、人間の発達は種々の側面が有機的に関連し合っていることを踏まえ、発達の進んでいる側面を伸ばすことによって、遅れている側面を補うような指導内容を取り上げるようにすることが大切です。発達の進んでいる側面を伸ばすことによって、子供の自信と活動や学習への意欲が喚起され、遅れている面の伸長や改善に有効に作用することも期待できます。

さらに、子供自身が活動しやすいように環境を整えたり必要に応じて周囲の人に支援を求めたりできるような指導内容を計画的に取り上げること、個々の子供が自己選択・自己決定できる機会を設けることによって思考・判断・表現する力を高めるような指導内容、自立活動における学習の意味を将来の自立と社会参加に必要な資質・能力との関係において理解して取り組めるような指導内容を取り上げたり、自立活動を通して、学習上又は生活上の困難をどのように改善・克服できたか、自己評価につなげたりしていくことが求められます。

そして、子供の活動の状況や結果を適切に評価し、個別の指導計画や具体的な指導の改善に生かすよう努めることも重要です。

④　指導の評価

長期的な観点に立った指導の目標を達成するためには、個々の子供の実態に即して必要な指導内容を段階的、系統的に取り上げることが大切です。すなわち、段階的に短期の目標が達成され、やがては長期の目標の達成につながるという展望が必要です。長期、短期の目標に対応する評価については、指導を通じて目標の適切さや手立ての有効性について評価・改善することが必要です。

（2）個別の指導計画の作成

自立活動の指導に当たっては、子供一人一人の実態に基づいた個別の指導計画を作成することを規定しています。自立活動の個別の指導計画の作成では、個々の実態に基づいた指導すべき課題を明確にした上で自立活動に示す内容の中から必要な項目を選定し、それらを相互に関連付けて具体的な指導内容を設定します。

個別の指導計画の作成や手順は、それぞれの学校が子供の障害の状態や発達段階を考慮し、指導上最も効果が上がるように考えることが必要です。

6　情報機器等の活用

（1）知的障害のある子供の教育を支援する情報機器等の活用

①　学習上の特性に応じた情報機器の活用

コンピュータ等の情報機器の活用は、双方向的な関わりがしやすく（インタラクティブ性）、視覚的、聴覚的にも多様な表現ができるため、知的障害のある子供が関心をもちやすいことから、活用を工夫することで有効な教材・教具となります（文部科学省, 2010）。特別支援学校（知的障害）において情報機器は、小学部段階では「慣れ親しむ」から始まり、高等部卒業段階では生活場面や就労場面での情報機器の活用を想定した教育が行われることが期待されています。特別支援学校（知的障害）の各教科においても、中学部では「職業・家庭」の職業分野第二段階の内容の「B 情報機器の活用」で、以下のように示されています。

> 職業生活や社会生活で使われるコンピュータ等の情報機器を扱うことに関わる学習活動を通して、次の事項を身に付けることができるよう指導する。
> ア　コンピュータ等の情報機器の基礎的な操作の仕方を知り、扱いに慣れること。
> イ　コンピュータ等の情報機器を扱い、体験したことや自分の考えを表現すること。

また、高等部では「情報」の目標が以下のように示されています。

> 情報に関する科学的な見方・考え方を働かせ、身近にある情報機器の操作の習得を図りながら、問題の解決を行う学習活動を通して、問題を知り、問題の解決に向けて情報と情報技術を適切かつ効果的に活用し、情報社会に主体的に参画するための資質・能力を次のとおり育成することを目指す。
> （1）身近にある情報と情報技術及びこれらを活用して問題を知り、問題を解決する方法について理解し、基礎的な技能を身に付けるとともに、情報社会と人との関わりについて理解できるようにする。
> （2）身近な事象を情報とその結び付きとして捉え、問題を知り、問題を解決するために必要な情報と情報技術を適切かつ効果的に活用する力を養う。
> （3）身近にある情報や情報技術を適切に活用するとともに、情報社会に参画しようとする態度を養う。

また「情報」の１段階の内容では身に付ける知識及び技能として、「情報に関する身近で基本的な、法規や制度、情報セキュリティの重要性、情報社会における個人の責任及び情報モラルについて知ること」が含まれています。

さらに「職業」においては、「B　情報機器の活用」が内容に含まれており、例えば１段階では以下のように示されています。

> **B 情報機器の活用**
> 職業生活で使われるコンピュータ等の情報機器を扱うことに関わる学習活動を通して、次の事項を身に付けることができるよう指導する。
> ア　情報セキュリティ及び情報モラルについて知るとともに、表現、記録、計算、通信等に係るコンピュータ等の情報機器について、その特性や機能を知り、操作の仕方が分かり、扱えること。
> イ　情報セキュリティ及び情報モラルを踏まえ、コンピュータ等の情報機器を扱い、収集した情報をまとめ、考えたことを発表すること。

高等部の主として専門学科において開設される各教科の指導項目において、「家政」では「使用する器具や機械、コンピュータ等の情報機器の取扱い」が、「農業」においては「農機具や農業機械、コンピュータ等の情報機器の取扱い」が、「工業」においては「各種の工具や機械及び機器類、コンピュータ等の情報機器の取扱い」が、「流通・サービス」では「事務機器、機械や道具、コンピュータ等の情報機器の取扱い」が、「福祉」では「福祉機器や用具、コンピュータ等の情報機器の取扱い」が含まれており、それぞれの職業場面での情報化に対応した教育の必要性を述べています。

②　適応行動の困難性を補填するアシスティブ・テクノロジー

障害による物理的な困難や障壁（バリア）を、機器を工夫することによって支援しようという考え方が、アクセシビリティあるいはアシスティブ・テクノロジーです（文部科学省，2010）。アシスティブ・テクノロジーはデバイス（機器）とサービス（利用）によって構成されます。知的障害のある子供の場合、適応行動の困難性は、「他人との意思の交換」「日常生活や社会生活」「安全」「仕事」「余暇利用」等に表れます（文部科学省，2013）。この「適応行動の困難性を伴う状態」を補う手段としてアシスティブ・テクノロジーの活用が考えられます。

特別支援学校学習指導要領解説自立活動編の第６章の６の（４）「コミュニケーション手段の選択と活用に関すること」においては、子供の障害の状態や発達段階等に応じて、話し言葉以外にも様々なコミュニケーション手段を適切に選択・活用し、他者との円滑なコミュニケーションができるようにする必要性を述べています。例えば、「音声言語の表出は困難であるが、文字言語の理解ができる児童生徒の場合、筆談で相手に自分の意思を伝えたり、文字板、ボタンを押すと音声が出る機器、コンピュータ等を使って、自分の意思を表出したりすることができる」ことを記しています。この「ボタンを押すと音声が出る機器」は、一般にはVOCA（Voice Output Communication Aid）と呼ばれ、特別支援学校において比較的普及したコミュニケーション支援機器となっています。さらに、「友達や目上の人との会話、会議や電話などにおいて、相手の立場や気持ち、状況などに応じて、適切な言葉の使い方ができるようにしたり、コンピュータ等を活用してコミュニケーションができるようにしたりすることも大切である」と述べており、電子メールなどの電子ネットワークを活用したコミュニケーション技能を習得することも大切です。

（２）情報機器等の活用の実際

①　教材作成の道具としての活用

学校現場ではコンピュータと多様な印刷ができるソフトウェアを利用して、学級通信、遠足のしおり、課題学習のためのプリント教材、コミュニケーションカード、名札や日課表などの掲示物などが数多く作成されています。

デジタルカメラやカラープリンタは、写真カードを容易に作成できる道具として普及しています。また、様々な絵記号（コミュニケーション・シンボル）も開発され、電子データとして提供されています。コンピュータ等情報機器を活用し、コミュニケーションカードやスケジュールボードが容易に作成できるほか、コンピュータと液晶プロジェクタを活用して、大画面での教材提示も可能となります。音声言語だけでは理解が難しい子供に対しては、文字や写真・動画を活用することにより分かりやすく提示でき、例えば、特別支援学校（知的障害）の行事や集会等において活用されています。音楽や音声、映像を編集する際もコンピュータが活用されています。編集や文字テロップの挿入が簡単で、CDやDVDの作成も比較的容易に行うことができます。

また、タブレットPCは、各教科での個別指導時の教材の提示や屋外活動時に撮影した写真を即時に表示することで、子供の学習内容への注目を促すことができます。

②　子供の個別学習への活用

コンピュータ教材を利用することで、子供は自分のペースで繰り返し学習することができ、またその学習記録を次の指導に生かすことができます。教材ソフトウェアには基礎的な色・形の弁別学習、言葉の意味や数概念の学習、平仮名や漢字などの学習、社会場面の行動のシミュレーション等、様々なものが普及しており、インターネットで配布されている教材ソフトウェアも増え、教室のLAN環境を活用した学習が行われています。

③　子供による表現やコミュニケーション、創造性を拡大する手段としての活用

コンピュータを活用することにより、子供自身が入力した文字を整えたり、絵を描いたり、デジタルカメラで撮った写真を印刷することができます。年賀状やメッセージカード、手紙を作成することで様々な表現をすることが体験できます。また、五十音配列の平仮名キーボードや学年別の漢字変換辞書などを利用することで、子供の課題に応じた入力支援を行うことも可能です。

Webブラウザを利用した調べ学習や、ネットワーク上の多くの人とのやりとりも行われています。後者の実践としては海外の学校とテレビ会議システムを利用して交流を図り、コミュニケーションの機会を拡げる例を挙げることができます。また、タブレットPCは、写真を提示すること等により、意思を表示するコミュニケーションツールとして活用されている例があります。

また、プログラミング学習は、論理的思考力や問題解決能力を養う重要な学習体験です。知的障害のある子供にとっても、これらのスキルは日常生活での自立や社会参加に役立つものです。知的障害のある子供がプログラミングを学ぶ意義としては、まず直感的なビジュアルプログラミングを通じて、楽しみながら論理の基礎を身につけられる点が挙げられます。また、操作結果が視覚的に確認できるため、学習の達成感を得やすく、学習意欲を高める効果があります。しかし、知的障害のある子供は抽象的な概念の理解に時間がかかるため、個別のニーズに応じた支援が必要です。また、教材の開発や教員の専門性の向上も課題となっており、適切な学習環境の整備が求められます。

④　児童生徒の就労支援への活用

特別支援学校（知的障害）高等部では、情報機器を使って仕事ができることを目指す取組も行われています。一般のパソコン検定などの合格を目標に、系統的にコンピュータ等の情報機器の操作を学び「仕事の道具」として活用できることを目指しています。これにより知的障害者の職域の拡大が期待されています。これらの指導は普通教科「情報」だけでなく、職業に関する各教科や各教科等を合わせた指導との連携が必要です。

コンピュータ等情報機器の活用は、情報の世界を広げると同時にプライバシーやセキュリティ、知的所有権等様々な問題も含んでいます。現在の特別支援学校（知的障害）の「情報」においては、学習指導要領に示された普通教科「情報」の内容に加え、今日的課題である携帯電話や電子マネーなどのコンピュータ以外の情報デバイスの取扱いや、ネットワーク社会のマナーやルール、危険性と対処について学習する必要があります。

7　知能検査の種類と方法及び留意事項

（1）知能検査の目的と特徴

知能検査は、主として幼児期から児童期、青年期にかけて、子供の知的能力の発達を把握するために用いられます。知能検査は大きく分けて２種類の目的で適用されています。

一つは、総合的な知的能力をとらえるための検査として実施される場合で、もう一つは、知的能力をいくつかの因子に分けてとらえるための検査として実施される場合です。

総合的に知的能力をとらえる知能検査は、知的な発達の遅れの有無や遅れの程度を判断する際に用いられます。一方、知的能力をいくつかの因子に分けてとらえる知能検査は、全般的な知的な発達の遅れは認められなくとも、知的能力に部分的な偏りがある可能性が予想される場合や、視覚認知と聴覚認知における得意不得意やそのバランスについて情報収集が必要な場合にも用いられています。

主な知能検査の特徴ですが、まず、検査には、様々な用途の一連の検査器具を使用して、実施には１時間から２時間以上を要する場合があります。検査者は検査器具の取扱いや検査結果の分析に習熟している必要があり、講習や研修などを受けて、検査に熟達していることが求められます。また、検査課題の教示に言語が用いられる知能検査の場合は、子供がある程度の言語能力を獲得している必要があります。そのような意味で、知能検査は就学前頃から、実施することが可能となります。就学後においても、言語発達が著しく遅い場合などには検査を実施することが難しく、実施しても正確に子供の知的能力をとらえられない場合もあり注意が必要です。

知能検査からは、子供のつまずきを理解するためのかなり具体的で詳細なデータを得ることができます。よって、支援の方策を立てる上ではかなり有効なツールとなることが期待されます。

（2）知能検査の種類

知能検査法には、大まかに２種類の検査法があることには既に触れました。まずは、総合的な知的能力を測る検査法について説明します。

この検査法では､その子供の精神年齢（MA:Mental Age）が算出できるので､生活年齢（暦年齢）と比較して、おおむねどの程度の知的な発達が達成されているかを把握することが可能となります。これは、言い換えれば、実際の年齢で期待される知的発達を達成しているかどうかを知ることができ、また、どの程度、達成されているのか、いないのかを知ることができます。同時に、学校などの集団場面において、平均的な同世代集団の中でその子供の相対的な位置を知ることにもつながり、学習の進度や到達度との差について示唆を得ることができます。これを「個人間差」といいます。

次に、知的能力をいくつかの因子に分けてとらえる検査法について説明します。この検査法の利点は、例えば、知的能力というものを、聴覚から入る情報を処理する能力（聴覚認知）と、視覚から入る情報を処理する能力（視覚認知）とのバランスによって成り立つものと想定して、いくつかの検査から構成されるので、具体的にどのような課題に得意や不得意があるかを把握できるというところにあります。これを「個人内差」といいます。

IQの値が知的発達の遅れの範囲にある場合でも、すべての因子に遅れが認められて個人内差があまり見られない場合と、因子間のばらつきが大きい、すなわち個人内差が大きい場合があります。知的障害を伴う自閉症のある子供の場合は特に注意が必要です。それぞれの因子の知的発達の偏りや特定の能力の高さ（得意さ）を生かした、あるいは低さ（苦手さ）を考慮した指導、支援の手立てが必要になります。例えば、視覚認知と比較して著しく聴覚認知が苦手である子供の場合を考えてみましょう。この場合、いくら口頭で指導を繰り返してもなかなか子供がそれを理解することは難しい場合があります。図や絵、写真などを使った視覚的な教材を多く用いるなどの工夫や支援が必要になります。また、視覚的な教材を用いる際には、知能検査によって示された概念理解の程度に合わせて、具体－抽象の理解度を子供に合わせることも必要です。

（3）知能検査の留意事項

知能検査を実施する際にはいくつかの留意事項があります。

まずは、子供が潜在的にもっている能力を十分に発揮できるよう、事前に緊張や不安を取り除いておくための配慮が必要になります。例えば、検査に入る前に自己紹介をする時間を設けてリラックスできるようにするなどです。知能検査は、長時間取り組む必要がある場合や、子供自身が課題に成功したか失敗したかを理解できる場合もあり、検査を通してかなりの緊張や不安を感じながら集中力を維持し続けることが求められます。検査をなるべく最後までやり終えることができるように、検査者は適切に子供を支える必要があるといえます。

さらに、その他の検査とも共通することですが、知的能力の遅れが明らかになることが、イコール障害のある人というレッテルを貼られてしまったように感じ、子供本人や保護者の心を深く傷付けてしまう可能性もあるということを心に留めておくことが必要です。そうならないためにも、事前に知能検査をすることの目的や意義についてていねいに説明し、了解を得ておくことはとても重要であるといえます。

検査を実施することが有効な支援につながっていくのだという安心感を共有するためにも、子供と保護者が日常の中で困っていること、悩んでいることをていねいに聴き取り、観察することから始めるのがよいと考えられます。

引用・参考文献

・中央教育審議会．今後の学校におけるキャリア教育・職業教育の在り方について（答申）．2011.
・文部科学省．教育の情報化に関する手引き．2019.
・文部科学省．特別支援学校学習指導要領解説各教科等編（幼稚部・小学部・中学部）．2018.
・文部科学省．特別支援学校学習指導要領解説知的障害者教科等編（上）（下）（高等部）．2019.
・文部科学省．特別支援学校学習指導要領解説自立活動編（幼稚部・小学部・中学部）．2018.
・文部科学省．特別支援学校学習指導要領解説総則等編（高等部）．2019.
・文部科学省．特別支援学校学習指導要領解説総則等編（幼稚部・小学部・中学部）．2018.
・文部科学省．特別支援学校高等部学習指導要領．2019.
・文部科学省．特別支援学校幼稚部教育要領・特別支援学校小学部・中学部学習指導要領．2017.
・文部科学省．障害のある子供の教育支援の手引～子供たち一人一人の教育的ニーズを踏まえた学びの充実に向けて～．2022.
・文部科学省．特別支援教育資料（令和4年度）．2024.
・文部科学省．特別支援教育資料（令和5年度）．2025.

4 肢体不自由

1　肢体不自由の基礎知識と実態把握

（1）肢体不自由の基礎知識

①　医学的側面からみた肢体不自由

医学的には、発生原因の如何を問わず、四肢体幹に永続的な障害があるものを肢体不自由といいます。先天性に四肢体幹の形成が障害されたり、生後の事故等によって四肢等を失ったりすることなどによる形態的な障害によって運動障害が起こる場合と、形態的には基本的に大きな障害はないものの、中枢神経系や筋肉の機能が障害されて起こる場合があります。

運動障害の発症原因別に見ると、特別支援学校（肢体不自由）において最も多いのは脳性疾患で、次いで筋原性疾患、脊椎・脊髄疾患、骨系統疾患、代謝性疾患が挙げられます。脳性疾患や筋原性疾患等では知的障害等の合併症が見られることが多いです。また、直接的な原因となる疾患による障害に加えて、それらによる長期にわたる運動障害や姿勢反射障害によって、関節拘縮や変形性股関節症、気道や尿路の感染症などの二次障害が見られることも少なくありません。運動障害の原因となる主要な疾患について、以下に述べます。

ア　脳性まひ

脳性疾患で最も多いものは脳性まひです。脳性まひの定義について、一般的に合意の得られている規定要素を次に示します。

（ア）原因については、発育過程における脳の形成異常や様々な原因による脳損傷の後遺症という非進行性の脳病変であること
（イ）運動と姿勢の異常、すなわち運動機能障害であること
（ウ）成長に伴って症状が改善したり増悪したりすることもあるが、消失することはないこと

原因の発生時期について、いつからとするかについては受胎とする点で、ほぼ合意が得られており、日本の厚生省（当時）研究班の定義では、生後４週間までに生じるとされています。

脳性まひを引き起こす脳損傷の原因としては、出生前の原因として小頭症や水頭症、脳梁欠損、脳回形成異常などの遺伝子や染色体の異常などがあります。出生後の原因としては、胎児期や周産期における低酸素状態や頭蓋内出血があります。

主な症状から障害型が分けられています。脳性まひの最も多い障害型は痙直（けいちょく）型で、伸張反射の亢進によって四肢などの伸展と屈曲が著しく困難になってしまう状態になるものです。アテトーゼ型（不随意運動型）は、四肢などに自分の意思と関係なく異常運動が起こるもので、最近では一部の筋肉に異常な緊張が起こるジストニアや手指等の震えなどの症状も含めて考えられています。

イ　筋ジストロフィー

筋原性疾患で多く見られる疾患としては筋ジストロフィーがあります。これは筋原性の変性疾患で進行性であり、筋力が徐々に低下して運動に困難をきたすだけでなく、長期的には呼吸筋の筋力低下によって呼吸も困難になっていく予後不良な疾患です。筋ジストロフィーの型としては、X染色体性の劣勢遺伝で幼児期頃から発症することの多いデュシャンヌ型とベッカー型、常染色体性劣性遺伝で乳児期早期に発症する福山型、常染色体性優性遺伝で先天型では、新生児期あるいは乳児期早期に発症する筋強直性型があります。

ウ　二分脊椎

脊椎脊髄疾患として多いのは二分脊椎です。これは、遺伝的要素に胎生期における環境要因が関わって発症するとされています。症状は病変部位によりますが、下肢のまひや膀胱直腸障害が主に見られます。また、水頭症をしばしば合併し、脳圧を下げるための手術が必要なこともあります。

②　心理学的・教育的側面からみた肢体不自由

肢体不自由のある子供は、上肢、下肢又は体幹の運動・動作の障害のため、起立、歩行、階段の昇降、椅子への腰掛け、物の持ち運び、机上の物の取扱い、書写、食事、衣服の着脱、身だしなみ、排泄など、日常生活や学習上の運動・動作の全部又は一部に困難があります。これらの運動・動作には、起立・歩行のように主に下肢や平衡反応を中心とした姿勢変換あるいは移動に関わるもの、筆記・食事のように主に上肢や目と手の協応動作に関わるもの、物の持ち運び・衣服の着脱・排泄のように身体全体に関わるものがあります。

運動・動作の困難は、姿勢保持の工夫と運動・動作の補助的手段の活用によって軽減されることが少なくありません。この補助的手段には、座位姿勢の安定のための椅子、作業能力向上のための机、移動のためのつえ、歩行器、車椅子、廊下や階段に取り付けた手すりなどのほか、学校や家庭生活で使用する筆記用具やスプーンを、操作しやすいように握る部分を太くしたり、ベルトを取り付けたり、ノートや食器を机上に固定する器具があります。食事や衣服着脱・排泄等についても、着脱しやすいようにデザインされたボタンやファスナーを用いて扱いやすくした衣服、手すりを取り付けた便器などがあります。

肢体不自由のある子供の運動・動作の困難の程度は一人一人異なっているので、その把握に際しては、個々の姿勢や身体の動かし方、バランス感覚やボディイメージなど運動を円滑に行う基礎となる能力の特徴を知る必要があります。具体的には、日常生活や学習上どのような困難があるのか、それは補助的手段の活用によってどの程度軽減されるのか、といった観点から行うことが必要です。

（2）肢体不自由のある子供の実態把握

①　医学的側面からの把握

ア　障害に関する基礎的な情報の把握

次のような点について把握することが考えられます。

（ア）既往・生育歴

出生月齢・出生時体重・出生時の状態・保育器の使用・生後哺乳力・けいれん発作と高熱疾患・障害の発見・入院歴や服薬などについて把握します。

（イ）乳幼児期の姿勢や運動・動作の発達等

例えば、以下の点について何か月で可能になったかを把握します。

・頸の座り・座位保持・寝返り・はうこと・立位保持・ひとり歩き

・物の握り・物のつまみ・持ち換え

（ウ）医療的ケアの実施状況

経管栄養、IVH（中心静脈栄養）、喀痰吸引、人工呼吸器、導尿等。これらを把握する際には、例えば、吸引をする場合には、いつ、どのような姿勢や状態で実施するのか、1回の処置に要する時間など、主治医の指示書に基づき、細部にわたって把握することが大切です。

（エ）口腔機能の食形態等の状況

例えば、食物を口に取り込む動き、口の中で噛む動き、飲み込む動き、食物の大きさ、軟らかさ、時間や回数・量、姿勢、食器具、誤嚥性肺炎や食物アレルギーの有無等について把握します。これらの状況を把握する際には、保護者を通じて日常生活での様子や医療機関から情報を把握することが大切です。

（オ）現在使用中の補助具等

肢体不自由のある子供が使用している補装具には様々なものがありますが、立位や歩行が難しい場合、車椅子、手押し型バギーが使われている場合が多く、立位や歩行が可能な場合は、つえや歩行器、短下肢装具、靴型装具や足底装具が多く使われています。

つえには、両松葉づえと両側肘つえ（ロフストランド型）があります。つえを使用して歩行をする子供の多くは、平地歩行のみが可能で、時には安定性を欠くこともあり、坂道や階段の昇降にも困難さがあります。また、自走式の車椅子利用者もいますが、多くは介助者に押してもらっており、自ら車椅子の移乗やブレーキ操作、車椅子のハンドリム操作を行える者も少ない状況です。

これらの移動や姿勢を安定させるために必要な補装具とその使用方法等を把握することは、合理的配慮の検討や基礎的環境整備との関連においても大切です。

補装具の使用に当たっては定期的な受診を勧め、子供の障害の状態等の変化や成長に応じた適切な補装具が使用できるようにしておくことが大切です。

イ　障害の状態等の把握に当たっての留意点

（ア）観察について

病院の診察室のような雰囲気の場所ではなく、子供がリラックスできる環境で観察することが望ましいです。

また、脳性まひのため、緊張が高まって正しい観察が困難になる場合があるので、子供に触れるときには十分な配慮が必要です。

なお、側弯，変形，拘縮や疾患等の進行に伴う変化については、家族が日頃観察していることや主治医からの情報を十分に聞き取り、把握することが大切です。

（イ）医療機関等からの情報の把握

現在の医療機関をはじめ、これまでにかかっていた専門の医療機関がある場合には、その間の診断や検査結果、それに基づく治療方法、緊急時の対応など、医学的所見を把握することが重要です。

特に常時、抗けいれん剤を服用している場合には、入学後、授業中などにけいれん発作が起こった場合や急性疾患などで近くの医療機関にかかる場合が生じたとき、薬剤の処方内容についてあらかじめ保護者を通して主治医から情報を把握し、緊急に対応できるようにしておくことが安全な学校生活を送る上で必要です。

② 心理学的、教育的側面からの把握

肢体不自由のある子供の場合、その起因疾患や障害の程度などが多様であるため、子供一人一人について十分な評価を行い必要な資料を作成する必要があります。

このためには、諸検査及び行動観察を通して、次のような内容について把握することが望まれます。

ア　発達の状態等に関すること

（ア）身体の健康と安全

睡眠、覚醒、食事、排泄等の生活のリズムや健康状態について把握します。

（イ）姿勢

遊びや食事など、無理なく活動できる姿勢や身体の状態が安定する楽な姿勢のとり方を把握します。また、学校生活等における姿勢変換の方法、補装具の調整や管理、休息の必要性やその時間帯及び程度等を把握します。

（ウ）基本的な生活習慣の形成

食事、排泄、衣服の着脱等の基本的生活習慣に関する自立の程度や介助の方法を把握します。

（エ）運動・動作

遊具や道具等を使用する際の上肢の動かし方などの粗大運動の状態、細かい操作を要する手の操作性、手指の巧緻性などを把握します。また、筆記能力については文字の大きさ、運筆の状態や速度、筆記用具等の自助具や補助用具の使用の必要性、特別な教材の準備やコンピュータ等による代替の必要性を把握します。

（オ）意思の伝達能力と手段

言語の理解と表出、コミュニケーションの手段としての補助的手段や補助機器などの必要性を把握します。なお、必要に応じて標準化された個別検査を実施し、言語能力を高めるための指導課題の把握に努めることも大切です。

（カ）感覚機能の発達

視覚、聴覚等の活用の仕方について把握するとともに、特に、視知覚の面については目と手の協応動作、図と地の知覚、空間の認知等の状態について把握し、必要な配慮や指導課題を明らかにすることが大切です。なお、必要に応じて視知覚等の発達の状況の把握のために、標準化された検査を実施することも大切です。

（キ）知能の発達

認知や概念の形成について、色・形・大きさの弁別、空間の概念、時間の概念、言葉の概念、数量の概念等の状態について、適切な教材等を用いて発達段階や学習上の困難についての把握に努める必要があります。なお、必要に応じて、知能を正確に把握するために、標準化された検査を実施することも大切です。

（ク）情緒の安定

環境の変化等により、不安と思われる状態や表情が必要以上に見られないか、過度な緊張等により、多動や自傷などの行動が見られないか、また、集中力の持続等を、行動観察を通して把握します。

（ケ）社会性の発達

遊びや対人関係をはじめとして、これまでの社会生活の経験や事物等への興味・関心などの状態について把握します。また、遊びの様子については、どのような発達の状態にあるのかを把握します。このほか、保護者や周囲の人との関わりの様子から他者との関わりについて把握することも必要となります。なお、社会性の発達の把握に当たっては、必要に応じて標準化された検査を実施することも大切です。

（コ）障害が重度かつ重複している子供

障害が重度かつ重複している子供は、発達の遅れがあったり、健康状態の変動がしやすかったりします。そのため、学校において十分な健康管理を行うために、覚醒と睡眠のリズムや食事、排泄、呼吸、体温調節機能、服薬、発熱や下痢等の状態について、上述の（ア）（イ）（ウ）で述べた事項を含め、詳細に把握することが大切です。その他、関節の拘縮や変形の予防、筋力の維持・強化、側弯による姿勢管理、骨折のしやすさによる活動の制限、感染症等への対応を含め、医師の診察を通じて把握したり、子供への対応についての指導・助言を受けたりすることが大切です。

イ　本人の障害の状態等に関すること

本人の肢体不自由の状態等を把握するために、次のような事項について把握することが大切です。

（ア）障害の理解

障害の理解の状態については、次のような観点から把握することが望まれます。

・自分の障害や障害による困難に気付き、障害を受け止めようとしているか
・自分のできないこと・できることについての認識をもっているか
・自分のできないことに関して、悩みをもっているか
・自分の行動について、自分なりの自己評価ができるか
・自分のできないことに関して、先生や友達の援助を適切に求めることができるか
・家族が、子供に対して身体各部の状態や保護等について、どの程度教えているか
・学校、家庭等で子供自身が障害を認識する場面に出会っているか

(イ) 障害による学習上又は生活上の困難を改善・克服するために、工夫し、自分の可能性を生かす能力

障害による学習上又は生活上の困難を改善・克服する意欲や態度について、次のような観点から把握することが望まれます。

・障害を正しく認識し、障害による学習上又は生活上の困難を克服しようとする意欲をもっているか
・使用している補助具や補助的手段の使い方や扱い方を理解しているか
・使用している補助具や補助的手段を使い、障害による学習上又は生活上の困難の改善・克服のために、自分から工夫するなどの積極的な姿勢が身に付いているか

(ウ) 自立への意欲

主体的に自立しようとしている姿勢が見られるかについて、次のような観点から把握することが望まれます。

・自分で周囲の状況を把握して、行動しようとするか
・周囲の状況を判断して、自分自身で安全管理や危険回避ができるか
・できることは自分でやろうとする意欲があるか
・周囲の援助を活用して、自分のやりたいことを実現しようとするか

(エ) 対人関係

学校生活を送る上で必要な集団における人間関係について、保護者や幼稚園・保育所、福祉施設等関係者と連携してその状況を把握することが大切です。

対人関係の面で把握する観点は次のとおりです。

・実用的なコミュニケーションが可能であるか
・協調性があり、友達と仲良くできるか
・集団に積極的に参加することができるか
・集団生活の中で一定の役割を果たすことができるか
・自分の意思を十分に表現することができるか

(オ) 学習意欲や学習に対する取組の姿勢

学習意欲や学習の課題に対する取組の姿勢について、次のような観点から把握することが望まれます。

・学習レディネスが形成されているか
・学習の態度（着席行動、姿勢保持）が身に付いているか
・学習や課題に対して主体的に取り組む態度が見られるか
・学習や課題に対する理解力や集中力があるか
・年齢相応の態度や姿勢で学習活動に参加できるか
・読み・書きなどの技能や速度はどうか

ウ　諸検査等の実施及び留意点

上記の基礎的事項と特別な指導や指導上の配慮の必要性の把握については、遊びや学習等の場面における行動観察や諸検査の実施などを通して把握することが大切です。

なお、諸検査等を実施する際には、次のような事項に留意することが必要です。

（ア）検査の種類

肢体不自由のある子供の中には、言語や上肢の障害のために意思の伝達などのコミュニケーションの面や、文字や絵による表現活動の面など自己表現全般にわたって困難さがあり、新しい場面では緊張しやすく不随意運動が強くなる場合も見受けられます。

このため、標準化された知能検査を行う場合には時間制限がある集団式知能検査のみではなく、好ましい人間関係を保ちながら、もっている能力を十分に引き出すことが可能な個別式知能検査を実施することが必要です。

（イ）検査実施上の工夫等

肢体不自由のある子供の多くを占めている脳性まひ児の知能検査においては、次の点に留意する必要があります。

・現在使用されている知能検査は、運動・動作の障害や言語障害などがある子供に対する配慮が十分になされていないものがあるため、知能検査を厳密に行えば目と手の協応、運動速度、言語などを必要とする検査項目の成績が低く現れること。

・運動・動作の障害等のために幼少時から行動範囲や経験活動が制約され、知的発達に必要な環境からの情報の収集・蓄積が乏しいため、検査項目の内容によっては成績が低く現れることがあること。

このように、知能検査は言語障害や上肢の障害による表出手段の著しい困難などのために、妥当性の高い検査値を求めることができない場合があるので、検査目的を明確にするとともに、その結果を弾力的に解釈できるような工夫をして実施する必要があります。

また、検査の実施方法の工夫や改善は、信頼性や妥当性を低下させたり問題の内容や難易度を変えたりすることのないように配慮しながら、①音声出力装置など代替表現の工夫、②障害の状態を考慮した検査時間の延長、③検査者の補助（被検者の指示によって、検査を部分的に助ける）というような方法を工夫する必要があります。

（ウ）検査結果の評価

肢体不自由のある子供について、知能検査による数値を評価として使用する場合には、検査の下位項目ごとにその内容を十分に分析し、構造的に見て評価する必要があります。なお、知能検査の結果を基に、知能を構造的・内容的に見て、何らかの問題が予見される場合には、例えば、言語学習能力診断検査、視知覚発達検査などの関連する検査を実施し、問題の所在を細部にわたって明らかにすることが必要です。

個別検査中の行動等については特に観察を密にし、障害に対する自己理解の状態、課題に取り組む姿勢、新しい場面への適応能力、判断力の確実さや速度、集中力などについて評価することが大切です。

（エ）発達検査等について

発達検査の利用については、検査者が子供の様子を観察しながら発達段階を明らかにする方法と、保護者又は子供の状態を日常的に観察している指導者が記入する方法とがあります。

ただし、発達検査等の結果の評価に当たっては、運動面や言語表出面での困難さが現れやすいことも十分考慮し、全体像を概要的に把握するようとどめておくことが必要です。

（オ）行動観察について

行動観察は、子供の行動全般にわたって継続的に行うことが望まれます。したがって、行動観察に当たっては、事前に保護者と面接し、現在の子供の様子を踏まえ、子供のこれまでの発達の状況などについて、詳細に把握しておくことが必要です。

また、直接子供との関わりや働きかけを通して行う動的な観察が有効であり、できる・できないの観点からの把握だけでなく、どのような条件や援助があれば可能なのかなど、子供の発達の遅れている側面を補う視点からの指導の可能性についても把握することが必要です。

オ　認定こども園・幼稚園・保育所、児童発達支援施設等からの情報の把握

学校での集団生活を送る上で、把握しておきたい情報として、遊びの中での友達との関わりや興味・関心、社会性の発達などがあります。これらのことについては、認定こども園・幼稚園・保育所、児童発達支援施設等における子供の成長過程について、より詳細な情報が得られるので大いに活用したいものです。

2　肢体不自由のある子供に応じた教育課程編成

（1）肢体不自由に対応した教育課程編成の考え方

特別支援学校（肢体不自由）においては幼稚園、小学校、中学校又は高等学校に準ずる教育を行うとともに、幼稚部、小学部、中学部及び高等部を通じ、幼児児童生徒の障害による学習上又は生活上の困難を改善・克服し、自立を図るために必要な知識、技能、態度及び習慣を養うことを目標としています。この目標を達成するために、小学部・中学部の教育課程は、各教科、道徳科、外国語活動、総合的な学習の時間、特別活動及び自立活動（高等部にあっては、各教科・科目、総合的な探究の時間、特別活動及び自立活動）によって編成されています。

（2）障害に応じた教育課程の編成

①　特別支援学校（肢体不自由）

近年、特別支援学校（肢体不自由）に在学する児童生徒の起因疾患で最も多いのは、脳性まひを中心とする脳性疾患であり、肢体不自由のほか、知的障害、言語障害などの他の障害を一つ又は二つ以上併せ有している重複障害者が多く在籍しています。

このようなことから、教育課程の編成に当たっては特別支援学校学習指導要領に示されている重複障害者等に関する教育課程の取扱いを適用するなど、例えば以下のような多様な教育課程が編成・実施されています。

ア　小学校・中学校・高等学校の各教科を中心とした教育課程

この教育課程は、肢体不自由単一の障害のある児童生徒や肢体不自由と病弱の重複障害の児童生徒などを対象とし、小学校・中学校・高等学校の学年相応の各教科等の内容及び自立活動等の内容によって編成されています。

ただし、障害の状態により特に必要がある場合には、各教科及び外国語活動（高等部においては各教科・科目）の目標及び内容に関する事項の一部を取り扱わないことができます（特別支援学校小学部・中学部学習指導要領（以下「小・中学部学習指導要領」）第１章第８節１(1)、特別支援学校高等部学習指導要領（以下「高等部学習指導要領」）第１章第２節第８款の１(1)）。

例えば、肢体不自由の児童生徒については、「体育」の内容のうち器械運動などの学習の一部が困難又は不可能な場合は、当該児童生徒にこの内容を履修させなくてもよいという趣旨です。

イ　小学校・中学校・高等学校の下学年（下学部）の各教科を中心とした教育課程

障害の状態により特に必要のある場合、小・中学部学習指導要領（第１章第８節１（1）（2）（3）（4）（5）（6））、高等部学習指導要領（第１章第２節第８款の１（1）（2）（3））に示されている重複障害者等に関する教育課程の取扱いに基づき、各教科及び外国語活動（高等部においては各教科・科目）の目標・内容の一部を取り扱わないこととしたり、当該学年より下の学年〔学部〕の目標・内容により編成したりするものです。これに加え自立活動等の内容によって構成されます。下学年（下学部）とは、例えば、小学部５年生の児童の場合は、小学部４年生以下の学年及び幼稚部を指します。また、中学部の「数学」に対する小学部の「算数」を指すものです。しかし、教科の名称を替えることはできないことに留意する必要があります。

ウ　知的障害者である児童生徒に対する教育を行う特別支援学校の各教科を中心とした教育課程

知的障害を併せ有する児童生徒が在籍している場合に、児童生徒の実態に応じた弾力的な教育課程の編成ができます。例えば、肢体不自由に加えて知的障害も併せ有する児童生徒を対象に、特別支援学校（知的障害）の各教科の目標及び内容の一部によって編成されるもので、小・中学部学習指導要領の第１章第８節３、及び高等部学習指導要領の第１章第２節第８款の３に基づくものです。これに加え自立活動等の内容を学びます。この場合も教科の名称を替えることはできないことに留意する必要があります。なお、小学部の児童については、外国語活動及び総合的な学習の時間（中学部においては外国語科）を設けないこともできます。

エ　自立活動を主として指導する教育課程

この教育課程は、重複障害者のうち、障害の状態により特に必要がある場合に適用される規定を用いて編成されます（小・中学部学習指導要領の第１章第８節４及び高等部学習指導要領の第１章第２節第８款の４）。重複障害者については一人一人の障害の状態が多様であり、発達の諸側面にも不均衡が大きいことから、特に心身の調和的発達の基盤を培うことを指導のねらいとする必要があります。こうしたねらいに即した指導は主として自立活動において行われ、このような児童生徒にとっての重要な意義を有することからこの規定があるといえます。

自立活動を主として指導する教育課程では、各教科、道徳科、外国語活動若しくは特別活動の目標及び内容に関する事項の一部に替えて自立活動の指導を行うほか、各教科（高等部においては各教科・科目）、外国語活動若しくは総合的な学習の時間（高等部においては総合的な探究の時間）に替えて、自立活動を主として指導を行うことができます。自立活動のみで児童生徒の学習内容をすべて網羅できるものではありません。他の教科や領域で取り扱う内容を含めて授業を展開することになります。なお、道徳科及び特別活動については、その目標及び内容の全部を替えることができないことに留意する必要があります。

なお、訪問教育においても、重複障害者等に関する教育課程の取扱いによることができ、「重複障害者、療養中の児童若しくは生徒又は障害のため通学して教育を受けることが困難な児童若しくは生徒に対して教員を派遣して教育を行う場合について、特に必要があるときは、実情に応じた授業時数を適切に定めるものとする。」と示されています。

②　肢体不自由特別支援学級

肢体不自由特別支援学級は、必要に応じて小・中学校に置かれています（学校教育法第81条第２項）。肢体不自由特別支援学級においては各教科、道徳科、外国語活動、総合的な学習の時間、特別活動のほかに、特別の教育課程（学校教育法施行規則第138条）により身体の動きや認知能力などの向上を目指した自立活動の指導も行われています。また、指導に当たっては、児童生徒の個人差を考慮し、個別指導やグループ指導といった授業形態を積極的に取り入れたり、教材・教具の開発・工夫を行ったりするなどの配慮を行っています。また、児童生徒の実態に合わせて、交流及び共同学習の一環として、通常の学級の児童生徒と一緒に学ぶ機会も設けています。

③　通級による指導（肢体不自由）

通常の学級での学習におおむね参加でき、留意して指導することが適切と考えられる軽度な障害がある肢体不自由児のうち、身体の動きの状態の改善・向上を図るための特別な指導が一部必要なものについては、通級による指導の対象とすることが適切な場合もあると考えられます（学校教育法施行規則第140条）。

④　通常の学級に在籍する肢体不自由のある子供の指導

通常の学級に在籍している肢体不自由のある子供は、小学校・中学校等の教科の内容を学習しています。また、学習活動を行う場合に生じる困難さに応じた指導内容や指導方法の工夫を計画的、組織的に行うことが求められます。

例えば、脳性まひを基礎疾患とする幼児児童生徒においては、身体の動き以外にも、視知覚や認知面で様々な困難を有することもあるので、漢字の形を間違えたり、数直線を読み違えたり、地図から目的の場所を探し出すことができなかったりします。したがって、あらかじめ肢体不自由のある児童生徒の特性などを把握し、学習場面で見られる困難の背景にある要因をおさえておくことがとても大切です。

3　各教科等の指導

（1）幼稚部における指導の工夫

肢体不自由のある幼児の多くは、身体の動きに困難があり、様々な活動に周囲の大人の援助を必要とすることが多いため、主体的に活動しようとする気持ちが十分育たなかったり、幼児同士での関わりが不足し、対人関係の力が育たなかったりする場合があります。

したがって、幼児の姿勢保持や上肢、下肢の動き等に配慮し、幼児が自ら進んで身体を動かそうとしたり、表現しようとしたりする環境を整え、幼児の主体的な活動を引き出すように指導方法を工夫する必要があります。また、身体の動きに困難があることに加え、健康の状態により行動を制限されることがあり、幼児の成長や発達に必要な体験が不足している場合も少なくありません。さらに、脳性まひを基礎疾患とする幼児は、その認知特性により、視覚的な情報の処理や複合的な情報の処理を苦手とし、それらのことが物事の理解や言語、数量など基礎的な概念の形成に影響を及ぼす場合があります。したがって、幼稚部においては、幼児が興味や関心をもって周囲に関わり、成長や発達に必要な体験が得られるような活動を、幼児の身体の動きや健康の状態に応じて計画的に設定する必要があります。特に体験的な活動を設定する際は、言語や数量、方向などの基礎的な概念が育つ内容を、意図的に取扱うことが求められます。

以上のことを踏まえ、肢体不自由のある幼児の指導においては、次の事項に留意して指導を行うことが大切です。

ア　幼児が自ら周囲と関わり、主体的な活動が展開できるようにするために、教室の環境設定や集団の構成を工夫すること。その際、幼児が活動しやすいように姿勢を整えたり、教師等が関わりを控え、幼児同士が直接かかわり合う機会を設けたりするなどの配慮をすること。

イ　幼児が自分で選んだり決めたりする機会を大切にし、達成感の味わえる活動等を設定して、進んで活動に参加しようとする態度や習慣が身に付くようにすること。

ウ　幼児の障害の状態や上下肢の動き等に即して、遊具や用具などを創意工夫するとともに、必要に応じて補助具等の活用を図ること。

エ　話し言葉によって意思を伝え合うことに困難が見られる幼児の指導に当たっては、意思表示しようとする意欲を喚起するとともに、より豊かな表現ができるような方法を工夫すること。

オ　具体物と名称を一致させる遊びや、身体の各部位に触れて身体イメージを明確にする遊び、上下・前後など方向を意識した遊び、具体物を触って重さや量の大小を体験する遊び、数の順番を意識する遊びなどを活動に取り入れ、基礎的な概念の形成に努めること。

カ　身体の動きの困難を改善・克服したり、健康の維持・改善を図ったりする必要のある幼児の指導に当たっては、その発達の段階や健康の状態などに応じて、自立活動の内容に重点を置いた指導を行うこと。また、家庭や医療機関、児童福祉機関等と連携を図りながら、幼児一人一人に必要な指導を組織的・継続的に行うよう努めること。

（2）小学部・中学部段階における指導の工夫

①「思考力、判断力、表現力等」の育成

肢体不自由のある児童生徒は身体の動きに困難があることから、様々な体験をする機会が

不足したまま言葉や知識を習得していることが少なくありません。そのため、言葉を知っていても意味の理解が不十分であったり、概念が不確かなまま用語や数字を使ったりすることがあります。また、脳性まひを基礎疾患とする児童生徒には、視覚的な情報や複数の情報の処理を苦手とするなどの認知の特性により、知識の習得や言語、数量などの基礎的な概念の形成に偏りが生じている場合もあります。このような知識や言語概念等の不確かさは、各教科の学びを深める活動全般に影響することから、児童の障害の状態や発達の段階に応じた思考力・判断力・表現力等の育成の充実が求められます。

各教科の指導に当たっては、具体物を見る、触れる、数えるなどの活動や、実物を観察する、測る、施設等を利用するなどの体験的な活動を効果的に取り入れ、感じたことや気付いたこと、特徴などを言語化し、言葉の意味付けや言語概念等の形成を的確に図る学習が大切になります。そのような学習を基盤にして知識や技能の着実な習得を図りながら、児童生徒の障害の状態や発達の段階に応じた思考力、判断力、表現力等を育成し、学びを深めていくことが重要になります。

②　指導内容の設定等

肢体不自由者である児童生徒に対する教育を行う特別支援学校においては、児童生徒が身体の動きやコミュニケーションの状態等から学習に時間がかかること、自立活動の時間があること、療育施設等において治療や機能訓練等を受ける場合があることなどから、授業時間が制約されるため、指導内容を適切に設定することが求められます。

指導内容の設定に当たっては、児童生徒の身体の動きの状態や認知の特性、各教科の内容の習得状況等を考慮することが大切です。

また、指導内容を適切に設定する観点として、重点を置く事項に時間を多く配当するなど計画的に指導することが大切になります。「重点を置く事項」には時間を多く配当する必要がある一方で、時間的制約の関係から時間を多く配当できない事項も生じることを踏まえ、指導内容の取扱いに軽重をつけ、計画的に指導することが大切になります。

「重点を置く事項」とは、例えば、面積の学習で量概念の形成を図るため、立方体の積み木を並べて長さ（連続量）を丹念に確認することや、説明文の学習で文の全体構成を把握させるため、段落要旨や段落相互の関係をていねいに確認することなどが挙げられます。このような学習効果を高めるために必要な事項には、時間を多く配当していねいに指導し、別の事項については必要最小限の時間で指導するなど配当時間の調整が必要になります。そのため、各教科の目標と指導内容との関連を十分に研究し、各教科の内容の系統性や基礎的・基本的な事項を確認した上で、重点の置き方、指導の順序、まとめ方、時間配分を工夫して、指導の効果を高めるための指導計画を作成することが重要になります。

なお、肢体不自由のある児童生徒が、様々な事情により授業時間が制約されることを理由にして、履修が可能である各教科の内容であるにもかかわらず、取り扱わなくてよいとするような誤った解釈を避けなければいけません。

③　姿勢や認知の特性に応じた指導の工夫

各教科において、肢体不自由のある児童生徒が、効果的に学習をするためには、学習時の姿勢や認知の特性等に配慮して、指導方法を工夫する必要があります。

肢体不自由のある児童生徒が、学習活動に応じて適切な姿勢を保持できるようになると、疲労しにくくなるだけでなく、身体の操作等も行いやすくなり、学習を効果的に進めることができるようになります。例えば、文字を書く、定規やコンパスを用いる、粘土で作品を作るときなどには、体幹が安定し上肢が自由に動かせることが大切です。また、適切な姿勢を保持することは、学習内容を理解する点からも重要になります。例えば、上下、前後、左右の方向や遠近等の概念は、自分の身体が基点となって形成されるものであるため、安定した姿勢を保つことにより、こうした概念を基礎とする学習内容の理解が深まることになります。したがって、学習活動に応じて適切な姿勢がとれるように、いすや机の位置及び高さなどを調整することについて、児童生徒の意見を聞きながら工夫するとともに、児童生徒自らが適切な姿勢を保つことに注意を向けるよう日ごろから指導することが大切です。

一方、肢体不自由のある児童生徒の認知の特性に応じて指導を工夫することも重要です。脳性疾患等の児童生徒には、視覚的な情報や複合的な情報を処理することを苦手とし、提示された文字や図の正確な把握、それらの書き写し、資料の読み取りなどに困難がある場合があります。こうした場合には、文字や図の特徴について言葉で説明を加えたり、読み取りやすい書体を用いたり、注視すべきところを指示したりすることなどが考えられます。また、地図や統計グラフのように多数の情報が盛り込まれている資料を用いる場合は、着目させたい情報だけを取り出して指導した後、他の情報と関連付けたり比較したりするなど、指導の手順を工夫することなども考えられます。このように児童生徒の認知の特性を把握し、各教科を通じて指導方法を工夫することが求められます。

④　補助具や補助的手段、コンピュータ等の活用

身体の動きや意思の表出の状態等により、歩行や筆記などが困難な児童生徒や、話し言葉が不自由な児童生徒などに対して、補助具や補助的手段を工夫するとともに、コンピュータ等の情報機器などを有効に活用して指導の効果を高めることが必要です。

ここで述べている補助具の例として、歩行の困難な児童生徒については、つえ、車いす、歩行器などが挙げられます。また、筆記等の動作が困難な児童生徒については、筆記用自助具や筆記等を代替するコンピュータ等の情報機器及び児童生徒の身体の動きの状態に対応した入出力機器、滑り止めシートなどが挙げられます。補助的手段の例としては、身振り、コミュニケーションボードの活用などが挙げられます。

近年の情報通信ネットワークを含めた情報機器の進歩は目覚ましく、今後さらに学習での様々な活用が想定されることから、情報機器に関する知見を広く収集し、学習への効果的な活用の仕方を工夫することが求められます。なお、補助具や補助的手段の使用は、児童生徒の身体の動きや意思の表出の状態、また、それらの改善の見通しに基づいて慎重に判断し、自立活動の指導との関連を図りながら、適切に活用することが大切です。また、補助具や補助的手段の使用が、合理的配慮として認められる場合は、そのことを個別の教育支援計画や個別の指導計画に明記するなどして、適切な学習環境を保障することが求められます。

⑤　自立活動の時間における指導との関連

肢体不自由のある児童生徒は、身体の動きやコミュニケーションの状態、認知の特性等により、各教科の様々な学習活動が困難になることが少なくないことから、それらの困難を改善・克服するように指導することが必要であり、特に自立活動の時間における指導と密接な関連を図り、学習効果を高めるよう配慮しなければいけません。

このことについて、音楽、図画工作、美術、技術、家庭、技術・家庭、体育、保健体育などの教科の内容に限らず、どの教科の指導においても自立活動の時間における指導と密接な関連を図ることが大切であり、すべての教科の指導で配慮が求められます。

学習効果を高めるためには、児童生徒一人一人の学習上の困難について、指導に当たる教師間で共通理解を図り、一貫した指導を組織的に行う必要があります。また、学習上の困難に対し、児童生徒自身が自分に合った改善・克服の仕方を身に付け、対処できるように指導していくことも大切です。なお、各教科において、自立活動の時間における指導と密接な関連を図る場合においても、児童生徒の身体の動きやコミュニケーション等の困難の改善に重点が置かれ過ぎることによって、各教科の目標を逸脱してしまうことのないよう留意する必要があります。

4　進路指導と進路の状況

(1) 進路指導

①　進路指導の意義

ノーマライゼーションの理念が浸透し、障害者の権利に関する条約が批准されたことにより、障害のある人々に対する社会の認識も変化しています。また、科学の進歩によって障害の状態を補償するための支援機器の開発が進むとともに、社会環境でもユニバーサルデザインの考えに基づくバリアフリー化が進んでいます。これらを通じ、運動機能上の困難があっても社会に主体的に参加し、自己実現をしていくことが可能になってきました。就職についても、障害者の職業生活における自立の促進を目的として、各都道府県に障害者職業センターが設置され、公共職業安定所と密接な連携をとりながら、職業評価、職業指導、職業準備訓練、職域開発援助事業、事業主に対する障害者の雇用管理に関する援助などが行われています。また、「障害者雇用促進法」による障害者雇用、職場適応援助者（ジョブコーチ）による支援、職場適応訓練等、様々な制度的な取組が行われています。

したがって、社会生活を通じた自己実現への道筋の中で、児童生徒本人の志望や適性を重視した進路指導が行われることが大切です。

②　卒業後の進路状況

児童福祉施設・障害者支援施設・医療機関等の「社会福祉施設等入所・通所者」が最多となっています（**表Ⅱ－4－1**）。この背景には特別支援学校（肢体不自由）に在籍する生徒の有する障害が重度・重複化しているという状況があります。

表Ⅱ－4－1　特別支援学校（肢体不自由）高等部卒業者の進路（平成25年度〜令和4年度）

年度	卒業者 人	進学者 人（%）	教育訓練機関等 人（%）	就職者等 人（%）	社会福祉施設等 入所・通所者 人（%）	その他 人（%）
平成25	1,772	42（2.4%）	49（2.8%）	126（7.1%）	1,465（82.7%）	90（5.1%）
26	1,790	42（2.3%）	51（2.8%）	116（6.5%）	1,480（82.7%）	101（5.6%）
27	1,829	49（2.7%）	32（1.7%）	106（5.8%）	1,553（84.9%）	89（4.9%）
28	1,838	47（2.6%）	43（2.3%）	102（5.5%）	1,565（85.1%）	81（4.4%）
29	1,856	57（3.1%）	42（2.3%）	94（5.1%）	1,574（84.8%）	89（4.8%）
30	1,841	43（2.3%）	47（2.6%）	111（6.0%）	1,575（85.6%）	65（3.5%）
令和元	1,760	43（2.4%）	20（1.1%）	103（5.9%）	1,522（86.5%）	72（4.1%）
2	1,799	38（2.1%）	23（1.3%）	112（6.2%）	1,530（85.0%）	96（5.3%）
3	1,744	37（2.1%）	26（1.5%）	84（4.9%）	1,472（84.4%）	125（7.2%）
4	1,684	47（2.8%）	25（1.5%）	85（5.1%）	1,418（84.2%）	109（6.5%）

（文部科学省「特別支援教育資料（平成25年度〜令和4年度」より作成）

③　指導上の配慮事項

主体的な社会参加と個の自立を目指した進路の指導は、小学部・中学部から系統的に行うことが大切です。特に高等部における教育では、体験的な学習を通じて生徒自身が卒業後の生活についての具体的な見通しと意欲を育む機会を設けることが重要です。また、進路先と協働して積極的で円滑な移行の支援を行うことが必要です。

（2）職業教育

特別支援学校（肢体不自由）においても、自己の進路や職業についての理解を深め、将来の進路を主体的に選択決定できる能力の育成に主眼を置くことが大切です。職業に関する必要な内容を各教科・科目の中で取り扱うことや、学校設定教科に関する科目として「産業社会と人間」などを設け、指導を行っていくことができます。特に、現場実習など就業体験は、生徒自身が学校生活から社会生活への移行を図る上で重要で実質的な体験的学習の機会となります。就業体験プログラムの開発・実施に当たっては、企業等と十分な意見交換や調整を行い、目的を共通に認識することが重要です。

5　自立活動の指導

（1）肢体不自由のある子供の自立活動

①　現状と問題点

特別支援学校（肢体不自由）においては、幼児児童生徒の障害の重度・重複化、多様化の傾向が顕著で、医療的なケアを必要とする幼児児童生徒も増えてきています。文部科学省特別支援教育資料によると、2022（令和4）年5月1日現在の特別支援学校（肢体不自由）（小･中学部）では、49.9%の児童生徒が重複障害学級に在籍しています。肢体不自由者である幼児児童生徒に対する教育を行う特別支援学校では、このような実態に対応するために、これまで以上に自立活動の指導の充実が求められています。

ここでは、自立活動の指導の課題について、次の四つの観点から検討していきます。

ア　「個別の指導計画」の充実と活用

学習指導要領においては、自立活動の指導に当たって個別の指導計画を作成することが明示されています。自立活動の指導は、一人一人の障害の状態等に応じて行うものです。また、指導に当たっては、幼児児童生徒の経験や興味・関心などを考慮する必要があります。したがって、自立活動の指導を行う際には、一人一人の障害の状態や発達段階等を的確に把握し、適切な指導目標や指導内容を設定するなどして個別の指導計画を作成することが大切です。

自立活動は、学校の教育活動全体を通じて指導するものですから、自立活動の個別の指導計画には、自立活動の時間の指導を含む学校の教育活動全体を通じた各教科や特別活動等の指導を盛り込む必要があります。その上で、自立活動の時間の指導計画を詳しく立てるとともに、各教科等の指導計画に自立活動の内容を盛り込んでいくことが求められます。また、個別の指導計画は作成が目的ではなく、授業の計画、実施、評価、改善につなげ、指導に生かすことが大切です。

イ　自立に向けた主体的な取組を促す指導

障害のある幼児児童生徒が自己のもつ能力や可能性を最大限に伸ばし、自立し社会参加するための基盤となる「生きる力」を培うためには、一人一人の障害の状態等に応じたきめ細かな指導を一層充実することが重要です。障害による学習上又は生活上の困難を改善・克服する教育活動である自立活動は、ますます重視されてきているといえます。これまで自立に関しては「経済的自立」「社会的自立」などと使われてきましたが、現在では障害者の「自立」概念が従前より広い意味で用いられることが多くなってきました。

この「自立」という用語は、「特別支援学校学習指導要領解説自立活動編」（以下、「解説書」）において、幼児児童生徒が「それぞれの障害の状態や発達の段階等に応じて、主体的に自己の力を可能な限り発揮し、よりよく生きていこうとすることを意味している」と定義されています。すなわち、一人一人の幼児児童生徒における自立とは、「よりよく生きていこうとする」状態を指します。障害のある幼児児童生徒の適切な指導や必要な支援を考える上で、個人因子と環境因子の両側面から検討が必要であることはいうまでもなく、障害がどれほど重度であっても可能な限り幼児児童生徒の「主体的な取組」を促すべきであり、またそれを本人にとって意義のある活動にしていくことが大切です。自立に向けた教育活動は「自己の力を可能な限り発揮し、よりよく生きていこうとする」取組を促進し拡大することです。このような教育活動を通して、個々の幼児児童生徒の「自立と社会参加」が実現されます。

「主体的な取組」について、解説書では「児童生徒が自分のなすべきことを意識し、努力の結果、課題が達成できたという成就感を味わうことができるようにすることが必要である」と記されています。障害のある幼児児童生徒が、課題に対しそれを自分の課題としてとらえ、解決に向かう具体的な方法を理解し、その結果ある程度見通しをもち、それを継続することによって課題を達成します。このような主体的な活動を展開するためには、保護者を含む関係者との協力を図りながら学習への動機付けを高め、教材・教具の工夫を重ねて的確な指導を展開し、適切な評価を実施することが大切です。

ウ　指導に生かす評価の工夫

一般に、評価には、診断的評価（指導前）、形成的評価（指導中）、総括的評価（指導後）があります。評価は、適切な指導と必要な支援を展開する上で重要な活動です。すべての教育活動において、個々の幼児児童生徒等の実態把握が出発点となります。自立活動の指導に当たっては、この的確な実態把握に基づいて個別の指導計画が作成される必要があります。

評価は、個別の指導計画を作成する段階で、評価の視点や判断の基準が検討され、指導後には他の教員や保護者等の意見も交えながら適切に実施できるよう工夫することが大切です。「評価と指導」は、切り離すことのできない関係にあり、「指導に生かす評価」「評価に基づく指導」が求められています。

エ　指導体制の見直しと専門性の向上

自立活動の時間における指導は、専門的な知識や技能を有する教師を中心として、全教師の協力の下に効果的に行われるようにすることが求められています。

ここでいう専門的な知識や技能を有する教師とは、特別支援学校の教員の免許状や自立活動を担当する教員の免許状を所有する者をはじめとして、様々な現職研修や自己研修等によって専門性を高め、校内で自立活動の指導的役割を果たしている教師も含んでいます。自立活動の時間における指導は、幼児児童生徒の障害の状態によってはかなり専門的な知識・技能を必要としているので、自立活動の指導において中心となる教師は、学校における自立活動の指導の全体計画の作成に際し、担任や専科の教師、養護教諭を含めた全教師の要としての役割を果たすことが期待されています。

また、自立活動の指導に当たっては、関係する諸機関との連携や情報の収集・提供などに努め、医療等の専門家との連携、医師等の助言を効果的に学校の指導に生かすことが必要です。例えば、「自立活動部」を設けるなど、学校として自立活動を担当する教師の専門性を確保する体制づくりを行うなどがあります。

②　自立活動における主な指導内容

自立活動の内容は、人間としての基本的な行動を遂行するために必要な要素と、障害による学習上又は生活上の困難を改善・克服するために必要な要素を、六つの区分と27の項目に分類・整理したものです。したがって、指導に当たっては、六つの区分と27の項目の内容の中から、個々の幼児児童生徒に必要とする項目を選定し、それらを相互に関連付けて具体的に指導内容を設定する必要があります。特別支援学校学習指導要領においては、障害による学習上又は生活上の困難を改善・克服するために、できるだけ早期から学校を卒業するまで一貫した教育が重要であることから、幼稚部、小学部、中学部及び高等部の自立活動の内容を同一の示し方としています。

ここでは、自立活動の内容を、六つの区分と27の項目のうち肢体不自由のある子供の指導に関連する区分・項目について例示します。また、例示した内容のみが指導の対象となるものではなく、他の項目と関連して実際の指導内容を設定することに留意する必要があります。

ア　健康の保持

・生命を維持し、日常生活を行うために必要な身体の健康状態の維持・改善を図る。

・体温の調節、覚醒と睡眠など健康状態の維持・改善に必要な生活のリズムの安定を図る。

・食事や排泄などの生活習慣の形成、衣服の調節、室温・換気、感染予防のための清潔の保持など健康な生活環境を形成する。

・二分脊椎の幼児児童生徒の場合は、尿路感染の予防のため排泄指導、清潔の保持、定期的検尿等に十分留意した指導をする。

・進行性疾患のある場合は、絶えず自分の体調や病気の状態に注意するとともに、これらについて正しく理解し、身体機能の低下を予防するような生活の自己管理に配慮した指導をする。

・下肢切断によって義肢を装着している場合は、断端の清潔保持等、当該部位に関して自ら適切な養生を施したり、義肢を適切に管理したりする。さらに、床ずれ等のある場合には体位の変換を行って患部への圧迫が長く続かないようにしたり、床ずれが生じやすい部位の皮膚を清潔に保ったりする。

・乾布摩擦や軽運動、自然の諸要素（空気、水、太陽光線等）を利用した身体の皮膚や粘膜の鍛錬、血行の促進、呼吸機能の向上、体温の調節などを行い、健康状態を維持・改善する。

イ　心理的な安定

・障害が重度で重複している幼児児童生徒の中で、情緒が安定しているかどうかを把握することが困難な場合は、安定した健康状態を基盤にして「快」の感情を呼び起こし、その状態を継続できるようにするための適切な関わり方を工夫する。

・移動が困難な場合は、手段を工夫し実際に自分の力で移動ができるようになるなど、障害に伴う不自由を自ら改善し得たという成就感がもてるような指導をする。

・障害の状態が重度のため、心理的な安定を図ることが困難な場合には、寝返りや腕の上げ下げなど、不自由な運動・動作をできるだけ自分で制御するような指導をして、自己を確立し、障害による学習上又は生活上の困難を改善・克服する意欲を育てる。

ウ　人間関係の形成

・人に対する認識がまだ十分に育っておらず、他者からの働きかけに反応が乏しい重度の障害がある場合は、抱いて揺さぶるなど幼児児童生徒が好む関わりを繰り返し行って、関わる者の存在に気付くように指導する。

・経験が乏しいことから自分の能力を十分理解できていない場合には、自分でできること、補助的な手段を活用すればできること、他の人に依頼して手伝ってもらうことなどについて、実際の体験を通して理解を促す指導をする。

エ　環境の把握

・視覚、聴覚、触覚と併せて、姿勢の変化や筋、関節の動きなどを感じ取る感覚なども十分に活用できるようにする。

・感覚の過敏さや認知の偏りなど個々の特性に適切に対応できるようにする。
・位置関係の認知が困難で、文字や図形を正しく書くことができない場合には、一つの文字や図形を取り出して輪郭を強調して見やすくしたり、文字の部首や図形の特徴を話し言葉で説明したりすることなどで効果的に学習する。
・感覚を有効に活用し、空間や時間などの概念を手がかりとして、周囲の状況を把握したり、環境と自己との関係を理解したりして、的確に判断し行動する。
・概念を形成する基礎である上下、左右、前後、高低、遠近等の空間に関する構造化を妨げられることがあるため、身体の動き、特に姿勢と対象の位置の関係を重視し、空間の構造化を図り、認知や行動の手がかりとなる概念が構成されるよう指導する。

オ　身体の動き

・日常生活に必要な動作の基本となる姿勢保持や上肢・下肢の運動・動作の改善及び習得、関節の拘縮や変形の予防、筋力の維持・強化を図ることなどの基本的技能に関することを身に付ける。
・全身又は身体各部位の筋緊張が強すぎる場合は、その緊張を弛めたり、弱すぎる場合には適度な緊張状態をつくりだしたりできるよう指導する。
・補助的手段の活用においては、各種の補助用具の工夫とその使用法の習得も指導する。
・表現活動を豊かにするために、コンピュータの入力動作を助けるための補助用具等の活用を指導する。
・食事、排泄、衣服の着脱、洗面、入浴などの身辺処理及び書字、描画等の学習のための動作などの基本動作を身に付けることができるようにする。
・自力での身体移動や歩行、歩行器や車いすによる移動など、日常生活に必要な移動能力の向上を図る。
・作業に必要な基本動作を習得し、その巧緻性や持続性の向上を図るとともに、作業を円滑に遂行する能力を高める。
・身体の動きの面で、関係する教科等の学習との関連を図り、作業における基本動作の習得や巧緻性、敏捷性の向上を図るとともに、目と手の協応動作における作業の姿勢や持続について、自己調整できるよう指導する。

カ　コミュニケーション

・幼児児童生徒の障害の種類や程度、興味・関心等に応じて、表情や身振り、各種の機器などを用いて意思のやりとりが行えるようにするなど、コミュニケーションに必要な基礎的な能力を身に付ける。
・幼児児童生徒の障害の状態や発達段階等に応じて、話し言葉以外にも様々なコミュニケーション手段を選択・活用し、それぞれの実態に応じて、周りの人々との円滑なコミュニケーションができるようにする。
・発音・発語に困難があり、文字の習得が十分でない場合には、具体物や写真、絵カード、簡単な記号などを利用してコミュニケーションを図り、文字や語彙の習得を促す。
・話し言葉や各種の文字・記号、機器等のコミュニケーション手段を適切に選択・活用し、コミュニケーションが円滑にできるようにする。
・場や相手の状況に応じて、主体的なコミュニケーションを展開できるようにする。
・日常生活における友人との会話、目上の人への対応、対話や会議、電話の応対などにおいて適切な言葉の使い方ができるようにしたり、コンピュータを活用してコミュニケーションができるようにしたりする。

③　指導時間と指導形態

ア　指導時間

小学部又は中学部、高等部の各学年の自立活動の時間に充てる授業時数は、児童生徒の障害の状態や特性及び心身の発達の段階等に応じて、適切に定めるものとされています（小・中学部学習指導要領第１章第３節第３の（2)、高等部学習指導要領第１章第２節第２款３)。自立活動の指導は、個々の児童生徒が自立を目指し、障害による学習上又は生活上の困難を主体的に改善・克服しようとする取組を促す教育活動であり、児童生徒の障害の状態や発達の段階等に即して指導を行うものです。したがって、自立活動の時間に充てる授業時数も、個々の児童生徒の障害の状態等に応じて適切に設定される必要があります。このため、自立活動に充てる授業時数については、一律に標準としては示さず、各学校が実態に応じた適切な指導を行うことが重要です。ただし、標準授業時数を示さないからといって自立活動の時間を確保しなくてもよいということではなく、個々の児童生徒の実態に応じて適切な授業時数を確保する必要があるということです。

イ　指導形態

自立活動の指導においては、個別の指導計画を作成することとなっています。自立活動の指導形態は、個別指導を基本としますが、幼児児童生徒の実態や指導内容等により、学校では様々な指導形態が工夫されています。

障害のある幼児児童生徒の状態や学校の実情に応じて、より効果的な指導を行う上で、多様な指導形態を検討する必要があります。

④　指導の評価

自立活動の評価は、診断的評価（実態把握）に始まり、形成的評価を行い、最終的に総括的評価を行って次の指導に引き継がれます。そのほかに指導における教師の関わり方の評価や授業そのものの評価もありますが、ここでは指導における幼児児童生徒の学習の評価を取り上げます。

診断的評価は、現在の障害の状態や発達の状況を正確に把握して、指導目標を設定するための評価です。指導を始めるに当たって、今何ができて、何ができないかを明らかとするものであり、指導計画を立てる基礎となります。例えば、肢体不自由のある幼児児童生徒が文字を書くことを評価する場合には、鉛筆をどのようにもつか、横や斜めの線は引けるか、平仮名のパターンは理解しているかなどを評価していきます。このような評価を通して、文字を書くことに取り組む際に、少しの援助があれば可能なことは何かを明らかにして指導目標を設定していくことになります。この場合には「できない」だけの情報では課題設定は困難であり、「ここまではできるが、ここになると難しい。これくらい援助すると一人では難しいこともできる」という情報が大切になります。

形成的評価は、指導の中で幼児児童生徒の学習過程を評価するものです。「それでいいよ」という学習状況について、幼児児童生徒へのフィードバックも含まれます。日々の授業の中で行っていることを記録して教師間で共有することが大切になります。授業中の幼児児童生徒の姿勢や動き、行動記述や幼児児童生徒の作品等が手がかりとなります。個別の目標や授業でのねらいが曖昧だとこの形成的評価が難しくなります。この形成的評価のまとめが総括的評価につながります。

総括的評価とは、その指導を学期や学年ごとに総括的に評価して、当初の目標がどの程度達成できたかを判断するものです。計画を立てる段階から評価のための規準と判断基準を明確にしておくことが重要になります。姿勢や動きを評価する際にはビデオ記録や写真記録が手がかりになります。また、書字や描画などの作品など、さらには標準化された検査を活用するなど、より客観的な方法をとることが求められます。

自立活動においては、個別の指導計画を基にその総括的な評価が行われます。その意味で、指導前の状態と比較してどの程度進歩したかの評価となります。これは個人内評価であり、可能であれば発達などの外的な基準との関連付けを行ったり、複数の教師で共通に確認したりする必要があります。これにより、教師の主観的な評価になることを避けることができます。

（2）個別の指導計画の作成と展開

個別の指導計画は、自立活動の指導や重複障害のある幼児児童生徒の指導に加えて、各教科等にわたり作成することが学習指導要領に示されています。自立活動の個別の指導計画については、それぞれの学校において書式等を工夫して作成することが求められます。解説書に、個々の幼児児童生徒の実態把握から指導目標（ねらい）を設定したり、具体的な指導内容を設定したりするまでの過程において、どのような観点で整理していくか、その考え方について説明されています（第１章参照）。

ア　自立活動の指導目標の設定

実態把握に基づき、指導すべき課題を明確にします。その上で、長期目標及び短期目標を設定します。肢体不自由のある幼児児童生徒の場合には、身体の動きが困難であることから、教科等の学習を進めていく上で必要となる身体の動きやコミュニケーションに関する指導目標が設定されることが多いです。例えば、「安定して座位を保持する」「独歩で10メートル移動する」「肩や首、上肢に緊張を入れずに発声する」「文字盤を使って家庭での様子を報告する」などです。この指導目標の設定において、可能な限り幼児児童生徒や保護者の意見を記入します。

イ　指導内容と方法の設定

自立活動の指導目標を設定した後、それを実現するために必要な学習内容を整理し、どのような方法で指導するかを検討します。その際に指導上で留意すべき点を明確にします。合わせて達成状況を評価する規準を設定します。

例えば、「安定して座位を保持する」ことを目標とした場合、「上体のまっすぐな位置が分かる」「腰を起こして、腰が崩れないようにする」「背中を曲げずに、伸ばす」などの学習内容が挙げられます。これらの内容を具体的に幼児児童生徒にどう指導するか、その際の留意点を挙げます。

例えば、「安定して座位を保持する」ことを目標とした場合には、身体の動きの内容に加えて、「垂直が分かる」等の「環境の把握」の内容や、「指示を受けとめ、それに応じる」等の「コミュニケーション」の内容と密接に関わっています。六つの区分の内容から必要な項目を選定し、それらを相互に関連付けて、指導内容を設定することが求められます。そして、それぞれの指導内容について、具体的な指導の手立てを記述します。

ウ　学校の教育活動全体を通じて行う自立活動の指導

自立活動の時間における指導の指導目標、指導内容等を設定したら、その指導目標を実現するために、学校の教育活動全体でどのような指導が必要かを検討します。そして、指導を行う時間帯や具体的な手立てを設定し、指導の実際について明確にします。この教育活動全体で行う指導が充実することで、自立活動の時間における指導の成果がより確かなものになります。

例えば､「安定して座位を保持する」ことについては､座位の姿勢をとる時間を確認します。朝の会や教科等の学習の時間、本人に負担にならない範囲で姿勢が崩れないように手立てを工夫し、本人が姿勢を意識するような取組を行います。

エ　評価と次の計画検討、教育課程の検討

全体の個別の指導計画、自立活動の個別の指導計画について、学期の評価、計画の見直しを繰り返し、年間の評価及び次年度の計画を検討します。自立活動の指導の評価は、個別に設定した目標に照らして、それがどれだけ達成できたかを評価することになります。設定された目標があいまいであると、この評価が難しくなります。その意味で目標設定の段階で評価の規準を検討しておくことが重要です。また、これらの評価を基に各領域・教科等の構造の見直しを行い、教育課程の在り方について検討します。

(3) 医師等の専門家との連携

自立活動の指導計画の作成や実際の指導に当たっては、専門の医師及びその他の専門家との連携協力を図り、適切な指導ができるようにする必要があります。連携協力が必要となるのは専門の医師、理学療法士（PT：Physical Therapist)、作業療法士（OT：Occupational Therapist)、言語聴覚士（ST:Speech-Language-Hearing Therapist)、心理学の専門家など、必要に応じて指導・助言を求めたり、連絡を密にしたりすることが大切です。

特に、特別支援学校（肢体不自由）では、何らかの医療的対応が必要な児童生徒が多く、股関節脱臼やてんかん発作などにどのように対応していくのか明確にしておく必要があります。

さらに、医療施設や病院に隣接・併設している場合には、学校での自立活動の指導に加えて、医療スタッフによる理学療法等を受けている場合があります。医療施設や病院では、治療や訓練の方針の確認と経過報告を目的に事例会議を実施しています。このような事例会議に教師も参加し、学校での幼児児童生徒の指導目標や行動について情報提供し、施設や病院での方針や幼児児童生徒の様子について情報を得ることは、自立活動を効果的に進めていく上で欠かすことのできないものです。

また、医療施設や病院に隣接・併設していない特別支援学校（肢体不自由）の場合でも、幼児児童生徒が授業終了後に医療機関で理学療法等を受けていることも少なくありません。その際には、保護者にそこでの様子を教えてもらったり、可能であれば教師がその医療機関に見学に行くなどしたりして情報交換を行うことが求められます。

基本的な事柄として、理学療法士とは、姿勢や動作の分析などから、寝返り、起き上がり、立つことや歩くなどといった基本動作の獲得を目指した運動療法や日常生活に必要な動作の練習、呼吸状態の改善などを促す専門職です。作業療法士とは、発達の状態に応じた作業活動や遊びを通して、社会生活技能や手指等の諸機能の発達を促す専門職です。また、言語聴覚士とは、言語や聴覚、音声、認知、発達、摂食・嚥下に関わる障害に対して、検査と評価を行い、必要な支援を行う専門職です。

６　情報機器等の活用

（1）情報機器・支援機器の整備

肢体不自由教育における各教科の指導上の配慮事項として小学部の場合、特別支援学校小学部・中学部学習指導要領第２章第１節に「児童の身体の動きや意思の表出の状態等に応じて、適切な補助具や補助的手段を工夫するとともに、コンピュータ等の情報機器などを有効に活用し、指導の効果を高めるようにすること」と示されています（中学部及び高等部にも同事項あり）。学習指導要領に「補助具や補助的手段の使用が，合理的配慮として認められる場合は，そのことを個別の教育支援計画や個別の指導計画に明記するなどして，適切な学習環境を保障することが求められる」とあるように合理的配慮としての重要性も高まってきています。肢体不自由のある児童生徒の教育において、今までも、そしてこれからも、情報機器は有効なツールであると言えます。

情報機器の整備については、GIGA スクール構想による１人１台端末が整備され、合わせて障害のある児童生徒が効果的に活用できるよう、入出力支援装置の整備も行うことで、肢体不自由のある児童生徒も当たり前に情報機器を活用できるような環境が整えられてきました。情報機器活用を補助するための入出力支援装置としては、画面上に表示されるスクリーンキーボード等の文字入力を支援する機器、ジョイスティック型やボタン型のマウス等のマウス操作を支援する機器、機能の一部をスイッチ操作で支援する機器、これらの機器を利用しやすい位置に固定する機器などが挙げられます。

（2）情報機器・支援機器の活用

数多くの情報機器や支援機器の中でも近年活用が広まっているのが視線入力装置です。眼球の動きを検出する機器と専用のソフトを活用することによって、文字入力、マウス操作等、コンピュータ上の一般的な操作が視線で代替できるほか、専用のアプリケーションを活用することでより幅広い学習が可能となります。スライド等の教材を活用した教科等の学習から文字や絵をかくなどの表現活動、専用の機器を介して電動機器を動かして学習に取り組む事例も見られます。自立活動での指導としてはコミュニケーション指導や認知学習の方法として活用されています。

また、遠隔会議システムやテレプレゼンスロボットに代表されるオンラインツールにも関心が集まっています。他の学校との交流授業や社会見学、外部人材による授業など学校外とのやり取りの他に、各教室をつないでの合同授業や学校行事、訪問教育における活用など学校内での活動まで、移動の制限による学習や経験の機会を保障するために多岐にわたる活用が行われています。加えて、遠距離にいる相手と相互的なコミュニケーションを図ることができるカメラやマイク、スピーカーが内蔵されているテレプレゼンスロボットを活用した取組も進められています。テレプレゼンスロボットを操作することでより臨場感をもって活動や場面を共有することが可能となるため、授業への参加の他、学校行事や作業学習などにも活用されています。このように移動と活動の困難さを直接的に解決できる技術の出現は肢体不自由のある児童生徒にとって、その学習と生活の改善に大きな影響を与えると考えられ、教育活動へのさらなる導入が望まれます。

（3）情報機器・支援機器の活用での配慮点

一方で、このような技術や機器が肢体不自由のある児童生徒の困難さをすべて解決してくれるわけではないこともまた自明です。振り返ってみると肢体不自由教育と教材や機器等との関係は、その障害特性である、動きの補助または代替という点からも、その始まりを共にしていると言っても過言ではありません。歴史を振り返ると、その時々の最新技術や機器を活用することイコール最善の支援のように考えられ、その技術や機器の活用が流行することがこれまでも多々あったと考えられます。しかし、当たり前のことながら、教材や支援機器等は、児童生徒の実態に応じて検討することが最も大事です。

肢体不自由のある児童生徒の実態への配慮として児童生徒の姿勢の保持も必要です。機器を操作するスイッチの位置や操作に使う身体部位の調整が重要になります。特別支援学校学習指導要領（小学部・中学部は各教科等編、高等部は総則等編）においても、肢体不自由のある児童生徒が効果的に学習をするためには，疲労しにくい姿勢や身体の操作等がしやすい姿勢が重要であり、児童生徒の意見を聞きながら、いすや机の位置及び高さなどを調整することが必要であるとされています。例えば情報機器やスイッチなどの支援機器を操作するときに、その姿勢に無理があり、過剰な筋緊張や身体の変形を招くようなことにならないようにする必要があります。また、長期間の使用では、児童生徒の身体の状況が変化することがあります。身体が成長し、拘縮や緊張の度合いが変化することで身体への負担が増える可能性があります。継続的に児童生徒の様子を観察し続けるとともに、自立活動と関係付けた指導、専門的な知識や技能を有する教師間の協力や外部専門家との協働と合わせて本人の意思や保護者等の意見も尊重していくことも大切になります。

今後も、情報機器の機能は発達し続けると思われます。そして肢体不自由のある児童生徒がより簡易に、安全に活用できる機器は増えることが考えられます。しかし、そもそも肢体不自由のある児童生徒の課題として、実体験や直接的に人や物と関わることの経験が少ないことが挙げられています。技術や機器の機能が発達しても、モニタ内に完結した擬似的な体験や相手との関わり合いが実感できないコミュニケーションが増えるだけでは、情報機器活用の意義は薄いのではないかと思います。技術や機器を活用し、自ら発信することで他者からの関わりが増えたり、人や物とのコミュニケーションが多様になったりすることが本来の目的なのです。そのためには、個別の指導計画にしっかりと位置付け、児童生徒の興味・関心を基盤にして活動内容を検討し、長期的な視点で情報機器の活用を進めていくことが求められています。

引用・参考文献

・安藤隆男編著．新たな時代における自立活動の創成と展開－個別の指導計画システムの構築を通して．教育出版，2021.
・古川勝也・一木薫編著．自立活動の理念と実践－実態把握から指導目標・内容の設定に至るプロセス－．ジアース教育新社，2016.
・川間健之介・長沼俊夫．新訂肢体不自由児の教育．放送大学教育振興会，2020.
・国立特別支援教育総合研究所.「肢体不自由のある子どもの教育における教員の専門性向上に関する研究－特別支援学校（肢体不自由）の専門性向上に向けたモデルの提案－」研究成果報告書．2010.
・国立特別支援教育総合研究所.「肢体不自由のある児童生徒に対する言語活動を中心とした表現する力を育む指導に関する研究－教科学習の充実をめざして－」研究成果報告書．2012.
・国立特別支援教育総合研究所.「特別支援学校（肢体不自由）のAT・ICT活用の促進に関する研究－小・中学校等への支援を目指して－」研究成果報告書．2014.
・国立特別支援教育総合研究所.「ICT等を活用した障害のある児童生徒の指導・支援に関する研究」研究成果報告書．2023.
・国立特別支援教育総合研究所.「肢体不自由児の障害特性を踏まえたICT活用事例集～教科指導及び自立活動の指導における指導方法や教材・教具の工夫～」．2023.
・文部科学省．特別支援学校幼稚部教育要領　小学部・中学部学習指導要領．2017.
・文部科学省．特別支援学校学習指導要領解説総則等編（幼稚部・小学部・中学部）．2018.
・文部科学省．特別支援学校学習指導要領解説各教科等編（小学部・中学部）．2018.
・文部科学省．特別支援学校学習指導要領解説自立活動編（幼稚部・小学部・中学部）．2018.
・文部科学省．特別支援学校高等部学習指導要領．2019.
・文部科学省．特別支援学校学習指導要領解説総則等編（高等部）．2019
・文部科学省．教育の情報化に関する手引 - 追補版 -．2020.
https://www.mext.go.jp/ a_menu/shotou/zyouhou/detail/mext_00117.html（アクセス日 2024/11/1）
・文部科学省．令和2年度補正予算概要説明 GIGAスクール構想の実現 .2020.
https://www.mext.go.jp/content/20200509-mxt_jogai01-000003278_602.pdf（アクセス日 2024/11/1）
・文部科学省．特別支援教育におけるICTの活用について．2020.
https://www.mext. go.jp/content/20200911-mxt_jogai01-000009772_18.pdf（アクセス日 2024年11月1日）
・文部科学省初等中等教育局特別支援教育課．障害のある子供の教育支援の手引（令和3年）．2021.
https://www.mext.go.jp/a_menu/shotou/tokubetu/material/1340250_00001.htm（アクセス日 2024年11月1日）
・文部科学省初等中等教育局特別支援教育課．特別支援教育資料（令和4年度）．2024.
https://www.mext.go.jp/a_menu/shotou/tokubetu/material/1406456_00011.htm（アクセス日 2024年11月1日）
・全国心身障害児福祉財団．肢体不自由教育ハンドブック．2010.
・全国特別支援学校肢体不自由教育校長会．児童生徒病因別調査（令和5年度）．2024.
・全国特別支援学校肢体不自由教育校長会編著．肢体不自由教育実践 授業力向上シリーズ No.12「『肢体不自由』のある児童生徒のための授業」を究める．ジアース教育新社，2024.

Column コラム 障害者に対する福祉サービス

障害の種類や程度によって、以下に示す手帳が交付され、様々な行政サービスや手当、公共サービス等を受けることができます（自治体等によって福祉サービスが異なる場合がありますので、詳細は、在住する自治体の保健福祉担当窓口にお問合せください）。

1　身体障害者手帳

身体障害者福祉法に定める身体上の障害がある者に対して、都道府県知事、指定都市市長又は中核市市長が交付するものであり、交付を受けると、様々な福祉サービス等を受けることができます。

身体障害者福祉法別表に規定されている障害の種類及び程度を有する者が対象となります。身体障害者の認定基準（平成 15 年1月 10 日付　障発第 011001 号「身体障害者障害程度等級表の解説（身体障害認定基準）について」）によると、乳幼児に係る障害認定については、障害の程度を判定することが可能となる年齢（概ね満3歳）以降に行うこととされており、判定に当たっては、その年齢を考慮し妥当と思われる等級を認定し障害者手帳を交付した後に、適当な時期に診査等によって再認定を行うこととされました。

2　療育手帳

知的障害児（者）に対するより一層の福祉の充実を図るため、知的障害児（者）に対する各種の援助措置を受けやすくなるよう、都道府県知事又は指定都市の市長が交付するものであり、交付を受けると、様々な福祉サービス等を受けることができます。原則として2年ごとに児童相談所又は知的障害者更生相談所において判定を行い更新されます。

児童相談所又は知的障害者更生相談所において知的障害であると判定された者を対象としています。また、国が定めた療育手帳制度要綱には、療育手帳への記載事項として、重度とその他の別を記載することが規定されています。

3　精神障害者保健福祉手帳

精神障害者の自立と社会参加の促進のため、一定程度の精神障害の状態にあることを認定するものであり、交付を受けると、様々な福祉サービス等を受けることができます。

何らかの精神疾患（てんかんや発達障害等を含む）により、長期にわたり日常生活又は社会生活への制約がある者を対象にしています。対象となるのは、すべての精神疾患であり、統合失調症・うつ病、そううつ病などの気分障害・てんかん・薬物やアルコールによる急性中毒又はその依存症・高次脳機能障害・発達障害（自閉症、学習障害、注意欠陥多動性障害等）・その他の精神疾患（ストレス関連障害等）が含まれます。手帳交付には、その精神疾患による初診から6ヶ月以上が経過していることが必要になります。

引用・参考文献

身体障害者障害程度等級表（身体障害者福祉法施行規則別表第5号）
平成7年9月12日付　健医発第 1133 号「精神障害者保健福祉手帳の障害等級の判定基準について」

5 病弱・身体虚弱

1　病弱・身体虚弱の基礎知識と実態把握

(1) 病弱・身体虚弱の基礎知識

①　病弱・身体虚弱の用語について

「病弱」という言葉は、医学的な用語ではなく、病気によって体力が弱まっている状態を表します。一般的に「病弱」とは、病気が長期間続いている、もしくは長期にわたる見込みがあり、その間に医療や生活の制限が必要な場合を指します。ただし、たとえ病状が重くても、一時的な急性の病気は含まれません。ここでいう「生活の制限」とは、健康の維持や回復を目的として、運動や日常の活動（歩行、入浴、読書、学習など）、または食事の内容や量について、病状や健康状態に応じて配慮することを意味します。

「身体虚弱」という言葉も医学的な用語ではなく、「体が弱い」ことを示す表現です。この概念は広く解釈され、先天的または後天的な原因で身体の機能に異常がある場合や、病気に対する抵抗力が低下している場合を含みます。これらの状態が長期にわたると、健康な人と同じ教育を行う際に、何らかの配慮が必要になることがあります。

②　病弱教育の対象となる病気

学校教育法施行令第22条の3では、病弱者の障害の程度が定められています。その中で規定されている「その他の疾患」について、「障害のある子供の教育支援の手引～子供たち一人一人の教育的ニーズを踏まえた学びの充実に向けて～」（文部科学省, 2021）（以下、「教育支援の手引」とする）では、次のように説明されています。「例えば、糖尿病などの内分泌疾患、再生不良性貧血、重症のアトピー性皮膚炎などのアレルギー疾患、心身症、うつ病や適応障害などの精神疾患、高次脳機能障害など」です。これらの慢性疾患や精神疾患、心身症などが「その他の疾患」に該当します。また、この資料には、病弱教育の対象となる疾患の症状や、教育上の配慮についても記載されており、基礎的な情報を理解しておくことが重要です。

「教育支援の手引」で示されている代表的な疾患は以下の通りです。これらはあくまで例示であり、他の疾患も病弱教育の対象となる可能性があります。

① 悪性新生物（白血病、神経芽細胞腫）
② 腎臓病（急性糸球体腎炎、慢性糸球体腎炎、ネフローゼ症候群）
③ 気管支喘息（ぜんそく）
④ 心臓病（心室中隔欠損、心房中隔欠損、心筋症、川崎病）
⑤ 糖尿病（1型糖尿病、2型糖尿病）

⑥ 血友病
⑦ アレルギー疾患（アトピー性皮膚炎、食物アレルギー）
⑧ てんかん（緊急対応を要する発作、危険を排除しながら見守るのが中心の発作）
⑨ 筋ジストロフィー
⑩ 整形外科的疾患（二分脊椎症、骨形成不全症、ペルテス病、脊柱側弯症）
⑪ 肥満（症）
⑫ 心身症（反復性腹痛、頭痛、摂食障害）
⑬ うつ病などの精神疾患（幻覚・妄想、希死念慮・自傷行為）
⑭ 重症心身障害
⑮ その他（色素性乾皮症（XP）、ムコ多糖症、もやもや病、高次脳機能障害、脳原性疾患など）

③　慢性疾患について

慢性疾患は、生涯にわたって病気とともに生活する必要がある病気です。しかし、その中には成長とともに改善したり、治癒したりするものもあります。以前は長期間の入院が必要な病気も多くありましたが、近年の医療の進歩により、比較的短期間の入院で済むケースが増えてきました。それでも、入退院を繰り返したり、定期的な外来治療を受けたりするなど、継続的な医療が必要な状況は変わりません。治療法が確立している病気も増えていますが、疾患の原因や治療法が不明な「難病」と呼ばれる病気も依然として多く存在します。

厚生労働省は、「小児慢性特定疾病」として特定の子供の慢性疾患に対する医療費助成制度を講じています。対象となる疾患群は以下の通りで、2024（令和６）年12月時点で、16の疾患群にわたる788の疾病が含まれています。

① 悪性新生物　② 慢性腎疾患　③ 慢性呼吸器疾患　④ 慢性心疾患
⑤ 内分泌疾患　⑥ 膠原病　⑦ 糖尿病　⑧ 先天性代謝異常
⑨ 血液疾患　⑩ 免疫疾患　⑪ 神経・筋疾患　⑫ 慢性消化器疾患
⑬ 染色体または遺伝子に変化を伴う症候群　⑭ 皮膚疾患
⑮ 骨系統疾患　⑯ 脈管系疾患

④　精神疾患及び心身症について

精神疾患及び心身症は、「教育支援の手引」で示されている代表的な疾患の⑫心身症、⑬うつ病などの精神疾患に該当します。このような病気を抱える児童生徒は、医学的な診断を「受けている」か「受けていない」かにかかわらず、適応面や行動面で困難を抱えていることがあります。そのため、教室で他の児童生徒と一緒に学ぶことが難しかったり、不登校になったりするケースも多く見られます。中には、学校や家庭で暴言を吐いたり、暴力を振るったりする児童生徒もいます。また、精神疾患や心身症を持つ児童生徒の中には、発達障害を抱える子供もおり、対人関係などで強いストレスを感じ、二次的な障害としてうつ病や適応障害の診断を受けることもあります。

（2）病弱・身体虚弱のある子供の実態把握

①　行動面及び心理の状態の把握

病弱・身体虚弱のある子供を理解する上で、子供の生活の様子、友人関係などについて実態を把握しておくことが重要です。この場合、心理状態や病気の症状についても併せて捉えることが大切です。具体的には、通院や入院、薬の影響、副作用による脱毛やムーンフェイスなどが心理面にマイナスの影響を及ぼし、劣等感を生じさせる場合があります。

村上（1993）は、**図Ⅱ－５－1**に示すように、運動器官や感覚器官などの身体器官はある程度保全されているものの、実行過程において病状の治療や管理に伴う自他からの規制が加わることで、行動が制限されることになると指摘しています。そのため、子供は身体器官がある程度保全されているにもかかわらず、やりたいことができないためにさまざまなストレスを感じることになります。人間は心と体の統一体としてバランスを保っているものであり、そのバランスを失うと身体症状が悪化することも少なくありません。

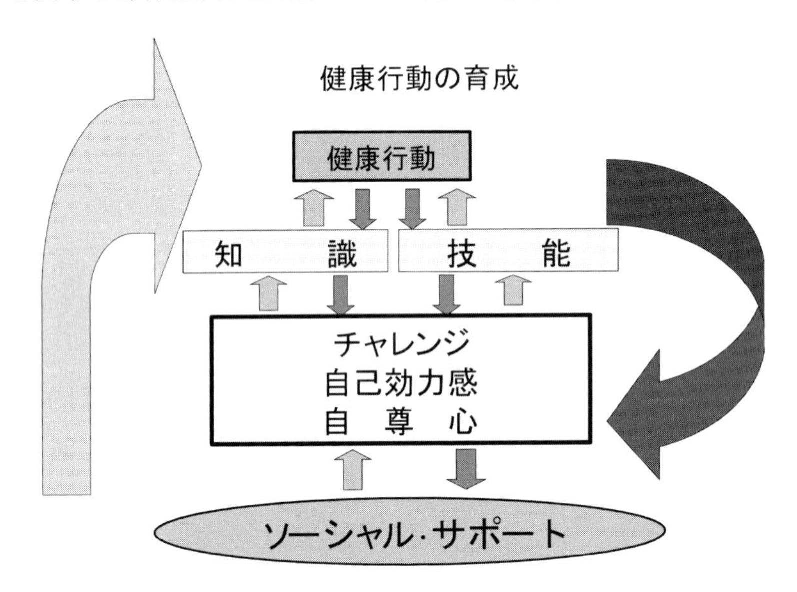

図Ⅱ－５－1　慢性疾患児の行動面及び心理の状態

（村上由則（1993）「慢性疾患の治療・管理と障害としての病弱」のFig.1を改変）

また、心理的不適応の状態にある子供の場合、意識と行動の間に著しいギャップが存在することが多いため、子供の意識と表出された行動の両面から実態を把握する必要があります。そのためには、日々の行動観察や面談、場合によっては検査などを通じて、その子供に関する情報を収集することが求められます。面談は、子供が自分自身や自分の病気についてどのように認知し、受容しているかを知るために有効な手段の一つとなります。

子供の心理社会的問題の特徴は、子供は心と体の発達の途上であるため、何らかのストレスに対して情緒面の問題のみ、行動面の問題のみではなく、子供を取り巻く日常生活の様々なところに徴候が現れることです。例えば、単にうつや不安といった気分のみではなく、食欲低下、不眠、学業不振、友達と遊ばない、あるいはトラブルを起こす、表情がかたい、ぼんやりとする、といった様々な徴候が現れることがあります。

②　発達過程と生活環境の把握

子供がどのような環境の中でどのように発達してきたのかなど、過去にさかのぼって発達的変化を把握することも大切です。そのためには、生育歴、病歴、療育歴、生活環境、発達歴などについて情報を得ることが大切です。その一つとして、家庭環境の把握も重要となります。

家庭環境に関しては、親子関係や兄弟姉妹との関係、養育環境など家族関係全体について把握することも重要です。保護者との面談や日常的な会話を通じて、保護者が子供の病気の状態をどのように捉えているか、家庭における子供の様子について理解することが大切です。

入院によって転校を伴う場合は、前籍校における教師や他の子供との人間関係、教科の好き嫌い、学習状況、特別活動での様子などの実態も把握することが大切です。

③　教育的ニーズの把握

病弱・身体虚弱のある子供の実態を把握する際は、教育現場における心理面や行動面だけでなく、社会性、学習面、適応面を含む幅広い教育的ニーズに基づいて行うことが重要です。慢性疾患のある子供の教育的ニーズについては、本研究所が発行した「病気の子どもの教育支援ガイド」(2017)（以下、「教育支援ガイド」とする）にて、**表Ⅱ－５－1**のように学習面、自己管理、対人面、心理面、連携の５つのカテゴリーと 14 項目に整理されています。例えば、学習面のカテゴリーには学習指導、前籍校（地元校)、経験、進路の４つの項目が含まれています。

また、精神疾患や心身症のある子供の教育的ニーズは、本研究所の「こころの病気のある子供の教育支援 Co-MaMe ガイド－適応面や心理面・行動面に困難のある子供への支援－」(2024)（以下、「Co-MaMe ガイド」とする）にて、**表Ⅱ－５－2**のように心理、社会性、学習、身体、学校生活、自己管理の６つのカテゴリーと 40 項目で示しています。例えば、心理のカテゴリーには不安・悩み、感情のコントロール、自己理解、気持ちの表現、自信などの９

表Ⅱ－５－1　慢性疾患のある子供の教育的ニーズ

カテゴリー		キーワード
学習面	1. 学習指導	学習空白や学習の遅れ、学習意欲、指導時間
	2. 前籍校	前籍校との連携、前籍校の友達とのつながり、復学後のケア
	3. 経験	経験の不足、語彙の不足
	4. 進路	進路の選択、将来の夢
自己管理	5. 自己理解・病気の理解	自己理解、病気の理解、治療の理解
	6. 自己管理	体調管理、基本的生活習慣
	7. ストレス	ストレスへの対処、入院中のストレス
対人面	8. 人間関係	集団活動への参加、人間関係の希薄さ、友達とのつながり
	9. コミュニケーション	コミュニケーションスキル、年齢・場に応じた行動・言動、自分が必要な支援を求める力
心理面	10. 自己肯定感・自己効力感	自己肯定感の低下、成功体験の不足、自信の獲得
	11. 心理的な安定	心理面へのケア、感情のコントロール
	12. 不安	学習面の不安、病気への不安、将来への不安
連携	13. 医療等との連携	医療等との連携
	14. 保護者との連携・支援	保護者との連携、保護者のストレス、福祉機関等の情報

（国立特別支援教育総合研究所（2017）「病気の子どもの教育支援ガイド」より）

表Ⅱ－５－２　精神疾患・心身症のある子供の教育的ニーズ

カテゴリー	項　目
A.心理	A1 不安・悩み、A2 感情のコントロール、A3 こだわり、A4 意欲・気力
	A5 自己理解、A6 気持ちの表現、A7 情緒の安定、A8 気分の変動、A9 自信
B.社会性	B1 集団活動、B2 社会のルールの理解、B3 コミュニケーションスキル
	B4 同年代との関係、B5 家族との関係、B6 教師との関係
	B7 異性との関係、B8 他者への信頼、B9 他者への相談、B10 他者理解
C.学習	C1 学習状況、C2 処理能力、C3 聞き取り・理解力、C4 読み・書き
	C5 記憶力、C6 注意・集中、C7 学習への意識、C8 経験
D.身体	D1 身体症状・体調、D2 巧緻性、D3 動作・体力、D4 多動性、D5 感覚過敏
E.学校生活	E1 見通し、E2 物の管理、E3 登校・入室への抵抗感
F.自己管理	F1 睡眠・生活リズム、F2 食事、F3 服薬、F4 病気の理解、F5 ストレスへの対処

（国立特別支援教育総合研究所（2024）「こころの病気のある子供の教育支援 Co-MaMe ガイド
—適応面や心理面・行動面に困難のある児童生徒への支援—」より）

項目があります。

教育支援ガイドやCo-MaMe ガイドは、病弱・虚弱のある子供の指導実践を整理して開発されたものであり、これらを活用して子供の教育的ニーズを把握することが重要です。

④　個別の指導計画への記載

把握した内容については、個別の指導計画に記載することが重要です。学習指導要領解説自立活動編には、病弱・身体虚弱のある子供の「実態把握から具体的な指導内容を設定するまでの流れの例」(以下､流れ図)として中学２年生の事例を示しています。この事例を参考に、「障害の状態、発達や経験の程度、興味･関心、学習や生活の中で見られる長所や良さ、課題等」についても把握することが大切です。具体的には、その事例には「小学生の時は甘いものが好きで、将来パティシエになりたいと思っていた。」や「中学校では学習が遅れがちになり、登校した時には集団の動きから遅れたり、失敗を繰り返したりし、徐々に自尊感情が低下した。」といった、興味・関心や将来の希望、学習面、前籍校（地元校）の様子が具体的に示されており、非常に参考になります。このように把握した内容は個別の指導計画に記載し、教員間での共通理解を図ることが重要です。

（3）病弱・身体虚弱のある子供への支援

①　病気の自己管理への支援

子供は、入院中はもちろん退院後も継続治療を行ったり、生活規制を必要としながら生活したりすることとなります。そのため、病弱・身体虚弱のある子供に対して様々な治療や体調・病状の変化などからくる不安を可能な限り軽減し、子供自身が自らの活動性を高め、主体的に社会生活を営むことが可能となるための支援が必要となります。そこで、家族、友人、医療者などの患者の周囲の人々からの精神的、社会的な支援が重要となります。子供が困難な状況に直面したときに、慰めや励ましを受けたり、問題解決するための実際的な手助けを受けたり、問題解決のために役立つ情報を提供してもらったりすることは、病気に立ち向かおうとする行動や思いを促進したり維持したりする原動力になります。

病気に対する自己管理は、絶えず病状が変動し、その原因の特定が難しい場合が多いなどの困難を伴いますが、病状の悪化を防ぐばかりではなく、主体的な社会参加を促していくためにも重要な課題です。

②　発達段階を踏まえた支援

学齢期は、基本的な生活習慣が形成され、家庭外での生活が増えていく時期です。この時期、子供たちは友人との間で競争したり、妥協したり、協調したりしながら人間関係を広げていき、社会性を身につけていきます。特に、学校生活での適応や成績は子供にとって非常に重要であり、これに関連する問題が多く見られます。例えば、入院や治療のために学校を欠席すると、学習が遅れてしまったり、クラス内で孤立したりすることがあります。これによって、仲間から取り残されるという恐怖感や不安感が増すこともあります。また、長期間の入院によって隔離された病院の環境により経験不足に陥り、仲間関係や社会適応に課題が生じることもあります。そのため、学習の遅れや行動面・情緒面での問題については、医療関係者、保護者、教育関係者が密に連携し、支援を行うことが重要です。

思春期は心身の成長が著しく、さまざまな課題が生じやすい時期です。この時期には、心理的には親から独立し、自我同一性を求める過程で社会性を身につけ、成人期の基礎を養います。理想の自分と現実の自分を比較することで劣等感を抱くなど、さまざまな葛藤が生じやすくなります。また、将来の生活について考える時期でもあります。こうした特性から、思春期に病気を抱える場合、学業の遅れや欠席といった学校生活上の問題、体調面への不安、ボディイメージに関する劣等感、さらには病気の予後や将来への不安を抱えることがあります。その結果、複雑な心理社会的な問題が生じることもあります。時には、保護者や医療者に対して反発し、暴言を吐いたり、治療を拒否したりすることにまで発展することもあります。

このように自立という課題を達成するために、病気を抱えながらさまざまな葛藤を経験することになります。したがって、学習面や治療面だけでなく、心理面でも複雑な課題を持つ時期であるため、行動や身体面の変化の背後にある課題にも十分に配慮し、指導や支援を行うことが必要です。

③　多様な病気への支援

病弱教育の対象となる病気は多様ですが、全国特別支援学校病弱教育校長会では2007（平成19）年～2013（平成25）年に「病気の児童生徒への特別支援教育～病気の子どもの理解のために～」を作成し、様々な疾患の説明や指導に関する情報を掲載しています。以下に示した疾患ごとに分冊化され、Webサイト（http://www.zentoku.jp/dantai/jyaku/index_book.html：令和6年10月確認）からすべてダウンロードできます。

・糖尿病	・心疾患	・喘息	・アレルギー	・腎疾患	・肥満	・てんかん
・白血病	・脳腫瘍	・筋ジストロフィー	・胆道閉鎖症	・高次脳機能障害		
・血友病	・ムコ多糖症	・色素性乾皮症	・もやもや病	・ペルテス病		
・クローン病	・膠原病	・潰瘍性大腸炎	・こころの病			

また、いくつかの病気に共通する課題の一つとして、ターミナル期（終末期）の支援が挙げられます。ターミナル期とは、病気を治癒に導く有効な治療法がなくなり、近い将来に死が迫っている時期を指します。この時期、子供は身体的苦痛や精神的苦痛、さらには激しい不安に悩まされるため、周囲からの支援が不可欠です。しかし、否認や怒り、抑うつといったさまざまな心理が働くことで、家族や身近な援助者を疎外したり、孤独に陥ったりすることが多く見られます。

このような状況においては、子供に寄り添いながら共感し、否定的な感情を受容することで信頼関係を築くことが重要です。子供の葛藤や不安の軽減、そして彼らにとって重要な人や物との関係を維持すること、さらに希望の実現に協力するなどの支援が求められます。

④　子供の教育的ニーズや病状・状態に対応した指導・支援

病弱・身体虚弱のある子供への指導では、病名だけでなく、病状・状態や教育的ニーズを考慮した対応が重要です。病気の種類や状態、治療方法、環境要因（家庭や学校など）、個人要因（性格や興味・関心など）は子供一人一人で異なるため、それぞれの実態を正確に把握して指導することが求められます。**表Ⅱ－５－１**や**表Ⅱ－５－２**を活用することで、慢性疾患や精神疾患及び心身症のある子供の教育的ニーズを把握し、適切な支援を行うことが可能です。また病状などの状態に応じた指導は、治療のステージや日内変動を考慮して行うことが大切です。

精神疾患や心身症を抱える子供への支援では、慢性疾患の子供と同様に、入院時に病院が

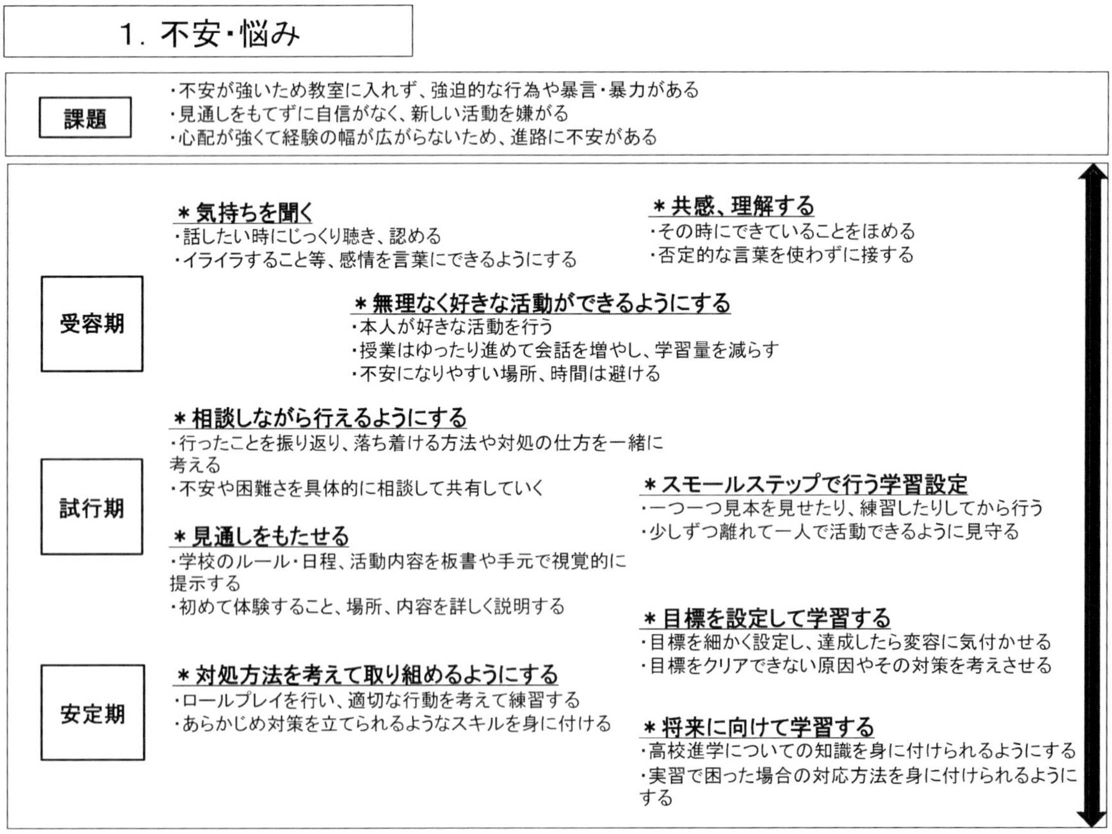

1．不安・悩み

課題
・不安が強いため教室に入れず、強迫的な行為や暴言・暴力がある
・見通しをもてずに自信がなく、新しい活動を嫌がる
・心配が強くて経験の幅が広がらないため、進路に不安がある

受容期

＊気持ちを聞く
・話したい時にじっくり聴き、認める
・イライラすること等、感情を言葉にできるようにする

＊共感、理解する
・その時にできていることをほめる
・否定的な言葉を使わずに接する

＊無理なく好きな活動ができるようにする
・本人が好きな活動を行う
・授業はゆったり進めて会話を増やし、学習量を減らす
・不安になりやすい場所、時間は避ける

試行期

＊相談しながら行えるようにする
・行ったことを振り返り、落ち着ける方法や対処の仕方を一緒に考える
・不安や困難さを具体的に相談して共有していく

＊スモールステップで行う学習設定
・一つ一つ見本を見せたり、練習したりしてから行う
・少しずつ離れて一人で活動できるように見守る

＊見通しをもたせる
・学校のルール・日程、活動内容を板書や手元で視覚的に提示する
・初めて体験すること、場所、内容を詳しく説明する

安定期

＊目標を設定して学習する
・目標を細かく設定し、達成したら変容に気付かせる
・目標をクリアできない原因やその対策を考えさせる

＊対処方法を考えて取り組めるようにする
・ロールプレイを行い、適切な行動を考えて練習する
・あらかじめ対策を立てられるようなスキルを身に付ける

＊将来に向けて学習する
・高校進学についての知識を身に付けられるようにする
・実習で困った場合の対応方法を身に付けられるようにする

課題及び支援の具体例は代表的なもののみ示す

図Ⅱ－５－２　教育的ニーズ「1不安・悩み」の支援のイメージ図

作成する資料や前籍校からの引継ぎ資料など、さまざまな情報が提供されます。しかし、これらの資料だけでは、状態の変化が大きい子供の困難を十分に把握し、適切な支援方針を立てるのは難しいことがあります。そのため、教員は実際に子供と関わりながら、支援をていねいに調整していく必要があります。そこで本研究所では、学校現場での指導実践を基にした支援方法「Co-MaMe」を提案しています。この方法は、40項目にわたる「教育的ニーズ」と子供の状態をもとに、受容期、試行期、安定期という「支援の時期」を組み合わせた指導を行うものです。複数の教職員が協力して状況を把握し、支援方法を話し合い、共有することで、共通の理解に基づいて支援が行えるようになります。**図Ⅱ−５−２**には、実際に使用する「支援のイメージ図」の例を示しています。この「支援のイメージ図」は、40項目の教育的ニーズに対応して作成され、支援に役立てることが可能です。詳細については、「Co-MaMeガイド」をご参照ください。

２　病弱・身体虚弱のある子供に応じた教育課程編成

（1）病弱・身体虚弱に対応した教育課程編成の考え方

①　教育課程の編成の基本的な考え方

病弱・身体虚弱教育では、基本的には小学校、中学校、高等学校に準じた教育課程が編成されますが、個々の子供の実態により、次に示したような複数の教育課程が編成されています。

ア　小学校・中学校・高等学校の各教科の各学年の目標・内容等に準じて編成・実施する教育課程
イ　小学校・中学校・高等学校の各教科の各学年の目標及び内容を当該学年（学部）よりも下学年（下学部）のものに替えて編成・実施する教育課程
ウ　小学校・中学校・高等学校の各教科又は各教科の目標及び内容に関する事項の一部を特別支援学校（知的障害）の各教科又は各教科の目標及び内容の一部に替えて編成・実施する教育課程
エ　各教科、道徳科（特別の教科道徳）、外国語活動もしくは特別活動の目標及び内容に関する事項の一部又は各教科若しくは総合的な学習の時間（高等部においては総合的な探究の時間）に替えて、自立活動を主として編成・実施する教育課程

病弱・身体虚弱教育対象の子供は、その病気や障害の状態が多様であり、高等部を卒業する段階でそのまま病院に継続入院する者や福祉施設に入所する者、就職する者、大学などに進学する者まで様々です。このように病気や障害の状態が多様化し重度・重複化する中で、上記ア～エの教育課程の類型を用意することによって様々な子供の多様なニーズに対応できます。

しかし、いずれの類型においても、あらかじめ用意した教育課程の一つの類型に当該子供を当てはめることは望ましくありません。この場合は、個別の指導計画により、個に応じた教育内容や方法が準備されることが必要です。

個別の指導計画による指導が行いやすいように、教育課程の運用を柔軟にしていく必要があります。病状や学習の状況など、個に応じて指導内容や実施形態を工夫していくこと

が大切です。そのためにも、学習指導要領や教育課程の編成、年間指導計画、個別の指導計画とのつながり（**図Ⅱ－５－３**）を明確にし、全教職員が共通理解を図ることが大切です。

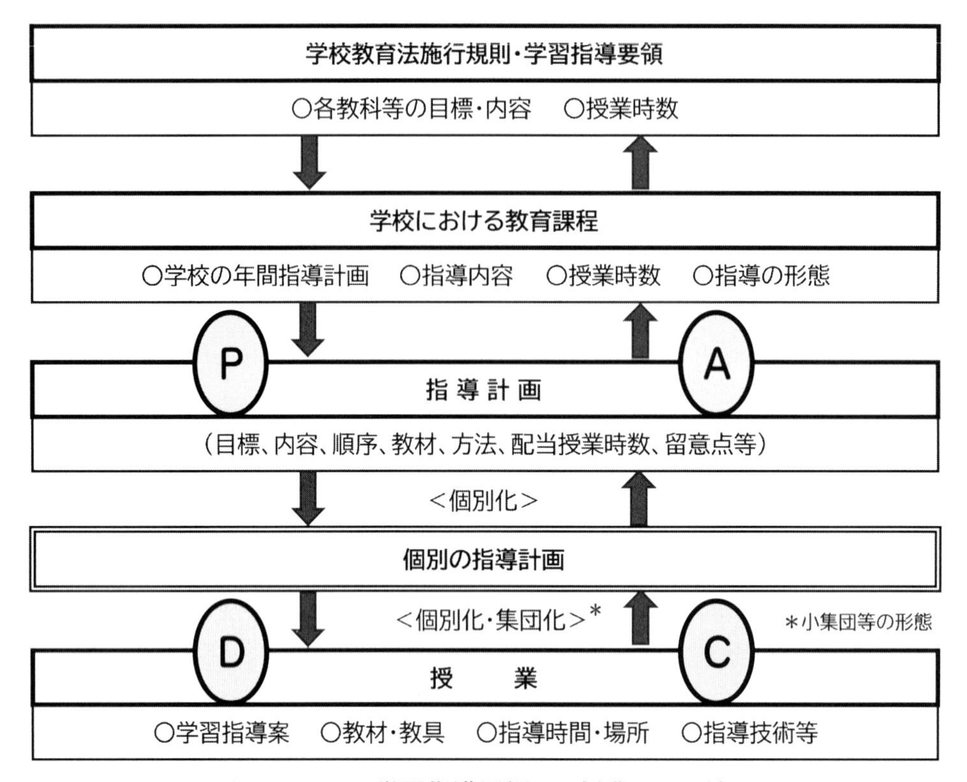

図Ⅱ－５－３　学習指導要領から授業までの流れ

（例）教職員が共通理解を図りやすいPDCAサイクルの構築

学校全体で連携して、こまめに子供の病状・体調・治療、授業時間数等を検討することが大切となる。

また、授業時数等の取扱いについては、特別支援学校小学部・中学部学習指導要領では、「小学部又は中学部の各教科等のそれぞれの授業の１単位時間は、各学校において、各教科等の年間授業時数を確保しつつ、児童又は生徒の障害の状態や特性及び心身の発達の段階等並びに各教科等や学習活動の特質を考慮して適切に定めること」、特別支援学校高等部学習指導要領では、「各教科・科目等のそれぞれの授業の１単位時間は、各学校において、各教科・科目等の授業時数を確保しつつ、生徒の実態及び各教科・科目等の特質を考慮して適切に定めるものとする」と規定しています。

時間割についても、「各学校において、児童又は生徒や学校、地域の実態及び各教科等や学習活動の特質等に応じて、創意工夫を生かした時間割を弾力的に編成できる」としています。これらの規定は、子供の障害の程度や発達段階、各教科等の学習の特質を考慮して、各学校で創意工夫を生かした時間割や教育課程を組むことを可能とするものです。ただし、これらは弾力的な運用を可能とするものであり、特別支援学校の小・中学部においては、学校教育法施行規則に定める小学校又は中学校の各学年の総授業時間数に準じる必要があります。また、重複障害者、療養中の児童若しくは生徒又は障害のため通学して教育を受けることが困難な児童若しくは生徒に対して教員を派遣して教育を行う場合について、特に必要がある場合は、医療上の規制や生活上の規制等を考慮して、実情に応じた授業時数を適切に定めることができます。一方、特別支援学校高等部においては、１単位時間を50分とし、35単位時間の授業を１単位として計算することを標準としていることに十分留意して教育課程を編成する必要があります。

②　病弱・身体虚弱のある子供の多様な学びの場に応じた教育課程の編成

小・中学校等の通常の学級には、慢性疾患や精神疾患などのため教育上の支援や配慮を必要とする多くの子供が在籍しています。また、慢性疾患や精神疾患などのため特に手厚い指導や支援を必要とする病弱・身体虚弱のある子供は、必要に応じて、通級による指導や小・中学校の特別支援学級、特別支援学校の本校、分校、分教室や訪問教育といった多様な学びの場で教育を受けることができます（**図Ⅱ−５−４**）。

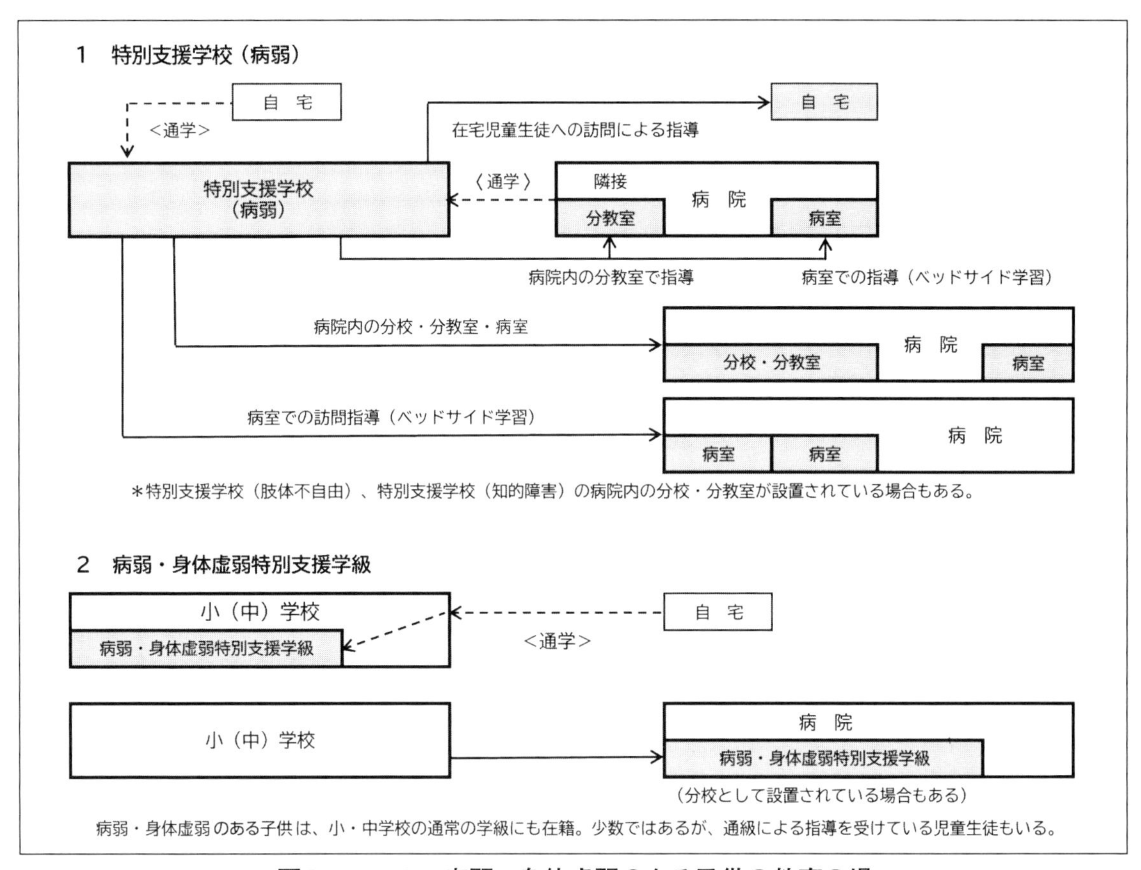

図Ⅱ−５−４　病弱・身体虚弱のある子供の教育の場

病弱・身体虚弱のある子供への教育は、個々の子供の病気の実態だけでなく、病院の実情や制約、各学校の体制などにより、様々な指導形態がとられています。「院内学級」とは、正式に定義された用語ではありませんが、このような入院中の子供に対して行われている教育のうち病院内に設置された教育の場のことをいいます。病気療養中の児童生徒の学びの場（**図Ⅱ−５−５**）については、入院前、入院中、退院後のように学びの場が移行していくことや入退院を繰り返す場合があること等を踏まえて、前籍校との連携や復学後の支援等について留意していく必要があります。

病気療養中の児童生徒の学びの場（イメージ）

概 要

- 病気等により病院に入院している児童生徒に対しては、病院内において多様な教育の場が提供されている。
- 特別支援学校（病弱）の分校・分教室や小中学校の特別支援学級（病弱）に転学したり、転学をせずに在籍している学校の教員による指導や支援を受けたりすることができる。
- これら学びの場においては、対面による授業やＩＣＴ機器を活用した遠隔教育、ベッドサイドへの訪問による指導などが行われている。
- 学習支援として、学習支援員やボランティアを活用している場合もある。
- 退院後に自宅療養をする場合であっても、訪問による指導やＩＣＴ機器を活用した遠隔教育を受けることができる。

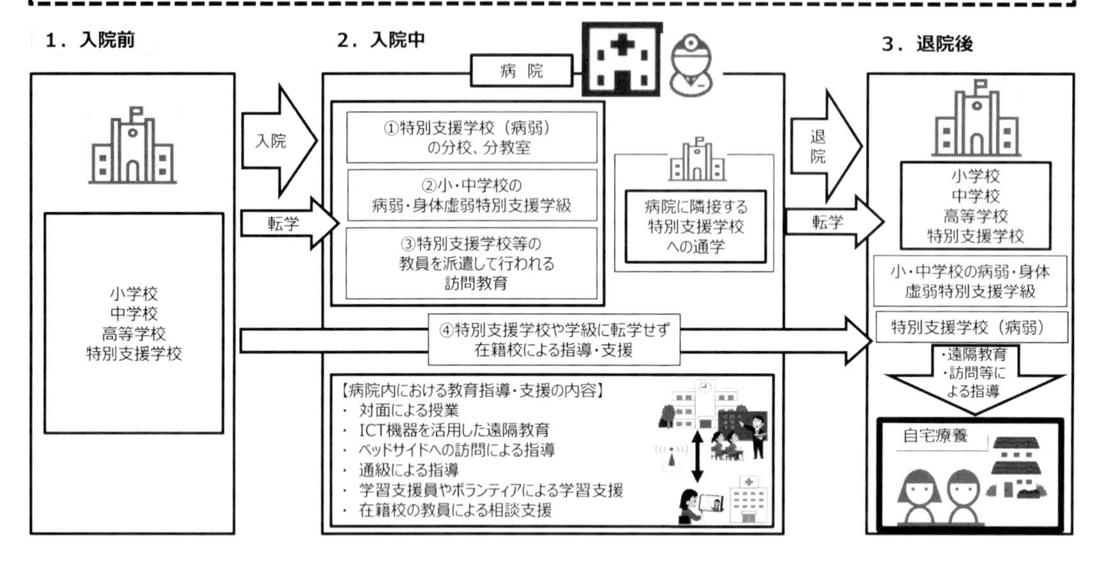

（文部科学省「令和４年度病気療養児に関する実態調査結果」より）

図Ⅱ－５－５　病気療養中の児童生徒の学びの場（イメージ）

ア　特別支援学校（病弱）について

特別支援学校（病弱）の多くは病院などの医療機関が隣接又は併設しており、在籍する子供の多くが入院又は通院による治療を必要とする者です。これら子供の病気の種類や病状は多様であるため、一人一人に応じた教育支援が求められます。

特別支援学校（病弱）は、義務教育段階としての小学部、中学部だけではなく、幼稚部、高等部を設置することができます。近年、高等部が設置されていない学校では、入院している高校生への支援が喫緊の課題となっています。また、病気の状態や発達段階なども多様化しており、指導上の配慮事項を考慮しながら教育課程を編成していくことが必要になります。例えば、病気の治療や生活規制などのため、子供は一般に授業時数の制約、身体活動の制限及び経験の不足などが見られます。このため、教科指導では指導内容を精選したり、指導方法や教材・教具を工夫したりして学習効果を高めるよう配慮することが必要です。また、子供は身体活動の制限をされることから直接的な体験が不足しがちになります。そため、特別活動等の指導を通して、校内外において様々な体験が得られるよう、学習の場の設定やICTの活用などによる体験活動の工夫に配慮します。

なお、病状が重いなどのため学校に通学できない状態の子供に対しては、教師がその病室などに出向いて授業を行ったり、教室の授業の様子が映し出されるWeb会議等を活用したりして、病室などで授業を受けることが可能です。

教育課程の編成は、前述したように「小学校・中学校・高等学校に準じた教育課程」「下学年・

下学部適用の教育課程」「特別支援学校（知的障害）の教育課程」「自立活動を主とする教育課程」に類型化され、個別の指導計画によって、一人一人の子供に応じた教育内容、方法が準備されることが必要です。

イ　病弱・身体虚弱特別支援学級について（図Ⅱ－５－４参照）

特別支援学校（病弱）以外に、病院内に小・中学校の病弱・身体虚弱特別支援学級が設置されている場合があります。また、通学している小・中学校内に病弱・身体虚弱特別支援学級が設置されている場合もあります。

（ア）病院内の病弱・身体虚弱特別支援学級について

入院中の病弱・身体虚弱のある子供のために、近隣の小・中学校を本校として、病院内に設置している特別支援学級です。ここでは、病院の職員との連絡を密にしながら、健康状態の維持・回復・改善を図るための指導を行うとともに、各教科等の指導に当たっては内容の精選を行い、特に身体活動を伴う学習については、指導方法や教材・教具を工夫するなど様々な配慮をしています。小・中学校の学習指導要領により教育課程が編成されますが、子供の病状や発達段階などに応じて、特別支援学校の学習指導要領を参考にしながら教育課程等を編成します。

（イ）小・中学校の校舎内の病弱・身体虚弱特別支援学級について

入院を必要とせず、家庭などから通学できる病弱・身体虚弱のある子供のために、小・中学校の校舎内に設けられている特別支援学級です。ここでは、通常の学級とほぼ同様の授業時数を定め、通常の学級の子供と活動を共にする機会を積極的に設けるよう配慮しながら、各教科等の指導を行っています。なお、家庭などとの連絡を密にしながら、健康状態の維持・回復・改善や体力の向上を図るための指導も併せて行っています。子供の病状や発達段階などに応じて、当該学年の教科を中心とした教育課程、下学年・下学部適用の教育課程を編成します。

（ウ）通級による指導

病気や身体状態が回復し、通常の学級において留意して指導することが適切と考えられる病弱・身体虚弱のある子供のうち、健康状態の維持・回復・改善や体力の向上を図るための特別な指導が必要な子供について、通級による指導の対象とすることが適切な場合もあります。

病弱・身体虚弱のある子供の場合、通級による指導においては、心理的な安定を図ったり、発達段階などに応じた病気の理解や自己管理能力を身に付けたりするなど、自立活動を中心とした指導が考えられます。

（エ）通常の学級に在籍する病弱・身体虚弱のある子供の指導

通常の学級には、病弱・身体虚弱により支援や配慮を必要とする多くの子供が学んでいます。

例えば、慢性疾患の子供の中には一見しただけでは病気とわかりにくいケースがあり、そのため、周囲の子供から様々な偏見等を受ける場合があります。また、学校生活のなかでの服薬やインシュリンの自己注射など、まわりの子供と違う動きをせざる得ないケースもあります。それらは生命維持には必須のことであり、個別の配慮を要します。保護者や本人、主治医、学校医、教育委員会の意向をきちんと把握しながら、校内体制を整え、合理的配慮を提供し、対応していくことが大切です。

また、色素性乾皮症（XP：Xeroderma Pigmentosum）の子供の場合は、通学する小学校や中学校の窓ガラスに紫外線カットフィルムを貼ったり、紫外線カット蛍光管を用いたり、外出の際には紫外線が当たらないような工夫をしたりすることにより、小学校や中学校において適切な教育を行うことができます。

こうした施設設備の整備については、病気の種類によって異なるものであることから、一人一人の実態を踏まえて適切に対応することが大切です。病弱・身体虚弱のある子供については、障害の状態に応じて指導体制や施設設備などの基礎的環境が適切に整備され、小・中学校等において学習ができ、安全な学校生活を送ることができるようにすることが必要です。

③　教科書について

小・中学校等から入院等により転学を伴う場合、転学した先の学校で使用する教科書が前籍校のものと異なる場合には、再度、無償給与されます。入院期間によっては、病気の治癒、寛解（治癒はしていないが、症状が軽減又はほとんど消失し、日常生活が可能な状態）後の学習を見越して、前籍校で使用していた教科書を活用して授業を行うこともあります。教科書については、子供の入院の状況や学習内容などに応じて活用するようにします。

また、病弱等の理由で就学を猶予・免除されている学齢子供については、義務教育諸学校に在学はしていませんが、自宅等における学習に資するため、国はこれらの学齢児童生徒に対して必要な教科書を無償で給与しています。

3　各教科等の指導

（1）幼稚部段階における指導の工夫

幼稚部段階では、入院し、家庭から離れることによる分離不安、情緒不安を起こしやすくなります。また、治療や入院に伴う苦痛体験やその過程で感じる様々な不安や遊びの欠如などからストレスをためやすくなります。そのため、教師との信頼関係を築き、興味・関心に基づいた直接的な体験ができるような指導の工夫が大切です。また、遊びを通して主体性を育み、他の子供と十分に関わることで集団への参加意欲を高め、自律性を身に付けていくような指導の工夫が大切です。

（2）小学部・中学部段階における指導の工夫

①　指導内容の精選

病弱・身体虚弱のある子供は、入院や治療、体調不良等により授業時数の制約を受けるほか、学習の空白や遅れ、身体活動の制限などを伴う場合が多いです。また、特別支援学校（病弱）や病弱・身体虚弱特別支援学級の在籍期間がそれぞれ異なる上、小・中学校等から転入学してきた子供については学習の進度等に差が見られます。

各教科の指導計画の作成に当たっては、子供の実態に十分配慮し、授業時数の制約や、教科の特質を踏まえて指導内容を精選し、基礎的・基本的な事項に重点を置いて指導する必要があります。基礎的･基本的な事項を習得させる視点から指導内容を精選するに当たっては、それぞれの教科として習得すべき事項とともに、一人一人の実態に基づき個々の子供にとって必要な事項についても十分考慮して行うことが大切です。

また、各教科の相互の関連を図るなどして、効果的な学習ができるようにすることが大切です。各教科の指導計画は、教科ごとの目標の達成を目指してそれぞれの教科等について作成されますが、指導の効果を高めるためには、それぞれの教科の独自の目標を目指すとともに、他の教育活動との関連を十分に図るように作成する必要があります。すなわち、各教科のそれぞれの目標や指導内容の関連性を検討し、指導内容の精選を適切に行うとともに、指導時間や時間配分、指導方法などに関しても相互の関連を考慮した上で指導計画を作成することが必要です。また､特別の教科道徳､外国語活動（小学部３、４年)､総合的な学習の時間、特別活動、自立活動との関連を図るようにすることも大切です。

②　健康状態の維持や管理、改善等に関する内容

健康状態の維持や管理、改善等に関する内容の指導に当たっては、特に自立活動の指導との密接な関連を保つようにし､学習効果を一層高めるようにします｡各教科のうち､特に体育、保健体育、理科、技術・家庭などにおける病気の予防や健康な生活、体の仕組み、体に必要な栄養素や食品など、直接、身体活動に関わる内容については、自立活動の「病気の状態の理解や生活管理に関すること」「健康状態の維持・改善に関すること」などとの関連を図り、自立活動の時間における指導と補い合いながら学習効果を一層高めるようにすることが大切です。

③　指導計画や指導方法の工夫

病弱・身体虚弱のある子供は、授業時数の制約、学習の空白、身体活動の制限、経験の偏り、病気の不安などによる意欲の低下、社会性の未熟などの傾向が見られます。

例えば、病状や生活規制に伴い、運動をはじめとする様々な身体活動が制限されたり、運動・動作の障害のため身体活動の制限を余儀なくされていたりする場合には、体育、保健体育をはじめとした実技や実習（実験）等を伴う授業では、内容の取扱いや教材・教具、指導方法などを創意工夫することが求められます。また、入力支援機器等の補助用具を工夫するとともに、コンピュータ等の情報機器などを有効に活用し、指導の効果を高めることが大切です。直接体験できない場合などは、間接体験、疑似体験、仮想体験等を取り入れる指導方法の工夫、パソコンやタブレット型端末、情報通信ネットワークの活用など、療養中でも可能な限り子供が学習できるよう教育環境を整えることが大切です。

子供の学習の進度・習熟度や病弱・身体虚弱の状態、１学級の在籍者が少ないことなどを考慮して、授業形態や集団の構成を工夫し、学習活動が効果的に行われるよう配慮した指導計画を作成する必要があります。このため、子供一人一人の学習の進度・習熟度に応じた個別指導を重視したり、体育や音楽等では、必要に応じて複数の学年（学級）の合同授業や病気の種類別のグループ編成による授業を行ったりするなどの配慮が必要です。そのことに

よって、音楽、図画工作·美術では、ダイナミックに表現したり、豊かなハーモニーを味わったり、協力して作品を完成させたり、鑑賞したりすることが可能となり、学習効果を高めることが期待できます。また、体育では、集団でのゲーム的活動が可能となります。特別活動や総合的な学習の時間においても同じことがいえます。

ベッドサイドで授業を行う場合は、ほとんどが個別学習となります。このような状況では教科学習で子供がお互いの意見を出し合って内容を深めたり、考えを高めたりすることは困難となります。そこで、パソコンやタブレット型端末などのICT機器や情報通信ネットワークなどの情報手段を活用するなど、学習環境を整えることが重要となります。

④　学習活動における負担等への配慮

病弱・身体虚弱のある子供の病気の種類は、気管支喘息、心身症、腎臓疾患、筋ジストロフィー、肥満、心臓疾患、てんかん、小児がん、精神疾患·心身症など、多様です。したがって、それぞれの病気の特質や個々の病状等を考慮し、学習活動が負担過重にならないこと、又は必要以上に制限しないことが重要となります。

また、病気の状態の変化や治療方法、生活規制（生活管理）等は、個々の病気により異なることから、医療との連携により日々更新される情報を入手し、適宜、健康観察を行いながら、病気の状態等に応じた弾力的な対応などに留意する必要があります。（以下の病弱教育支援冊子「病気の子どもの理解のために」は、病気の状態等に応じた弾力的な対応をするための参考になります。ご参考にしてください。）

病弱教育支援冊子
「病気の子どもの理解のために」

この冊子は、子どもに関わるあらゆる人に、病気の子どもを理解してもらう目的で作成しています。特に学校教育に関する機関（幼稚園、小学校、中学校、高等学校、中等教育学校及び特別支援学校、教育委員会他）で子どもに接する人を対象としています。

2次元バーコードから
アクセスできます

（3）高等部段階における指導の工夫

高等部段階においても、小学部や中学部と同じような指導の配慮が必要です。特別支援学校（病弱）の高等部の多くが、高等学校普通科に準ずる各教科・科目の他に、職業に関する各教科・科目を併せて設定して教育課程を編成しています。

高等部卒業後の自立と社会参加に向けて、進路等を考慮しながら各教科等の指導を工夫することが大切になります。

4　進路指導と進路の状況

（1）進路指導の意義

子供が自らの在り方や生き方を考え、将来に対する目的意識をもって、主体的に自己の進路を選択・決定し、生涯にわたる自己実現を図っていくことができるような能力や態度を育成することが大切です。特に病弱・身体虚弱のある子供の場合、病状によっては将来への希望や見通しをもちにくい時期があります。

そこで、子供が自己理解を深め、自己と社会との関わりについて深く考え、将来の生き方や進路を選択して望ましい自己実現ができるよう指導・支援を行っていくことが大切です。そのためには、学校の全職員の共通理解と協力体制の下で、学校の教育活動全体を通して計画的、組織的、継続的に行う必要があります。

（2）卒業後の進路状況

①　特別支援学校（病弱）中学部卒業生の進路状況

文部科学省（2022）「特別支援教育資料（令和４年度）」によれば、令和４年度の特別支援学校（病弱）中学部卒業後の生徒（257 人）の進路状況は、多くの生徒が「特別支援学校高等部や高等学校等に進学」（252 人, 98.1%）している状況です。一方、「社会福祉施設等入所・通所者」（３人，1.2%）となっています（**図Ⅱ－５－６**）。

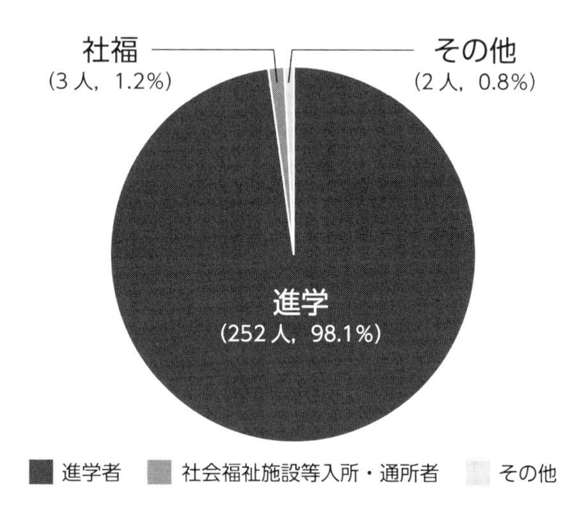

図Ⅱ－５－６　令和４年度特別支援学校（病弱）中学部卒業後の状況

②　特別支援学校（病弱）高等部（本科）卒業生の進路状況

文部科学省（2022）「特別支援教育資料（令和４年度）」によれば、2022（令和４）年度の高等部（本科）卒業後（344 人）の状況は、**図Ⅱ－５－７**に示したとおりです。「社会福祉施設等入所･通所者」については（205 人，56.9%）で、次に、「就職者等」（58 人，16.9%）、「教育訓練機関等入学者」（24 人，7.0%）となっています。約６割の生徒が、高等部（本科）卒業後に社会福祉施設等へ入所・通所しています。

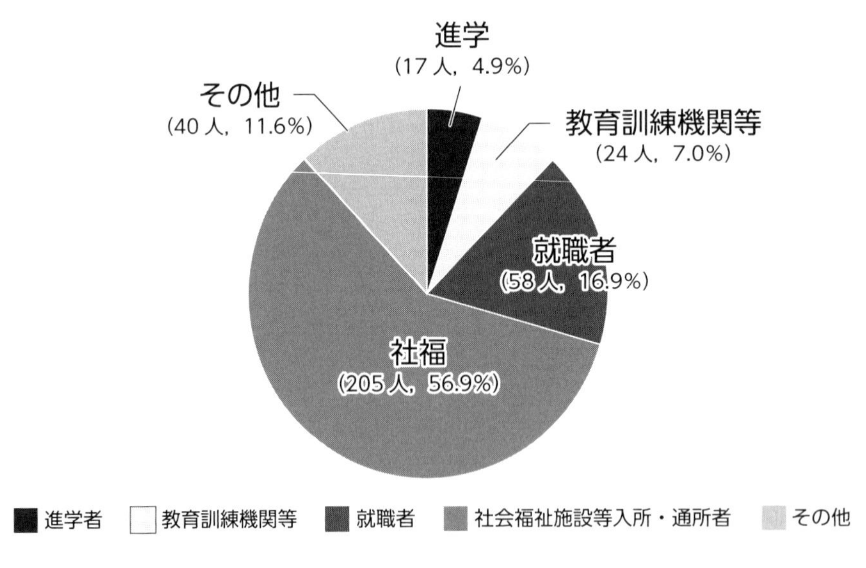

図Ⅱ－５－７　令和４年度特別支援学校（病弱）高等部卒業後の状況

（３）指導上の配慮事項

進路指導は、特別活動の学級活動（小・中学部）又はホームルーム活動（高等部）、総合的な学習の時間や総合的な探究の時間を中核にしながら、子供が自分の生き方を考え、学校の教育活動全体を通じ、主体的に進路を選択できるよう計画的、組織的に行うことが大切です。進路指導を効果的に進めていくためには校内の組織を整え、保護者や医療者などとの連携を密にして進めていくことが重要です。

次に、病弱・身体虚弱のある子供の進路指導のポイントを示します。

①　進学、就職等の進路に関する情報

進学、就職などの進路に関する情報が必要ですが、実際に知識としての情報だけではなく、本人が見学や体験学習等で経験した身体的な負担等も含めた情報の提供が重要です。

②　職業教育の充実

個々の子供の病状や実態によりますが、一般就労又は福祉的就労を視野に入れた職業教育や可能な限りの就業体験が必要です。各種資格取得等も積極的に行うなど就労を視野に入れた職業教育の充実が求められます。

③　自己管理能力の育成

武田・山本・原（2000）の「退職、退学等の移行期の調査研究」から自己管理能力の育成が自立、社会参加していく上で重要であることが示されています。自立活動を中心に医療関係者との連携を図りながら、病気に対する自己管理能力の育成を図っていく必要があります。

④　社会性を高めることの重要性

病気のある子供は療養や入院などのため、社会性に未熟な部分があったり、状況に応じたコミュニケーションが苦手なところがあったりします。そのことが、離職の原因の一つになっており、学校においては生徒会活動などの集団活動、就業体験などの体験学習、対人関係を含め一般社会常識の学習など、社会性を高めるための指導が重要です。また進学や就労した際には合理的配慮について「意思の表明」をすることが必要になる場合もあります。学級活動や子供会活動などでの集団活動を多く取り入れ、自立活動や各教科の特性に応じて発言する内容を自分で選択し、他者に伝える力やコミュニケーション能力を身に付けるための学習をすることが大切となります。

⑤　生活の質（QOL：Quality of Life）を高めるための教育内容の必要性

高等部を卒業しても継続して病気療養する者に対して、在宅就労、病棟入院しながらの就労、趣味の拡大、生きがいにつながるような、いわゆるQOLを高める教育内容を充実することが必要です。

⑥　入院しながらの進学

高等部卒業後も継続入院する者の中に、通信制の大学等へ進学し勉学を続けている者がいます。このような形態の進学も選択肢の一つになります。

⑦　福祉や社会保障制度についての情報の充実

子供が自立するために有効な福祉や社会保障制度についての情報を充実させ、また、障害者手帳の取得や社会参加をするためのプログラムを充実する必要があります。

進路指導を進めるに当たって子供の特性を重視することはもちろんですが、病気の特質や体調・体力・病状等の要因は進路を決定する際に大きく影響します。医療関係者などとの連携を深め、それらに配慮し、子供に即した進路指導が重要です。また、学校が組織的に卒業者の追跡調査を行い、彼らの適応状況を把握してそれを進路指導に反映していくことも必要です。

（4）進路指導やキャリア教育の具体的実践

小児がんなどで入院中の子供は行動が制限されるため、将来や社会とのつながりを意識させる機会が限られます。そこで病院内の人材や施設を活用し、「病院関係者へのインタビュー」や「調理室・薬剤部の見学」など、活動範囲を広げる工夫をしている学校があります。筋ジストロフィーなど身体運動が制限される子供に対しては、コンピュータを活用してICT機器を工夫し、遠隔での体験活動を通じて社会とのつながりを意識させる取組が行われています。病室や教室、自宅から職場体験を行う学校もあります。また、精神疾患や心身症のある子供には、対人関係や集団行動の困難を考慮し、少人数の学級活動を通じて社会適応能力を高める取組が重要です。参加人数を調整しながら、児童生徒会活動や職場体験を実施している学校もあります。このように進路指導やキャリア教育の取組が必要です。

5　自立活動の指導

（1）病弱・身体虚弱のある子供の自立活動

①　自立活動の指導における課題

自立活動の指導に当たっては、特別支援学校学習指導要領解説自立活動編（小学部・中学部）に記載されている「実態把握から具体的な指導内容を設定するまでの流れの例（流れ図）」（以下、流れ図）を参考にすることが重要です。病弱・身体虚弱教育においては摂食障害の生徒が例示されており、参考にすることができます。

ただ病弱・身体虚弱教育では、子供への自立活動の指導を行う上でいくつかの課題もあります。その一つは、対象となる子供の病気の種類や病状、障害の状態が多様化していることです。特別支援学校（病弱）では、従来の対象疾病であった気管支喘息や腎炎、ネフローゼの子供の数が減少し、精神疾患や心身症を抱える子供が最も多くなっています。全国病弱虚弱教育研究連盟（2020）の調査によると、精神疾患・心身症に続いて多い病類は、てんかんや脳性麻痺、筋ジストロフィーなどの脳・神経・筋疾患であり、小児がんなどの悪性新生物が続きます。精神疾患・心身症には、うつ病、双極性障害、統合失調症、起立性調節障害、適応障害、不安障害、強迫性障害、摂食障害などが含まれています。このように、病弱・身体虚弱のある子供の障害や病気の状態が多様化しているため、指導に当たっては子供の多様な病気についての知識が必要です。

ア　実態把握、目標設定、評価の方法

病弱・身体虚弱のある子供へ自立活動の指導を行う上では、実態把握から目標設定、指導方法、内容の選定、評価に至るまでのプロセスが複雑になっています。その理由は以下のようなものです。

- 病状が変動しやすく、心理的に不安定になることが多いため、実態を正確に把握することが難しい。
- 入院期間が短くなり、在籍期間も短くなること。
- 年度途中に転入してくる子供が多く、一連のプロセスが煩雑になること。

また、精神疾患や心身症のある子供の多くは、適応面や行動面での困難や不登校の経験を抱えています。このため、子供の困り感を把握し、支援の方針を立てることは容易ではありません。そのため教員は、実際に関わりながら考える必要があります。

これらの状況から、自立活動の指導目標や内容を変更せざるを得ない場合が多く、評価方法にも課題が残ります。その際には、前述の教育支援ガイドやCo-MaMeガイドなどを参考にし、個々の子供の実態をていねいに把握して指導することが重要です。

イ　医療機関などとの連携

病弱・身体虚弱のある子供への自立活動の指導では、医療機関や保護者との連携が重要です。連携を図る際には、病名などのプライバシーの問題や、本人への病気の告知に関する問題もあります。したがって、他機関と連携する際には、適切かつ厳重な情報管理が求められます。

ウ　教師の専門性

自立活動の指導には、教師の専門性を高める工夫が必要です。具体的には、特別支援学校の教員免許を取得したり、自立活動に関する研修に参加したりして自己研鑽に努めることが考えられます。また、医療関係者や外部専門家との連携、特別支援学校のセンター機能の活用など、他機関との連携を図ることも重要です。子供一人一人の心身の状態に応じた適切な自立活動の指導を行うことが、教師に求められる専門性です。

②　自立活動の指導内容の設定

自立活動の内容は、「健康の保持」「心理的な安定」「人間関係の形成」「環境の把握」「身体の動き」「コミュニケーション」の６つの区分に分けられ、必要な要素が27項目に分類・整理されています。子供の実態を把握した上で、個々に必要な項目を選び、相互に関連付けて具体的な指導内容を設定する必要があります。

ここでは、慢性疾患のある子供に必要とされる主な具体的指導内容の例を、「健康の保持」と「心理的な安定」の区分で示します。

ア　健康の保持

- **自己の病気の状態の理解**
  人体の構造や機能、病状、治療法、感染防止、健康管理に関する知識を理解する。
- **健康状態の維持・改善に必要な生活様式の理解**
  安静・静養、栄養、食事制限、運動量の制限について理解する。
- **健康状態の維持・改善に必要な生活習慣の確立**
  食事、安静、運動、清潔、服薬などの生活習慣を形成し、定着させる。
- **諸活動による健康状態の維持・改善**
  各種の身体活動によって健康状態を維持・改善する。

イ　心理的な安定

- **病気の状態や入院などの環境に基づく心理的不適応の改善**
  カウンセリングや心理療法で不安を軽減し、安心して参加できる活動を工夫する。
- **諸活動による情緒の安定**
  体育、音楽、造形、創作活動などで情緒不安定を改善する。
- **病気の状態を克服する意欲の向上**
  身体活動で意欲や集中力を高め、造形活動や持続的作業で自信を獲得する。

自立活動の指導では、子供の実態を把握した上で、必要な項目を選定し、相互に関連付けた具体的な指導内容を設定します。病弱・身体虚弱のある子供の病気の多様性に対応するためには、それぞれの病気を正しく理解し、指導内容を明確にすることが重要です。

また、実態把握においては、子供の学習や生活上の困難を把握し、病気による運動や食事の制限について医学的な情報や助言を受けることも大切です。

さらに、個別の指導目標を設定する際には、子供の実態に基づき、入院期間や療養期間を考慮し、中長期的な観点から目標を設定するとともに、短期的な視点も取り入れます。同じ病気でも、病状や発達段階、経験は異なるため、個別の指導計画に基づいて、子供一人一人に合った指導目標や内容、方法を定めることが重要です。

③　自立活動の指導の指導時間、指導形態、評価について

ア　指導時間について

自立活動の指導に充てる授業時数は、学習指導要領で「児童または生徒の障害の状態に応じて、適切に定めるものとする」とされています。病状の変動により不安感が高まり、適応障害や不安障害を抱える子供には、特に自立活動の時間の授業時間数を多くする必要もあります。教師との信頼関係が築かれ、不安感が軽減されると、子供は各教科の教育活動に少しずつ参加できるようになります。この場合、自立活動の時間を減らして週２～３時間程度に再編成することが考えられます。

このように、自立活動の授業時数は、子供の病状や障害の状態に応じて変更しながら適切に設定することが重要です。時間数を変更する時期については、「流れ図」に示されている「不調時」、「安定期」、「移行期」や、Co-MaMe ガイドに記載されている「受容期」、「試行期」、「安定期」等が参考になります。

イ　指導形態について

基本的には、子供一人一人の実態に即して作成した個別の指導計画を基に自立活動の指導を行います。自立活動の指導形態は、一対一の個別指導が基本となります。特に、病状の悪化などから情緒的に不安定になっている子供や、集団の中に入ることが困難な子供には、個別指導を行う必要があります。しかし、学習効果や指導の効率を高めるために、病気の種類別のグループ編成による指導、学級単位の指導等の様々な集団の指導形態をとることもあります。

様々な指導形態がありますが、基本的には個別の指導計画に基づいて指導を行うことが大切です。いずれの指導形態を選択するかは、子供の実態や指導内容、教員数などから検討しますが、最初から集団での指導を前提にするのではなく、個別の指導計画に基づいて、可能な限り子供が主体的に取り組めるように指導形態を工夫することが大切です。

ウ　評価上の配慮

病弱や身体虚弱のある子供は、日々体調が変動します。病状が進行したり悪化したりすると、心理的にも不安定になりやすく、特に進行性の病気では身体機能が低下し、以前はできていた行動ができなくなることがあります。このような病気の進行に伴い、不安感が強くなり、自暴自棄になったり、無力感に陥ったりすることもあります。そのため、評価を行う際には、子供の病状や心理状態を把握し、それを評価に反映させることが重要です。

（2）自立活動の指導計画の作成

①　病気の多様化への対応

個別の指導計画を作成する際には、各児童生徒の病気の種類や状態、障害の程度、発達段階、自己管理能力や経験などに応じて、指導目標や内容、方法を個別に設定する必要があります。

②　指導上の留意点

自立活動の指導を効果的に進めるためには、事前に指導上の配慮点を検討することが大切です。また、病弱や身体虚弱のある子供に対しては、以下の点にも留意して指導を行う必要があります。

ア　体調把握と医療機関との連携

病弱や身体虚弱のある子供は病状が悪化すると心理的にも不安定になることがあります。教師は日常的に子供の体調を把握し、その情報を基に指導を行うことが重要です。そのためには、主治医や看護師などの医療関係者との連携を密にすることが求められます。また、退院後に家庭や前籍校に戻った際に再発し、再入院することもあります。病状に応じた生活習慣を確立するためには、家庭や前籍校との連携も重要です。

イ　主体的で意欲的に活動できる環境づくり

子供が主体的に意欲的に活動できる環境を整え、成就感を感じられるように配慮する必要があります。具体的には、子供が目標を自覚し、その達成に向けて意欲的に取り組むことで成功を実感できる指導内容を準備することが重要です。また、同じ病気を抱える先輩の体験を聞くことで、「あの人ができているなら自分にもできるかもしれない」と思えるようにすることも大切です。

6　ICT 機器等の活用

「教育課程部会における審議のまとめ」（令和３年、中央教育審議会 初等中等教育分科会 教育課程部会）では、新たに学校における基盤的なツールとなるICT も最大限活用しながら、多様な子供たちを誰一人取り残すことなく育成する「個別最適な学び」と、子供たちの多様な個性を最大限に生かす「協働的な学び」の充実が図られることが求められるとされています。特に病弱・身体虚弱のある子供にとって、ICT 機器等の活用は、個々の子供の学習の空白などを補うこと、学習環境や身体活動の制限などの病弱教育における課題を解決するために有効です。

特別支援学校小学部・中学部学習指導要領及び特別支援学校高等部学習指導要領では、病弱者である子供に対する教育を行う特別支援学校の指導計画の作成と内容の取扱いへの配慮事項として、「体験的な活動を伴う内容の指導に当たっては、児童（生徒）の病気の状態や学習環境に応じて、間接体験や疑似体験、仮想体験等を取り入れるなど、指導方法を工夫し、効果的な学習活動が展開できるようにすること」、「児童（生徒）の身体活動の制限や認知の特性、学習環境等に応じて、教材・教具や入力支援機器等の補助用具を工夫するとともに、コンピュータ等のICT 機器等を有効に活用し、指導の効果を高めるようにすること」とされています。

このことについて、文部科学省（2009）「教育の情報化に関する手引」では、病弱・身体虚弱のある子供に対する情報教育の意義と支援の在り方として、CAI（Computer-assisted instruction）教材の活用やインターネットの活用、コンピュータ教材によるシミュレーション学習やネットワークによるコミュニケーションの維持・拡大、ICT 機器等による前籍校との連携、交流の機会の提供などを行えるようにすることとしています。

（1）ICT 機器等を活用した指導の実際

①　学習の空白等を補うこと

子供の中には、入院、治療等による欠席のために学習の空白や学習に遅れが見られることがあります。教師は一人一人の学習の到達度等の実態把握を行い、学習の空白や遅れを補うことが必要です。そして、指導内容・方法を創意工夫し、学習意欲を高めていくことが重要になります。

また、治療等のために授業時数に制約があり、各教科の基礎・基本を重視し、指導内容の精選、指導の順序やまとめ方に工夫を加える等の指導内容の取扱いについて考慮していくことが必要になります。各教科等に関する教材等について、インターネットからの情報、学校教育において普及が進んでいるタブレット型情報端末の教育用アプリケーション等を活用することによって、効率的に学習の空白などの課題を解決していくことが大切です。

② 身体活動の制限や認知上の特性を考慮すること

筋ジストロフィー等の身体活動が制限されている子供や、高次脳機能障害や小児がんの晩期合併症等により認知上の特性がある子供の場合、実態に応じて教材・教具や入力支援機器等の補助用具を工夫し、姿勢保持や運動・動作の活動の制限の改善を図ることが必要です。子供が意欲的に取り組み、効果的な学習ができるようにするためには、特に身体面の負担を少なくすることが教材・教具の開発には重要になります。また、コンピュータ等の入力のためのスイッチや視線入力装置、音声出力会話補助装置等の入出力支援機器や電動車いす等の補助用具の活用が必要になります。他にも、本を読むことが困難な子供はタブレット型端末等の拡大機能や読み上げ機能を使う等して、学習が効果的に行えるようにすることが重要です。

③ 経験を広げるようにすること

入院している子供の多くは、入院によって生活空間が限られ、直接経験が不足したり、経験の偏りを生じたりしがちです。各教科では、できるだけ様々な体験ができるよう教育内容を準備することが重要になります。例えば､理科や社会等の経験を重視する教科においては、観察、実験、社会見学等を行うことが学習の基盤になります。

しかし、どうしても直接経験できない場合、視聴覚教材やコンピュータ、インターネット等を積極的に活用して経験の不足を補う必要があります。例えば、火気を使用する実験をWebサイトで見る間接体験、又はタブレット型端末で実験シミュレーションアプリを操作することによる疑似体験、社会科で地域調査をする際にWeb会議等を活用して地域の人から話を聞くなどの間接体験、体育科での体感型アプリ等を利用したスポーツの疑似体験等、指導方法を工夫して、学習効果を高めるようにすることが大切です。また、知らない場所へ行くことに強い不安を感じる子供が社会見学をする場合には、仮想的な世界を、あたかも現実世界のように体感できるVR（Virtual Reality）の技術を使った機器を活用して見学先を事前に仮想体験するなどして、不安を軽減してから見学することで、積極的に参加できるようにすることも大切です。

④ 少人数の弊害の改善

特別支援学校（病弱）や病弱・身体虚弱特別支援学級では、児童生徒数が少人数であることが多く、集団の中で様々な意見を聞いて思考を深めたり、社会性を伸長させたりすることが難しい場合があります。そのため、Web会議等を利用して、合同授業を行うなどの工夫も大切です。特別支援学校（病弱）は、都道府県内に1校だけの地域もあるため、自治体の枠を越えて特別支援学校（病弱）間で定期的に交流している事例もあります。

⑤ 免疫力が低下するなど感染に関する配慮を要すること

免疫不全の治療を受けている場合や、がんや白血病等の悪性新生物に対する治療を受けている場合には、感染症予防のためクリーンルームに隔離される等の著しい行動の制限が行われます。ICT機器等の活用により、病室内で指導する教師と教室で指導する教師とが連携を取りながら、授業を受けることができるようにするなどして、様々な教科の学習できる機会を確保するためにICT機器等を活用することも大切です。その際、タブレット端末等を使って教室の具体物をインターネットで遠隔操作できる場面を設けるなど、療養中でも、可能な限り主体的・対話的な活動ができるよう工夫することも重要です。

⑥　自己管理能力を育成するための情報活用能力の育成

病弱・身体虚弱教育においては、病弱・身体虚弱の状態の改善・克服は、自己管理能力を育成し、自立や社会参加していくために欠くことのできない課題です。そのため、自らが主体的に病弱・身体虚弱の状態を改善・克服するためには、ア　健康の維持・改善に必要な知識・技能の習得、イ　健康を管理する態度・習慣の育成、ウ　障害による学習上又は生活上の困難を改善・克服する意欲の向上が重要な目標となります。そして、医療関係者と連携し、自立活動の時間を中心に自己管理能力の育成を目指した教育を行うことが不可欠となります。その際に、カロリー計算、体重管理など、数値化できるものは積極的にデータとして記録しグラフ化するなど、客観的に見ることができるようにしていくことが重要です。

病弱・身体虚弱のある子供は、身体活動などの制限や制約が多いため、ICT機器等を活用しながら情報活用能力を育成していくことが大切です。それは、ICT機器等の活用により、病弱・身体虚弱のある子供にとって成就感や達成感を体験する環境がつくりやすいからです。それにより、自信をもったり、自尊心を高めたりする機会とすることができます。これらのことは、子供が病気に立ち向かっていく気持ちを支援することでもあります。筋ジストロフィー等の生徒は、特別支援学校（病弱）高等部を卒業した後もICT機器等を活用した生活をしており、学校教育で習得したこれらの力は「生きる力」となって彼らの日常生活を支えています。

⑦　遠隔教育

距離に関わりなく、相互に情報の発信・受信のやりとりを行うことができる遠隔システムの活用が広がっています。病弱・身体虚弱のある子供には、通学して教育を受けることが困難な子供もいます。このような子供にとって、自宅や病院などにおいて行う遠隔教育は、学習機会の確保を図る観点から、重要な役割を果たしています。インターネットなどを活用してリアルタイムに授業配信を行い、質疑応答などの双方向のやりとりを行うことが可能な同時双方向型、事前に収録された授業をインターネットなどで配信し、視聴したい時間に受講することが可能なオンデマンド型等があります。病気療養児に対するICT機器等を活用した遠隔教育について、次のような取組が近年なされています。

2018（平成30）年9月20日には、「小・中学校等における病気療養児に対する同時双方向型授業配信を行った場合の指導要録上の出欠の取扱い等について（通知）」（30文科初第837号）が出され、受信側において、小・中学校等と保護者が連携・協力し（この場合、受信側で対応を行う者として例えば保護者自身、保護者や教育委員会が契約する医療福祉関係者が考えられます）、子供の体調管理や緊急時に適切な対応を行うことができる体制を整えるなどの要件を満たす場合、指導要録上出席扱いとし、学習成果を評価に反映することができるようになりました。

2019（令和元）年11月26日には、「高等学校等におけるメディアを利用して行う授業に係る留意事項について（通知)」（元文科初第1114号）が出され、病室等において疾病による療養のため又は障害のため相当の期間学校を欠席すると認められる生徒等に対し、同時双方向型の授業配信を行う場合には、受信側の病室などに当該高等学校等の教員を配置することは必ずしも要しないこととされました。

2020（令和２）年４月には、学校教育法施行規則を一部改正し、高等学校における単位修得数等の上限の緩和がなされ、同時双方向型の授業について、上限（36単位）を超える単位修得等を認めることとされました。

2023（令和５）年４月には、小・中・高等学校におけるオンデマンド型授業配信の制度化がなされ、同時双方向型を原則としつつ、学校の判断により、オンデマンド型の授業配信を実施することが可能となりました。具体的には、小・中学校段階では、関係通知を改正し、オンデマンド型授業配信による指導要録上の出席扱いを可能としました。また、高等学校段階では、関係告示を一部改正し、オンデマンド型の授業による単位認定を可能としました。

オンデマンド型の授業配信に係る留意事項として、以下の点が挙げられています。これらの点に留意して、病気療養中等の子供徒の教育機会を保障していくことが大切です。

- ・同時双方向型を原則としつつ、当該児童生徒の病状や治療の状況等から、配信側の授業時間に合わせて同時双方向型で実施することが難しいと学校において判断した場合に限り、オンデマンド型で実施することが可能。
- ・当該児童生徒の生活や学習の状況を把握し、学校外の関係機関等と積極的な連携を図り、本人やその保護者が必要としている支援を行うこと。
- ・学習評価においては、定期的な訪問やオンラインでの面接、メールでのやり取り等を通して、動画の視聴及び学習状況を可能な限り把握するとともに、課題提出等、工夫して行うこと。
- ・小・中学校段階では、当該児童生徒の学齢や発達段階等を踏まえ、オンデマンド型授業配信の実施の可否について、学校において、保護者や医療機関と連携しつつ、適宜判断すること。

引用・参考文献

・中央教育審議会初等中等教育分科会教育課程部会．教育課程部会における審議のまとめ．2021.
・国立特別支援育総合研究所．病気の子どもの教育支援ガイド．ジアース教育新社．2017.
・国立特別支援教育総合研究所．こころの病気のある子供の教育支援 Co-MaMe ガイド－適応面や心理面、行動面に困難のある児童生徒への支援－．ジアース教育新社．2024.
・文部科学省．障害のある子供の教育支援の手引～子供たち一人一人の教育的ニーズを踏まえた学びの充実に向けて～．2021.
・文部科学省．教育の情報化に関する手引．2009.
・文部科学省．高等学校等の病気療養中等の生徒に対するオンデマンド型の授業に関する改正について（通知）（４文科初第2563 号）．2023.
・文部科学省．小・中学校等における病気療養児に対する ICT 等を活用した学習活動を行った場合の指導要録上の出欠の取扱い等について（通知）（４文科初第 2565 号）．2023.
・文部科学省．「高等学校等におけるメディアを利用して行う授業に係る留意事項について（通知）（元文科初第 1114 号）．2019.
・文部科学省．小・中学校等における病気療養児に対する同時双方向型授業配信を行った場合の指導要録上の出欠の取扱い等について（通知）（30 文科初第 837 号）．2018.
・文部科学省．特別支援学校小学部・中学部学習指導要領．2017.
・文部科学省．特別支援学校高等部学習指導要領．2019.
・文部科学省．特別支援学校学習指導要領解説総則等編（幼稚部・小学部・中学部）．2018.
・文部科学省．特別支援学校学習指導要領解説自立活動編（幼稚部・小学部・中学部）．2018.
・文部科学省．特別支援学校学習指導要領解説総則等編（高等部）．2020.
・村上由則．慢性疾患の治療・管理と障害としての病弱．特殊教育学研究，31 巻 2 号,47-55．1993.
・武田鉄郎・原仁・山本昌邦．病弱養護学校高等部卒業生の進路状況に関する後方視的追跡調査．育療．20,7-18．2000.
・全国病弱虚弱教育研究連盟．全国病類調査（RI）CD-R．2020.

6 重複障害

1　重複障害の基礎知識と実態把握

（1）重複障害者の基礎知識

「重複障害者」とは、「複数の種類の障害を併せ有する児童又は生徒」（特別支援学校小学部・中学部学習指導要領、特別支援学校高等部学習指導要領）であり、原則的には学校教育法施行令第22条の3において規定している程度の障害を複数併せ有する者を指しています（特別支援学校教育要領・学習指導要領解説　総則編）。教育課程を編成する上で、障害の状態により特に必要がある場合の規定を適用する際には、指導上の必要性から、必ずしもこれに限定される必要はなく、言語障害、自閉症、情緒障害等を併せ有する場合も含めて考えてもよいこととなっています（なお、幼稚部教育要領では、「複数の種類の障害を併せ有するなどの幼児」という文言はありますが、それを「重複障害者」と定義していないため、本章においては幼児が関わる制度等の事項については「幼児児童生徒」、それ以外は「児童生徒」と表記しています）。

我が国において、1948（昭和23）年、山梨県立盲学校における盲ろう児への教育が重複障害教育の始まりとされています（本稿では、視覚と聴覚の両方に障害を有する者を「盲ろう者」と表記します。かつては「盲聾者」と表記することが多かったのですが、社会福祉法人全国盲ろう者協会が1991（平成3）年に設立されて以来、「盲ろう者」という表記が広く使われるようになりました）。また、世界的には、ヘレン・ケラーとアン・サリバン先生との教育の営みはよく知られています。

重複障害者は、視覚障害や聴覚障害と知的障害を伴う者、視覚障害や聴覚障害と肢体不自由を伴う者、肢体不自由と医療的なケアを要する者など、その障害の様相は多岐にわたっています。

（2）障害が重複することで生じる困難の整理

障害が重複することで生じる困難については、以下の3点に分けて整理する必要があります。第1点は、「併せ有する一つ一つの障害から生じる困難」です。第2点は、それら「一つ一つの障害が重複した場合に追加・増幅して生じる困難」です。第3点は、「重複障害の困難を理解していないために、周囲の人が不適切な関わりをすることで生じる困難」です。

第1点の「併せ有する一つ一つの障害から生じる困難」については、本書の各障害種の該当ページ項を参照してください。ここでは、子供が併せ有する一つ一つの障害についての基本的な理解と主要な支援方法をおさえておくことが基礎になります。一つ一つの障害にかかる配慮事項を参考にしながら、子供の様子をていねいに観察することによって、どのような困難があり、どのような支援が必要かの手がかりを得ることができます。

第２点の「一つ一つの障害が重複した場合に追加・増幅して生じる困難」は、各障害が重複すると、単に一つ一つの障害から生じる困難が加算的に「追加」されるだけでなく、相乗的に「増幅」されるということを理解することが重要です。なぜなら、単一障害の場合に用いられる主要な支援方法の多くが、障害を受けていない他の機能によって成り立っているからです。例えば、視覚に障害があり、外部からの情報が得にくい場合には、障害を受けていない聴覚や触覚の機能によって補われ大量の情報が伝えられます。一方、聴覚に障害がある場合の情報の伝達やコミュニケーションは、多くが視覚の機能に補われて行われます。実際の教育の場面でも、視覚に障害があり、かつ聴覚にも障害がある、障害が重複した盲ろう者などの場合、特別支援学校（視覚障害）と特別支援学校（聴覚障害）の各々で用いられている主要な教育方法だけでは、情報の伝達やコミュニケーションをとることが極めて難しいことが示唆されます。このような場合は、主要な教育方法だけではなく、独自の配慮を工夫し、そしてより長い時間をかけて指導を継続することにより、初めて適切な教育を行うことができます。

同様に、肢体不自由があるために自らの動きを通して体験をすることが困難な場合は、視覚や聴覚等の他の感覚を使った周囲の観察や視聴覚教材などによって、新しい概念を学んだり、社会生活への理解を広げたりすることが可能ですが、視覚障害と肢体不自由を併せ有する場合、観察による学習などの視覚的な情報や機能を活用した学習が極めて困難になります。また、音声による表現が困難な肢体不自由のある子供には、実物を見つめたり、写真や文字盤の文字を視線で選んだりするなど目を使った表現方法がよく用いられます。視覚障害がある場合、これらの方法のみでは十分な教育的効果は期待できません。さらに知的障害が加わると、聴覚や触覚から得られる限られた情報の意味を理解したり、記憶したり、物事の因果関係を整理したりすることの困難さが何倍にも増幅されます。これら複数の障害を併せ有することにより追加・増幅された困難を軽減するためには、併せ有する一つ一つの障害から生じる困難についての整理だけでなく、障害が重複することで新たに生じる困難についても整理する必要があります。その上で、子供に確実に届く情報の提供、子供が表現しやすいコミュニケーション方法の選択、子供の理解を助ける教材・教具の工夫などを行うことが不可欠になります。

第３点の「重複障害の困難を理解していないために、周囲の人が不適切な関わりをすることで生じる困難」については、特に重複障害のある子供に起こりやすい状況です。生活すべてにおいて介助を必要とする状態にあり、しかも周囲には分かりにくい表現方法や手段を用いている場合、その子供の潜在的能力は極めて低く見なされがちになってしまいます。また、周囲から「障害の重い子」、「重度の障害のある児童生徒」、「重症児」等のことばでカテゴリー化したイメージで見られ、そのイメージが先行し一人歩きしてしまっている場合にも、同じように潜在的能力が低く見なされ、本来受けるべき教育が制限されてしまうこともあります。そのために、子供の自発性や自立的な成長に、大きな影響を与える場合があります。私たち人間は、障害のあるなしにかかわらず、生きている限り、主体的に人や環境と関わり合いたいという根源的な欲求をもっています。はじめから「重複障害児は…」という視点で関わるのではなく、まずは「一人の人間」として子供と向かい合うということを常に忘れずに、一人一人の教育的ニーズに応じた教育を実践していくことが大切です。

（３）重複障害のある子供の実態把握

重複障害のある子供の実態把握を行うに当たっては、その障害の状態が多岐にわたっていることから、多角的な視点から実態把握を行う必要があります。また、子供からの反応や変化が読み取りづらかったり、標準化された検査を用いることが難しかったりする場合もあり、実態把握に困難さを感じている教師は少なくありません。「子供は環境との相互作用の中で生活し、学んでいる」という視点をもって実態把握を行うことが必要です。

①　実態把握と評価

重複障害のある子供の実態把握を行う際には、医学的診断や所見、及び生育歴について、できるだけ正確な情報を得ることが必要です。例えば、病名が分かることによって、教育的な関わり方についての手がかりを得ることができ、さらに今後どのような留意点が出てきそうかを確認することができます。また、医学的な情報は、知的機能や感覚機能のアセスメントに当たって有用な情報になります。これまでの治療や療育の経過を把握しておくことはとても大切です。

また、子供の状態に応じて、様々な領域において細やかな評価を行う必要があります。具体的には、呼吸や生活リズム、発作の状況等の健康面の領域、姿勢や粗大運動に関する領域、触覚・視覚・聴覚などの感覚に関する領域、手指の微細運動を含む知覚運動協応に関する領域、対人関係・情緒・コミュニケーションに関する領域、物事の認知や理解に関する領域などです。重複障害のある子供の場合、視覚・聴覚等の感覚機能の評価が難しい場合があります。また、摂食の機能等の特定の領域について、より細やかな評価が必要となる場合もあります。必要に応じた専門家との連携や、日常生活や学習場面での細やかな行動観察が必要となります。

②　実態把握の方法

実態把握の方法としては、標準化された発達検査等を用いる場合と行動観察や聞き取りなどによる場合があります。

標準化された発達検査等を用いると、発達のキーポイントとなる行動を概括的に把握することが可能となります。また、発達の現況と、今まさに育ちつつある予測的な発達状態を捉えることができます。反面、このような多くの検査は障害のない子供の発達の順序性が基になっているため、これらの順序性や項目が、必ずしも重複障害のある子供の発達に即応していないこともあります。したがって、活用に当たっては、発達過程に個人差が大きいことを念頭に置く必要があります。また、それぞれの検査の特徴を理解し、調べたい目的と子供の実態に見合った検査を選択した上で、適切な実施と結果の解釈を行う必要があります。

重複障害のある子供の中には、標準化された検査では測定が難しい場合や検査が適切に実施できない場合があります。そのため、行動観察や聞き取りによる方法が重要となります。遊びや食事などの生活場面や学習場面において、子供の行動の観察を通して発達状況や獲得している行動の状況を把握します。自由な活動場面における様子を観察する方法もあれば、一定の条件下における様子を観察する方法もあります。感覚の使い方、人・物などへの関わり方、コミュニケーションなど、観察する観点を明確にしたり、チェック表を用意したりするなど事前の準備をします。実態把握に当たっては、教師側の子供を理解しようとする意識や気付きが大きな影響を及ぼします。行動観察を行うことにより、重複障害のある子供の今もっている力は何か、どういった状況の中でその力を十分に発揮できるかなどを把握することが大切です。原則的には、次の３点について整理をしておくことが大切です。

ア　子供が生活している場での様子を知ること

子供は、「慣れている場所で、なじみの人と、なじみの活動をする」ときに、もっている力を発揮することができます。様々な場面における観察から得られた情報について、複数の人で確認し合って、より客観性を高めることも大切です。重複障害のある子供の行動を理解する場合、その子供の行動を意味付けていくことが必要となってきます。日頃からその子供と関わっている人から情報を得て行動の意味を解釈し、整理していくことが大切です。保護者への聞き取りをする中で、家庭生活の中で抱えている困難や訴え、願いなどについても知ることができます。

イ　心理的側面について把握すること

「子供が人との基本的な信頼関係を築くことができているか」という視点を取り入れることは、子供の心理的な安定を見る上で重要なポイントです。また、どういったことが好きか、あるいは嫌いかを観察することも大切です。さらに、子供の得意なことややりたいことを把握しておくと、学習を支援する際の動機付けに役立ちます。

ウ　コミュニケーションの状態を知ること

コミュニケーションは、すべての教育の基礎となります。重複障害のある子供においては、言語の理解はできても表出が未熟な場合が多く観察されます。また、言語を理解しているのではなく、相手の声の調子や状況の手がかりで判断している場合もあります。そのため、子供との関わりの中で、一人一人の子供に適した発信方法と、子供が確実に分かる受信方法を確認することが大切です。子供の発信は、初期の段階では、声や表情からうかがうことができる情動表出に周りの大人が意味付けすることから始まります。それが喃語等を用いた音声表現に進んでいき、さらには音声言語へと展開する場合があります。身体運動を使った発信については、人に対して、あるいは要求対象への直接的行動による表現から、指さし行動や身振り、さらには手話や指文字等へと展開する場合もあります。

表Ⅱ－６－１、及び**表Ⅱ－６－２**は、子供のコミュニケーション方法（受信・発信）の発達的変化を示したものです。子供のコミュニケーションの状態を、受信と発信に分けてよく観察し、日常生活のどのような場面でどのような感覚を用いた受信・発信を行っているかを整理することが大切です。そうすることで、子供にとって使いやすいコミュニケーション手段を検討できます。

表Ⅱ－6－1　コミュニケーション方法の発達的な変化　受信

記入日　　年　　月　　日　　歳　　月

受信　コミュニケーション方法の発達的な変化、お子さんの方法はどれか、印を付けてみてください。

<table>
<tr>
<td rowspan="2">事象に自然に伴う状況／その一部／物や事が、その事象を予測させる自然の信号になっている。

どのくらい様々な活動を子どもが経験していて自然に先行する状況によって次の活動の予測がつくか、これが受信の土台になります。</td>
<td rowspan="2">事象に似ている物や事、活動に使う・伴う物や動きを、意図的に使ったり、作ったりしたものが信号になっている。</td>
<td colspan="2">事象にほとんど／まったく似ていない信号信号の数を、より多くつくることができる。
「似てない」から難しい、でも信号多い</td>
</tr>
<tr>
<td>信号が、一つの塊なので素早く伝えられる。伝えやすい。新しい事象に対して各々別な信号をつくる必要があり信号の数が多くなる。</td>
<td>有限個の分子の組み合わせで信号をつくるので、いくらでも信号をつくり出せる。</td>
</tr>
<tr>
<td>思いつく例を書いてみてください。その自然な合図を活用して、意図的なコミュニケーションに展開できます。

視覚
触覚　例：服を脱がす＝お風呂とわかって機嫌よく手足をバタバタする

視覚　例：赤いものを持った人が来る＝シーツブランコとわかって笑いながら近づく

聴覚　例：給食のワゴンの音＝食事とわかって口を動かす

触覚
嗅覚　例：ひげの感触とローションの香り＝知らない人に触れられて不安だったのがお父さんの匂いとひげの感触で落ち着く

嗅覚　例：消毒液の匂い＝泣いて嫌がる（注射の記憶）</td>
<td>・活動の介助の初等部分を予告に用いる信号
触覚　例：脇の下を2回触られると、抱かれるとわかって両手を挙げる。
・関連する身体の部分を触る信号
触覚　例：口を触れる＝食事とわかり口を開ける
・その活動で使う実物
視覚
触覚　例：フロート＝水遊びとわかって服を脱ぐ
・実物の一部や断片
視覚
触覚　例：フロートの切れ端＝同上
・関連する温度
温度
感覚　例：湯の入ったペットボトル＝足浴とわかり、足を動かす
視覚・色
・写真
・絵
・線画
聴覚・関連する物の音
例：袋を開ける音＝せんべい
・擬音
・音楽／歌
例：特定の歌＝食事
嗅覚・関連する匂い
例：入浴剤の匂い＝お風呂</td>
<td>・マークした実物
視覚
触覚　例：実物の断片がより小さくなりほとんど実物と似てないもの
・手話
・指文字一文字に意味をつけて使う
視覚・漢字
・ひらがな一文字に意味をつけて使う
・色によるマーク
聴覚・いくつかの塊として区別され受信されていることば
・その他</td>
<td>触覚・点字
・指点字
・タドマ法（振動法）
視覚・指文字
触覚・ひらがな文字
・手のひら書き文字
・キュードスピーチ
視覚・ひらがな文字
・カタカナ文字
聴覚・音声言語
・その他</td>
</tr>
</table>

表Ⅱ－6－2　コミュニケーション方法の発達的な変化　発信

記入日　　年　　月　　日　　歳　　月

発信　コミュニケーション方法の発達的な変化、お子さんの方法はどれか、印を付けてみてください。

子どもが意図なく発した表情、声、体の向き、動きを大人が感度高くその意味をくみ取って、対応する段階	左項とほとんど同じ行動を表すが、大人のフィードバックによって、子どもの「意図性」が明らかになっていく段階	左の二つの項の信号が身振りや指さし・目線信号に展開。 事象に似ている物や事、活動に使う、伴う物や動きを、意図的に使ったり、つくったりしたものが発信の信号になっている。「似てる」のでわかりやすい。	事象にほとんど／まったく似ていない信号 信号の数を、より多くつくることができる。 「似てない」から難しい、でも信号多い	
思い付く例を書いてみてください。それが意図のあるコミュニケーションに展開していくのです。	左項の例1をとって、どのように意図的なコミュニケーションへ展開するか見てみましょう。		信号が、一つの塊なので覚えやすい。伝えやすい。新しい事象に対して各々別な信号をつくる必要があり信号の数が多くなる。	有限個の分子の組み合わせで信号をつくるので、いくらでも信号をつくり出せるがむずかしい。
例1：抱いて体を揺するあそびしていたのを止めると、少しすると子どもが自分で揺する ＝もっとやってほしいと大人が読みとって、すぐ揺すりあそびを再開する 例2：ごはんを大分たべたあと、スプーンを口につけると、顔をそむけ、手でスプーンをおしやる ＝もう満腹なんだろうと大人が読みとって、食事をおしまいにする 例3：遊びおわったシーツブランコを見つめて手をのばそうとする ＝もっとやりたいのだろうと大人が読みとり、再度ブランコをする 例： 例：	例1：抱いて体を揺するあそびしていたのを止めると、少しすると子どもが自分で揺する ＝もっとやってほしいと大人が読み取る。しかし、あそびを再開する前に、大人は、 1）子どもが揺らした体幹を触って「私に何かを伝えたんだね」とまず子どもにフィードバックする。 2）子どもの体を大人がちょっと揺らして「きみが言おうとしていたのは、このことなんだね」と確かめる。 3）子どもがもう一度体を揺らすのを待つ。揺らさないまでもちょっと考えたり体を動かしたりすることを見逃さない。 4）そこではじめて、「よし、じゃあはじめるよ」とばかりに、再度こどもが抽出した揺れあそびの合図を繰り返してから、初めて揺れあそびを再開する。 5）子どもが充分楽しんでから、また上記の経過を通す。子どもが合図として体を揺することが少しずつはっきりしてくる。	・身振り信号あるいは、活動の初頭部分を発信に用いる 例：自分の体を揺すって揺れあそびを求める ・少しずつ、対応する活動に似ている手話単語を使いはじめる ・視線・指さし 例：赤い布見つめて、視線あるいは指さしでシーツブランコを求める ・関連する体の部分を触って発信 例：口を触る＝食物を求める ・その活動でつかう実物を示す 例：フロート＝プールに行きたい ・実物の一部や断片を示す 例：フロートの切れ端＝同上 ・写真 ・絵　すでにある絵等を選び示す ・線画　一部分を自分で描く 全てを自分で描く ・打音 例：テーブルを叩いて人をよぶ ・音楽／歌やメロディーやリズム 例：特定の歌＝特定の遊びの要求 ・その他	・マーク化した実物を示す 例：実物の断片がより小さくなりほとんど実物と似ていないもの ・手話 ・指文字一文字に意味をつけて使う 例：指文字「な」で「なかざわ」を表す ・漢字 書いてある文字示す 機器を使って書く 自ら書く ・ひらがな一文字に意味を付けて 書いてある文字示す 機器を使って書く 自ら書く ・色によるマークを示す 例：赤＝プレイルーム 黄＝調理室 青＝体育館 緑＝保健室　等 ・いくつかの音・抑揚等の塊としていくつかのことばを発信	・点字 ・指点字 ・タドマ法（振動法） ・指文字 ・ひらがな文字 手のひら書き文字 ・ひらがな文字 ・カタカナ文字 ・キュードスピーチ ・音声言語 ・その他 文字発信の段階的方法の例 1）単語カードの選択 2）単語を組み立てるために、ひらがな文字を選択（選択肢を制限して） 3）五十音表から文字を選び単語つくる 4）上記をひらがなスタンプやタイプキーを用いておこなう場合もある 5）ペンやコンピュータで文字を書く等
大人の読み取りに依存 学習易しい、活動・概念の数少ない	←	→	形式が整った信号系 学習難しい、活動・概念の数多い	

（4）重複障害のある子供の多様な学びの場

1979(昭和54)年の養護学校の義務制実施は、その背景に全員就学という理念がありました。それまで、重複障害のある児童生徒は、就学猶予や就学免除を受けていましたが、養護学校の義務制実施によって、様々な障害のある児童生徒が養護学校に就学することができるようになりました。その後も就学者は増加していきましたが、平成の時代に入り、医療等の進歩により、医療的ケアの必要な幼児児童生徒が増加し、養護学校在籍者の重度・重複化がいわれるようになりました。その後、2007（平成19）年から始まった特別支援教育においては、障害種を超えた特別支援学校という教育の場が設けられ、複数の障害種に対応した特別支援学校も設置されるようになってきました。重複障害のある幼児児童生徒にとっては、通学にかかる時間が短縮されるなど、より居住地域に近い特別支援学校で学ぶことができるようになりました。さらに、2013（平成25）年には、学校教育法施行令が改正され、就学先を決定する仕組みや障害の状態等の変化を踏まえた転学の検討がなされるようになり、重複障害のある幼児児童生徒の多様な学びの場の整備が進められています。

現在の重複障害のある児童生徒が在籍する多様な学びの場としては、

① 特別支援学校の重複障害学級で学ぶ場合

② 特別支援学校から家庭や病院、施設等へ教員が派遣され、訪問教育を受ける場合

③ 小学校や中学校の特別支援学級で学ぶ場合

があります。その他にも特別支援学校の単一障害学級や小学校や中学校の通常の学級で学ぶ重複障害のある児童生徒もいます。

重複障害のある幼児児童生徒が学ぶ多様な学びの場の整備に当たって、今日まで様々な試みがなされていますが、インクルーシブ教育システムを構築するに当たっては、課題も少なくありません。

今後も、重複障害のある幼児児童生徒一人一人にとっての最善の教育を行う努力をする必要があります。

2　重複障害のある子供に応じた教育課程編成

重複障害のある児童生徒は、複数の障害が複雑に絡み合っているため、一人一人の障害の程度や状態は多様です。そこで、重複障害のある児童生徒の教育課程を編成するときには、児童生徒の障害の状態により特に必要のある場合には、その状態等に応じて「重複障害者等に関する教育課程の取扱い」を考慮した弾力的な教育課程を編成することができます。「重複障害者等に関する教育課程の取扱い」には、学校教育法施行規則に規定されているものと、学習指導要領に規定されているものがあります。なお、従前は「重複障害者等に関する特例」としていましたが、学習指導要領では、教育課程の取扱いに関する規定と重複障害者等の授業時数に関する規定をまとめて示すこととし、「重複障害者等に関する教育課程の取扱い」に改められています。

(1) 学校教育法施行規則に規定されているもの

学校教育法施行規則には、重複障害者等に関する教育課程の取扱いとして、次のように示されています。

- ・各教科等を合わせて指導を行う場合の規定
- ・特別の教育課程に関する規定
- ・教育課程の改善のための研究に関する規定
- ・特別支援学校又は地域の特色を生かした特別の教育課程の編成に関する規定

具体的には、以下の内容です。

①　各教科等を合わせて指導を行う場合の規定

各教科又は各教科に属する科目の全部又は一部について、特に必要がある場合は、合わせて授業を行うことができるとしています。重複障害のある子供の場合において、この規定が適用されることがあります。

「各教科等を合わせて指導を行う場合の規定」では、特別支援学校（小学部・中学部・高等部、以下「小・中・高」）で知的障害者である児童若しくは生徒又は複数の種類の障害を併せ有する児童若しくは生徒を教育する場合には、各教科、道徳、外国語活動、特別活動及び自立活動の全部又は一部について、合わせて授業を行うことができるとしています。

②　特別の教育課程に関する規定

特別支援学校（小・中・高）で、重複障害者を教育する場合と教員を派遣して教育を行う場合に特別の教育課程によることができるとしています。

③　教育課程改善のための研究に関する規定

特別支援学校（小・中・高）の教育課程に関し、その改善に資する研究を行うため特に必要があり、児童又は生徒の教育上適切な配慮がなされていると文部科学大臣が認める場合には、学校教育法施行規則や学習指導要領に定められている規定によらずに教育課程を編成し、実施することができるとしています。

④　特別支援学校又は地域の特色を生かした特別の教育課程の編成に関する規定

文部科学大臣が、特別支援学校の小学部、中学部又は高等部において、当該特別支援学校又は当該特別支援学校が設置されている地域の実態に照らし、より効果的な教育を実施するため、当該特別支援学校又は当該地域の特色を生かした特別の教育課程を編成して教育を実施する必要があり、かつ、当該特別の教育課程について、教育基本法及び学校教育法第72条の規定等に照らして適切であり、児童又は生徒の教育上適切な配慮がなされているものとして文部科学大臣が定める基準を満たしていると認める場合においては、文部科学大臣の定めるところにより、学校教育法施行規則第126条から第129条までの規定の一部又は全部によらないことができるという規定です。

(2) 学習指導要領に規定されているもの

学習指導要領では、重複障害者等に関する教育課程の取扱いとして、次のように示されています。

なお、これは、重複障害者に限定した教育課程の取扱いではないことに留意する必要があります。これについては第Ⅰ部をご参照ください。

① 重複障害者の場合

視覚障害者、聴覚障害者、肢体不自由者又は病弱者である児童又は生徒に対する教育を行う特別支援学校に就学する児童又は生徒のうち、知的障害を併せ有する者については、各教科の目標及び内容に関する事項の一部又は全部を、当該各教科に相当する知的障害者である児童又は生徒に対する教育を行う特別支援学校の各教科の目標及び内容の一部又は全部によって、替えることができるものとなります。また、小学部の児童については、外国語活動の目標及び内容の一部又は全部を知的障害者である児童に対する教育を行う特別支援学校の外国語活動の目標及び内容の一部又は全部によって、替えることができるものとなります。したがって、この場合、小学部の児童については、外国語科及び総合的な学習の時間を、中学部の生徒については、外国語科を設けないことができるものとなります。

この規定は、視覚障害者、聴覚障害者、肢体不自由者又は病弱者である児童生徒に対する教育を行う特別支援学校に、知的障害を併せ有する児童生徒が就学している実情を考慮し、これらの児童生徒の実態に応じた弾力的な教育課程の編成ができることを示したものです。

学習指導要領では、小学校及び中学校の各教科の目標及び内容との連続性を確保する観点から、知的障害者である児童生徒に対する教育を行う特別支援学校の各教科においては、小学部、中学部共に、各教科において段階ごとに目標及び内容が示され、それらは、小学校及び中学校の各教科の学年ごと又は２学年にまとめて示した目標及び内容を参考として、かつ知的障害の特徴及び学習上の特性等を踏まえ設定されています。

なお、小学部の児童に、知的障害者である児童に対する教育を行う特別支援学校の外国語活動を、中学部の生徒に、知的障害者である生徒に対する教育を行う特別支援学校の外国語科を設ける場合は、児童生徒の障害の状態等を考慮して行うことが必要です。

ア 各教科の目標及び内容に関する事項の一部を替える場合

視覚障害者、聴覚障害者、肢体不自由者又は病弱者である児童に対する教育を行う特別支援学校の小学部の各教科の目標及び内容に関する事項の一部を、当該教科に相当する知的障害者である児童に対する教育を行う特別支援学校の小学部の各教科の目標及び内容に関する事項の一部によって替えることができます。中学部についても同様です。

なお、当該各教科に相当する各教科とは、原則として教科名称の同一のものを指しますが、視覚障害者、聴覚障害者、肢体不自由者又は病弱者である児童に対する教育を行う特別支援学校の小学部の「社会」、「理科」、「家庭」に相当する知的障害者である児童に対する教育を行う特別支援学校の小学部の教科とは「生活」、同じく中学部の「技術・家庭」に相当する教科は「職業・家庭」と考えられます。

なお、中学部においても、知的障害者である児童に対する教育を行う特別支援学校の小学部において示されている生活科の目標及び内容を導入することは可能です。しかしながら、教科の名称を替えることはできないことに留意する必要があります。

イ　各教科を替える場合

視覚障害者、聴覚障害者、肢体不自由者又は病弱者である児童に対する教育を行う特別支援学校の小学部の各教科を、当該教科に相当する知的障害者である児童に対する教育を行う特別支援学校の小学部の各教科によって替えることができます。中学部についても同様です。なお、教科の名称を替えることはできないことに留意するなど、各教科によって替える場合の考え方は、アと同様です。

ウ　小学部の外国語科、外国語活動及び総合的な学習の時間、中学部の外国語科の取扱い

視覚障害者、聴覚障害者、肢体不自由者又は病弱者である児童生徒に対する教育を行う特別支援学校において、学校教育法施行規則に示す各教科等については、すべての児童生徒が履修することとなっています。しかし、知的障害を併せ有する児童生徒に対して、上記のア又はイの規定を適用して教育課程を編成する場合、障害の状態によっては、知的障害者である児童生徒に対する教育を行う特別支援学校と同様の教育課程上の取扱いを必要とすることが考えられます。したがって、小学部においては、外国語科及び総合的な学習の時間を設けないこともできることとしています。また、中学部においては、外国語科を設けないこともできることとしています。

なお、視覚障害者、聴覚障害者、肢体不自由者又は病弱者である児童に対する教育を行う特別支援学校の小学部において、知的障害を併せ有する児童に対し、小学校に準じて第３学年及び第４学年で取り扱う外国語活動を、知的障害者である児童に対する教育を行う特別支援学校の小学部の外国語活動に替えて指導を行うことは考えられます。しかしながら、知的障害者である児童に対する教育を行う特別支援学校の小学部に新設された外国語活動は、個々の児童の知的障害の状態等に応じて、小学部第３学年から第６学年までの児童を対象としていることや、国語科との関連を図ること、特に外国語を使う場面を見聞きすることに重点が置かれた内容であることに留意をしながら、本規定について適用の判断をする必要があります。

②　重複障害者のうち、障害の状態により特に必要がある場合

重複障害者のうち、障害の状態により特に必要がある場合には、各教科、道徳科、外国語活動若しくは特別活動の目標及び内容に関する事項の一部又は各教科、外国語活動若しくは総合的な学習の時間に替えて、自立活動を主として指導を行うことができるものとしています。

この規定は、重複障害者のうち、障害の状態により特に必要がある場合についての教育課程の取扱いを示しています。

現行の学習指導要領では、視覚障害者、聴覚障害者、肢体不自由者又は病弱者である児童生徒に対する教育を行う特別支援学校において、小学部第３学年及び第４学年に新たに導入された外国語活動、小学部第５学年及び第６学年で新たに設けられた外国語科が導入されたことに伴い、自立活動を主として指導を行う場合には、各教科に含まれている外国語科又は外国語活動の一部又は全部を自立活動に替えることができることを示しています。

障害の状態により特に必要がある場合には、各教科、道徳科、外国語活動、特別活動の目標及び内容に関する事項の一部に替えて、自立活動の指導を主として行うほか、各教科や外国語活動の目標及び内容の全部又は総合的な学習の時間に替えて、主として自立活動の指導を行うこともできることを示しています。

重複障害者については、一人一人の障害の状態が極めて多様であり、発達の諸側面にも不均衡が大きいのですが、他の児童生徒と同様、「教育目標」において示したとおり、各教科、道徳科、外国語活動、総合的な学習の時間、特別活動に加えて、自立活動を取り扱うことが前提となっていることを踏まえる必要があります。その上で、次に示すとおり、各教科と自立活動の目標設定に至る手続きの違いを踏まえ、小・中学部の在学期間に学校教育として提供すべき教育の内容を卒業後の生活も考慮しながら、障害の状態により特に必要がある場合か否かを検討していくことが必要です。

重複障害者については、例えば、知的障害者である児童に対する教育を行う特別支援学校小学部の１段階の内容を習得し目標を達成することが難しそうな児童に対し、１段階からていねいに指導するという判断がある一方で、自立活動に替えて指導するという判断もあります。特に、後者の判断をする場合には慎重になされるべきです。なぜならば、各教科等に加えて、自立活動を取り扱うことが前提となっていることを踏まえる必要があるからです。そのため、１段階の内容を習得し目標を達成するための指導に加え、自立活動の目標設定に至る手続きを経て、学習上又は生活上の困難を主体的に改善・克服するための自立活動の指導も実施するという検討も必要です。

したがって、この規定を適用する場合、障害が重複している、あるいはその障害が重度であるという理由だけで、各教科等の目標や内容を取り扱うことを全く検討しないまま、安易に自立活動を主とした指導を行うようなことのないように留意しなければなりません。

なお、道徳科及び特別活動については、その目標及び内容の全部を替えることができないことに留意する必要があります。

③　重複障害者等に係る授業時数

重複障害者、療養中の児童若しくは生徒又は障害のため通学して教育を受けることが困難な児童若しくは生徒に対して教員を派遣して教育を行う場合について、特に必要があるときは、実情に応じた授業時数を適切に定めるものとしています。これは、重複障害者や療養中の児童生徒の場合又は訪問教育を行う場合に、児童生徒の実情に応じた授業時数を適切に定めることができることを示しています。

重複障害者や医療機関に入院している児童生徒の場合又は訪問教育を行う場合、各学年の総授業時数及び各教科等の年間の授業時数は、いずれも小学校又は中学校に「準ずる」のではなく、特に必要があれば各学校で適切に定めることができます。

この場合、児童生徒の実態を的確に把握するとともに、医療上の規制や生活上の規制等も考慮して、どのような教育課程を編成することが最も望ましいかについて児童生徒の学習状況等を踏まえ、総合的に検討する必要があります。

3　重複障害のある子供への指導上での配慮

ここでは、まず、重複障害のある子供に共通する学習を進める上での配慮を述べます。次に、「21世紀の特殊教育の在り方について（最終報告）」（2001年）の中で「特に障害の状態に配慮しながら指導する必要がある」と指摘されている、重度・重複障害がある子供及び視覚と聴覚の障害が重複している子供の指導の実際について述べます。さらに、医療的ケア、訪問教育、情報機器の活用について述べます。

（1）重複障害のある子供の学習を進める上での配慮

重複障害のある子供は、障害の状態によって、外界の情報を得ることが難しかったり、周囲の状況の理解が難しかったり、自らの身体を動かして確認することが難しかったりする場合が多く、これらは概念形成を進める上で不利な状態であるといえます。このような状態にある子供は、概念形成の基盤となる学習を、時間をかけてていねいに行うことが必要です。具体的には、以下のような配慮が考えられます。

①　実体験を積み上げること

重複障害のある子供は、単一障害の子供に比べると、概念形成の基盤となる実体験が極端に少ないといわれます。ことばや数などの学習では、抽象的な課題に入る前の段階で、実物を用いた体験を数多く繰り返すことが重要です。特に、ことばに関しては、実際の行動を伴いながら学習する方法が最も有効です。

②　子供に合った情報の提示の仕方や子供からの発信の方法を工夫すること

重複障害のある子供にとって、周りの環境からの情報を受け取る手段は一人一人異なります。聴覚・視覚・触覚・嗅覚などの様々な感覚の使い方や、それぞれの感覚を使った受信方法の発達の様相などを考慮に入れながら、それぞれの子供に分かりやすい情報の提示の仕方を工夫することが大切です。また、子供から意思を表出する方法も様々です。視覚障害、聴覚障害や肢体不自由に配慮しながら、子供が発信を行いやすい方法を工夫する必要があります。

③　子供が活動の全過程に関わること

実体験の少なさとも関連しますが、視覚障害、聴覚障害や肢体不自由を併せ有する重複障害のある子供は、学習や生活において、部分的な情報しか与えられていない状況になりがちです。活動の全体像をつかみにくい状況にあることは、概念形成にとっても不利です。学習場面では、子供が一つの活動の全過程に関わり、因果関係や構造などを理解できるような指導の工夫が望まれます。また、実物を用いたていねいな予告を行うことによって、子供は見通しをもち、学習に主体的に取り組むことができます。

④　子供が興味・関心のあることを学習につなげること

子供が興味・関心をもっていることを学習につなげることで、子供は学習に意欲的に取り組むことができます。さらに、子供自身の興味・関心から学習に入ることで、子供が自分の中にもっている概念の構造化や整理を行いやすくなります。「与えられた広い知識をまんべんなく学ぶ」ことが難しい子供にとっては、「自分の興味のある一つの事項を深く学ぶ」方法で、実際的な知識や概念の構造化を行うことができるのです。

⑤　子供が納得するまで学習の時間を十分確保すること

重複障害のある子供は、断片的な情報を統合して状況を判断するのに時間を要します。分かりやすい情報提示の仕方や、系統立てて学習できるような教材の工夫に加えて、子供が納得するまで、時間を十分に確保することが大切です。

（2）重複障害のある子供の指導の実際

重複障害のある子供の指導に当たっては、関わり手としての教師の役割が大きな意味をもちます。そこで、子供に関わる教師が工夫すべき事柄として、以下の３点を紹介します。

①　子供の安心につながる工夫

ア　教師が、子供にとって「なじみの人」になることが子供の安心につながります。子供が教師を区別しやすくするため、衣服の色や手触り、装飾品、髪型、香りなど、子供が分かる手がかりを教師が身に付けるようにしたり、その人独自の語りかけ、遊び方等の関わり方に、教師の特徴を際立たせたりする工夫が必要です。

イ　子供が多くの時間を過ごす場所が「なじみの場所」になることが、子供の安心につながります。教師の側の配慮として、子供の好きな毛布やおもちゃを用意することで、子供がリラックスしたり楽しめたりする場所づくりが工夫できます。また、その場所を子供が見つけやすいように、その子供にとって分かる手がかり（色・柄・形・手触り・音・香りなど）を用意することも大切です。

ウ　子供が生活や学習の中で毎日繰り返し行う「なじみの活動」は、子供が見通しをもって安心して楽しめる活動となる場合が多いです。子供が活動の見通しをもつことができるように、その子供が分かる方法（活動に関連の深いもの、におい、音、身振り動作、写真、絵カードなど）を用いて活動の予告を重ねることが大事です。

②　子供の気持ちの読み取りと関わり

重複障害のある子供と向き合っていると、子供が表情や微細な動き、身体全体の緊張等、限られた動きの中で外界に向けて発信をしていることに気付きます。教師はまず、その子供の気持ちが快（受け入れ）であるのか、それとも不快（拒否）であるのか、を読み取りながら、その気持ちに沿って関わり方を工夫していきます。関わりを「受け入れている」と読み取れたときには子供の意図を実現する方法で関わりを展開し、「嫌がっている」と読み取れたときにはその関わりをやめて、子供に受け入れられる方法を探ります。特に関わりの初期の段階では、子供の「ノー」という表出を受け止めて応えることが重要です。

重複障害のある子供の中には、笑う、怒る、泣くなどの表情の変化が極めて少なく、視線の動きなども観察できず、教師による読み取りが困難な場合があります。そのような場合、他の身体の部位の動き、緊張の状態、息づかいなど、普段の様子との違いを観察します。わずかな動きでも、子供と関わりをもつ周囲の人たちと確認し、その行動の意味を検討するようにします。子供の行動に意味づけをし、フィードバックをしながら関わることで、子供の行動の変化が大きくなるようにします。

重度の運動障害がある場合、周囲に働きかける手段が限られるため、自分の行動が周囲の人に影響を及ぼしうることを実感する経験がとても少ないことがあります。子供が今できる何らかの行動によって明確な結果が生じ、周囲の人がはっきりと応答を返すような状況を設定することが重要です（例えば、子供が口元を少し動かしたら、動いた口元に触れて「お話してるんだね」と声をかける等）。子供自身が表出できることを実感するために、このような子供へのフィードバックはとても重要です。

③　子供にとって分かりやすい状況づくり

子供が自ら外界と関わりながら学んでいくために、教師の側が、その子供が外界へ働きかける糸口となる興味を引き出せるものを準備し、働きかけた結果が自らに戻ってくる「分かりやすい状況」をつくる工夫が必要です。重複障害のある子供にとって分かりやすい状況を設定していく上で、教材・教具が重要な役割を果たします。教材・教具は子供とのコミュニケーションを円滑にし、子供の学びを支援することにつながります。

ここで、重複障害のある子供が分かりやすい状況設定の中で学んでいくために、必要な観点を挙げます。

ア　子供にとっての面白さ

重複障害のある子供にとって、受け止められる情報の質と量は限られています。その子供が興味・関心を向けるものだけが意味のある情報となって伝わります。日常の生活の中で、その子供なりに自分で面白いと感じるものを探索しながら、取捨選択しているといえます。その意味で、教師が子供に自由な探索をする場を設定し、注意深く観察し、子供が、何に対して、どのように関わっているかを把握することが大切です。また、子供一人一人の興味・関心の多様性に配慮し、幅広い選択肢を用意していくことも必要です。

イ　子供にとっての扱いやすさ

子供が動かすことのできる身体の部位を使って直接関わることができる状況を設定する必要があります。その子供が、できるだけ最小の努力で動かせる身体の部位、その動きの方向と強さに応じた仕掛けが重要です。特に動きを起こしにくい重度の運動障害のある子供には、わずかな動きでON・OFFができるスイッチの活用が有効です。また、働きかける対象となるものとの距離も重要な要素で、少しずつ子供の身体とものとの間の距離を広げていくことで、子供が外界を探索する範囲が広がり、移動を促すことにつながります。

ウ　視覚障害、聴覚障害への配慮

重複障害のある子供の場合、視覚や聴覚などの障害を重複して併せ有することがあり、その子供の見え方や聞こえ方の特徴に応じた配慮が必要となります。視覚を例にすると、いわゆる視力が低いだけでなく、視野の暗点、中心視野欠損、コントラストの低下を伴う視野の狭窄など、様々な見えにくさのある子供がいて、配慮が必要です。例えば、室内の照明を間接的な照明にして光度を調節することによりまぶしさを軽減したり、目を向けてほしいものにコントラストのはっきりした縞模様を入れたり、背景の色を調節したりするなどの工夫により、子供にとって対象物が見えやすくなります。

重度の肢体不自由のある子供の場合は、顔の向きを変えたり、提示された教材と自分との距離を自ら調節したりすることが困難な場合が多くあります。眼から近ければ見えやすいと

いうことではなく、子供の視力や視野に応じた提示物の大きさや位置、明るさやコントラストなどを考慮する必要があります。

視覚や聴覚のアセスメントについては、特別支援学校（視覚障害、聴覚障害）のセンター的機能を利用するなど、専門的な機関と連携を図ることも大切です。また、視覚、聴覚に限らず、前庭感覚（直進、回転の速度）、嗅覚、味覚、体性感覚（触覚、温度感覚、振動感覚）など多様な感覚に働きかけていくことが大切です。これらの働きかけには、子供に不快感をもたらすものもあり、それらの働きかけを自ら拒否（遮断）することもあります。一人一人の好みを確かめながら、働きかけの質と量を慎重に判断し、調整する必要があります。

エ　姿勢の配慮

子供が活動を行う際の身体の姿勢は重要です。例えば、子供がものに手を伸ばすときに、子供は身体全体のバランスを一度崩しながら、姿勢を調整し直そうとしています。姿勢を保っているときも常に動的な調整をしています。座位や立位などの重力に抗した姿勢をとることは大切です。自分で姿勢を保てない子供にとっては、姿勢を変えること、または、座位や立位になることが分かるような援助が必要です。

オ　支援の工夫

重複障害のある子供の自発的な働きかけを促すため、支援を工夫することが大切であり、教師は以下のような点に心がける必要があります。

・子供に合わせて活動のペースを決める（活動の主導権は子供の側にあります）。
・子供の行動を受けてそれに応える（子供の思いに沿った支援が大切です）。
・子供の行動を待つ（重い障害のある子供は、ゆっくり動き始めることがあります）。
・子供に提案する（子供の活動が停滞した場合、別の遊び方や別の活動を示して、様子を見てみましょう）。

（3）視覚と聴覚の障害が重複している子供の指導の実際

視覚と聴覚の障害が重複している子供の指導に当たっては、情報保障やコミュニケーションについて、子供に応じた方法を工夫する必要があります。

①「盲ろう」という状態とその困難さ

視覚と聴覚の障害が重複している状態は「盲ろう」と称されますが、その障害の状態や程度は様々です。見え方と聞こえ方の組み合わせによって、全盲ろう、全盲難聴、弱視ろう、弱視難聴という４つのタイプに大別されます。

「盲ろう」とは、情報の極端な制限により、人及び環境との相互交渉に著しい制限が課される障害です。人間関係の育成、概念の形成、コミュニケーション方法の獲得、空間の方向定位と移動、日常生活活動の習得、社会生活への参加、学校でのあらゆる学習、余暇活動等、広範囲にわたり大きな影響がもたらされます。

盲ろうの子供（以下、「盲ろう児」と表記します）の得ることができる情報は、直接触れるか、保有する視覚と聴覚で把握できる限られた範囲にある不鮮明な情報に限られます。これらの情報の獲得については次のような困難さがあります。

ア　一度に取り入れられる情報量が極めて少なく、非常に多くの時間と集中力が摂取と処理に必要とされます。複数の情報の同時摂取が困難なため、情報相互の関連性、因果関係、全体像の把握が非常に難しくなります。

イ　遠方のもの・危険物・動き・変化には直接触れることができないため、情報として欠落します。私たちには視覚や聴覚を通して瞬時に届く大量・広範囲の鮮明な情報について、盲ろう児にはその大部分が届いていません。盲ろうに関わるときには、そのことを常に意識することが求められます。

②　重度のコミュニケーション障害としての盲ろう

上記のような情報の欠如は、盲ろう児のコミュニケーションに深刻で広範囲な困難をもたらします。

乳幼児期における子供と養育者の間の感情の交流や共感、やりとりや三項関係の成立などが難しくなります。視覚・聴覚情報を補償するための意図的な介入がない場合には、養育者の養育意欲をも低下させ、さらにコミュニケーションの成立を阻害することにもなります。

情報が欠如することによって、概念の形成自体に困難が生じ、時間もかかるため、身振りなどの表出手段の数が増えるのも非常にゆっくりです。高い認知能力のある盲ろう児でも、日本語獲得の初期的な段階に至るまでに、障害のない子供の数倍の年月がかかります。

多くの盲ろう児は、身振りサインや触手話（話し手の手話に触れる）等の様々な方法によってコミュニケーションを行うことになります。 盲ろうの子供一人一人の状態によって、コミュニケーションに用いることができる感覚や、発達に応じたコミュニケーションの方法は異なってきます。一人一人に適したコミュニケーションの方法を尊重することが、盲ろう児の生活と学習には不可欠です。しかし、在籍する学校等において主流となっている方法が、そのまま盲ろう児に適用されることがあり、二次的なコミュニケーションの障害をもたらすことがあります。さらに、担当の教師以外は盲ろう児が使っている方法を習得していないため、コミュニケーションを交わす相手が極めて制限される場合もあります。

また、周囲の複数の人の様子が把握しにくいため、一対一のコミュニケーションを基本とする盲ろう児は、特別な配慮がない場合には、集団の中での活動やコミュニケーションが困難です。

③　情報とコミュニケーションの障害に配慮した指導

盲ろうという障害の特性の基本をなすものは、上記の情報とコミュニケーションの障害です。学校現場における配慮を述べます。

ア　コミュニケーションへの配慮

（ア）子供にとって最も有効な感覚を土台にして、コミュニケーション方法を決定します。保有している視覚と聴覚の活用はできるだけ促しながらも、同時に触覚・嗅覚・味覚など他の感覚を活用していくことが、情報補償とコミュニケーションのために不可欠です。

（イ）生活やコミュニケーションの場面において、どのくらいの距離・範囲・鮮明度で、何が見え、何が聞こえるかの評価をていねいに行うことが欠かせません。子供が確実に見分ける・聞き分けることのできる視覚・聴覚情報について関わる教員すべてが正確に把握しておくことが必要となります。このため、医療機関や特別支援学校（視覚障害、聴覚障害）との連携を要します。

（ウ）子供の障害の状態や発達に応じて、適切なコミュニケーション方法を選択します。受信と発信では異なる方法が必要になる場合や、複数の方法を並行して用いる必要がある場合、状況に応じて異なる方法を用いる必要がある場合もあります。一人一人の子供が用いる方法を、総合的な「コミュニケーション・システム」という視点に立って選択します。

（エ）コミュニケーション方法の選択に当たっては、教師の限られた知識や学校種や学校の方針によって、選択の幅をせばめてはなりません。その子供にとって最も負担が少なく、確実で、速く、有利な方法を選択します。

（オ）子供が用いるコミュニケーション方法を、担任以外も習得することも重要です。

（カ）コミュニケーションの基礎となる感情を伝え合うこと、また、子供が発したサインには、毎回細やかなフィードバックを行い、お互いの感情が分かるように伝えます。

（キ）コミュニケーションの「量」が極めて少ない状態に置かれる盲ろう児とは、できるだけ接する時間を多くすることが必要です。

イ　情報障害による見通しの困難さへの配慮

情報が極めて限られている中では、人、物、活動、場所の移動などは、盲ろう児にとってすべて唐突に現れ、そして消えていくものとなり、混乱と不安を高めることになります。盲ろう児と関わる最も基本的な原則は、子供が分かるコミュニケーション方法で、毎回一貫してこれらの予告を行うことです。特に、盲ろう児と関わる人は、その子供が分かる方法で出会うたびに自分が誰かということを名のることが必須です。子供が分かる方法の例としては、いつも付けている衣服の色や手触り、装飾品、髪型、香りなど、ネームサインなどがあります。

ウ　情報障害による動機付けの低下への配慮

視覚と聴覚情報が欠如するため、盲ろう児の好奇心や動機付けを喚起することを意図的に行う必要があります。子供が関心を示す、また、子供にとって「意味のある」活動を中心に活動を組み立てることが、子供の動機付けを高めることになります。

エ　偶発的な学習、模倣、因果関係、全体像を把握することの困難への配慮

私たちは周囲で起こっていることを意図せず偶発的に見聞する中で、多様な事物、多様な人間、多様な活動、多様な場所、時間等の存在や相互の関係を、自然に学んでいきます。盲ろう児は、それらすべてを、時間を十分にかけて、全過程を体験しなければ学ぶことができません。そのため、膨大な学ぶべき内容に適切な優先順位をつけ、概念が構造的に組み立てられるよう、意図的に学習を進めることが必要です。

オ　孤独な時間の多さと楽しめる余暇活動の少なさへの配慮

盲ろう児は、教師が少し離れただけでも孤独の中に置かれてしまいます。しかも、音楽を聴いたり動画を見たりする、周囲を眺めるなど、一人で過ごすことが難しいため、退屈さをしのぐための自己刺激的活動に没頭しやすい傾向があります。できるだけ一人にならないように配慮するとともに、盲ろう児が楽しめる余暇活動を見つけだしていくことは、重要な教育活動です。

以上の配慮をていねいに一貫して実行することが、盲ろう教育の土台となります。

4　進路指導と進路の状況

（1）キャリア教育の理念を踏まえた進路指導の在り方

重複障害のある子供であっても、またどんなに障害が重くても、進路指導を行う際にはキャリア教育の視点が欠かせません。それは、進路指導とは学校卒業後の行き先を決めるためだけの指導では決してなく、今まで歩んできた人生とこれから進む路（みち）とを結びつけ、生涯にわたって自分らしい生き方を実現するための教育活動だからです。障害のある子供が、学校卒業後も自分らしく生きていくためには、その子供がこれまでどういう生活を送ってきたのか、学校で何を学んできたのか、誰とどのような関わりを経験してきたのか等を大切にし、これからどういう生活を送りたいのか、将来何をしたいのか、そのために学校卒業後の進路をどこにするのか等を、子供を中心としながら関係者が一体となって子供自身の選択・決定を支えていくことが必要となります。様々な役割を果たしながら自分らしい生き方を実現していく過程を支えるキャリア教育の理念は、重複障害のある子供にとっても重要なのです。学校生活を通して、その子供の好きなこと・得意なこと・関心のあること・長所・強みを一つでも多く見つけたり、深めたり、広げたりすることで、自分らしい生き方の実現へとつなげることができます。しかし、重複障害のある子供は、経験が不足していたり、自らの意思を表出することが困難だったりすることが多いため、その時々に応じて様々な支援が必要となります。

（2）重複障害のある子供の進路の状況

「特別支援教育資料（令和４年度）」によると、特別支援学校中学部で重複障害学級に在籍している子供は29.8％います。特別支援学校中学部卒業後の状況としては、98.6％が進学者であることから、中学校段階の重複障害のある子供は、ほとんどが進学していることがわかります。

同資料によると、特別支援学校高等部には17.6％の子供が重複障害学級に在籍しています。障害種別に見ると、肢体不自由特別支援学校の在籍率が33.4％と最も高く、逆に知的障害特別支援学校が13.8％と最も低いことがわかります。特別支援学校高等部全体の卒業後の状況としては、社会福祉施設等入所・通所者が61.1％と最も高く、次いで就職者等が29.9％です。しかし、重複障害学級の在籍率が最も高い肢体不自由特別支援学校に限ると、卒業後の状況は社会福祉等入所・通所者が84.2％であり、重複障害学級の在籍率が最も低い知的障害特別支援学校の卒業後の進路状況は就職者等が32.7％であることがわかっています。このことから、重複障害のある子供の多くは、特別支援学校高等部卒業後、社会福祉施設等へ入所・通所していることが推察されます。

（3）重複障害のある子供への進路指導における留意点

学校卒業後の進路を選択・決定するのは、子供自身です。障害があっても、またどんなに障害が重くても、その子供の意思は必ず存在します。重複障害の子供への進路指導においても、その子供自身の意思と責任で進路を選択・決定できるよう、指導することが大切です。しかし重複障害のある子供の場合、生活経験が不足していたり、意思表出の手段が限られていたりするため、教師による計画的・系統的な働きかけが必要となります。具体的には、次の２つの視点が大切になります。

一つ目は、学校時代に様々な経験を積めるよう、意図的に体験の機会を設けることです。進路選択の理論はたくさんありますが、どのようなプロセスを経て選択･決定するにしても、自己理解は欠かせません。子供自身が好きなこと､得意なこと､発揮できる強み等のポジティブな側面と、苦手な環境、必要な支援等の両方を知ることが、進路選択において重要な要素になります。また、それらを含め、進路選択において何を重視するのか、どのような判断基準で選択するのかといった自らの価値観も把握している必要があります。自己理解を深めることは、より良い進路選択において重要な役割を果たします。

自分の好きなことや苦手なことは、自分の人生において経験したからこそ把握することができます。今まで経験したことがないことは、好きなのか苦手なのかはわかりません。重複障害のある子供の場合、幼少期より生活や学習場面において様々な制限を受けているため、障害のない子供と比較するといろいろな経験が少ないのが現状です。結果的に自己理解が深まらず、進路選択の際に判断する材料が限られてしまいます。より良い進路選択をするためには、様々な経験の機会を提供し、好きなこと、得意なこと、発揮できる強み、生き生きとできる環境等を、できるだけたくさん見つけることが大切です。

二つ目は、意思決定支援です。重複障害のある子供の場合、自らの意思を他者に伝えることが困難なため、日常生活において、保護者や教師等、周囲の大人が意思決定を代弁している場面が多々みられます。何を着るのか、何を食べるのか、どこに行くのか、何をするのか等、障害のない高校生であれば自ら判断し選択していることであっても、重複障害のある子供の場合は周囲の大人が決めていることが多いのではないでしょうか。しかし卒業後の進路は、子供自身が自らの意思と責任で選択、決定するものであり、障害のある子供であってもそれは同じです。子供自身が選択、決定するためには、他者にしっかり自らの意思を表出できることが必要となります。重複障害のある子供の場合、言語での意思表出が難しいことから、他者が読み取ることが難しいこともあります。どんなに障害が重くても、子供は何らかの方法で意思を表出しています｡その意思を教師が見逃さずに確実に受け取り､適切にフィードバックすることで､少しずつ意思表出の手段が確立されていきます。このような関わりを、小学校段階から日常の学習活動の中で着実に積み重ねることが重要です。

しかしその過程を経ても、様々な理由により、進路選択の場面において十分に子供の意思を読み取ることが困難だったり、子供の意思を確認することが難しかったりすることもあり得ます。その場合には、これまでの学習への取組状況や送ってきた生活スタイル、生き生きとしている姿や持ち味を発揮している場面を振り返り､その子供にとっての自立と社会参加、その子供が自分らしく豊かに生活を送る姿をイメージし、共有しながら、保護者や関係機関等の関係者と十分に話し合い、その子供の意思を可能な限り反映させたり、その子供が望むであろう生活を想像したりしながら、進路先を選択、決定しましょう。

進路選択という人生における大きな意思決定を子供自身の意思と責任で行えるよう、日々の学習や生活の中で意思決定の力を育むことが大切です。

5　自立活動の指導

（1）重複障害のある子供の指導の内容と方法

重複障害のある子供の障害の状態や程度は一人一人異なります。重複障害のある子供の指導の内容や方法については、当該の単一障害の指導内容や方法（例えば、視覚障害教育、聴覚障害教育、肢体不自由教育、病弱教育等）がある程度の参考になります。しかし、重度の知的障害を伴う重複障害がある場合、及び障害の組み合わせや状態によっては、個々に特有のニーズに応じた指導の内容と方法を検討することが必要となります。ここでは、重複障害のある子供のうち、特に、自立活動を主とする教育課程で学んでいる場合の指導の内容と方法について述べます。

重複障害者のうち、障害の状態により特に必要がある場合には、自立活動を主として指導を行うことができるとされています。しかし、実際の教育の現場では、比較的「重い障害がある」といわれる子供について、個々の指導内容をいかに設定するか、また、どのような方法で指導を行うかについて困惑しているという報告が聞かれます。このような子供の場合、一般的な発達の順序性の観点や、障害の克服といった観点のみでは、教育的な課題を設定することが難しい場合が多く見られます。このような手厚い支援を必要としている子供の指導の内容や方法を検討するに当たっての観点を示します。

①　重複障害のある子供の教育目標と教育内容の設定に当たって

障害のある子供への教育的な関わりがどのような理念に基づいて行われるかは、時代とともに変化しています。ここでは自立活動の基盤となっている「自立」についての考え方、手厚い支援を必要としている子供の教育目標と内容の設定の観点について述べます。

ア　「自立」の考え方

1999（平成11）年の学習指導要領改訂において、従来の「養護・訓練」は、自立を目指した主体的活動を一層推進する観点から目標や内容の見直しが行われ、名称が「自立活動」と改められました。自立とは、「児童生徒がそれぞれの障害の状態や発達段階等に応じて、主体的に自己の力を可能な限り発揮し、よりよく生きていこうとすること」を意味していると解説されています。ここでは、自立活動が、児童生徒の「主体的な活動」であることが明確にうたわれています。飯野（2005）は、自立について「種々の困難等を自己理解し、個人レベルで工夫や努力をしても解決できないときは、自分に必要な支援を自分で選択し、決定すること」と広く捉えています。さらに、このような自立を可能にするためには、支援する側も子供の主体性による自己選択、自己決定を尊重し、適時に適切な支援をすることが重要であると述べています。子供の主体性、能動性を引き出すための「人」、「もの」、「場面」を含めた環境づくりは、この教育において重要です。

イ　手厚い支援を必要としている子供の教育目標と内容の設定の観点

従来の教育実践では、「現段階の子供の能力をいかにして伸長していくか」という発想が多くを占めていました。しかし、近年、ICF（国際生活機能分類）の活用やキャリア教育の考え方が普及し、「子供が今ある力を使いながらこの活動に参加するにはどのような工夫があるか」や「将来の生活を見据えた上で今どのような力を付けたいか」といった視点からの、具体的な目標をもった教育的支援が行われるようになりました。障害の重い子供は、「手厚い支援があることによって初めて自立が可能になる子供」であるともいえます。その子供と家族のQOL（生活の質）の視点から教育目標や内容を設定する視点が大切になってきます。このような視点から検討する教育目標や内容は、学校の中だけで完結するものではなく、家庭や地域生活と密接に結び付くものとなります。さらに、手厚い支援を必要としている子供には多くの専門職が関わる場合が多いです。本人や保護者の願う生活の実現を目指して、目標や内容についてチームで検討し、それぞれの立場からの支援を連携させる、という視点も重要です。

このように、子供にとって「何ができないか」ではなく、「今、できること」に焦点を当て、物理的、社会的、教育的な面からチームで適切な指導や支援を行うことによって、子供のQOLを高め、現在と将来の社会参加を促していくという視点は、重複障害のある子供に限らず、あらゆる教育的ニーズのある子供の教育の視点として取り上げていく必要があります。

② 自立活動の内容

自立活動の内容は、６つの区分と27項目で示されています。重複障害のある子供の自立活動では、特に次のことが大事になります。

ア　健康の保持

重複障害のある子供の多くは健康状態の維持、改善に関連する課題をもっています。すなわち、生活リズムを身に付けたり、食事や排泄などの生活習慣を形成したり、感染予防など健康な生活環境の形成を図ったりすることなどです。

イ　心理的な安定

知的障害や視覚障害、聴覚障害、肢体不自由を伴う重複障害のある子供の場合、情緒の安定を図ることや、状況の変化を理解して適切に対応することなどが課題になる場合があります。

ウ　人間関係の形成

コミュニケーションと密接に関連し、他者との関わりの基礎に関すること、他者の意図や感情の理解に関すること、自己の理解と行動の調整に関することは、重複障害のある多くの子供にとって課題です。他者との関わりの基礎の上に、集団への参加の基礎が形成されます。

エ　環境の把握

視覚障害や聴覚障害、肢体不自由を併せ有する重複障害のある子供については、保有する感覚の活用に関することや、感覚の補助及び代行手段の活用に関することが大きな課題になります。また、認知や行動の手がかりとなる概念の形成に関することは、重複障害のある多くの子供にとって課題です。

オ　身体の動き

肢体不自由を伴う重複障害のある子供においては、姿勢と運動・動作の基本的技能に関すること、日常生活に必要な基本動作に関すること、身体の移動能力に関することなどの課題があります。

カ　コミュニケーション

コミュニケーションは、人との関わりや生活、学習を進める上での基盤となります。重複障害のある子供については、重度の知的障害や肢体不自由があるために発信が弱く子供の意図が周囲の人に伝わりにくかったり、視覚障害や聴覚障害を併せ有するために意図的な介入なしでは人とのやりとりが成立しにくかったりなど、多くのコミュニケーション障害の状況が考えられます。子供一人一人にふさわしい手段を用いて意思のやりとりが行えるようにすることが、重要な課題です。

（2）自立活動の内容の設定と指導の方法

自立活動の指導に当たっては、実態把握を踏まえて、子供一人一人の指導の目標及び指導計画を明確にし、個別の指導計画を作成します。特に、自立活動を主として指導を行う重複障害のある子供については、「全人的な発達を促すために必要な基本的な指導内容を、個々の児童又は生徒の実態に応じて設定し、系統的な指導が展開できるようにする」とされており、系統的な指導のためには個別の指導計画は重要です。その際、上記の自立活動の内容の中からそれぞれに必要とする項目を選定し、それらを相互に関連付けて、子供の生活や学習場面における具体的な指導内容を設定します。

（3）体調の変わりやすい子供の目標設定と内容

各授業等の目標や内容は、その学習集団にいる子供たちの体調が安定しているときを想定して組み立てられています。しかし、特に重複障害のある子供たちの中には、体調が変動する子供が少なくありません。そのため、指導案に沿った活動ができなくなる場合が生じます。

例えば、子供によっては、てんかんの発作があったり、気温や湿度の変化に順応できないために、急に体調が落ち込んだり、活動レベルが低下したりしてしまうことがあります。

体調の変動のサイクルは、１日の中で変動する子供、１週間単位で変動する子供、１年のある季節に体調が悪くなる子供など、子供によって様々です。また、体調の悪い状態から回復して、再び元気な状態になるのにどれくらい時間がかかるのかにも大きな個人差があります。こうした子供の教育では、日頃から彼らの表情やバイタルサイン（体温、脈拍、呼吸、血圧）を通して、体調の変化を把握できるようにするとともに、その時々の子供の体調に連動した教育的支援を行うことが必要となります。このようにその時々の子供の体調によって、柔軟にそして的確に活動の目標を調整していくことが大切です。

図Ⅱ－６－１は、重複障害のある子供の変動する体調に連動した望ましい活動の目標と教育的支援の方法を図式化したものです（中澤，2006）。

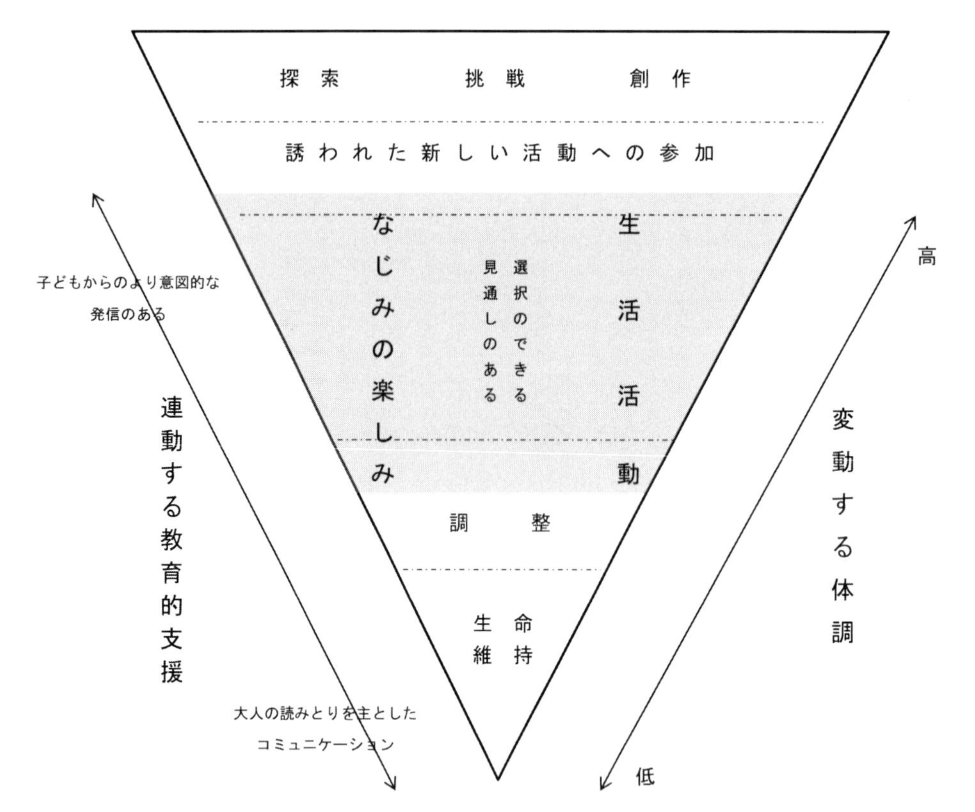

（中澤惠江（2006）「体調の変わりやすい幼児児童生徒の活動目標と指導の方法」より）

図Ⅱ－6－1　変動する体調と教育的支援の連動

この図の中で注目したいのは、子供にとっての「なじみの楽しみ」や「生活活動」の重要性です。毎日決まったやり方で行われる朝の会や、普段から行っている好きな音楽を選んで聞く活動などは、多くの子供にとって分かりやすく安心できる活動です。子供が理解できる方法で予告を行うことでさらに見通しがもちやすくなり、子供から主体的に活動に取り組むことが可能になります。また、子供が選択できる要素を用意することで、子供自身が自分で環境をコントロールしているという意識や自己肯定感をもちやすくなります。朝、体調が悪いとはいえないまでも少し機嫌が悪かった子供が、いつもの朝の歌が聞こえてくると機嫌を直して歌に聞き入るという場面に出会うことがあります。このように、「なじみの楽しみ」や「生活活動」に見られる見通しのある活動環境は、体調的に「調整」の段階にいる子供の自己統制を助ける働きももっています。

コミュニケーションについては、子供の体調が悪く「生命維持」に専念せざるを得ないときには、子供が意図せず発するサインを教師が読み取って細やかに対応することが必要です。子供の体調が安定して「なじみの楽しみ」や「生活活動」に取り組めるようになった段階では、見通しのもてる活動をベースにして、子供が教師や周囲へより意図的に発信できるよう援助することで、さらにやりとりを深めていくことが期待できます。子供の体調がよければ、「なじみの楽しみ」や「生活活動」で培われた教師との安定したコミュニケーション関係をベースにしながら、もう一段階上の「新しい活動」へ一緒に参加することができるかもしれません。さらに、子供自身が新しい活動に自信をもつことができれば、「探索、挑戦、創作」と新たな世界を子供の力で切り拓いていく可能性も秘めています。

このように、体調に変動のある重複障害のある子供の教育を考慮する場合には、子供のその時々の健康状態を正確に把握しつつ、体調に応じて活動の目標を設定し、それに対応する教育的支援を行うことになります。どんなに重い障害がある子供であっても、まず、「なじみの楽しみ」「生活活動」を充実させることによって、その活動目標が「新しい活動への参加」、さらに高次の「探索・挑戦・創作」へと発展する可能性があります。物的環境、活動環境、豊かなコミュニケーション関係をはぐくむ人的環境を整えることが、子供により高次の学びの機会を提供するのです。

6　情報機器の活用

文部科学省は、2010（平成22）年10月に「教育の情報化に関する手引き」を作成し、公表しました。この第９章は、「特別支援教育における教育の情報化」として特別な教育的支援を必要とする子供への情報機器等の活用について書かれており、この中で「重複障害等の児童生徒に対する情報教育の意義と支援の在り方」についても述べられています。

重複障害等の重度の障害のある子供が学習を進めたり、他者とのコミュニケーションを豊かにしたりするためには、身のまわりにある情報を積極的に活用するなど、様々な支援が必要となってきます。子供自らが外界に働きかけようとしたり、子供の行動の意味をうまく汲み取ったりすることができるようにしていく工夫が重要です。

重度の障害のある子供は、自分で動きを起こしたり止めたりしながら、自分が働きかけた結果として、周囲の状況が変わることや、人を動かすことができるという面白さを学習します。この外界への働きかけの中から、周囲の様々な物事の関係を学ぼうとしているのです。

こうした子供に対しては、AAC（Augmentative and Alternative Communication：拡大代替コミュニケーション）を含む、支援テクノロジー（Assistive Technology：アシスティブ・テクノロジー）の利用が効果的です。支援テクノロジーは、例えば、文字盤等、高度の技術を必要としないものから、パソコン等の情報機器を活用したものまで多種多様です。

操作スイッチによる玩具遊びも支援テクノロジーの一例です。子供が自分で操作できるスイッチを使用することで、玩具遊びに参加することができるようになります。そこから次に、誰かに対して働きかけたり、ときにはお手伝いをしたり、いたずらしたり、褒められたいという気持ちになったり、「できた」という達成感を味わったりすることにつながります。支援技術を活用しながら、学校での学習の充実や地域社会への参加につなげていくことが大切です。

（1）教材・教具の作成

教材・教具として活用できるものは多種多様です。玩具や日常生活用品も使い方によっては有効な教材・教具になります。生活している子供のまわりにある物を題材に、子供の興味・関心を確かめながら教材・教具に取り入れていくことが大切です。

教材作成に当たって、教師は、自分の得意なことや特技（料理、手芸、絵、音楽、木工、電子工作、機械など）を子供たちとの関わりの中で生かすことができます。自分が苦手な分野でも周りに得意な人がいたら、その人と協力して考えます。子供に関わる大人同士の連携が大切で、そこでまた新しいアイディアが生まれてくることも多くあります。

子供のニーズを見つけることは、その子供を理解していくことであり、関わり合いの中で、子供が今、求めていることを見いだすことです。作った教材に子供が興味を示してくれないこともあります。教師がその教材を押し付けるのではなく、「教材に対して興味をもたない」という事実を子供自身が選択した結果として認めることが、子供の真のニーズを見つける機会になります。その教材が、子供が「興味のある・分かりたい内容」を提示しているか、また子供にとって「分かりやすい状況」をつくりだしているか、見直すことが大切です。

（2）市販の教材・教具の利用

教材・教具をすべて最初からつくるのは、時間的にも技術的にも難しい面があります。スイッチを使って電動の玩具を動かす場合等、パーツを自分で揃える時間と手間、動作の確実性、そして安全性などを考えると、市販されている機器を利用することも一つの方法です。

子供が興味・関心を示している玩具などに手を加え、子供自身が操作して動かせるようにすることで、子供の自ら働きかけようとする意欲を促すことができます。市販されているBD アダプター（電池を使用する玩具などの電池部分に挿入し、スイッチを接続して、リモートコントロールする機器）や電源リレー（100V、600W 以下の電化製品を ON-OFF する装置）を利用すると、玩具やパソコンなどの電源を自分で入れることができるようになり、また、赤外線リモコンを利用すると、テレビやビデオを自分で操作することが可能になります。

（3）情報の共有

子供の遊びやコミュニケーションなど、一人一人のニーズに対応して教材・教具を製作・開発する過程で、「こういうことができたらいいな」、「これができたから次はこういうことにチャレンジしたい」と子供に次々に新しい願いが生まれてきます。これらの願いを実現するためには、子供を取り巻く周囲の人たちが情報を交換したり、共有したりすることがとても重要です。

学校や施設等で、子供一人一人に合った教材・教具の工夫がなされています。それぞれの試みを積極的に公開し合い、工夫を共有することが大切です。

インターネットが普及し、その中で自作の教材・教具を紹介する試みが増えてきました。教材・教具の製作のイベントや情報交換の場も増え、地域を超えた情報の共有が行われています。

子供たちに関わる人々が、自分たちのもっているノウハウをお互いに提供し合い、それぞれの工夫が共有される場がさらに増えていくことが望まれます。

（4）分かりやすく活動しやすい環境設定の工夫

重複障害のある子供は、知的障害、運動障害を併せ有するほか、見えにくさ、聞こえにくさ等、身のまわりの環境情報を得ることが難しい場合が多くあります。子供にとって分かりやすく活動しやすい環境設定の工夫が重要です。子供一人一人に応じた生活や学習環境の設定を心がける必要があります。

例えば、プランターを地面に置いたままでは、車いすからは顔や手が花には届きません。

しかし、園芸用のフェンスにプランターをかければ、車いすに乗ったまま、水やりをしたり、花に顔を近づけて香りを楽しんだり、果実を摘んだりすることができます。見えにくさのある子供にとって、香りは大切な情報です。今自分がどこにいるのかが分かることは、安心と見通しにつながります。見えにくさのある子供の中には、鮮やかな色であればある程度見分けられる子供がいます。部屋の入口に色の異なる布を下げておくと、どの部屋に入るのかも分かり、自分で行きたい部屋も選ぶことができます。

(5) 探索活動やリラクゼーションを促す環境設定の工夫

探索活動は、新しい刺激、不慣れで不確かなものについての情報を収集し、それらを知る、あるいは知覚・認知をしていくための中心的な活動です。探索活動は、それぞれ活用可能な感覚（視覚・聴覚・触覚・嗅覚・味覚等）を通して行われますが、重複障害のある子供にとっても、重要な「学び」の要素の一つです。近年、重複障害等のある子供の探索活動を促すための環境設定に関して、特別支援学校等では様々な感覚を活用できる部屋を準備したり、工夫したりして設定しています。例えば、スヌーズレン・ルーム等の設置もその一つです。スヌーズレン・ルームではプロジェクターの映像を見る、バブルチューブを触る、アロマディフューサーの香りを嗅ぐ、感触のよいクッションに横たわる、ゆったりした音楽を聴く、などの活動を通して、子供が諸刺激に意識を集中して、自ら環境に働きかけたりリラックスしたりすることができるよう配慮しています。

7　主な検査の種類と方法及び留意事項

各障害における主な検査等については、本書の各障害種の該当ページを参照してください。複数の障害を併せ有する重複障害の子供の検査についても、まずは各障害に関する主な検査等を知っていることが基礎となります。しかし、それぞれの障害に応じた検査が有効となる場合もありますが、障害の状態によって標準化された検査では十分に把握できないことも多々あります。それは、多くの検査が障害を受けていない他の機能を活用して検査することを前提としているからです。例えば、聴覚障害と知的障害と肢体不自由を併せ有している子供に聴力検査をする場合、聞こえていないのか、指示が理解できていないのか、意思を表出できないのか等を、判断することが困難なケースがあります。個々の障害における検査方法を実施する際には、必ずしも障害の状態を正しく把握できない可能性があることを認識しておく必要があります。重複障害のある子供の見え方や聞こえ方は、標準化された検査のみでは、子供の実態を捉えきれないこともあります。実態把握の際には、検査や客観的な情報に加え、複数の目で普段から子供の微細な動きを的確に捉え、記録することが重要です。保護者や関係機関、また子供に関わる教職員等が、それぞれの立場や専門性を生かして、子供の実態を多角的・多面的に把握し、共有しましょう。

引用・参考文献

・中央教育審議会 . 今後の学校におけるキャリア教育・職業教育の在り方について（答申）．2011.

・飯野順子．学びの本質に迫る授業づくり．「障害の重い子どもの授業づくり」．ジアース教育新社．2005.

・国立特別支援教育総合研究所．専門研究A「重複障害児のアセスメント研究－視覚を通した環境の把握とコミュニケーションに関する初期的な力を評価するツールの改良」．2009.

・国立特別支援教育総合研究所．専門研究B「特別支援学校における障害の重複した子ども一人一人の教育的ニーズに応じる教育の在り方に関する研究」研究成果報告書．2010.

・国立特別支援教育総合研究所．専門研究B「重度・重複障害のある子どもの実態把握、教育目標・内容の設定、及び評価等に資する情報パッケージの開発研究」研究成果報告書．2015.

・文部省初等中等教育局特殊教育課．重度・重複障害児に対する学校教育の在り方について（特殊教育の改善に関する調査研究会報告）．1975.

・文部省．盲学校、聾学校及び養護学校学習指導要領(幼稚部教育要領、小学部･中学部学習指導要領、高等部学習指導要領)．1999.

・文部科学省．特別支援学校幼稚部教育要領・特別支援学校小学部・中学部学習指導要領．2017.

・文部科学省．特別支援学校高等部学習指導要領．2019.

・文部科学省．特別支援学校学習指導要領解説総則等編（幼稚部・小学部・中学部）．2018.

・文部科学省．特別支援学校学習指導要領解説総則等編（高等部）．2020.

・文部科学省生涯学習政策局情報教育課．教育の情報化に関する手引．2010.

・文部科学省初等中等教育局長．特別支援学校等における医療的ケアへの今後の対応について（通知）（23 文科初第 1344 号）．2011.

・文部科学省初等中等教育局特別支援教育課．特別支援教育資料（令和４年度）．2024.

・中澤惠江．体調の変わりやすい幼児児童生徒の活動目標と指導の方法．国立特別支援教育総合研究所特別支援学校教員専門性向上事業テキスト．2006.

・21 世紀の特殊教育の在り方に関する調査研究協力者会議．21 世紀の特殊教育の在り方について～一人一人のニーズに応じた特別な支援の在り方について．2001.

ICF

ICF（International Classification of Functioning, Disability and Health）とは、世界保健機関（以下WHO）が、人間の生活機能と障害を記述する「共通言語」とするため2001年に発表した、国際生活機能分類のことです。

障害に関する国際的な分類としては、これまでWHOが1980年に「国際疾病分類（ICD）」の補助として発表した「WHO国際障害分類（ICIDH）」が用いられてきましたが、その改訂版として2001年5月の総会において採択されたICFは、通常学級に在籍する、障害のない子供も含めた、全ての人を対象としたものでした。

ICFは、人の生活機能を精神機能や視覚・聴覚等の「心身機能・身体構造」、歩行や日常生活動作等の「活動」、地域活動等の「参加」の3つの次元で捉え、さらにそれらと「環境因子」、性別・年齢・性格などの「個人因子」の2つの因子が互いに影響し合っていると捉えています。これまでのICIDHが身体機能の障害による生活機能の障害（社会的不利）を分類するという考え方が中心であったのに対し、ICFはこれらの環境因子という観点を加え、例えば、バリアフリー等の環境を評価できるように構成されています。

特別支援学校学習指導要領解説自立活動編では、次の図が引用され、説明されています。

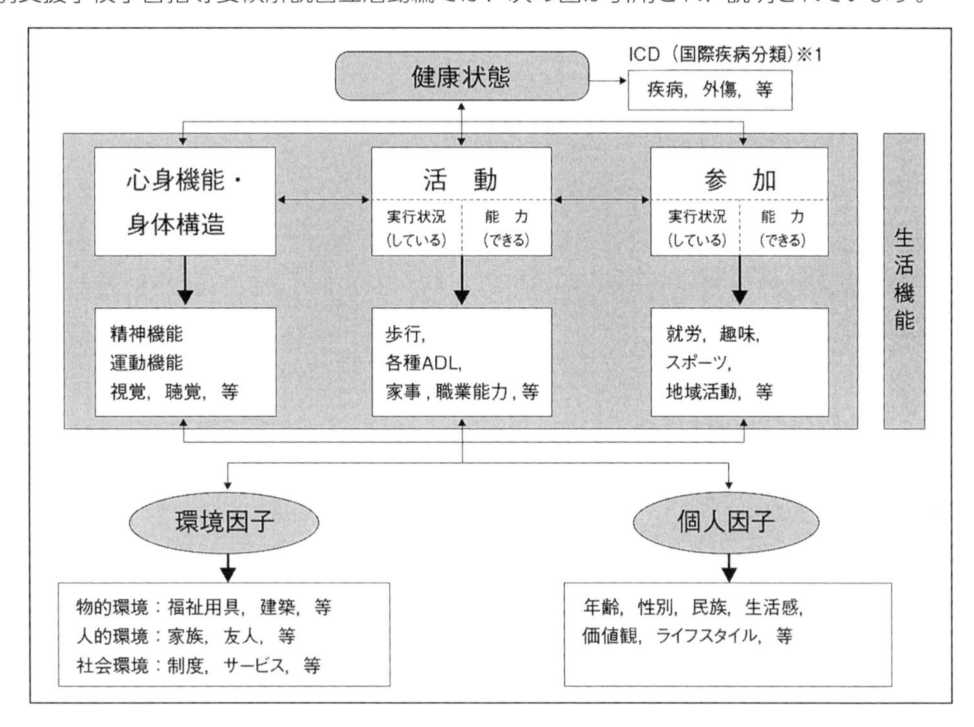

3つの次元に対応した「機能障害（構造障害を含む）」・「活動制限」・「参加制約」を包括した概念がICFでの「障害（disability）」となります。

なお、同解説書の中では、子供たちの「障害による学習上又は生活上の困難」を捉える際に、ICFのこのような考え方と関連させる必要性について述べられています。

引用・参考文献

WHO：International Classification of Functioning, Disability and Health, Geneva, 2001
https://www.mhlw.go.jp/houdou/2002/08/h0805-1.html

7 言語障害

1 言語障害の基礎知識

（1）言語障害の概要

言語障害とは、言語の受容から表出に至るまでのいずれかのレベルにおいて何らかの障害がある状態で、その状態は複雑多岐にわたっています。

デニシュとピンソン（1963）は、音声言語の発語過程から認知過程までを「話しことばの鎖」として分かりやすく説明しました。

これによると、言語を発する人の脳においては、伝えたいことを言語として生成する「言語学的レベル」があり、それが運動神経を通して声帯や構音器官の運動となる「生理学的レベル」を経て音声となります。音声となった段階を「音響学的レベル」としています。この音声を認識する過程は、耳によって音が神経の信号に変換される「生理学的レベル」を経て、脳によって言語として認知される「言語学的レベル」に分けられています。

この説明に従って言語の生理を見ていくことにします。

まず、脳の中で考えや思いなど表現したいことや伝えたいことが生成されますが、これには主に大脳の連合野といわれる統合的機能を担う部位が働きます。そして、これが、主に左側の側頭葉の後部から頭頂葉の下部及び前頭葉の下部にある言語野において整理され、文の基になる情報が形成されます。

これが前頭葉の補足運動野、運動前野、中心前回の一次運動野で音声として発語するための運動をコントロールする信号として運動神経に伝えられます（**図Ⅱ－7－1**）。

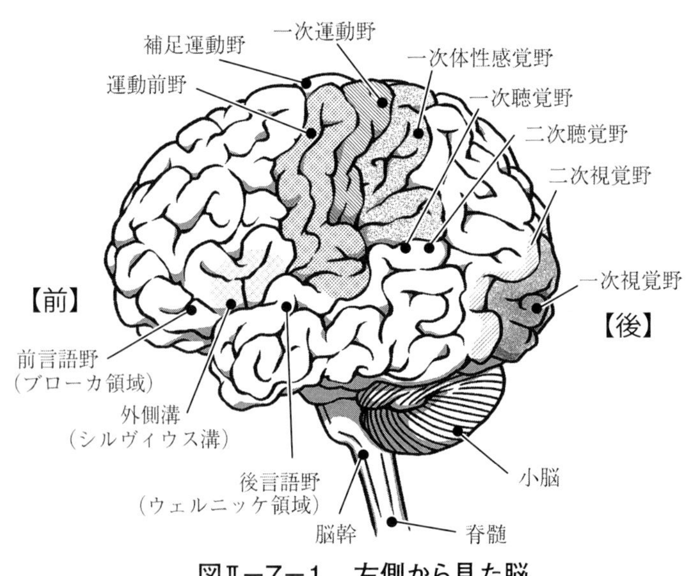

図Ⅱ－7－1　左側から見た脳

その信号に従って呼吸器や喉頭、咽頭、口腔にある筋肉の動きがコントロールされます。次に、肺における呼気がコントロールされ、喉頭に送られる空気の量や圧が調整されます。

そして、喉頭にある輪状甲状筋や甲状披裂筋等が適度に緊張して声帯が適度な強さで閉じられ、ここを空気が通過することで声帯が振動して音になります（**図Ⅱ−7−2**）。

この音に口腔の舌や口唇、咽頭、鼻腔によって言語音として必要な共鳴特性が加わり、また、舌や口唇、口蓋などの働きによって呼気の流れが狭められたり、閉鎖され破裂されたりするなどにより、それぞれの言語音の特徴がつくられます（**図Ⅱ−7−3**）。

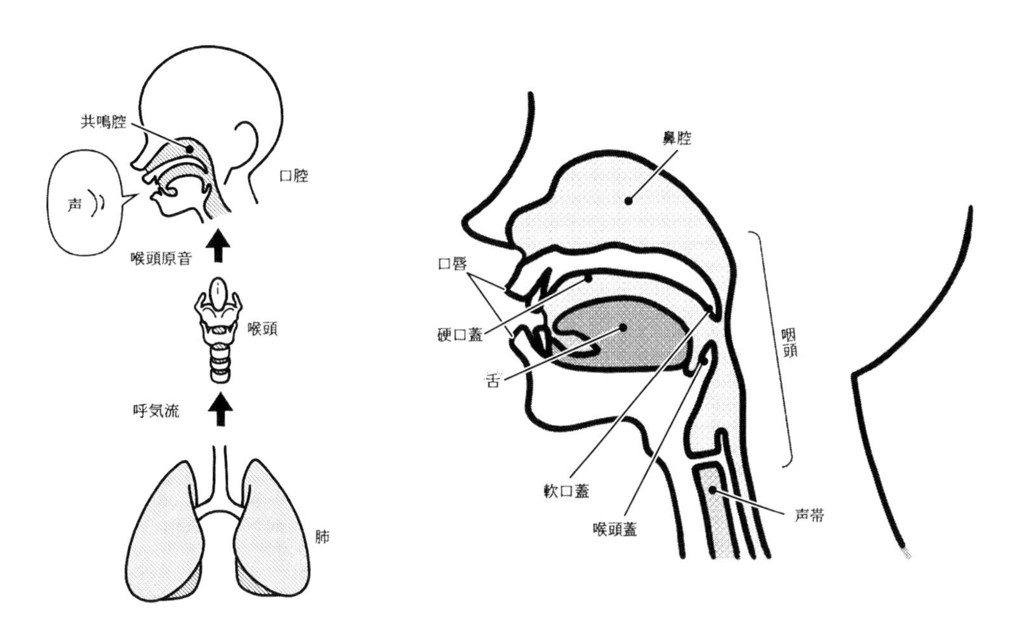

図Ⅱ−7−2　発声の仕組み　　**図Ⅱ−7−3　口腔器官の断面**

言語を発声するまでには、以上のような過程がありますが、言語機能の成立に関わる要素は広範で、運動機能や思考、社会性の発達などとの関わりも深く、また、心理的な問題や自己観の形成などに問題が起こる場合もあり、言語障害を単一の機能の障害として定義することは困難といえます。

しかし、具体的に言語障害の状態を示すとすれば、その社会の一般の聞き手にとって言葉そのものに注意が引かれるような話し方をする状態、及びそのために本人が社会的不都合をきたすような状態であるといえます。

（2）対象となる主な言語障害

対象としては、主に以下の障害が挙げられます。

・器質的又は機能的な構音障害（口蓋裂によるもの、学習上の発音の誤り等）
・話し言葉の流暢性に関わる障害（吃音などのリズムの障害等）
・話す・聞く等、言語機能の基礎的事項の発達の遅れや偏りに関する言葉の障害（言語発達の遅れなど）

（3）言語障害の特性

①　コミュニケーションの障害であること

言語障害は、言葉に問題がある子供に対し、単に、治療したり、訓練したり、教育したりすることで解決するものではないという側面があります。話し手である子供には、必ず聞き手である周囲の人（親や友達等）がいます。この両者の関わりの中で言葉はその機能を果たしていきます。話し手だけでなく聞き手側に課題があれば、コミュニケーションは成立しません。それゆえ言語障害は、コミュニケーションの障害としての側面を強くもっています。

言語障害のもたらす様々な障害状況は、話し手の言葉や気持ちが相手に伝わらない、伝わりにくいことだけでなく、聞き手の側からみれば話し手の言葉や気持ちが分からない、分かりにくいというように相互の関係の問題となって現れてきます。そのため、障害状況を改善するには子供自身がもつ言葉の障害の改善だけでなく、周囲の人たちが子供の言葉をどう聞き取っていくか、子供の気持ちをどう汲み取っていくかという、関わる側の問題としても対応していく必要があります。

② 見逃されやすい障害であること

言語障害は、話さなければ分かりにくい障害です。日常生活での影響が少ないと考えられ、見逃されやすかったり、軽んじられたりしがちです。学級の中でもただおとなしい子供と思われたり、困っている状況が理解されなかったりすることがあり、結果として発見が遅れることも多いと考えられます。話したいことが相手に伝わらなかったり、周囲に違和感を与え、そのことを指摘されたりすることなどが繰り返されることで本人の話す意欲が損なわれたり、また自己不全感となって、健全な成長・発達に不都合が生じたりすることが少なくありません。

言語障害のある子供の教育は言語機能の障害の改善・克服だけでなく、本人の内面性に対する深い洞察が重要な指導の要点となります。

③ 医療との連携を視野に入れる必要があること

言語機能の障害の現れ方は、構音器官などの器質的な状態と学習の結果による場合が多いと考えられます。そのため、言語障害の評価や指導プログラムの作成に当たっては、構音器官等の器質的な面を踏まえて捉えていく必要があります。例えば、口蓋裂等による言語障害の状態の判断については、その構音器官の形態や機能等医療との連携の中で取り組まれる必要があります。また、言語中枢の機能により生じる場合等においても、医療との連携を視野に入れる必要があります。

④ 発達的な観点を重視して指導する必要があること

発音の未熟さや言葉が稚拙である場合は、成長に伴って改善されることが少なくありません。そのため、発音の誤りや言葉の遅れなどによる状況の評価や指導は、対象となる子供の発達の状況を見極めて行うことが重要です。

⑤ 治ることも治らないこともある障害であること

言語障害教育が対象とする障害には、指導の結果、発音が改善し「治った」と言える状態になる場合と、繰り返して指導をしても症状が変化せず「治らない」状態のまま推移する場合があります。このことが他の障害と異なり、障害との向き合い方を難しくしてしまうことがあります。見た目の症状の変化に着目することも大切ですが、障害がありながら生きている子供の内面に心を配りながら、指導していくことが重要です。

［器質性の問題］

【口蓋裂】

胎生初期に口蓋部分の形成が何らかの理由で完了しなかったため、生下時に口蓋が完全に、あるいは部分的に形成されず割れている状態をいいます。胎生期の口蓋の発達の際に、融合不全を起こした状態です。呼気流の閉鎖ができず鼻腔に抜けるために、開鼻声となったり、異常構音となったりすることがあります。

【鼻因腔閉鎖機能不全症】

軟口蓋が短い、あるいはその動きが不十分であること、咽頭が深いなどの理由により、鼻咽腔閉鎖機能が不十分な状態になります。軟口蓋と咽頭の間で呼気流の閉鎖ができず開鼻声となったり、異常構音となったりすることがあります。

いずれの場合にも、手術などの医療的な対応が必要となります。

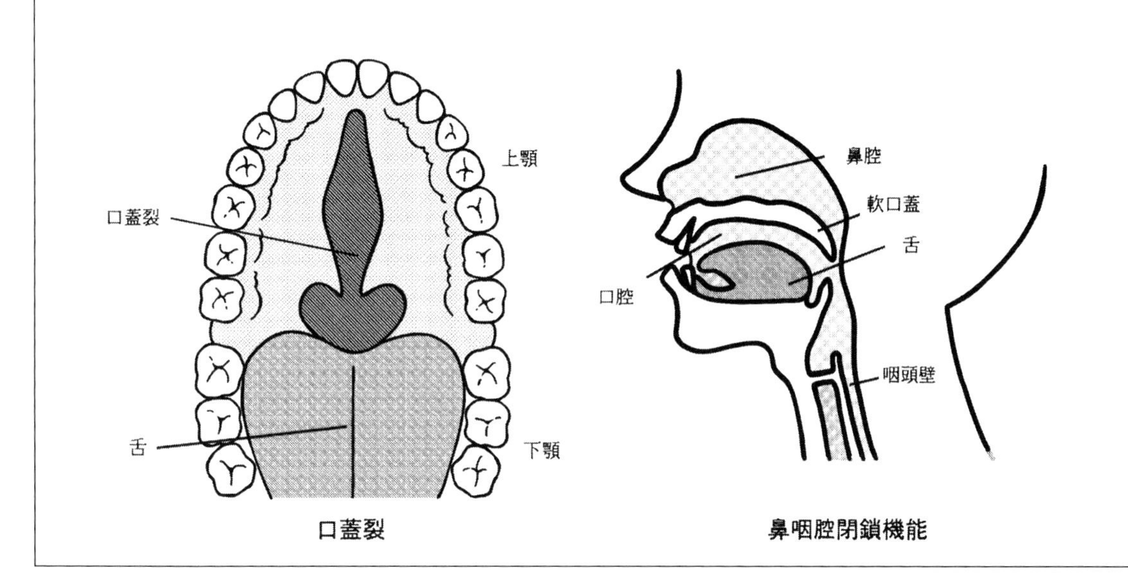

口蓋裂　　鼻咽腔閉鎖機能

2　言語障害教育の歴史と対象者

(1) 言語障害教育の歴史

①　我が国の言語障害教育の萌芽

我が国の言語障害教育は、明治期における伊沢修二の楽石社での実践にその萌芽を見ることができます。楽石社の実践は吃音の治療指導を中心に発展し、大正期には分社、支部、出張所を開設するに至っています。この楽石社の実践は、明治・大正期において民間事業としての業績を残しています。学校教育では、大正期、東京市の小学校に吃音学級が開設されて、1926（大正15）年に東京市深川区の八名川尋常小学校、芝、神田の二つの学校に吃音学級が開設されたとの記録があります。

現在の言語障害教育は、戦後の新しい教育の始まりとともに試みられた宮城県仙台市立通町小学校における濱崎健治教論の実践、千葉県市川市立真間小学校における大熊喜代松教論の実践を基として発展してきたものです。

濱崎は、ローマ字を用いた東北地方のなまり音矯正方法の研究や、個人差に応じた指導の研究を契機に言語障害教育への実践に取り組み、1953（昭和28）年には校内の言語障害のある子供のための「ことばの教室」を開設しました。「ことばの教室」での指導は、主として放課後等の課外指導として行われていました。

②　言語障害特殊学級の始まり

濱崎や大熊らの実践は、1958（昭和33）年には仙台市立通町小学校に、1959（昭和34）年には千葉市立院内小学校にそれぞれ言語障害特殊学級が開設されたことを契機にして、言語障害特殊学級が言語障害教育の場として発展していきます。言語障害特殊学級での指導は、教育課程上、各教科の指導は通常の学級で受け、障害の改善に関わる指導を言語障害特殊学級で行うことが一般的であり、「通級方式」「通級制」等と呼称されました。この指導形態は、1993（平成５）年に「通級による指導」の制度として位置付けられました。

③　「通級による指導」の制度の成立

1962（昭和37）年10月の文部省初等中等教育局長通達（第380号）「学校教育法及び同法施行令の一部改正に伴う教育上特別な取扱いを要する児童生徒の教育措置について」に「言語障害者は、その障害の性質及び程度に応じてその者のための特殊学級を設けて教育するか又は普通学級において留意して指導すること。」と記述され、初めて言語障害のある子供の教育的措置が明示されました。

1969（昭和44）年には、特殊教育総合研究調査協力者会議から「特殊教育の基本的な施策のあり方について（報告）」が、また、1971（昭和46）年には中央教育審議会から「今後における学校教育の総合的な拡充整備のための基本的施策について（答申）」が発表され、その中で心身障害児の多様な教育の場、多様な指導形態について提言されています。

1978（昭和53）年には、特殊教育に関する研究調査会から、「軽度心身障害児に対する学校教育の在り方」が報告され、「言語障害児の指導について、その性質や程度に応じて、言語障害特殊学級での指導と通級又は専門教員の巡回による指導、通常の学級において留意して指導を行うこと」と提言されますが、制度の実現には至りませんでした。

1987（昭和62）年には臨時教育審議会から「教育改革に関する第三次答申」が発表され、その中で「小・中学校の特殊学級について、障害の実情を考慮し、いわゆる通常学級における指導体制の充実を含め、その一層の整備充実に努める。」と提言されています。また、1988（昭和63）年の教育課程審議会の答申においても「通級指導」の充実が述べられています。

こうした経緯を経て、1992（平成４）年には通級学級に関する調査研究協力者会議の審議のまとめ「通級による指導に関する充実方策について」が発表され、翌、1993（平成５）年に学校教育法施行規則の一部改正によって、「通級による指導」が明確に位置付くことになります。

通級による指導の教育形態は言語障害の特性に応じた教育を進める上で特に適していることから、多くの言語障害特殊学級は通級による指導に移行してきました。

しかし、言語障害のある子供の中には言語機能の基礎的事項に発達の遅れがあり、多くの時間、特別な指導を必要とする者がいたり、言語障害の状態の改善・克服を図るため心理的な安定を図る指導を継続的に行う必要性のある者がいたりしたため、これらの子供に対しては、言語障害特別支援学級を設置してそれぞれの実態に即した教育が行われています。

このように、現在、言語障害のある子供の教育は、対象となる子供の障害の状態に応じて、「言語障害特別支援学級」及び「通級による指導（言語障害）」の制度の下で行われています。

（2）言語障害教育の対象者

言語障害教育の対象者は「通級による指導」の制度が施行されてから、漸次、その対象となる者が増加し、その推移と現状は**表Ⅱ－7－1**に示すようになっています。

表Ⅱ－7－1　「通級による指導（言語障害）を受けている子供の数及び言語障害特別支援学級に在籍する子供の数（小・中学校）」の合計の推移

年　度	通級による指導	特別支援学級	合　計
平成5年	9,645	5,285	14,930
6年	11,183	4,162	15,345
7年	13,486	3,380	16,866
8年	16,638	2,638	19,277
9年	19,217	1,821	21,038
10年	20,460	1,513	21,974
15年	27,599	1,151	28,750
20年	29,860	1,411	31,271
25年	33,606	1,651	35,257
30年	38,754 ※1	1,805 ※2	40,559
令和元年	39,691	1,559 ※3	41,250
令和2年	43,630	1,355	44,985
令和3年	47,175	1,331	48,506

※1　平成30年度以降は、高等学校を含む。
※2　上記以外に、義務教育学校（前期課程・後期課程）で指導を受けている。
※3　令和元年以降は、義務教育学校を含む。

（文部科学省（2024）「特別支援教育資料」をもとに作成）

2021（令和3）年の言語障害教育を受けている子供の数の内訳は、通級における指導（言語障害）小学校46,389人（義務教育学校前期課程を含む）、中学校774人（義務教育学校後期課程及び中等教育学校前期課程を含む）、高等学校12人（中等教育学校後期課程及び通信制高校も含む）の合計47,175人です。言語障害特別支援学級は、小学校1,113人、中学校202人、義務教育学校16人の合計1,331人です。2021（令和3）年に、通級による指導と言語障害特別支援学級において、言語障害教育を受けている子供の数は、合計で48,506人となります。

３　言語障害のある子供に応じた教育課程編成

学校教育において、言語障害のある子供に対する指導は、例えば難聴に基づく言語障害については特別支援学校(聴覚障害)等､脳性まひに基づく言語障害については特別支援学校(肢体不自由）等というように、その主たる障害に基づく障害種別を対象とする学校等で行われています。したがって、それ以外の言語障害、例えば構音障害や吃音等の話し言葉に障害のある子供に対する指導は、一般にそのほとんどが小・中学校における通級による指導により行われています。

しかし、言語障害のある子供の中には、言語機能の基礎的事項に発達の遅れがあり、かなりの時間、特別な指導を必要とする者がいたり、また言語障害の状態の改善・克服を図るための心理的な安定を図る指導を継続的に行う必要性がある者がいたりすることから、通級による指導では十分でなく、より配慮を要する障害の状態の者がいます。こうした子供に対しては言語障害の状態の改善の指導を適切に行うと同時に、言語障害に関わる教科指導等の配慮をより手厚く充実させて指導することが必要であり、言語障害特別支援学級において、子供の障害に応じた特別の教育課程を編成して教育を実施することとなります。

通級による指導（言語障害）の対象の子供は、通常の学級において学習するのが適切ですが、一部、障害に応じた特別な指導を必要としており、通級による指導においては、障害による学習上又は生活上の困難を改善し、又は克服することを目的とした特別な指導が行われることになります。

（1）言語障害特別支援学級の教育課程の編成

言語障害特別支援学級は、口蓋裂、構音器官のまひ等、器質的又は機能的な構音障害のある者、吃音等話し言葉におけるリズムの障害のある者、話す、聞く等言語機能の基礎的事項に発達の遅れがある者、その他これに準ずる者（これらの障害が主として他の障害に起因するものでない者に限る）で、その程度が著しい者を対象としています。

例えば、言語機能の基礎的事項に発達の遅れがあり、かなりの時間、特別な指導を必要とする者や、言語障害の状態の改善・克服を図るための心理的な安定を図る指導を継続的に行う必要性がある者、また、言語障害に関わる教科指導等の配慮を手厚く充実させて指導することが必要である者を対象に、特別の教育課程を編成して教育を行うことが考えられます。

特別支援学級の教育課程は、子供の障害に応じた特別の教育課程を編成することとしていますが、その編成に当たり、特別支援学校小学部・中学部の学習指導要領を参考とすることとなっています。

子供の障害に応じた特別の教育課程の編成については、自立活動における言語機能の基礎的事項の指導など言語障害の状態の改善又は克服を目的とする指導と、各教科の中でも言語障害に関わり個別指導などでより手厚く行う必要がある国語科（英語科)、算数科（数学科）については特別支援学級で行い、生活科、図画工作科（美術科)、体育科、道徳、特別活動、総合的な学習の時間など集団の中で行うことがふさわしい教科等については、通常の学級で行うことが考えられます。

（2）通級による指導（言語障害）の教育課程の編成

通級による指導（言語障害）は、口蓋裂、構音器官のまひ等の器質的又は機能的な構音障害のある者、吃音等話し言葉におけるリズムの障害のある者、話す、聞く等言語機能の基礎的事項に発達の遅れがある者、その他これに準ずる者（これらの障害が主として他の障害に起因するものでない者に限る）で、通常の学級での学習におおむね参加でき、一部特別な指導を必要とする者を対象としています。すなわち、通級による指導（言語障害）の対象の子供は、通常の学級において学習するのが適切ですが、一部、障害に応じた特別な指導を必要とする者です。

したがって、通級による指導においては、個々の言語障害の状態による学習上又は生活上の困難を改善・克服することを目的にした特別な指導が行われることになります。また、特に必要があるときには、障害の状態に応じて各教科の内容を取り扱いながら行うことができるとされています。

通級による指導（言語障害）を行う場合には、特別の教育課程を編成することとされ、その内容は、障害の状態に応じた特別の指導を小・中学校の教育課程に一部加えて、あるいは替えて編成するものとされています。また、子供の障害に応じた特別の指導に係る授業時間は「年間35単位時間から280単位時間を標準とすること」とされています。

教育課程の編成に当たり、障害による学習上又は生活上の困難を改善・克服することを目的とする指導については、特別支援学校小学部・中学部学習指導要領の「自立活動」の内容を参考にすることとされています。

障害による学習上又は生活上の困難を改善・克服することを目的とする指導の内容は、正しい音の認知や模倣、構音器官の運動の調整、発音・発語指導などの構音の改善に関わる指導、遊びの指導、劇指導、斉読法などによる話し言葉の流暢性に関わる指導、遊びや日常生活の体験と結び付けた言語機能の基礎的事項に関する指導等が考えられます。

障害の状態に応じて各教科の内容を取り扱いながら特別の指導を行う際には、単に各教科の内容の遅れを補充するための指導とならないようにしなければなりません。例えば、国語科及び外国語活動又は英語科では、「教科書の文章の音読に関し、的確な発音で、かつスムーズに行うことができるようにする指導」などが該当します。

（3）言語障害教育の各教科の取扱いについて

①　言語障害特別支援学級

各教科の指導は、次のような内容が考えられます。

言語機能の基礎的事項に発達の遅れがあり、時間をかけてていねいな指導をする必要がある者については、教科指導の配慮をより手厚く充実させる必要があります。

例えば、国語科においては、読むこと、聞くことの学習の中で基本的な言葉の意味や概念の理解を確かめるとともに、必要に応じて絵や写真などと照合したり、動作化したりして示すなどが考えられます。また、辞典を活用して意味を調べたり、調べたことをもとに自分の辞書をつくったりするなどの活動が考えられます。聞くことの学習では、話す内容についてその要旨と内容の柱をあらかじめ示して、聞き取るポイントを理解した上で聞かせるなどの配慮や工夫が考えられます。

書くことや話すことの学習の中では、体験的な活動を通して実際に経験したことを口頭で文章化したり、文章化した内容を文字で記述したりするなどの活動が考えられます。構音障害のある場合には、教科書の音読に関し、的確な発音でスムーズに行うことができるように指導します。吃音がある場合には詩などのリズム感のある教材を工夫して、読むことへの不安を軽減し、音読の楽しさを味わうことができるように配慮することが考えられます。

算数科においては、文章題について問題文を読むことに困難さがある場合があるので、単語の意味を確かめたり、文が示す意味内容を図や絵に表して理解を促したりするなどの配慮や工夫が考えられます。また、類似の問題に繰り返し取り組ませることで意味理解の習熟を図ることや、逆に類似の問題を作らせる課題に取り組ませることも考えられます。

② 通級による指導（言語障害）

通級による指導における教科の取扱いは、「特に必要がある時には、障害の状態に応じて各教科の内容を取り扱いながら行うことできる」ものであり、例えば、直接関係のない算数科の学習などの遅れに対応する指導を行うことは該当しません。

例えば、言語障害があるために遅れをきたしている国語科の指導を行うなど、言語障害に基づく各教科の学習の困難さに応じた指導を行います。言語障害に基づく各教科の学習の困難さに基づく指導には、次のような内容が考えられます。

【国語科（及び外国語活動、英語科）】

○教科書の文章の音読に関し、的確な発音で、かつスムーズに行うことができるようにする指導

○教科書の文章の音読に関し、感想や意見、質問をまとめて話せるようにする指導

【社会科（または生活科）】

○授業の中で実際に作業したり、体験したりしたことをまとめて発表する際に、要領よくかつ適切に話せるようにする指導

【音楽科】

○歌唱に関し、的確な発音で、かつスムーズに行うことができるよう自信をもたせる指導

③ 通常の学級における配慮・指導

通常の学級で行う指導は、当該学年の各教科の学習の内容によりますが、言語障害のある子供については、個々の障害に応じた配慮が必要であり、具体的には次のような事項が考えられます。

【国語科】

○構音障害のある子供については、構音の改善が進んだ段階において、通常の学級の授業の中で子供が音読する場面を設け、構音の習熟を図ったり、音読への不安を解消し、自信をつけたりするための指導

○吃音のある子供への指導については、国語の音読で詩などのリズム感のある教材を取り入れたり、斉読や群読などを行うことでスムーズに読んだり唱えたりする経験を通して、読んだり話したりすることの楽しさを味わわせたり、不安を軽減したりする指導

○言語機能の基礎的事項に発達の遅れや偏りのある子供への指導については、聞くこと、話すことの学習で、聞き取る内容についてその要旨と内容の柱をあらかじめ示してから聞かせたり、話すポイントを整理した上で話をさせたりするなどの配慮や工夫

【生活科】

○言葉で表す活動等については、絵や動作なども活用しながら表現するなど、子供の実態に応じた工夫や配慮

○必要に応じ教師が個別に話しかけるなどの支援を行ったり、小集団活動の中で級友との関わりを密にしたりするなどの配慮

【音楽科】

○歌唱に関し、的確な発音で、かつスムーズに行うことができるよう自信をもたせる指導

4　言語障害教育の指導の実際 －構音障害－

構音障害とは、話し言葉を使う中で「さかな」を「たかな」、「はなび」を「あなび」などと、一定の音を習慣的に誤って発音する状態をいいます。

構音障害は、口唇、舌、歯等の構音器官の構造や機能に異常があって生じる器質的構音障害と、これらの器官に異常が認められない機能的構音障害があります。

（1）器質的構音障害

器質的構音障害を生じるものとして口蓋裂があります。口蓋裂は口蓋に裂け目があるため呼気流が鼻に漏れ、共鳴異常（開鼻声）になったり、また発語時に必要な口腔の内圧が得られないために構音を行う場所がずれ、誤った構音の状態が習慣化したりすることがあります。こうした要因で生じる構音障害を器質的構音障害と呼んでいます。器質的構音障害には、このほか軟口蓋の動きが不十分であることなどを要因とする鼻咽腔閉鎖機能不全症によるものなどがあり、医療的な対応を要するので医療機関との連携が必要となります。

（2）機能的構音障害

機能的構音障害は、構音の獲得の過程で誤って学習された構音が固定化したものと考えられます。幼児期など、構音の獲得過程にある場合には誤った構音の状態を示すことがあり、機能的構音障害と判断できないこともあります。

（3）誤り方の特徴から見た構音障害

①　置き換え

置き換えとは、「さかな」［sakana］を「たかな」［takana］と間違えるように、ある音が他の音に一貫して置き換わって（この例ではサ行がタ行に置き換わっている）発音するタイプです。

②　省略

省略とは、「はなび」［hanabi］を「あなび」［anabi］と発音するように、必要な音（この例では［h］）を省略して発音するタイプです。

③　歪み

歪みとは、ある音が不正確に発音される状態で、日本語には無い音として発音されます。例えば、「タ」[ta] の音と「カ」[ka] の音の中間的な音として不正確に発音されることがありますが、歪み音として聴取されます。

（4）構音の状態の把握

各種の構音検査を実施し、一貫性（いつも同じ音に同じ誤り方をすること）や浮動性（例えば、単語の中での位置や前後の音との関係の中で、正しく言えたり言えなかったりすること）があるかどうかを含め、障害音の特定や発音の誤り方を把握し、指導方法を決定します。

構音の状態を把握する検査方法は数多くありますが、「ことばの教室」で広く活用されている構音検査をいくつか紹介します。

①　選別検査

構音障害が疑われる子供を発見するために行われます。短時間に、構音障害の有無を検査します。「ことばの教室」でよく使われている選別検査の中に「ことばのテストえほん」（新訂版言語障害児の選別検査法．日本文化科学社）があります。この検査は、言語障害の有無を多側面から調べるものです。構音障害については、絵カードを提示してその名称を呼称させたり、お話の絵を説明させたりすることなどを通して、その有無を発見します。 また、「就学時の健康診断マニュアル」（日本学校保健会）では、就学時健康診断で行う言語障害の検査項目の中で、構音障害の有無を発見するための検査内容・方法が提示されています。

②　予測検査

ある時点での子供の構音を捉えて、その誤りの構音の１年後、２年後の予測をし、その時点での指導が必要か否かの判断をするためのものです。

③　診断検査

診断検査は、構音障害が疑われる子供の構音の状態などを詳しく検査します。この検査は、子供の構音の状態等を把握して、その状態を判断し、指導の方針を立てるためのものです。

診断検査には、「構音の状態を把握する検査」「聴覚的弁別力を把握する検査」「発語器官の形態や機能を把握する検査」等があります。

ア　構音の状態を把握する検査

構音の状態を把握する検査は、「単音節構音検査」「単語構音検査」「文章構音検査」等で構成されているのが一般的です。

a）「単音節構音検査」

単音節を示す文字（50 音）を示し、発語させることにより誤りの有無を把握します。発語の状態を、構音点（唇、舌、歯茎、口蓋などの音をつくる位置）、構音様式（破裂、摩擦などの音のつくり方）によって整理し、誤り方の特徴や傾向を把握します。

b）「単語構音検査」

単語を表す絵を提示し、その名称や動作などを呼称させます。特定の音の誤りが、含まれる単語の中の位置（語頭、語中、語尾）によって異なる場合があるので、その音の単語の中の位置の違いを考慮した単語を用いて検査し、誤りの特徴や傾向を把握します。

c）「文章構音検査」

文を復唱させたり、文章の音読をさせたりすることで、日常会話に近い状態で、発音の明瞭さや誤りの特徴、傾向を把握します。

イ　聴覚的弁別力を把握する検査

子供が誤って構音している音について、正しい音と誤った音の違いが弁別できるかどうかなど、聴覚的な弁別力について検査します（語音弁別検査）。

絵カードなどを提示し、正しい音と誤った音でそれぞれ呼称して聞かせた後に、その音が同じか違うかを判断させたり、それぞれの音の正誤を判断させたりします（聴覚的記銘力検査）。

構音の操作は、自分が発音した音の聴覚的なフィードバックによって調整されて行われます。したがって、構音の正誤を聴覚的に捉えることは構音の可否に直接結び付きます（被刺激性の検査）。

ウ　発語器官の形態や機能を把握する検査

構音の基盤となる発語器官（唇、舌、口蓋、咽頭等）の形態や動きを観察します。構音障害は、これらの発語器官の形態や動きの問題に起因することがあります。

軟口蓋や咽頭壁の動きの観察は、鼻咽腔閉鎖機能（鼻腔と口腔への呼気の通路を操作し、口腔内に内圧をつくる機能）が適切に働いているかどうかを知る手がかりになります。

構音器官は、摂食の機能をもつ器官でもあります。したがって、CSS（Chewing：噛むこと、Sucking：吸うこと、Swallowing：飲み込むこと）といわれる活動が適切に行われることが、構音運動機能の習得に関係するので、その適否を把握することも必要です。

エ　その他の検査

構音は、微細な協調運動によって可能になります。歩く、跳ぶなどの粗大運動や指を動かすなど微細運動に関する随意運動の発達の状況を把握します。

構音の状態を総合的に把握するための検査として、「新版構音検査」（日本聴能言語士協会構音検査法委員会・日本音声言語医学会機能的構音障害検査法委員会編）が広く使われています。

また、教室独自に「絵カード」が作られ、検査に利用されています。こうした絵カードを使用して単音節、単語、会話のそれぞれで構音の誤りを検査しています。この際、構音器官の形態や機能に異常が見られれば、器質性の問題（口蓋裂や鼻咽腔閉鎖機能不全症等）も考えられますので、医療機関の受診が必要となります。構音運動（舌の動きや顎の動き等）は、発音の明瞭さに大きく影響するので観察が大切です。

（5）構音障害の指導

①　構音器官の運動機能の向上

舌の挙上、舌先の口角付着、口唇の狭めや閉鎖などの動きを取り出して練習することのほか、具体的な構音動作に結び付けた練習を行うことも有効です。

例えば、タ行音、サ行音、ナ行音等の構音の操作で必要な舌先の使い方がうまくできない子供には、舌先を使う動作を円滑にするための練習が考えられます。具体的にはウエハースや米菓子などの食品を、舌先を使って操作するなどの練習が考えられます。

また、パ行やバ行音等の構音の操作で必要な上下の唇を合わせて閉鎖をつくり、破裂させる動作がうまくできない子供には、唇でスイカの種などをはさみ、遠くに飛ばす練習などが考えられます。

構音に必要な呼気圧のコントロールがうまくできない子供には、机の上に置いたピンポン玉を吹いて動かす練習などが考えられます。

こうした動作に併せて、目的となる音を出すことで構音を誘導することにつなげていくことができます。

② 音の聴覚的な認知力の向上

構音障害のある子供の中には、正しい音と発音している誤った音の区別ができない子供がいます。このような子供については、正しい構音を獲得するためには誤った音と正しい音の違いが弁別できることや、音と音の比較・照合、音の記憶や再生ができることが必要です。そのための具体的な指導として次のようなことが考えられます。

ア 語音のまとまりの中からの特定の音の聞き出し

単語や文の中から指導の目的となる音を聞き出す練習で、担当の教師が単語や文を示し、その中に目的となる音があれば手を挙げ指摘する練習などが考えられます。

イ 音と音の比較

単音や単語などで正しい音と誤った音の違いを比較し判断する練習で、担当の教師が正しい音と誤った音を含む二つの単音や単語を示し、その音が同じか異なるかを指摘させる練習等が考えられます。

ウ 誤った音と正しい音の聞き分け

単音や単語などで目的となる音を聞き、正しい音か誤った音かを判断する練習で、教師が、正しい音と誤った音を含む二つの単音や単語を示し、その音が正しい音か誤っている音かを指摘させる練習などが考えられます。音の聴覚的な認知は、一般的には単音、単語、文などの順で難しくなるので、練習を組み立てる場合には、容易な課題からより難しい課題に向けてスモールステップで取り組ませる必要があります。

③ 構音の指導

構音を誤って習得した子供、また習得していない子供には、正しい構音の仕方を習得させる必要があります。そのための具体的な指導として次のようなことが考えられます。

ア 構音可能な音から誘導する方法

「ス」の音を出す前に舌先を軽く歯茎部に押し当て息を閉鎖し、その後、破裂させることで結果として「ツ」の音が導かれます。

イ 構音器官の位置や動きを指示して、正しい構音運動を習得させる方法

「ラ」の音を導くために、舌先を歯茎部で弾く動作を教示し模倣させます。

ウ 結果的に正しい構音の仕方になる運動を用いる方法

「カ」の音が誤って発音される場合などでは、次のような構音の誘導方法があります。まず、口を開けて「ン」の音を、続けて「ア」の音を発音させることで、「ンガ」の音をつくり、「ンガ」の音を早く発音することで鼻濁音の「ガ」が導かれます。構音する場所が理解できたら

「ガ」を導き、「ガ」の音から無声音の「カ」を導きます。

エ　聴覚的に正しい音を聞かせて、それを模倣させる方法

正しい音を繰り返し聞かせて、それを模倣させて正しい構音を習得させる方法があります。聴覚的弁別力など、音の聴覚的認知力を高めることで、構音の改善が進むことがあります。

構音を改善する指導は、構音器官の運動を高める指導、音の聴覚的な認知力を高める指導と組み合わせて行うことが一般的です。また、子供の実態に合わせ、単音、単語、短文、文章、会話の順で練習を進める等課題の難易度を考慮して指導を進めることが必要です。

障害を改善する指導では繰り返し練習することで習熟を図る必要があり、家庭や在籍する通常の学級と連携して指導を進めることが不可欠です。

また、構音障害のある子供には、単に発音に誤りがあるだけでなく周囲とのコミュニケーションに不都合があったり、学級集団での適応面でのつまずき、学習に自信がないなどの心理面での課題があったりする子供も少なくありません。したがって、指導に当たっては多側面から子供を捉え、通級による指導の担当教員だけでなく保護者や在籍する通常の学級の担任と連携し、多面的な指導・支援を行うことが重要です。

5　言語障害教育の指導の実際 －吃音－

吃音など話し言葉の流暢性に関わる障害のある子供への指導・支援を行うに当たっては、まず指導者が正しい知識をもつ必要があります。誤解や曖昧な知識による対応が子供を苦しめることにもなりかねないからです。吃音については長年の研究にもかかわらず、いまだ解明されていない要素も多いのですが、分かっていることも多くあります。ここでは吃音についての基礎的事項を整理した上で、それを踏まえながら吃音のある子供への指導・支援について説明します。

（1）吃音とは

吃音の定義は定まったものがありませんが、確実にいえることは、話そうとするときに同じ音が繰り返されたり、引き伸ばされたり、音がつまって出てこなかったりといった明確な言語症状が現れるということです。脳、構音器官等、器質的に明確な根拠は認められません。誰でも慌てたり緊張したりしたときに上記の状態になることはありますが、それは吃音とはいいません。話す時に顔をゆがめたり、手を動かしたりするなどの随伴症状を伴うこともあります。これは、吃音の症状から抜け出すためにしようとした動作が身に付いたものです。

吃音の症状には、次のようなものがあります。

連発性吃	話すときの最初の音や、文の始めの音を「ぼ、ぼ、ぼぼ、ぼくは……」というように何回も繰り返し話す状態をいいます。
伸発性吃	話すときの最初の音や、文の始めの音を「ぼーーーくは……」というように長く引き伸ばして話す状態をいいます。
難発性吃	話の始めだけでなく途中でも生じる状態で、声や語音が非常に出にくい状態をいいます。表情をゆがめたり、手や足を必要以上に動かしたりするなどの随伴症状を伴うこともあります。

7

言語障害

さらに吃音の問題は、こうした症状だけでなく流暢に話せないことを予期し、話すことに不安をもち、回避するといったことが挙げられます。人や社会に対する恐怖、自己に対する否定的な感情等、言語症状すなわち流暢に話せないことそのものの不便さはもとより、社会生活上の様々な問題を抱えることもあります。このようなことから、吃音については言語症状だけではなく、言語症状があることによって生じる様々な問題も併せて考えることが大切です。

（２）吃音の原因、発吃、治癒について

吃音の原因は現在のところまだ分かっていません。これまでに身体的な機能や素質等に関連を求める素因論、神経症説、学習説など様々な説が提唱されてきましたが、吃音を説明できる決定的な原因は見いだされていません。近年では、脳科学や遺伝研究の進歩によって脳の活動レベルでの何らかの問題や、遺伝的要因と環境要因の交互作用等が吃音に関与する可能性を示唆する研究がありますが、吃音の原因を完全に説明できる理論は、まだありません。

したがって、現在、吃音のある子供への指導に関して原因に基づいた方法論が確立されているわけではありません。吃音のある人は人口の約１％といわれています。女性より男性に多いことも分かっています。発吃（吃音が始まること）の時期は３、４歳に多く、ほとんどが幼児期です。しかし、小学校入学以降、あるいは中学生期以降の青年期に発吃する例も報告されています。幼児期の吃音は自然治癒（何もしないで自然に吃音が消失すること）の確率が高いのですが、小学校入学以降では低いといわれています。治癒する場合とそうでない場合の特徴は分かっておらず、治癒の予測は現在のところ困難です。吃音は自然治癒、指導による治癒も含め、治癒する場合もしない場合もあり、見通しがもちにくいところに特徴があります。

（３）吃音の一般的特徴

吃音の症状は個人差が大きいのですが、一般的に共通している特徴もあります。まず、症状が目立つ時期と比較的目立たない時期の波があることです。波の現れ方も様々で、治ったと思っていたらまた症状が現れるというようなこともあります。症状の波に一喜一憂するのではなく、吃音の特徴として捉え、波に翻弄されないようにすることも大切です。また、吃音の症状は、他者と一緒に話すとき、何か音を聞きながら話すとき、いつもとは異なった話し方をするときなどに減少すること、さらに人によって異なりますが、苦手な音や場面があることなどが知られています。

吃音は発吃から時間が経過すると変化します。一般的に言語症状は連発の症状から伸発、難発へと移行し、本人の意識は吃音を気にしないで話す状態から、吃音を隠す、避けようとする状態へと移行します。しかし、この吃音の進展については個人差が大きく、言語症状と本人の意識が一致しているとも限りません。自分の話し方が他者によく評価されない経験の蓄積は、症状や意識の進展に関係すると考えられています。

（４）吃音の状態の把握と検査

会話の中や音読の際に吃音の様子を観察したり、ある一定の量の文章を読ませて、吃音の頻度を調べたりします。しかし、すべての場面での吃音の様子を知ることはできません。いろいろな吃音の出方があることに留意しておくことが大切です。

また、本人や保護者が、吃音にどれほど悩んでいるかを面談等で把握することも重要です。本人や保護者の悩みが大きいほど、吃音を意識しすぎ、心理的要因から悪化を招き、改善が困難になる場合があります。また、吃音については指導が始まり、子供と遊び、関わる中で関係が深まり、子供が「ことばの教室」の担当教師と遊びや関わりをもつ中で次第に心を開いていくことで、その実態が明らかになってくることもあります。これは、子供が吃音の症状を隠していることがあるからです。また、吃音の症状が周期的によくなったり、悪化したりする「波」の状態が見られます。こうしたことも念頭に置いて状態を把握する必要があります。

吃音のある子供に対する検査は、発話における言葉の状態を知るための検査と心理的な側面の検査があります。

①　発話の状態の検査

吃音が種々の条件で変動することを考慮した複数の検査場面（自由会話場面、課題場面等）からなる「吃音検査法」があります（小澤ら，2016）。音読時の吃音の症状を調べる検査として「吃音検査法における音読課題」（2016）の例を掲載します。吃音の種類（連発性、伸発性、難発性）、頻度、一貫性（同じ意や単語で吃音が生じる状態）、適応性（繰り返し音読する中で、吃音が軽減される状態）を調べることができます（**図Ⅱ−7−4**）。

ジャックと　まめの　き
①
②
むかし　ある　ところに　ジャックと　いう　おとこのこが　いました
①
②
ジャックの　いえは　びんぼうでしたので　ジャックは　がっこうへ　いく　ことも
①
②
できませんでした　とうとう　いえには　パンも　なく　なり　うしが　いっとう
①
②
いるだけに　なって　しまいました　ある　とき　おかあさんが　ジャックに　いいました
①
②
「まちへ　いって　この　うしを　うって　おいで　そして　その　おかねで　パンや
①
②
おまえの　くつや　ズボンを　かいましょう」　さっそく　ジャックは　でかけました
①
②

<table>
<tr><td></td><td>SR</td><td>PWR</td><td>Pr</td><td>Bl</td><td>WR</td><td>Ij</td><td>Ic·Rv</td><td>Br</td><td>Pa</td><td rowspan="4">一貫性
効果
（%）</td><td rowspan="4">適応性
効果
（%）</td><td>随伴症状</td></tr>
<tr><td>条件①</td><td></td><td></td><td></td><td></td><td></td><td></td><td></td><td></td><td></td><td rowspan="7">なし
呼吸
口腔顔面
頸部頭部
四肢
体幹</td></tr>
<tr><td>条件②</td><td></td><td></td><td></td><td></td><td></td><td></td><td></td><td></td><td></td></tr>
<tr><td>条件③</td><td></td><td></td><td></td><td></td><td></td><td></td><td></td><td></td><td></td></tr>
<tr><td rowspan="3" colspan="2">吃音中核
症状
合計</td><td>条件①</td><td colspan="2"></td><td rowspan="3" colspan="2">その他の
非流暢性
合計</td><td>条件①</td><td colspan="2"></td><td rowspan="4"></td><td rowspan="4"></td></tr>
<tr><td>条件②</td><td colspan="2"></td><td>条件②</td><td colspan="2"></td></tr>
<tr><td>条件③</td><td colspan="2"></td><td>条件③</td><td colspan="2"></td></tr>
<tr><td colspan="5">随伴症状の有無
条件による差</td><td colspan="5">緊張性の有無
条件による差</td></tr>
</table>

一貫性効果＝（1回目2回目共に吃った文節数）／（2回目に吃った文節数）×100
適応性効果＝（1回目に吃った文節数−2回目に吃った文節数）／（1回目に吃った文節数）×100

（小澤恵美・原由紀・鈴木夏枝・森山晴之・大橋由紀江・餅田亜希子・坂田善政・酒井奈緒美（2016）『吃音検査法第2版』学苑社より転載　※教材は、田口恒夫らにより作成された「ジャックと豆の木」を一部改変したものである）

図Ⅱ−7−4　吃音検査

② 心理的側面の検査

吃音は、言語症状だけでなく、言語症状に対する恐れや恥じらい、話すことを回避するなどの心理的な側面を特性としています。

したがって、吃音についての実態を把握するためには、子供の心の状態を知ることが重要となります。そのためには、家庭や学校等での子供の様子を把握することが大切です。そこで、場合によっては、各種心理検査を活用することも考えられます。

③ その他の検査

まひ性の発語のためにリズムが乱れたりすることがあります。こうした問題を検査する方法として、『ことばのテストえほん』（日本文化科学社）では、「声、話し方、その他の表現力テスト」の検査項目が設けられています。この検査では６枚の絵を見て自由に会話させ、その反応から、音声の異常の有無とその状態、発音の誤り方の状態、発話の流暢さ、リズム、イントネーションなどをチェックすることができるようになっています。

（5）吃音のある子供への指導・支援の実際

これまでに述べたように､現在のところ吃音症状を確実に治癒できる指導法はありません。結果的には治癒する場合はありますが、吃音症状が完全には消失しないことも踏まえて、言語症状・話し方の改善に向けての指導だけでなく、吃音の症状をうまくコントロールする、吃音症状はあってもコミュニケーション意欲や表現力を高める、自分に自信をつける、自己肯定感を高めるなどの指導、さらには周囲への啓発等も含め、指導・支援を多面的に行うことが大切です。

① 言語症状への指導・支援

ア 自由な雰囲気で楽に話すことを経験させる指導

吃音のある子供にとって、自分の言いたいことを楽に話せた、分かってもらえたという満足感をたくさん味わえるようにします。話すことに対する意欲や、人と話す楽しさ、話しやすさなどは周囲の受け止め方によっても随分異なります。したがって、吃音により話しにくさを抱えている子供にとって、吃音症状が出ないように気を付けるのではなく、症状を伴いながらも、楽しく受容的な雰囲気の中で楽に話をする経験を積むことが必要になります。すなわち、話し方に注意を向けるのではなく、話す内容に注意を向け、話したいことを話すということです。

この場合、指導者、聞き手に求められることは、話し手と同様に話し方に注意を向けて聞くのではなく、話そうとしている内容に注意を向け、話し手が話したいと思えるような楽しい雰囲気をつくるということになります。子供の好きな遊びなどを通して、指導者との関わりの中で主体的な発話を促すようにします。子供と指導者が共通に好きな話題、夢中になって取り組める事柄を見つけることです。また、日々の日常生活の中での様々な出来事やそのときの思いなど、子供が何でも話せるような状況をつくることも大切です。

イ 「話せた」という自信をもたせる指導

子供によっては、「話せた」という経験をもたせることで自信につながり話す意欲がわいたり、症状にもよい変化をもたらしたりすることがあります。例えば、国語教材などを一緒に読む、リズムをつけて読むといったことで楽に読める場合があります。ただし、このようにして得られる流暢性は、一時的な効果に止まることが多いので留意する必要があります。その他に、速度を変えて読む、変わった読み方をする（例えば、お経読み、ロボット読み等）、ゆっくり話す（例えば、おばあさんに話しかけるように等）なども同様です。

ウ　楽に流暢にどもる指導

緊張の高い難発症状、強い予期不安を伴う子供にとっては、苦しい吃音ではなく、楽な吃音にする、すなわち楽にどもることの指導も有効な場合があります。いわば、わざと楽にどもることで、苦しい吃音症状が現れるのを防止するというものです。基本的には苦しい話し方（難発）を楽な話し方（連発、伸発）に変えるものです。具体的には、吃音のない普通の話し方、連発などの軽い吃音を含む楽な話し方、難発を含む重い話し方の３種類の話し方を提示し、吃音に楽な話し方と苦しい話し方があることを理解させた後、単語をわざと楽にどもる練習をします。そして実際に難発や強い予期不安が生じた時に利用できるようにするというものです。

上記「イ」も含めて、こうした話し方そのものに対する指導は、子供が話す自信を得たり、少しでも話しやすい話し方を得たりすることにねらいがあり、子供が吃音を治さなければいけないものと考えてしまわないよう配慮する必要があります。吃音を治さなければいけないものと考えると、吃音のある自己を否定し自信をなくすことになりかねません。

エ　難発の状態からの脱出法の指導

子供によっては難発の状態から抜け出す方法を指導することが必要な場合もあります。最初の音を引き伸ばして発音する方法や、口の構えを一度解消してはじめからやり直すという方法、息を少しずつ出すようにして発音する方法などがあります。ただし、これらの方法は誰にでも有効というものではなく、個々に考える必要があります。

オ　苦手な語や場面に対する緊張の解消

子供が特定の語や場面に対する苦手意識から、不安や恐怖を抱いている場合もあります。これは、過去の失敗経験からもたらされていることが多く、その場面を設定し、繰り返し練習する、緊張の低い場面から高い場面へと段階的に練習するなど、苦手な語や場面に対して自信を得る指導をすることが必要な場合もあります。

②　コミュニケーションに関する指導

コミュニケーションは話し手と聞き手の間で情報や情動を伝え合う作業であり、両者の共同作業といえます。つまり、コミュニケーションは話し手、聞き手のどちらか一方の問題ではなく、双方の関係の問題ともいえます。話し手と聞き手の間に通じやすい関係、共感関係を構築することが大切です。相手に伝えたい、分かってほしいという意欲・気持ち、相手の言いたいことや思いを理解したいという気持ちが大切です。そのような気持ちが生じるような関係を子供と指導者との間で築くことが必要です。コミュニケーションは流暢に話さなければ成立しないものではなく、相互の関係や意欲、気持ちが大切であることを理解させるようにします。

したがって、会話を十分楽しむこと、人の話の内容に耳を傾けること、どもっても言いたいことを伝えることが大切になります。どもらないように話すのではなく、どもってもより伝わる工夫、生きたおもしろい表現の工夫をすることなどが指導内容となり得ます。具体的な実践としては、演劇、詩の朗読、様々な声や話し方による会話・音読、実況アナウンス等の取組などが考えられます。

③　心理面に関する指導・支援

吃音があることで話すことや人との関わりに自信をなくし、不安が生じたり、失敗経験などから自己を肯定的に捉えられなくなるといった問題が生じたりする場合も多くあります。うまくいかないことをすべて吃音のせいだと考えたり、何事にも積極的になれず、逃避したりするといったことにもなります。吃音が子供の生き方にまで負の影響を及ぼさないよう、肯定的な自己観を支えていくことが重要な指導・支援になります。

そのためにはまず、指導者が吃音を否定しないこと、吃音のある子供のありのままを認め、どもることは悪いことではないことを伝えることが重要です。指導者が吃音を否定しては、子供が吃音や吃音のある自分を肯定することは困難です。さらに、子供が吃音とうまく向き合い、付き合うことが大切になります。それには指導者と子供の間で吃音の話をする、吃音の話ができる雰囲気をつくることも必要です。自分の話し方について話題にするというのは難しい場合もありますが、日常生活の具体的な場面、出来事に関する思いなどを話しているときに、結果的に吃音のことに触れられたりもします。吃音の話ができれば、具体的な場面での悩み、困っていることに対して子供と指導者が一緒に対策を考えることもでき、これが日常生活に有効に働き、自信を得ることにもつながります。個々の内面を十分踏まえて指導・支援を考える必要がありますが、吃音に関する本、話し方に関するゲーム、吃音の子供が登場する物語などを利用して、子供が自己の吃音をうまく捉え、向き合えるよう支援するといった実践も考えられます。

また、他の吃音のある子供と共通の指導の場を設定するなどして、同じ悩みをもつ仲間と出会い、語ることで自信や勇気を得られるだけでなく、将来に向けて支え合っていく仲間を得ることにもなり重要な支援となります。さらに子供が得意なことを見つけ、それを伸ばすことも自己肯定感を支える支援として重要と考えられます。

④　家庭・通常の学級等、周囲への啓発

吃音は周囲の態度・反応によっても左右されます。周囲がよい聞き手であると、症状にも話す意欲等、本人の気持ちの面でもよい影響が表れます。

家族や通常の学級の担任等、子供の周囲に対して、吃音に対する正しい情報を提供することが必要です。どもると周囲が嫌な顔をする、悲しそうな顔をする、叱るといったことは悪影響を与えます。基本的には周囲によい聞き手になってもらうよう啓発することが重要です。また、家庭において吃音の話がオープンにできるような雰囲気をつくってもらえるようにすることも大切です。

保護者は我が子に吃音があるということで様々な不安、心配を抱えるのは当然です。指導者としてその不安に寄り添い、必要な情報を提供することに加え、他の吃音の子供の保護者や吃音者のグループなどを紹介することも支援の一つです。保護者同士あるいは吃音当事者から様々な体験談や情報を得て、将来の見通しがもてたり日常生活の上で安心感が得られたりすることも多く、貴重な支えになります。

6　言語障害教育の指導の実際 －言語機能の基礎的事項の発達の遅れ－

（1）言語機能の基礎的事項に発達の遅れのある子供への教育とは

話す、聞くなど言語機能の基礎的事項の発達の遅れは様々な要因で生じます。聴覚障害、知的発達の遅れ、肢体不自由、視覚障害に伴って生じる場合もあります。他の障害に伴って生じる場合には、主たる障害に対応した教育の場において教育することになります。言語障害教育の指導の対象となるのは、それ以外の子供で言語機能の基礎的事項に発達の遅れがあり、個別指導が有効と考えられ、系統的な言語指導などを必要としている場合です。

（2）言語機能の基礎的事項の発達の遅れについての実態把握

言語機能の基礎的事項に発達の遅れのある子供の実態把握は、生育歴の把握、養育環境の把握、学校や家庭での生活の中での行動観察等のほかに、言語発達検査や発達検査、知能検査、親子関係を診断する検査、社会生活能力検査を用いたりするなど、言語の状況と言語の発達を支える諸側面を観点として行います。このような検査や観察等の結果を総合して、個々の子供の言語機能の発達について的確に把握することが大切です。

保護者との面談で子供の生育歴や現在の言葉の様子を聞いたり、子供と遊んだりして言葉の様子を観察したりします。その際、話しかけたときの言葉の理解の程度や子供からの要求の出し方、話し言葉の使い方、人との関わり方などが観察のポイントです。遊びの中での観察や子供との関わりを通して、単純に言葉の習得が遅れているのか、言葉を適切に使用できないのかなどを把握することが重要です。語彙の理解については「絵画語い発達検査」を使用する方法があります。必要に応じて、保護者の同意を得て発達検査や個別知能検査（KIDS 乳幼児発達スケール、津守式発達検査、WISC- Ⅳ等）を行うことも考えられます。知能検査の結果に大きな問題がなければ、環境要因による言語障害や特異的な話し言葉の遅れが考えられます。問題がある場合には、単に言葉の問題だけでなく全体的な発達を促すことが大切になります。言語発達に関する検査については、言葉の力やその発達の状況を調べる検査と言葉の習得やその発達を支える諸側面を調べる検査、また、言葉の発達にとって不可欠なコミュニケーション行動の発達を捉える検査などがあります。

①　言語発達検査

言語能力の発達は、理解から表現への発達の経過をたどります。言葉の理解力はその入り口であり、最も基礎的な力です。その中でも語彙の理解力は、言葉の理解力の基礎をなすものです。

子供の語彙の理解力を知るための検査として「PVT-R 絵画語い発達検査」（日本文化科学社）が知られています。４コマの絵の中から、検査者の言う単語に最もふさわしい絵を選択させる方法で行われ、「語い年齢」などが算出できるようになっています。

その他、文章の理解力などを調べるための検査もあります。

② LC-R 言語・コミュニケーション発達スケール【改訂版】

LC-R スケールは、LC スケール（増補版）の標準化データを全面的に見直すとともに、新たな参加児を加えて改めて標準化が行われたものです。乳幼児の言語やコミュニケーションの発達に関する知見に基づいて作られた検査法で、適用年齢は０歳から６歳となっています。語彙、文法、ことばによる説明、対人的なやりとり（コミュニケーション）などについて検査をすることで、LC 年齢（言語コミュニケーション年齢）と LC 指数（言語コミュニケーション指数）、下位領域である「言語表出」、「言語理解」、「コミュニケーション」のそれぞれにおける LC 年齢・LC 指数を求めることができます。言語発達の遅れを主訴とする子供への指導計画立案に活用できます。

通級指導教室などで個別の指導計画を作成するに当たり、支援目標が導き出されるように作られています。

言語機能の基礎的事項に発達の遅れのある子供の実態把握については、発達検査や知能検査を行って、児童の精神発達全体を把握する必要があります。その上で、言語能力や発達の状況を知ることが必要です。これらの検査を通して、言語能力や発達を評価していくとともに、子供の発達全体を把握し、指導方針を立てる手がかりとしていきます。

（3）言語機能の基礎的事項に発達の遅れのある子供への指導・支援

言語機能の基礎的事項に発達の遅れのある子供への指導・支援は、子供の言語機能の実態に応じて、個別指導や子供を取り巻く周囲環境への働きかけなどを行うことが大切です。

① 個別指導

言語機能の基礎的事項に発達の遅れのある子供への個別指導は、言語機能の基礎的事項の発達を支える諸側面に働きかける指導や、既に習得されている言語機能の基礎的事項を整理し広げていく指導などが考えられます。

ア 言語機能の基礎的事項の発達を支える指導

(ア) コミュニケーションの意欲・態度の育成・向上を目指した指導

言語機能の基礎的事項は他者との共感的な関わり合いの中で発達し、育っていくものです。したがって、言語機能の基礎的事項を学習するための前提として、子供が周囲の人たちと一緒にいてやりとりをすることを楽しめることが必要です。つまり、子供のコミュニケーションの意欲・態度を育てていくことが大切になります。そのためには、教師は子供との共感的な人間関係を形成し、子供の興味・関心に即した教材を活用し、話題を共有したり言葉でのやりとりを活発にしたりするような指導を行う必要があります。

例えば、日々の学習活動の中にやりとりそのものを課題とした学習課題や学習場面を設定したり、学習活動全体を通して言葉でのやりとりが活発になるように配慮して行ったりすることなどが考えられます。低学年の子供であれば遊びや生活体験的な活動の中で、高学年の子供であれば教師との話し合い活動や子供の興味・関心に基づく学習課題を設定し、その中でやりとりを活発にしていきます。このような学習場面では、子供の自発性を尊重し教師からの指示はできる限り控え、共に活動することが大切です。

具体的な活動としては、工作・粘土・自由画等の制作的な活動、ボール遊び等の体育的な遊び、キャラクター人形等を使った遊び等を通してやりとりを楽しく行うとともに、自己表現力を高めるように指導する必要があります。

また、このような課題のある子供は、年齢相応の語彙や言語表現を獲得できていない場合も考えられます。したがって、経験した事柄等を基に、事物の名称や状況の説明の仕方、事物と事物の関係を表す言葉を表現できるような指導も必要になります。

具体的には、実際に経験したことを絵や写真などを手がかりに順序立てて説明したり、キャラクター人形やおもちゃなどを使ってストーリーを作ったりやりとりを行ったりする活動です。

このように実生活に即したテーマを話題にしながら、子供のコミュニケーションの意欲の向上や語彙を豊富にしていくことが大切です。

(イ) 言語活動の楽しさを学ぶ必要がある子供への指導

基礎的な語彙の力があり、基本的な文法の理解はできても、実際の生活の中で使用することが少ない子供には、言葉や文字を使ってやりとりをしたり活動することの楽しさを学ばせたりする必要があります。

言葉や文字は、日常の生活の中で、周囲の他者とのやりとり、出来事を記録するなどの場面で使われています。したがって、言葉を使うことの楽しさや便利さを実感させることも言葉を育てるために大切なことです。

具体的には、言葉を使った活動として、例えば、子供が興味・関心のある事柄を友達や保護者などに紹介する活動を計画することが考えられます。低学年であれば学習発表会等での活動、高学年であればビデオカメラを活用した番組づくりなどの活動も考えられます。文字を使った活動として、低学年であれば絵日記を書いたり、書いた絵日記の内容を話題にして教師と話し合う活動をしたり、また、教師との交換日記やお手紙ごっこなどの活動も考えられます。高学年であれば、新聞づくりや調べ学習などの活動やICT機器等を活用した活動も考えられます。

このような課題のある子供は、友達関係で孤立しやすい場合も考えられます。したがって、仲間と遊ぶ楽しさを感じられる活動を行ったり、設定場面でスピーチや感想などを発表する機会を設けたりして、友人との親和的な関係ができるように配慮することも大切です。よくできたことや頑張れたことを具体的に伝え、子供に自信をもたせていくことも重要なことです。

イ　言語機能の基礎的事項を整理したり拡充したりする指導

(ア) 語彙や文を構成するなどの基礎的な力の拡充を目指した指導

語彙や文を構成するなどの基礎的な力をより確実にし、拡充する必要がある子供には言葉を取り出して、整理したり広げたりする活動が必要です。絵や文字を使って知っている言葉を確かめながら、同じ仲間となる言葉を集めたり内包する属性・上位概念・下位概念について考えたり、その言葉を探したりします。

また、同じ音で始まる言葉を集めたり、言葉相互のつながりを整理したりする学習活動も考えられます。具体的には「ことば絵じてん」を作成したり、「なぞなぞ」や「クイズ」

を考えたりするなどの学習活動を行います。

このような課題のある子供は、抽象的な言葉や助詞（格助詞・接続助詞）等の使い方を学習することも大切です。帽子をかぶっている絵を見て状況を理解し、動作化しながら「ぼうし○かぶる」の助詞について指導します。さらには、「ので、から、のに、けれど」等を正しく使えるように因果関係の理解や関係性の理解を高める指導も必要です。この指導では絵や写真を時系列に並べたり、途中の絵が抜けている場面について考えたりします。前後の状況を考え、場面を理解して正しい文章で説明できるように指導することが大切です。

(イ) 話す、聞く、読む、書くなどの言語スキルの向上を図る必要のある子供への指導

自分の気持ちを話し言葉で他者に説明したり、文字で表現したりする能力や他者の気持ちを文字や話し言葉によって理解したりする能力などが、年齢相応に十分発達していないような子供に対しては、言語機能の基礎的事項についての個別指導やグループ指導が必要です。言葉と具体物や絵カード、実際の体験などを照合させて、話したり書いたりする活動を行うことにより、基礎的な言語スキルの向上を図るようにします。

例えば、２～３枚の人物･動作･もの･季節などの絵をもとにその状況を考えて話を作ったり、場面を説明したり文を書いたりします。起承転結のある絵や「何をして、どう感じたか」などに沿って、その内容を簡潔に話させたり文章に書かせたりします。さらには、トラブルの場面のシミュレーションを行い、相手の気持ちやその対応について考えていく活動などが考えられます。

書くことが苦手な子供にはマス目のノートを用意し、左から右へ書くなどの文字表記のコツや留意点を指導していくことが大切です。

ウ　指導上の留意点

言葉は様々な人との関わりや経験によって育まれ、社会性や運動能力など様々な能力が統合してその機能が向上していくものです。したがって、言語機能の基礎的事項に発達の遅れや偏りのある子供には、幅広い指導が求められます。上記のような指導のほかにも、以下のような視点を基本に指導していくことが必要でしょう。

(ア) 子供が能動的に取り組めるような学習課題を設定すること

子供がやらされていると思うのではなく、自分から進んで取り組んでいるという気持ちで学習が進められるよう配慮することです。そのためには子供の実態把握を行い、興味・関心を生かした課題設定、教材研究が大切になります。また、子供の「できること・得意なこと」を伸ばす視点も忘れないようにしたいものです。

(イ) スモールステップで学習を進めていくこと

ある目標に対し子供に応じた適切なステップに細分化し、一つずつ着実にクリアできるように学習を組み立てることが必要です。

(ウ) 子供が行ったことに対して即座に評価を返すこと

評価を返すときには、正解しているかしていないかということだけでなく、「こういうところがよかったね」など、具体的にどういうところがよかったのかを伝えて褒めること

が大切です。小さなことでも、先生に褒められたという体験を積み上げていくことが子供の自信や自己有能感につながります。

(エ) 繰り返し行うこと

子供が知識や技術を獲得し、その知識が定着し活用できるまで繰り返し行うことが大切です。

②　子供を取り巻く周囲の環境の整備と働きかけ

言葉は子供を取り巻く周囲の環境との相互作用によって発達していくことはいうまでもありません。とりわけ周囲の人との関わり合いは重要です。家庭では日々の生活の中で保護者や家族との共感的な関係が成立し、コミュニケーションが十分行われていることが必要であり、在籍する通常の学級においては、特に担任教師やクラスメイトとのコミュニケーションが重要です。したがって、子供と周囲の人たちがよりよい関係を取り結び、共感的で心豊かなコミュニケーションが行われるように働きかけていくことが必要です。

ア　在籍学級担任との話し合い

在籍学級担任との話し合いでは、子供の状況を相互に確かめ合い、理解を深めるとともに、よりよい働きかけについて一緒に考えていく必要があります。学級の友達との関わり合いについても、周囲の子供に理解を求めるだけでなく、共に活動する題材や場面を設定し、コミュニケーションが活発になるように具体的な取組を考慮する必要があります。

特に、通常の学級における活動の中で支援する場合は、あくまでも担任の指導内容やねらいに沿えるように事前に話し合いをもつことが重要です。通常の学級での実際の指導場面では周囲の子供の動向にも気を配り、支援する子供に個別に関わりすぎることで、その子供に差別感や孤立感、羞恥心などが生まれないよう十分配慮することが大切です。

また、周囲の子供に理解を求めるには、学校生活の様々な場面において理解をうながすことが大切で、障害に関する学習が展開できるように、在籍学級担任に対して専門的な知識を提供して共に考えることが大切です。

イ　保護者との話し合い

保護者との話し合いでは、子供の状況について理解を深めたり、つまずきやそのための働きかけについて教師が一緒に考えるなどの取組が必要です。

なお、在籍学級担任と共に保護者を支援する場合には、在籍学級担任への支援も視野に入れて保護者との相談に当たることが重要になります。また、要望があれば、専門機関についての情報の提供や校内の特別支援教育コーディネーターを紹介することも大切です。

言葉は、文化的活動の中で育まれていくものです。日常の生活の中で、子供が様々な文化に触れる機会を設定することも大切です。季節の変化に伴ってその折々の風物を題材にした壁面構成などの掲示の工夫、遊びやスポーツ、音楽、絵画等を題材としたものなど、子供の興味や関心を喚起するような活動を工夫しながら行っていくことが大切です。

7　情報機器等の活用

（1）構音指導や吃音等、話し言葉の流暢性に関わる指導

構音や吃音等への指導においては、音声を記録することが大切です。毎回の指導において、子供と共に録音・再生することで構音や吃音等の状態を確認したり、改善への意欲を高めたりすることができます。また、継続的に記録することで指導の効果を確認することも可能となります。子供や保護者と共に振り返ることで構音障害や吃音の改善状況を確かめ合うこともできます。音声を記録する装置としてはICレコーダやタブレットPC等があります。

さらに、ビデオカメラやタブレットPCの録画機能を使用することにより、口唇や舌の動き等の構音動作や発声時の随伴動作等が映像で記録・視聴でき、指導への効果が一層期待できます。

国立特別支援教育総合研究所のWebサイトの中に、構音指導について動画等を用いて解説しているサイトがあります（『ネットで学ぶ発音教室』http://matisse.nise.go.jp/kotoba/htdocs/）。子供本人や保護者と共に視聴することで、指導を効果的に進めることができます。

（2）言語機能の基礎的事項を拡充する指導

語彙や構文力の拡充を目指す指導では、写真など、視覚に訴える素材を用いると興味が持続し効果的です。例えば、子供がデジタルカメラで好きな人や物を撮影した後、指導者と共に写真を見ながら会話するという関わりは、語彙や構文力の拡充や定着に有効です。同時に子供の興味・関心の対象を知ることができます。

さらに、その写真をパソコンに取り込み、プリンタで印制して絵カードにしたり、加工して印刷し絵日記のようにしたりすると、毎回の指導で繰り返し使用することができます。

（3）言語理解を促進する指導

話し言葉の理解を促進したり定着したりする目的で、言語障害特別支援学級や通級指導教室では、工作や調理実習等を行うことがあります。こうした活動の際、使用する素材や道具をデジタルカメラで撮影したり、操作する様子などをビデオカメラで撮影したりして、それらを手順に沿ってプロジェクタやモニターで表示しながら説明すると、子供たちに理解しやすく、言葉の意味理解の定着に有効です。また、通常の学級において、ことばの教室での学習を説明する際にも活用できます。

（4）集団での発表に自信をもつための指導

言語障害のある子供の中には、構音や吃音や語彙の少なさといったことを意識しすぎて、集団を前にしての発表に自信がもてない子供がいます。こうした子供が自信をもって発表できるためには、視覚的な発表素材を活用することが有効です。

紙芝居にまとめたり、実物を提示しながら発表したりする方法もありますが、パソコンとプレゼンテーションソフトを活用して、発表したい内容を整理していくと記録もしやすく、また発表準備も簡便にできます。プレゼンテーションソフトでまとめる際には、デジタルカメラに加えてイメージスキャナがあると、手書きの原稿や様々な資料を鮮明にパソコンに取り込むことができます。

上記のいずれの指導においても、子供の記録に関しては事前に本人及び保護者の了解を得ておくことが重要です。また、パソコンや記録メディア等の管理には十分留意する必要があります。

引用・参考文献

・Denes, P. B. & Pinson, E N. The speech chain. Bell telephone laboratories. 1963.
・日本聴能言語士協会構音検査法委員会・日本音声言語医学会機能的構音障害検査法委員会．新版構音検査．2010.
・日本学校保健会．就学時の健康診断マニュアル．2018.
・大伴潔・橋本創一・溝江唯他．言語・コミュニケーション発達スケール［改訂版］．学苑社．2023.
・文部科学省．特別支援教育資料．2024.
・小澤恵美・原由紀・鈴木夏枝・森山晴之・大橋由紀江・餅田亜希子・坂田善政・酒井奈緒美．吃音検査法第2版．学苑社．2016.
・田口恒夫・小川口宏．新訂版ことばのテスト絵本．言語障害児の選別検査法．日本文化科学社．1987.
・上野一彦・名越 斉子・小貫 悟．PVT-R 絵画語い発達検査．日本文化科学社．2008.

8 情緒障害

1　情緒障害の基礎知識と実態把握

（1）情緒障害の基礎知識

「情緒障害」とは、医学的な診断名ではなく、情緒面の問題で適応困難な状態にあることを表現する包括的な用語です。文部科学省の「障害のある子供の教育支援の手引」（文部科学省，2021）（以下「教育支援の手引」と略します）では、「情緒障害とは、周囲の環境から受けるストレスによって生じたストレス反応として状況に合わない心身の状態が持続し、それらを自分の意思ではコントロールできないことが継続している状態をいう」と示されています。

情緒的な反応が激しく現れることは、一般の子供や大人にも起こりうることですが、その多くは一過性のもので、特定の要因が取り除かれれば消失するため、ほとんど問題にされることはありません。しかし、その状態が長く続いたり、何度も繰り返されたり、極端な現れ方をする場合は、様々な社会的な不適応状態をきたすことになります。そのような状態にある子供については、特別な教育的対応が必要になります。

情緒障害に見られる行動の問題は、内向性と外向性の大きく二つに分けられます。内向性の行動の問題には、選択性かん黙、不登校、過度の不安や恐怖、うつ状態、身体愁訴などがあります。また、外向性の行動の問題には、かんしゃくや怒り発作、離席、教室からの抜け出し、集団からの逸脱行動、反抗、暴言、暴力や攻撃的行動を呈するなど、通常の学級に適応困難な状態などがあります。

情緒障害の原因・要因には発達上の問題が存在し、影響する可能性はありますが、中枢神経系の機能障害や機能不全を主たる原因と考えられている自閉症及びそれに類するものは別項で扱い、ここでは、主として人間関係のあつれきなどの心理的な要因によるものを取り上げます。

情緒障害として認められる感情や気分、行動の問題は、適切な学習や集団行動、社会的行動に対する困難さに影響を及ぼします。こうした状況を生じる背景や要因を十分に考慮しながら教育的対応を工夫することが重要です。情緒障害が生じる背景や要因としては、例えば、対人関係におけるストレス状況、学業や部活動等における過剰な負担感、親子関係など家庭環境における問題、精神障害などが考えられます。

学校生活において、子供がストレスを感じやすい場面や状況は、対人関係に関するものと学業に関するものの大きく二つに分けられます。対人関係に関するものには、友達や教師との関係、部活動などでは先輩や後輩との関係などもストレスの要因となります。からかいやいじめによる友人関係の破綻、教師や先輩の一方的、威圧的な指導姿勢が信頼関係を失わせてしまい、ストレス状況を重篤にすることがあります。また、学業に関するものには、学習の習得に関する不全感や授業中の発表などの緊張感、行事等の参加に伴う不安感などからくるストレスが考えられます。学業成績の向上に関する教師や保護者からの期待感が、子供にとっては過剰な圧力になってしまうことがあることにも留意が必要です。

親子関係など家庭環境における問題には、児童虐待のように不適切な養育環境のために親子の愛着形成が障害されてしまう状況があります。親子で共有する時間や空間が十分に保障されていなかったり、子供の人格を否定するような関わりが多かったりする場合も情緒発達に影響を及ぼすことがあります。

情緒障害の背景要因として、精神疾患が要因となって発生する場合、気質と環境要因が複雑に絡み合って発症するものが多く、不安症（社交不安症・全般性不安症・パニック症・分離不安症・選択性かん黙など）、強迫性障害、適応障害、うつ病や摂食障害、心的外傷後ストレス障害（PTSD）などがあります。また、自閉症や注意欠陥多動性障害、学習障害などが背景にある場合や身体的な疾患の場合にも、情緒の問題を呈することがあります。

日常生活の多岐にわたり生きづらさを感じて心理治療を必要とする子供たちは、児童心理治療施設に入所し、治療を受けながら教育を受ける場合もあります。

児童心理治療施設は、児童福祉法第四十三条の五の規定に基づいて、軽度の情緒障害を有する子供が短期間入所、又は保護者のもとから通い、その情緒障害を治療することを目的としています。退所した者については相談その他の援助を行っています。児童心理治療施設では、子供の社会的適応能力の回復を図り、退所した後に健全な社会生活を営むことができるようになることを目指して、心理療法及び生活指導などが行われます。学校教育の学習指導については、地域の小・中学校に通学する場合、施設内に設置された特別支援学級や特別支援学校の分校・分教室などで指導を受ける場合など様々ですが、子供の適性、能力等に応じ、主体的に学習に取り組むことができるような教育の場が用意されています。いずれの場合も、施設職員と教員が密に情報交換を行うことが必要です。児童心理治療施設の入所治療は、原則として数か月から2～3年程度の期間となります。その後、家庭復帰や児童養護施設などへの措置変更を行い、通所や外来治療を行いながら地域で生活していくための支援が行われます。

（2）情緒障害のある子供の実態把握

主として心理的な要因による情緒障害のある子供の示す状態像は、例えば、**表Ⅱ－８－１**のように多様です（文部科学省, 2021）。これらの問題が一人の子供にすべて見られるわけではありませんが、子供によってはいくつか重なって生じる場合もあり、年齢や周囲の関わりの状況などによっても異なってきます。現れている状態像だけでなく、学習状況、生活環境や人間関係などの環境との相互作用の影響なども含めて実態を把握することが重要です。

表Ⅱ－８－１　情緒障害の状態像

食事の問題（拒食、過食、異食など）、排泄の問題（夜尿、失禁など）、かん黙、抑うつ、身体愁訴、過度の不安や恐怖、不登校、反抗・暴言・暴力・反社会的行動などの規則違反的行動や攻撃的行動、集団からの逸脱行動　など

実態把握に当たっては、生育歴及び生育環境、既往歴、相談歴、家庭や学校における生活の様子、学習や集団参加の状況などについて、行動観察や、学級担任、保護者等からの聞き取り等により情報収集を行います。また、校内ではスクールカウンセラーと連携し、必要に応じて諸検査の実施により、実態把握と分析を行います。特に、情緒障害のある子供の場合は、身辺の自立の状態、認知面の発達や言語･コミュニケーション能力、対人関係や社会性、情緒面の発達の状態等について、実態を把握しておくことが大切です。

① 選択性かん黙（場面緘黙）

「教育支援の手引」では、選択性かん黙とは、「一般に、発声器官等に明らかな器質的・機能的な障害はなく、機能的には話すことができるが、心理的な要因等により、他の状況で話しているにも関わらず、特定の社会的状況（例えば、家族や慣れた人以外の人に対して、あるいは家庭の外など）において､話すことが一貫してできない状態である」と示されています。

さらに、「選択性」という言葉から、「話さないことを自ら選んでいる」と誤解されがちですが、一般的な原因として、生来の対人緊張や対人不安の強さがあり、集団に入るとその不安が増強することから、不安を軽減するための自己防衛行動が固定化して発症すると考えられています。そのため、近年では「場面緘黙」と表されることが一般的になっています。また、対人緊張や不安以外の背景要因として、知的障害や自閉症の他、吃音や構音障害などの言葉の問題があります。そのため、多方面からの実態把握を基にした総合的な判断が必要となります。

② 不登校

情緒障害教育における不登校とは、「教育支援の手引」では、「心理的な要因が大きく関与しているものであり、本人は登校する必要があることを意識しているにもかかわらず、登校できずに学校生活や社会生活に適応できなくなっているもの」、さらに「心理的な要因が大きく関与している不登校の場合、自分でも何が原因か、何に自分がストレスを受けているのかに気付けないまま、外出できない状態が長期化することがある」と示されています。文部科学省が毎年実施している「児童生徒の問題行動・不登校等生徒指導上の諸問題に関する調査」（文部科学省, 2023）によれば､不登校の原因は､多様化､複雑化している現状があります。不登校の要因は、学校に係る状況、家庭に係る状況、本人に係る状況に分かれており、本人に係る状況は「生活リズムの乱れ･あそび･非行」「無気力･不安」の２つに分類されています。学校に意義を見いだせないなど、意図的に登校しないのではないが「無気力・不安」などが要因となるものが情緒障害に含まれますが、後続調査では、「無気力・不安」は、必ずしもメンタルヘルスの問題の有無により分けられているわけではないことが示唆されています。

③ その他の情緒障害

その他の情緒障害の状態としては、社会性の問題、思考の問題、注意の問題、その他の問題が見られる場合もあります。例えば、社会性の問題として、友達関係の築きにくさ、思考の問題として、強迫観念や強迫的行動、その他の行動として、拒食などの摂食の問題や自傷行為などが挙げられます。

2　情緒障害のある子供に応じた教育課程編成

（1）情緒障害に関する教育の経緯

情緒障害という用語は、1961（昭和36）年の児童福祉法の一部改正に伴い、情緒障害児短期治療施設（現、児童心理治療施設）の開設時から使われるようになりました。さらに1967（昭和42）年には、情緒障害児短期治療施設（現、児童心理治療施設）の対象児の規定が示されましたが、それによると、家庭、学校、地域での人間関係の歪みにより社会的適応が困難になった児童、不登校やかん黙などの非社会的問題を有する児童、反抗や退学などの反社会的問題を有する児童、チックなどの神経性習癖を有する児童とされており、知的障害や自閉症等は別の施設での治療が求められていました。なお、2016（平成28）年の児童福祉法一部改正により、情緒障害児短期治療施設という名称は、児童心理治療施設に変更されました。

一方、文部省（現、文部科学省）においては、1967（昭和42）年に「児童生徒の心身障害に関する調査」が全国規模で実施され、その調査内容には、既存の視覚障害、聴覚障害、知的障害、肢体不自由、病弱・身体虚弱、言語障害の６障害の他に新たに情緒障害が加えられました。その際、情緒障害の類別基準として挙げられたのは、知的障害や明確な身体障害がないという前提で、不登校や神経症、精神病、かん黙、さらに症状面を中心にした記述から想定される自閉症や器質的障害が挙げられていました。このように、厚生省（現、厚生労働省）と文部省では、行政分野の違いにより情緒障害という用語の概念規定が異なっているという状況がありました。

情緒障害児の教育は病院内から始まりました。1965（昭和40）年国立国府台病院に、不登校児のための学級が開設されました。その後、1968（昭和43）年には三重県高茶屋病院あすなろ学園内に自閉症のための情緒障害学級が開設され、同じ1968（昭和43）年に新潟県立療養所悠久荘のぎく学園において、情緒障害児、精神障害児への教育が始められています。学校における情緒障害特殊学級の開設は、自閉症教育の始まりでもありました。1966（昭和41）年に、現在の東京都公立学校情緒障害児教育研究会の前身である「自閉症といわれた子の担任の会」が発足し、1968（昭和43）年には、全国情緒障害教育研究会、自閉症児・者親の会全国協議会も発足しました。そして、1969（昭和44）年、東京都杉並区立堀之内小学校に我が国初の情緒障害特殊学級が開設され、学校教育における自閉症教育が開始されました。その後、情緒障害特殊学級は、自閉症、選択性かん黙、不登校などの子供を対象とする学級として定着していきました。

2009（平成21）年２月３日付け20文科初第1167号通知において、情緒障害特別支援学級における障害種の明確化のために、それまで特別支援学級の対象としてきた「情緒障害者」を「自閉症・情緒障害者」と改めています。これにより、学級の名称も「情緒障害特別支援学級」から「自閉症・情緒障害特別支援学級」に変更されています。

特別支援教育資料（2024）によると、2024（令和６）年５月１日現在、自閉症・情緒障害特別支援学級数は35,515学級、183,618人の子供が在籍しており、すべての特別支援学級児童生徒数の52.0%になります。

また、通級による指導を受けている子供のうち、自閉症者は36,760人で全体の20.0%、情緒障害に該当する者は24,554人であり、全体の13.4%になっています。主として心理的な要因による情緒障害のある子供は、児童心理治療施設や病院（医療を必要とする場合）等に設置されている特別支援学校や特別支援学級の分校、分教室等で学習しています。また、ことばの教室や不登校の子供のための適応指導教室（学校支援センター）等で学んでいる場合もあります。

（2）障害の程度に応じた教育課程の編成

①　自閉症・情緒障害特別支援学級

2013（平成25）年10月4日付け25文科初第756号初等中等局長通知では、自閉症・情緒障害特別支援学級の対象として、以下のように示されています。

自閉症・情緒障害者

一　自閉症又はそれに類するもので、他人との意思疎通及び対人関係の形成が困難である程度のもの

二　主として心理的な要因による選択性かん黙等があるもので、社会生活への適応が困難である程度のもの

特別支援学級の教育課程の編成に関しては、学校教育法施行規則第百三十八条において、「小学校、中学校若しくは義務教育学校又は中等教育学校の前期課程における特別支援学級に係る教育課程については、特に必要がある場合は、第五十条第一項、第五十一条、第五十二条、第五十二条の三、第七十二条、第七十三条、第七十四条、第七十四条の三、第七十六条、第七十九条の五及び第百七条の規定にかかわらず、特別の教育課程によることができる」と規定されています。

この改訂では、特別支援学級において実施する特別の教育課程の編成に係る基本的な考え方について新たに示されました。

（ア）特別支援学校小学部・中学部学習指導要領第7章に示す自立活動を取り入れること。

（イ）児童生徒の障害の程度や学級の実態等を考慮の上、各教科の目標や内容を下学年の教科の目標や内容に替えたり、各教科を、知的障害者である児童に対する教育を行う特別支援学校の各教科に替えたりするなどして、実態に応じた教育課程を編成すること。

これらの特別の教育課程に関する規定を参考にする際、特別支援学級は、小学校、中学校の学級の一つであり、通常の学級と同様、各教科、道徳科、外国語活動及び特別活動の内容に関する事項は、特に示す場合を除き、いずれの学校においても取り扱うことが前提となっていることを踏まえる必要があります。

つまり、自閉症・情緒障害特別支援学級の教育課程の編成は、原則として、小学校又は中学校の学習指導要領によることになります。しかし、在籍する子供の実態から、通常の学級における学習だけでは、十分に学習の効果を上げることが難しい場合に、学校教育法施行規則第百三十八条に基づき、特別の教育課程を編成することができます。特別の教育課程を編

成する場合は、特別支援学校の学習指導要領の内容を参考にして、学級や子供の実態に応じた教育目標や教育内容を決めていくということになります。なお、心理的な要因による不登校等のために、学習に空白がある子供に対しては、各教科の内容を下学年の内容に替えたり、基礎的・基本的な内容を重視した指導をしたりすることなどの配慮が必要になります。

② 通級による指導（情緒障害）

2013（平成25）年10月4日付け25文科初第756号初等中等局長通知では、通級による指導（情緒障害）の対象として、以下のように示されています。

> **情緒障害者**
> 主として心理的な要因による選択性かん黙等があるもので、通常の学級での学習におおむね参加でき、一部特別な指導を必要とする程度のもの

通級による指導の教育課程の取扱いは、学校教育法施行規則第百四十条により、「小学校、中学校若しくは義務教育学校又は中等教育学校の前期課程において、次の各号のいずれかに該当する児童又は生徒（特別支援学級の児童及び生徒を除く。）のうち当該障害に応じた特別の指導を行う必要があるものを教育する場合には、文部科学大臣が別に定めるところにより、第五十条第一項（第七十九条の六第一項において準用する場合を含む。）、第五十一条、第五十二条（第七十九条の六第一項において準用する場合を含む。）、第五十二条の三、第七十二条（第七十九条の六第二項及び第百八条第一項において準用する場合を含む。）、第七十三条、第七十四条（第七十九条の六第二項及び第百八条第一項において準用する場合を含む。）、第七十四条の三、第七十六条、第七十九条の五（第七十九条の十二において準用する場合を含む。）及び第百七条（第百七条において準用する場合を含む。）の規定にかかわらず、特別の教育課程によることができる」とされています。

通級による指導における特別の教育課程の編成については、子供の障害に応じた特別の指導を、小･中学校の教育課程に加え、又はその一部に替えることができるものとしています。障害に応じた特別の指導とは、障害による学習上又は生活上の困難の改善・克服を目的とする「自立活動」が中心となりますが、特に必要があるときは障害の状態に応じて各教科の内容を取り扱いながら行うことができるとされています。授業時数については、年間35単位時間（週1単位時間）からおおむね年間280単位時間（週8単位時間）以内が標準とされています。通級による指導では、通級する子供の日常生活の場である家庭、学校での適応を図るために特別の指導を行います。通級による指導が、日常生活の場で生かされるためには、子供への指導とともに保護者への支援、在籍学級の担任との連携が重要です。

3　学習面や行動面の困難さへの対応

（1）心理面での困難さへの対応

選択性かん黙の状態にある子供への対応は、話さないという状態だけに注目してしまうと、話をさせようという働きかけが多くなります。しかし、そうした働きかけがさらに極度の緊

張と萎縮を生じさせ、対人不安やひきこもりなどの二次的な不適応を引き起こす可能性もあります。本人の意思でかたくなに話さないと決めているわけではなく、話そうとしても話せないという視点に立ち、緊張や不安、恐怖心を取り除くように関わることが大切です。対応としては、本人の意思を確認しつつ、例えば、次のような工夫が考えられます。「身振りや仕草等で意思の疎通を図る」「自己評価の低下につながらないようプライドに配慮する」「安定した受容的な関わりにより緊張や不安を軽減する」「得意な活動を見つけ自信をもたせる」「個性としてクラスメートへの理解を図る」などです。

選択性かん黙の状態は、環境の変化や成長とともに改善する例も多く見られます。話ができなくても取り組みやすい課題や場面設定などを工夫し、安心できる環境づくりを心掛けることが大切です。日常的に家庭と連携を図るようにし、必要に応じて専門機関を活用することも大切です。

不登校については、「文部科学省委託事業 不登校の要因分析に関する調査研究報告書」(2024) において、不登校の背景にある要因から、「いじめ被害及び友達とのトラブルの予防」「教師の行動、学校風土の改善」「授業改善、学習支援の充実」「児童生徒の体調、メンタルヘルス、生活リズムへの注目」「背景要因へのアプローチ」が支援の方向性として示されました。また、不登校時に相談・指導等を受けていない子供は「学業不振」や「宿題の問題」が多く見られたり、「要対協・要保護」「ひとり親・共働き」といった家庭的な背景要因を有したりする割合が高く、相談・指導が届きにくい可能性があることから、注意が必要です。

情緒障害は、現れている状態像は異なっていても、共通に何らかの心理的要因が大きく関与しています。学校における配慮としては、対象の子供との信頼関係をつくること、安心できる場所を確保したり時間を提供したりして、学校が安心して過ごせる場所になるようにすることが基本になります。

(2) 学習面、行動面の困難さへの対応

選択性かん黙の子供への学習面、行動面の対応で配慮すべきことは、話せないことや学習活動に積極的に参加できないことから、自己評価が下がり、自信や意欲を失いがちな状態に陥らないよう、自己評価を高める工夫をすることです。例えば、授業の中で、話さなくても参加できる活動や取り組めそうな課題はたくさんあります。無理強いはせず本人の意思に委ねながら誘いかけ、取り組めた経験を増やします。スポーツや工作、絵画、音楽などに興味がある場合には、好きなことや得意なものを認め、学級の中で活躍できる場面を設定します。話すことではなく、活動に参加することを目的に対応します。周りの子供にもそのことをきちんと伝え、さりげない誘いかけをするような関係づくりを心がけることで、教室の中に安定できる居場所をつくるようにしていきます。また、家庭との連携も不可欠です。学校で取り組めなかった課題やレポート、作品などは家に持ち帰り仕上げることも認めるようにします。

不登校の場合は、授業の空白期間ができてしまうため、学習面に大きな課題を抱えてしまいます。登校したい気持ちはあっても、学習の遅れに不安があったり、学習意欲が減退していたりする場合もあります。また、家庭に居ると生活リズムも乱れがちになります。子供の

心理状態や生活リズムの状態について保護者と情報交換を密にしながら、状態に応じた対応の工夫が必要になります。学習面については、必ずしも学年相応の内容に限らず、本人の学習進度に合わせたり、興味や関心のある教科を優先したりして、内容が理解でき成就感や達成感が得られる経験を積むことで、学習のリズムがつくように対応を工夫します。子供の状態に応じて、家庭訪問をしたり、連絡ノートや課題プリントの添削などを活用したりすることで、学校や教師との信頼できるつながりをもてるようにします。少しずつ登校できるようになってきても、すぐに教室に入ることを求めず、保健室や図書室、特別教室など本人が居られる場所を確保するようにします。久しぶりに会う同級生にも、過剰に騒ぎ立てないよう指導することも大切です。

4　情緒障害のある子供の場に応じた指導・支援

（1）自閉症・情緒障害特別支援学級における指導

自閉症・情緒障害特別支援学級は、小学校及び中学校に設置されていることから、教育課程の編成は、原則的には小学校又は中学校の学習指導要領によることになります。しかし、対象とする子供の実態から、小学校又は中学校の通常の学級における学習には困難が伴うため、前述したように、特別支援学級の教育課程については、学校教育法施行規則第140条に基づき、特別の教育課程を編成することができることになっています。この場合、学級の実態や子供の障害の状態等を考慮の上、特別支援学校小学部・中学部学習指導要領を参考にするなど、実情に合った教育課程を編成することになります。

自閉症・情緒障害特別支援学級に在籍している子供は、その障害により、社会的適応が困難になり、学校などで集団生活や学習活動において学習上、行動上の問題を有しています。したがって、自閉症・情緒障害特別支援学級の主たる目的は、心理的な要因による選択性かん黙など、適応困難を改善することになります。そのため、自閉症・情緒障害特別支援学級では、情緒の安定を図り、円滑な集団適応ができるなど、多様な状態に応じた指導を行うことが大切です。基本的な生活習慣の確立を図ること、適切に意思の交換を図ること、円滑な対人関係を築く方法を獲得すること、目標をもって学習に取り組むこと、不登校等による学習上の空白を埋め基礎的・基本的な学力を身に付けることなど、個々の子供によって指導目標や指導内容・方法が異なってきます。

①　日常生活習慣の形成のための指導

日常生活習慣を身に付けることは社会生活の基本であり、自閉症・情緒障害特別支援学級では、食事、排泄、衣服の着脱などの指導も学校生活の中で行います。特に、子供の心理的な安定を促しながら、生活に必要な諸機能を習慣として身に付けていくことが大切です。

②　人との関わりを深めるための指導

人との関わりの中に存在するルールや社会性を指導することは、社会的な自立に向けて必須なものとなります。大人との一対一の関係の構築から始めて、少しずつ小集団の子供との関係に広げていくようにします。安定した環境の中で、他の子供や教員と一緒に活動する喜びや楽しさを味わい、集団の雰囲気に慣れることをねらいとした指導を行います。例えば、動作の模倣、遊び、劇、係活動などの活動を通じて、集団での役割を理解し、相手の立場が理解できるようにすることがあります。また、一人一人の子供の学習の状況等に応じて、通常の学級での授業や特別活動に参加して交流及び共同学習を進め、他者とのふれあいを深め、集団参加が円滑にできるよう、きめ細かな配慮を行います。

（2）通級による指導

通級による指導は、教科の学習は主として通常の学級で学びつつ、障害による学習上又は生活上の困難を主体的に改善・克服するため特別の指導を特別な場所で行う教育形態です。特別の指導とは、特別支援学校における自立活動の指導を参考にして行うことを原則とし、特に必要がある場合には、障害の状態に応じて各教科の内容を取り扱いながら行うことができるとされています。

指導形態には、大きく分けて個別指導と小集団指導があります。選択性かん黙等の情緒障害のある子供の場合は、心理的な安定を促すなどの個別指導が中心となりますが、状態の改善に伴い小集団での指導を取り入れることも考えられます。小集団指導では、音楽、運動、制作などの活動を通して、基本的生活習慣の育成、遊びや対人関係、コミュニケーションなど社会的適応力の育成が主な指導のねらいとなります。

選択性かん黙や不登校等の主として心理的な要因による情緒障害の場合は、自立活動の内容の中でも特に以下の区分と項目が重要になります（文部科学省，2018）。

1　健康の保持
- (1) 生活のリズムや生活習慣の形成に関すること
- (4) 障害の特性の理解と生活環境の調整に関すること
- (5) 健康状態の維持・改善に関すること

2　心理的な安定
- (1) 情緒の安定に関すること
- (2) 状況の理解と変化への対応に関すること
- (3) 障害による学習上又は生活上の困難を改善・克服する意欲に関すること

3　人間関係の形成
- (1) 他者とのかかわりの基礎に関すること
- (2) 他者の意図や感情の理解に関すること
- (3) 自己の理解と行動の調整に関すること
- (4) 集団への参加の基礎に関すること

6　コミュニケーション
- (4) コミュニケーションの手段の選択と活用に関すること
- (5) 状況に応じたコミュニケーションに関すること

（3）通常の学級における配慮

選択性かん黙や不登校等の情緒障害の背景には、学業でのつまずきがきっかけとなる場合が少なくありません。学習する習慣や学ぶ態勢の形成に問題がある場合や、生活リズムの乱れや教員との人間関係が学業の不振に関連していることがあります。指導に当たっては、まず適切な実態把握に基づき、個々の実態に基づいて事態の改善を図るという姿勢をもつことが大切です。その場合、子供だけでなく、教員の関わりや学級環境等も含めた実態把握が望まれます。また、学習方法や基礎的な内容の理解に問題がある場合、子供一人一人の個性が異なることを常に意識し、具体的な指導の方法や学習進度について、子供の側に立った配慮が必要です。例えば、各教科等において、理解の状況や習熟の程度に応じた指導を行うなど、分かりやすい授業を実施したり、補充指導の充実を図ったりするなど、きめ細かな指導を検討することが大切です。

選択性かん黙、不登校等の情緒障害は、その状態の的確な把握や原因の究明などが困難な場合もあるので、教育内容や方法については、情緒や社会的適応の状態を十分に考慮し、医療・相談機関等との連携をとり、慎重に進める必要があります。子供の状態によっては、教育相談室や適応指導教室（学校支援センター）等における対応が適切な場合もあります。特に、中学校段階からは、成人と同じような不安神経症、強迫神経症などの状態を示すこともあるので、医療機関をはじめ、関係諸機関との連携を十分に図る必要があります。

引用・参考文献

・公益社団法人子どもの発達科学研究所．文部科学省委託事業 不登校の要因分析に関する調査研究 報告書．2024.
・厚生労働省．児童福祉法等の一部を改正する法律．2016.
・文部科学省．特別支援教育資料（令和4年度）．2024.
・文部科学省．児童生徒の問題行動・不登校等生徒指導上の諸問題に関する調査結果．2023.
・文部科学省．障害のある子供の教育支援の手引～子供たち一人一人の教育的ニーズを踏まえた学びの充実に向けて～．2021.
・文部科学省．特別支援学校教育要領・学習指導要領解説自立活動編（幼稚園・小学部・中学部）．2018.

9　発達障害

1　発達障害の基礎知識

（1）発達障害の定義や分類に関する動向

発達障害については、医学的な診断、法律による規定、教育的な判断による定義や分類があります。医療や福祉における定義や分類と、教育における定義や分類とは同一のものではない場合があることに留意が必要です。

①　発達障害の医学的な診断

発達障害の医学的な診断基準は、主に次の２つがあります。

・精神疾患の診断・統計マニュアル（DSM：Diagnostic and Statistical Manual of Mental Disorders）

アメリカ精神医学会が出版している精神疾患の診断基準・診断分類で、最新版は2022（令和４）年に刊行されたDSM-5-TRです。日本語訳が2023（令和５）年に刊行されています。

・疾病及び関連保健問題の国際統計分類（ICD：International Statistical Classification of Diseases and Related Health Problems）

世界保健機関（WHO）が作成している国際的な診断基準で、2024（令和６）年現在、日本国内では第10版となる「ICD-10」が用いられています。ICDは2018（平成30）年６月に第11版が示されており、日本国内においても適用に向けた準備が進められています。

②　発達障害の法律による規定

発達障害に関連する法令として以下のものがあります。

発達障害者支援法

第二条　この法律において「発達障害」とは、自閉症、アスペルガー症候群その他の広汎性発達障害[注1]、学習障害、注意欠陥多動性障害その他これに類する脳機能の障害であってその症状が通常低年齢において発現するものとして政令で定めるものをいう。

2　この法律において「発達障害者」とは、発達障害がある者であって発達障害及び社会的障壁により日常生活又は社会生活に制限を受けるものをいい、「発達障害児」とは、発達障害者のうち十八歳未満のものをいう。

3　この法律において「社会的障壁」とは、発達障害がある者にとって日常生活又は社会生活を営む上で障壁となるような社会における事物、制度、慣行、観念その他一切のものをいう。

4　この法律において「発達支援」とは、発達障害者に対し、その心理機能の適正な発達を支援し、及び円滑な社会生活を促進するため行う個々の発達障害者の特性に対応した医療的、福祉的及び教育的援助をいう。

障害者基本法

第二条第一項

障害者　身体障害、知的障害、精神障害（発達障害を含む。）その他の心身の機能の障害（以下「障害」と総称する。）がある者であつて、障害及び社会的障壁により継続的に日常生活又は社会生活に相当な制限を受ける状態にあるものをいう。

児童福祉法

第四条第二項

この法律で、障害児とは、身体に障害のある児童、知的障害のある児童、精神に障害のある児童（発達障害者支援法（平成十六年法律第百六十七号）第二条第二項に規定する発達障害児を含む。）又は治療方法が確立していない疾病その他の特殊の疾病であつて障害者の日常生活及び社会生活を総合的に支援するための法律（平成十七年法律第百二十三号）第四条第一項の政令で定めるものによる障害の程度が同項の厚生労働大臣が定める程度である児童をいう。

③　発達障害の教育的な判断

発達障害等の障害のある子供の「教育的ニーズ」を整理するための考え方や，就学先の学校や学びの場を判断する際に重視すべき事項等については、2021（令和３）年６月に文部科学省が示した「障害のある子供の教育支援の手引～子供たち一人一人の教育的ニーズを踏まえた学びの充実に向けて～」で解説されています。

（2）教育的に留意すべき事項

発達障害のある子供などへの支援、教育的に留意すべき事項については、発達障害者支援法の施行（平成 16 年）に伴い、2005（平成 17）年４月 11 日付文部科学省初等中等教育局通知において以下のように示されています。

①　対象となる障害

本法における発達障害とは、脳機能の障害であってその症状が通常低年齢において発現するもののうち、ICD-10（疾病及び関連保健問題の国際統計分類）における「心理的発達の障害（F80-89）」及び「小児＜児童＞期及び青年期に通常発症する行動及び情緒の障害（F90-98）」に含まれる障害であるが、これらは、基本的に、従来から、盲・聾・養護学校、特殊学級若しくは通級による指導の対象となっているもの、又は小学校及び中学校（以下「小学校等」という。）の通常の学級に在籍する学習障害（LD）、注意欠陥多動性障害（ADHD）、高機能自閉症及びアスペルガー症候群[注2]（以下「LD 等」という。）の児童生徒に対する支援体制整備の対象とされているものであること。

②　発達障害の早期発見

市町村教育委員会は、学校保健法（昭和 33 年法律第 56 号）第４条に規定する健康診断を行うに当たり、発達障害の早期発見に十分留意するとともに、発達障害の疑いのある者に対し、継続的に相談を行い、必要に応じ、早期に医学的又は心理的判断がなされるよう、また、就学後に適切な教育的支援を受けられるよう必要な措置をとること。

なお、その際には、関係部局や関係機関との緊密な連携の下、必要に応じ、専門家等の協力を得ること。

注1・注2　広汎性発達障害とは、自閉症、もしくは自閉症に類似した特徴を示す一連の障害群です。アスペルガー症候群、高機能自閉症とは、知的障害を伴わないが、自閉症の特徴を示す障害を指しています。DSMやICD等の診断基準の改訂に伴い、現在、医学的な診断では、これらの障害は「自閉スペクトラム症」（ASD）として一元化されています。

引用・参考文献

・American Psychiatric Association（著）高橋三郎・大野裕（監訳）染谷俊幸・神庭重信・尾崎紀夫・三村將・村井俊哉・中尾智博（訳）. DSM-5-TR 精神疾患の診断・統計マニュアル. 医学書院. 2023.

・文部科学省. 障害のある子供の教育支援の手引～子供たち一人一人の教育的ニーズを踏まえた学びの充実に向けて～. 2021.

・文部科学省. 発達障害のある児童生徒等への支援について（通知）. 2005.

・融道男・中根允文・小見山実・岡崎祐士・大久保善朗（監訳）ICD-10 新訂版 精神および行動の障害　臨床記述と診断ガイドライン. 2005.

Column
コラム

「トライアングル」プロジェクト

発達障害を含む障害のある児童生徒に対する支援は、全ての学校・学級に求められており、特別支援教育に係る教員の専門性の向上が課題となっています。また、発達障害をはじめ障害のある子供たちへの支援に当たっては、行政分野を超えた切れ目ない連携が不可欠であり、一層の推進が求められているところです。特に、教育と福祉の連携については、学校と児童発達支援事業所、放課後等デイサービス事業所等との相互理解の促進や、保護者も含めた情報共有の必要性が指摘されています。

こうした現状から、各地方自治体の教育委員会や福祉部局が主導し、支援が必要な子供やその保護者が、乳幼児期から学齢期、社会参加に至るまで、地域で切れ目なく支援が受けられるよう、家庭と教育と福祉のより一層の連携を推進するための方策が検討され、文部科学省と厚生労働省の両省による家庭と教育と福祉の連携「トライアングル」プロジェクトとして検討され、平成 30 年3月に報告がありました（https://www.mext.go.jp/a_menu/shotou/tokubetu/material/1404500.htm）。

また、この報告の趣旨を踏まえ、平成 30 年8月に学校教育法施行規則が改正され、特別支援学校や特別支援学級に在籍している児童生徒及び通級による指導が行われている児童生徒について、各学校が作成する個別の教育支援計画は、児童生徒等又は保護者の意向を踏まえつつ、医療、福祉、保健、労働等の関係機関や民間団体と児童生徒等の支援に関する必要な情報の共有を図ることが規定されました。

9-1 自閉症

1　自閉症の基礎知識と実態把握

（1）自閉症の定義

自閉症とは、①他者との社会的関係の形成の困難さ、②言葉の発達の遅れ、③興味や関心が狭く特定のものにこだわることを特徴とする発達の障害です。

自閉症は、1943（昭和18）年にレオ・カナー（Kanner, L）が、論文「情緒的接触の自閉的障害」において11名の知的障害を伴う子供に共通した特徴を示した症例を報告したことが出発点となり、広くその存在が知られるようになりました。カナーは、その後の論文で子供たちが示した様々な特徴（優れた機械的な記憶能力、刺激への過敏性、行動や興味の限局、遅延性反響言語）の中から自閉症の主要な特徴として、「極端な孤立」と「同一性保持への強迫的固執」の二つを抽出し、それらが自閉症の本質的な障害であると言及しました。カナーは、現在の自閉症の診断基準として不可欠な項目となっているコミュニケーションの問題を、上記二つの特徴によって生じる二次的な問題であると考えました。

その後、1944（昭和19）年にハンス・アスペルガー（Asperger, H）が論文「自閉的精神病質」を発表しました。アスペルガーは、症例に見られる子供の特徴として視線が合いにくいこと、言葉や動作が常同的であること、変化に対する激しい抵抗があり、特有な興味があることなどを報告しました。アスペルガーが報告した症例に見られる特徴は、カナーと多くの部分で共通していましたが、子供に高い言語能力があること、運動能力や協調運動に不器用さが認められることを示した点がカナーとは異なりました。

自閉症の状態像は知的能力や年齢、発達とともに変化し、個人間また個人の経過の中にでも多様性が認められます。ローナ・ウィング（Wing, L）（1988）は、自閉症の状態像が非常に多岐にわたることから、同一の障害が幅広い連続した症状を示すということを表現するために「自閉症スペクトラム」という概念を導入しました。

①　社会的相互交渉の障害

自閉症のある子供は、身振りや他者の表情から他者の気持ちを読み取ることに困難さがあり、他者との関わりが一方的であったり、他者と興味や関心を共有したりすることに難しさが見られます。

ウィング（1996）は、自閉症のある人々の社会的相互交渉の障害を四つのタイプに分類しています（**表Ⅱ－９－１**）。**表Ⅱ－９－１**に示した四つのタイプについて、ウィングは各タイプの間に明確な区切りはないが、以下のようにグループ分けすることで、自閉症の社会的相互交渉の多様性を説明しやすくなると述べています。

表Ⅱ－９－１　自閉症に見られる社会的相互交渉の障害の四つのタイプ

タイプ		例
孤立群	他者が存在しないように振る舞う。同年代の仲間には無関心だったり、警戒したりする。家族以外の子供と協力的なやりとりをすることが少ない。他者に興味を示したり同情したりする様子が見られない。小さい子供に一番多いタイプ。	他者に呼ばれても来ない。話しかけても答えない。手の届かない所に欲しいものがあるときは、相手の手をつかんで目的物に持っていくが、目的が達成されれば、また相手を無視する。極端な怒りや喜びを除けば顔に表情がない。視線を合わせることが乏しい。
受動群	他者の接触を受け入れ、他者を避けはしないが、自分から人との交わりを始めようとしない。	従順で言われたことには従うので、他の子供も喜んで遊びに加えてくれる（ごっこ遊びでの赤ちゃん役や患者役）。しかし、別の遊びになってちょうどよい役がなくなると取り残されてしまう。
「積極・奇異」群	他者に活発に近づこうとする。同年代ではなく世話をしてくれる人に対して、とりわけ何かを要求するときや自分の関心事を独特の一方通行で延々と述べるときにそうする。	話し相手の感情やニーズにまったく注意を払わない。他者と応対するとき、不適切に強くやり過ぎる（長すぎるアイコンタクトや手を強く握るなど）ことがよくある。自分の思いどおりに周囲が関心を示してくれないと、扱いにくくなり攻撃的になる。
「形式ばった大仰な」群	過度に礼儀正しく、堅苦しい振る舞いを見せる。このタイプは、青年期後期から成人期になるまでは見られず、能力が高く良好な言語レベルの人に現れる。	人付き合いのルールに厳格にこだわって対処しようとするが、本当の意味でルールを理解していない。そのため、状況の変化に応じて行動することができず、誤りを犯すことがある。

（ローナ・ウィング著，久保・佐々木・清水監訳（2005）「自閉症スペクトル－親と専門家のためのガイドブック－」より作成）

②　コミュニケーションの障害

自閉症のある子供は、身振りや表情などで他者に意思伝達することに困難を示すことがあります。また、欲しい物がある所に他者の手を動かすといったように、他者を道具として利用する行動（クレーン現象）が見られることもあります。

知的障害を伴う自閉症のある子供には、言語発達の遅れがあります。その具体的な特徴としては、相手が言ったことをそのまま反復（エコラリア）したり、独り言を繰り返したりといった常同的な言語の使用が挙げられます。

言語発達の遅れがない場合も、語彙は豊富でも、回りくどい言い回しや独特な表現を用いる、会話が形式的で一方的であるなどの特徴が認められます。また、相手が言った皮肉や言葉の裏にある意味や感情を理解することが難しく、字義どおりに受け止めてしまうことがあります。

③　活動や興味の限局

自閉症のある子供は、電話帳や時刻表を好むといった特定の対象に強い興味を示したり、日課や物の配置、道順などがいつも同じであるといった特定の習慣にかたくなにこだわったりすることがあります。また、自身が決めた日課や手順などが変更されることに著しい抵抗を示す場合があります。

その他、手や指をひらひらさせたり、体を前後に揺すったりといった常同的で反復的な行動が見られることがあります。このような自己を刺激する行動は、重症化すると手を噛んだり頭を何かにぶつけたりする自傷行動に発展することがあります。このような行動は、重度の知的障害を伴う自閉症のある子供に見られます。

自閉症のある子供の同一性への固執や反復的行動は、「実行機能」の障害によるものと理解されています。実行機能とは、ゴールを見据えて計画し選択して行動を開始する、環境の変化に対応して行動を修正したり変更したりする、情報を系統立てるといった認知機能の総体のことです。自閉症のある子供の行動や思考の硬さには、実行機能の障害が関与していると考えられています。

④　随伴するその他の特性

上述した三つの特性に加えて、その他の随伴する特性としては、以下の点が挙げられます。

ア　感覚面に見られる過敏性または鈍感性

感覚面に見られる過敏性や過度の鈍感性について、その現れ方（視覚、聴覚、触覚、味覚、嗅覚）や程度は個々によって異なります。自閉症のある子供に見られる感覚面の過敏性としては、普通は不快と感じるガラスを爪でひっかいた音には平気だったりするものの、特定の人の声や教室内の音に恐怖を示したりする、人に触られることを極端に嫌がったりするなどがあります。また、通常であれば興味を示さない銀紙やセロファンなどの光るもの、換気扇や扇風機などの回転するものに対して強い関心を示すことがあります。他方、過度の感覚面の鈍感性としては、怪我をしていても痛みを感じていないように見える場合があります。

自閉症の当事者であるテンプル・グランディン（Grandin, T）は、自身の著書（Grandin & Scariano, 1986）で感覚面における過敏性について「幼い頃、人々が私を抱きしめた時、私を圧倒せんばかりの刺激の大波がやってきて、私の体中にあふれかえった」と記しています。彼女の例を踏まえると、自閉症のある子供が示すかんしゃくなど一見すると理解しがたい行動の背景には、彼らの感覚面の過敏性が影響している場合があると考えられます。

イ　中枢性統合機能の弱さ

自閉症のある子供は、外界からの様々な情報を処理し統合して脈絡の中で意味を構築し、それを利用することに困難さをもつことがあります。ウタ・フリス（Frith, U）（1989）は、これを中枢性統合の弱さであると主張しました。自閉症のある子供は細部に注目し、断片的な記憶や認知には優れた能力を発揮しますが、全体を捉えることに難しさがあります。つまり、部分的な情報に注意を向ける断片的な情報処理が必要な課題は得意ですが、全体的な意味の理解を必要とする課題は不得意であるとされます。

自閉症のある子供に見られる中枢性統合機能の弱さは、彼らの障害の側面を示す一方で優れた認知能力（例えば、優れた機械的記憶能力）として捉えられます。中枢性統合機能の弱さは、自閉症の強みと弱み、それぞれの側面を把握する概念であり、自閉症のある子供の独自の認知特性を理解する上で役立ちます。

ウ　視覚的優位性

自閉症のある子供は、視覚的情報、具体的な事象や概念には意味を見いだしやすく、優れた記憶力を発揮しますが、抽象的、表象的な事象についての理解に難しさをもつ場合があります。そのため、絵や写真などの具体物を提示することは、彼らの理解を助ける手がかりとして有効とされています。ただし、自閉症のある子供の中には聴覚優位の者も存在するため、個々の実態に応じることが大切です。

上述した自閉症の特性は、その現れ方や程度が個々によって異なることに留意する必要があります。このことは、指導・支援の方法が、個々の子供の実態によって変わることを意味します。したがって、指導・支援に当たっては、画一的な対応にならないように留意することが重要です。

⑤　自閉症の原因

自閉症の原因については、カナーが自閉症のある子供の両親は高い知性をもつが冷淡であると言及し、また、ブルーノ・ベッテルハイム（Bettelheim, B）（1956）が、愛情のない環境での不適応反応の結果として自閉症になるという「冷蔵庫マザー」説を提唱したことから、当初、自閉症の原因は親の不適切な養育にあると見做されていました。しかし、数々の自閉症のある人々の脳研究に関する報告から、自閉症の原因は中枢神経系の機能障害や機能不全であることが分かり、現在では心因論は完全に否定されています。近年は、自閉症のある人々の双生児研究や家系研究、遺伝子研究などの研究が進められています。自閉症の発症率は、男子に多い傾向があるとされています。

（2）診断基準

自閉症の診断では、米国精神医学会と世界保健機構（以下、WHOと記述）による基準が適用されています。

米国精神医学会は、2013（平成25）年５月に「精神疾患の診断・統計マニュアル第５版」（Diagnostic and Statistical Manual of Mental Disorders, Fifth Edition）（以下、DSM-5と記す）を発表し、2022（令和４）年３月に改訂版を刊行しました。DSM-5では、これまで広汎性発達障害の下位分類として自閉症、アスペルガー症候群などを位置付けていたものを廃止し、精神発達症群の自閉スペクトラム症という一つのカテゴリーに統合しました。

DSM-5では、自閉スペクトラム症は「持続する相互的な社会的コミュニケーションや対人的相互反応の障害、および限定された反復的な行動、興味、または活動の様式である」ことを基本的特徴とし、これらの症状が幼児期早期から認められ、日々の活動を制限するか障害すると定義付けています。

なお、世界保健機構の診断基準である国際疾病分類（International Statistical Classification of Diseases and Related Health Problems）は、2018（平成30）年６月に第11版が公表され、2021（令和３）年に公布されました。この改訂を受けて、現在、我が国での適用に向けた準備が進められています。

（3）自閉症のある子供の実態把握

自閉症のある子供の実態把握の方法には、スクリーニング、行動観察や面接、標準化された心理検査などがあります。実態把握は障害名を確定したり、自閉症のある子供が抱えている困難を明らかにしたりすることに留まるのではなく、彼らの状態像を正確に把握し、課題を明らかにして必要な指導・支援につなげていくためのものです。

① スクリーニング

スクリーニングとは、詳細な観察や検査が必要と思われる子供を見分けることです。そのため、スクリーニングの結果から診断名を断定することはできません。しかし、スクリーニングを行うことによって自閉症の可能性に気付き、指導や支援につなげていくことができます。特に知的発達に遅れがない自閉症の場合は、幼児期や低学年時に障害の可能性に気付かれにくいことが多く、子供の状況が悪化してから対応を求められることがあります。子供の状態を適切に理解し、支援につなげていくためにスクリーニングは有効な手段の一つです。

スクリーニングには、例えば、1歳半という早期に適用される「改訂版幼児期自閉症チェックリスト（M-CHAT：The Modified Checklist for Autism in Toddlers）」や学齢期に適用される「高機能自閉症スペクトラム・スクリーニング質問紙（ASSQ：High Functioning Autism Spectrum Screening Questionnaire）」などがあります。

② 行動観察や面接などによる情報収集

自閉症のある子供の実態把握に当たっては、以下で述べる標準化された検査だけでなく、生育歴、家庭生活場面や学校生活場面などでの様子について、保護者をはじめ、自閉症のある子供に携わっている関係者から情報収集を行うことが大切です。自閉症のある子供の様子は、発達とともに変化します。また、自閉症のある子供は、物的環境や人的環境の影響を受けやすく、場面によって見せる行動が異なる（例えば、学校で対応に困っている行動が家庭では見られない、また、その逆もあります）場合があります。そのため、自閉症のある子供の行動上に現れる困難を理解し適切な対応を行うためには、彼らについて、多角的な視点から情報収集することが重要となります。

③ 標準化された検査

標準化された検査には、様々な知能検査（田中ビネー知能検査ⅤやWISC-Ⅴなど）や発達検査（新版K式発達検査など）、生活・行動に関する検査（新版S-M社会生活能力検査など）があります。また、自閉症の特性を評価する検査としては、「小児自閉症評定尺度第2版（CARS2：The Childhood Autism Rating Scale Second Edition）」や「ADOS-2日本語版（Autism Diagnostic Observation Schedule Second Edition）」、「日本版自閉児・発達障害児教育診断検査三訂版（PEP-3：Psychoeducational Profile 3rd Edition）」などがあります。

CARS2は、2歳から成人までに適用でき、15項目について対象児の行動を観察したり、養育者等から日常の様子について聞き取ったりして、自閉症の有無や重症度について把握するものです。15項目は、自閉症の主な行動特徴や反応で構成されており、対象児において最も支援が必要な行動領域を把握することができます。

ADOS-2は、1歳6ヶ月から成人までを対象とし、対象児・者の行動観察や面接を通して自閉症の診断や評価を行うための検査です。対象児・者の発達段階によって「モジュール」と呼ばれる課題が用いられます。ADOS-2を用いるためには、検査者に十分な知識と経験が求められるため、ADOS-2の実施に関する研修の受講が必要となります。

PEP-3は、2歳から7歳半までの自閉症のある子供を対象とし、検査者が用具を使って遊ぶ自閉症のある子供の様子を直接観察しながら彼らの強みや弱み、発達や適応レベルを評価し、その結果に基づいて具体的な教育計画を作成します。PEP-3では親などによる「養育者レポート」が設けられており、日常生活場面での自閉症のある子供の気になる行動や身辺自立、適応行動に関する情報を収集します。PEP-3の特徴は、評価の採点基準である「合格」「不合格」の間に「芽生え反応」を設けていることです。芽生え反応とは、何らかの支援を行えば自閉症のある子供ができるようになることを示しています。芽生え反応と評価された項目を指導目標に位置付けることは、自閉症のある子供の可能性を伸ばしていくことにつながります。

④　実態把握における留意事項

自閉症のある子供では、検査に含まれる下位検査間の結果に不均衡さが見られます。具体的には、ジグソーパズルや型はめ、見本を見て積み木を構成する空間構成課題が得意であるように、言語性の検査に比べて動作性の検査の成績が良い傾向があります。したがって、自閉症のある子供の実態を捉える際には、彼らの個人内差に留意することが必要です。

2　自閉症のある子供に応じた教育課程編成

(1) 自閉症教育の対象と教育課程編成の考え方

①　自閉症教育の始まり

我が国の自閉症教育の始まりは、1966(昭和41)年に東京都内の通常の学級において自閉症児を指導している担任によって発足された「自閉症といわれた子の担任の会」に遡ります。文部省(現在の文部科学省)は、自閉症のある子供のための教育の場の開設に当たり、そのための基礎資料を得るため、1967(昭和42)年に「児童・生徒の心身障害に関する調査」を全国規模で実施しました。そして、1969(昭和44)年に、東京都杉並区立堀之内小学校内に我が国初の自閉症のある子供の教育を目的とした情緒障害特殊学級である「堀之内学級」が開設されました。また、1979(昭和54)年の養護学校義務制以降は、自閉症のある子供の教育の場として養護学校(現在の特別支援学校(知的障害))が利用されるようになりました。

②　自閉症教育の対象

自閉症のある子供の学びの場は、特別支援学校(知的障害)、知的障害特別支援学級、自閉症・情緒障害特別支援学級、通級による指導(自閉症)、通常の学級と多様化しています。これらの学びの場の検討に際しては、障害の程度を踏まえ、これまで把握してきたその時点での子供一人一人の教育的ニーズに最も的確に応える指導を提供できるよう検討することが重要です。なお、通級による指導の対象とするか否かの判断に当たっては、医学的な診断の有無のみにとらわれることのないよう留意し、総合的な見地から判断することが大切です。

自閉症・情緒障害特別支援学級は、「自閉症又はそれに類するもので、他人との意思疎通及び対人関係の形成が困難である程度のもの」(平成25年10月4日付け25文科初第756号文部科学省初等中等教育局長通知）が教育の対象となります（情緒障害のある子供については、第Ⅱ部第８章で述べています）。また、通級による指導（自閉症）は、「自閉症又はそれに類するもので、通常の学級での学習におおむね参加でき、一部特別な指導を必要とする程度のもの」（前掲同通知）が対象となります。知的障害と自閉症を併せ有する子供で、各教科を特別支援学校（知的障害）の各教科に替える必要がある場合は、知的障害特別支援学級で学ぶことについても十分に検討する必要があります。なお、文部科学省の「特別支援教育資料」によると、小・中学校の自閉症・情緒障害特別支援学級に在籍する子供と、通級による指導（自閉症）を受けている子供の数は、年々増加しています（**図Ⅱ－９－１**、**図Ⅱ－９－２**）。

③　教育課程編成の考え方

特別支援学校（知的障害）に在籍する子供の教育課程は、特別支援学校学習指導要領（文

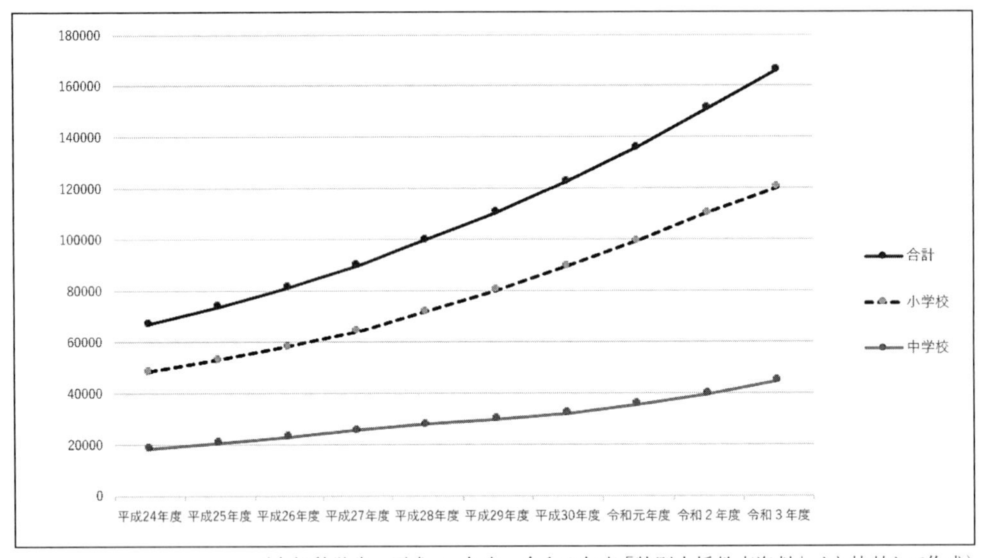

（文部科学省，平成24年度～令和３年度「特別支援教育資料」より抜粋して作成）

図Ⅱ－９－１　小・中学校自閉症・情緒障害特別支援学級の在籍児童生徒数

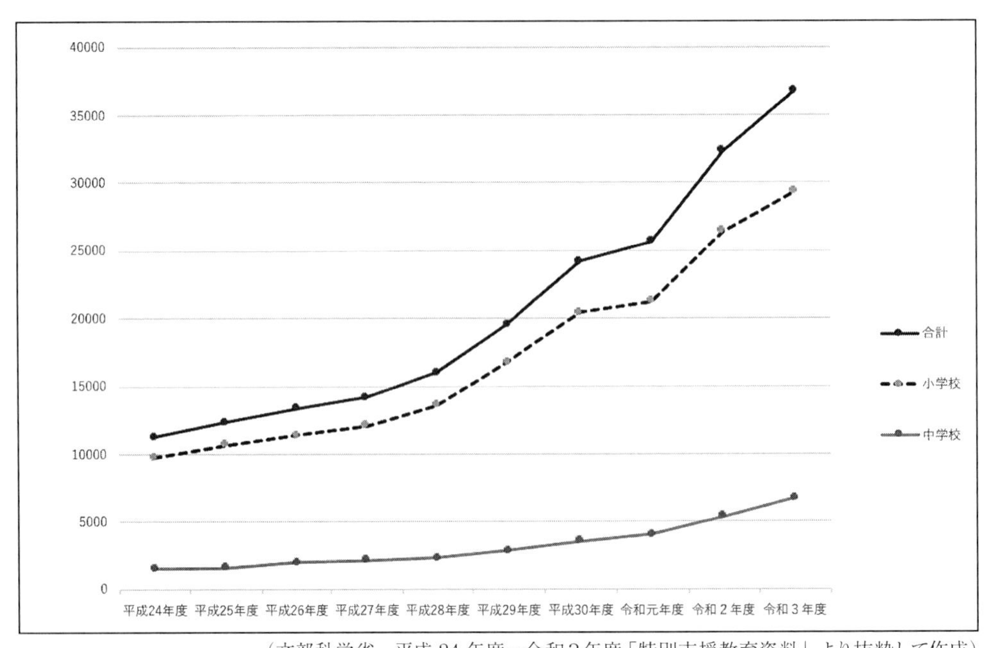

（文部科学省，平成24年度～令和３年度「特別支援教育資料」より抜粋して作成）

図Ⅱ－９－２　小・中学校で通級による指導（自閉症）を受けている児童生徒数

部科学省，2018；2020）に示されている知的障害者である子供の教育課程が適用されます。特別支援学校（知的障害）では、段階別に示された各教科、特別の教科道徳、外国語活動、総合的な学習の時間（高等部は総合的な探究の時間）、特別活動、及び自立活動、また、各教科、特別の教科道徳、特別活動及び自立活動の一部又は全部を合わせて指導する各教科等を合わせた指導が行われます。各教科等を合わせた指導には、生活に結び付いた実際的かつ具体的な学習活動の形態として日常生活の指導、遊びの指導、生活単元学習、作業学習があります（特別支援学校（知的障害）の教育課程の詳細は、第Ⅱ部第３章を参照）。

特別支援学級に在籍する子供の教育課程は、小学校及び中学校の教育課程に準ずることが基本ですが、学校教育法施行規則第138条により、学校教育法に定める小学校・中学校の目的や目標を達成することを前提として特に必要がある場合には、子供の障害の程度や実情に応じて特別支援学校の学習指導要領を参考にしながら「特別の教育課程」を編成することが可能となっており、自立活動を取り入れることが規定されています。

同様に、各教科等の大部分の授業を通常の学級で行いながら、一部の授業について子供の障害に応じた特別の指導を行う通級による指導においても、学校教育法施行規則第140条により、「特別の教育課程」を編成することが可能となっています。「特別の教育課程」を編成する場合には、特別支援学校学習指導要領における自立活動の内容を参考にして指導を行うこととされています。子供が他校で通級による指導を受けた場合には、在籍する小・中学校における教育課程に係る授業に「みなす」ことができるとされています。

以降では、特別支援学校（知的障害）に在籍する自閉症のある子供の教育課程編成、また、自閉症・情緒障害特別支援学級と通級による指導（自閉症）の教育課程編成について述べます。

（2）障害の程度に応じた教育課程編成

①　特別支援学校（知的障害）

特別支援学校（知的障害）における自閉症のある子供の教育に関わっては、「21世紀の特殊教育の在り方について：一人一人のニーズに応じた特別な支援の在り方について（最終報告）」（21世紀の特殊教育の在り方に関する調査研究協力者会議，2001）の中で自閉症のある子供には知的障害教育の内容や方法だけでは適切な指導がなされないこと、知的障害と自閉症の違いを考慮して自閉症の特性に応じた対応の必要性が示されました。

この報告を受けて、筑波大学附属久里浜特別支援学校（2011；2012；2013；2014）や文部科学省（2011）の特別支援教育総合推進事業の協力校をはじめとする特別支援学校（知的障害）では、自閉症に対応した指導内容や指導方法の検討が進められてきました。これら各校の実践から、自閉症の特性を踏まえた指導の内容や方法について一定の目安が明らかになってきました。具体的には、自閉症学級を設置したり、教育課程上に自立活動の時間における指導を位置付けたりすることにより、子供の多様な状態像を考慮し、個々の実態に即した指導を行うことが重要であるとされています。

②　自閉症・情緒障害特別支援学級

文部科学省（2009）の「情緒障害者を対象とする特別支援学級の名称について（通知）」により、「情緒障害特殊学級」は、現在は「自閉症・情緒障害特別支援学級」に名称が改められています。この背景には、情緒障害特殊学級に在籍する子供数において自閉症のある子供の増加がありました。

自閉症・情緒障害特別支援学級は、原則、小・中学校の教育課程に準じることが基本とされていますが、自閉症のある子供の実態に応じて特別な指導が行われることが必要となります。したがって、自閉症・情緒障害特別支援学級では、必要に応じて特別支援学校学習指導要領を参考として、学級及び在籍する自閉症のある子供の実態に応じて教育目標や教育内容などを決定します。

自閉症がある子供に対する特別な指導としては、コミュニケーションや他者との関わりの困難性などといった、自閉症の障害によってもたらされる学習上又は生活上の困難の改善・克服を目的とした自立活動の指導があります。自閉症・情緒障害特別支援学級で「特別の教育課程」を編成する場合には、自立活動を取り入れます。なお、自立活動の指導に当たっては、各教科、特別の教科道徳、外国語活動、総合的な学習の時間及び特別活動の指導と関連性をもたせながら指導することが大切です。

自閉症・情緒障害特別支援学級に在籍する自閉症のある子供の実態は、自閉症の状態像や知的発達の程度が個々で異なります。加えて、自閉症・情緒障害特別支援学級では、一つの学級に異学年の子供が混在して在籍している場合があります。これらのことを踏まえると、自閉症・情緒障害特別支援学級に在籍する自閉症のある子供の指導に当たっては、一人一人の実態に応じるための個別の指導計画の作成と活用が重要となります。

なお、自閉症・情緒障害特別支援学級において特別な指導を行ったことにより、学習や社会生活への適応の状態が改善されることが期待されます。その結果、一斉での学習活動において、授業内容が分かり、学習活動に参加している実感・達成感を持てる状況に変容してきた場合には、通常の学級による指導と通級による指導を組み合わせた指導に学びの場を変更することも考えられます。

③　通級による指導（自閉症）

脳の中枢神経系の機能障害による自閉症と心理的な要因による情緒障害では指導の在り方が異なるとされ、2006（平成18）年の学校教育法施行規則の改正において通級による指導の対象は「自閉症」と「情緒障害」に分類されました。

通級による指導（自閉症）では、各教科の大部分の指導を通常の学級で行うことを原則としながら、特別な指導として特別支援学校学習指導要領に示す自立活動の内容を参考にして指導を行います。また、「学校教育法施行規則第百四十条の規定による特別の教育課程について定める件の一部を改正する告示」（平成28年文部科学省告示176号）において、「特に必要があるときは、障害の状態に応じて各教科の内容を取り扱いながら行うことができる」と改正されました。つまり、通級による指導の内容について、各教科の内容を取り扱う場合は、障害による学習上又は生活上の困難の改善・克服を目的とする指導であることに留意する必要があります。

3　学習面や行動面、心理面の困難さへの対応

（1）学習面における困難さへの対応

自閉症のある子供の中には、機械的な記憶は優れていたり、本人の関心のある教科などについての知識は豊富で得意であったりする一方で、既習した学習内容を活用・応用したり複数の事柄を組み合わせて理解したりすることに困難さをもつ子供がいます。例えば、国語科では、漢字などの記憶は得意でも、自分の考えをまとめて作文し、発表する、抽象的な表現を理解することなどに困難さが見られる場合があります。また、算数科・数学科では、計算は得意でも、文章問題で意味を理解して立式することや、量的概念の理解、立体図形の見えない部分を推測することなどに困難さが見られる場合があります。指導においては、具体的なレベルを導入してから抽象的なレベルへと移行する、少ない選択肢から徐々に選択肢を増やしていく、学習の目的を明確に示す（Magnusen, 2005）ことなどが有効です。

また、自閉症のある子供には視覚的な手がかり（図や写真、絵カードなど）を用いる、彼らが複数の情報を整理できるように板書やワークシートなどの教材を工夫する、彼らの生活経験に根差した言葉を用いて言語理解や概念理解を促す、彼ら独特の思考様式があるためそれを確認するなどといった対応が求められます。

自閉症のある子供の中には、粗大運動面や微細運動面に不器用さが認められる場合があります。具体的には、自身の身体の使い方にぎこちなさがあり、コンパスやはさみなどの用具の使用やリコーダーなどの楽器の操作に不器用さが見られます。子供が学習活動に意欲をもって臨んでいても、上記のような不器用さがあることで活動が思うように進まず、苦手意識の方が強くなってしまう場合があります。したがって、操作を伴う活動では、用具の使用方法を指導したり、彼らが使用しやすい用具を準備したりするといった配慮が効果的です。なお、子供に見られる不器用さには、そういった経験が日常的に不足していることが影響している場合もありますので、この点も考慮して個々の実態に即しながら対応することが求められます。

学習に臨むためには、学習に向かう姿勢を身に付けておくことが重要です。学習をする上での基本的な約束事（着席する、話し手の方を向く、挙手をして発言する、学習に必要な用具を準備する、活動の始まりと終わりを理解するなど）を指導することなどが挙げられます。これらのことは、学校卒業後に社会に出て就労した際にも求められます。自閉症のある子供が、今何をすべきかが分かるように、また、約束事の意味を理解できるように、視覚的手がかり（具体物や絵カード、活動の手順表やチェック表など）や、具体的な言葉がけなどを日常的に用いながら指導することが求められます。なお、視覚的手がかりは目的ではなく、個々の子供の困難さを補うためのものであることに留意する必要があります。そのため、個々の子供の理解の程度に応じた手がかりを用いることが重要です。

自閉症のある子供には学習面に様々な困難さが認められますが、その一方で彼らには得意な面も存在します。子供が得意とすることは、彼らの学習の動機付けになるため、得意な面を伸ばす指導も大切です。例えば、苦手な課題を学習する際に、子供の興味・関心の高い内

容や得意な内容を組み込んだり、発展的な内容を扱ったりすることは、彼らの自信を育てていくことにつながります。

自閉症のある子供の学習面に見られる困難さは、個々によって異なります。そのため、自閉症の基本的な特性を踏まえた上で、個々の認知特性や学習の進捗状況に合わせて指導方法を工夫することが求められます。

（2）行動面、心理面の困難さへの対応

①　他者との関わりにおける困難さへの対応

自閉症のある子供は、幼児期には他者からの関わりに対する反応や自分から他者に働きかけることに乏しさが認められます。このような時期に無理矢理関わりを求めたり、集団活動に誘ったりすると、不安や混乱をもたらしてしまいます。したがって、このような時期には、安心して他者と関わりをもてるようにすることが重要です。まずは、保護者や教師などの子供にとって身近な支援者や指導者と一対一の関わりを大切にし、それを基盤として他者との関係性を徐々に広げていきます。子供の好きな玩具や活動といった彼らの興味・関心を取り入れ、他者と関わることの楽しさや心地よさを感じられるようにすることが大切です。

学齢期においては、他者との関わり、特に友達との関わり方のルール（話す声の大きさや相手の話を聞くときの態度、相手との距離感など）を指導することが必要です。また、自閉症のある子供は、他者の気持ちを推察したり、相手の立場に立って物事を考えたりすることが苦手です。例えば、悪気はないものの思ったことを率直に口にする、自分の関心のあることを一方的に話し続け相手が困惑していることに気付かないなどといったことがあります。周囲がこのような言動を受け止めてくれない場合、「みんなが自分をいじめる」と否定的に受け止めてしまう場合があります。このような行動は、年齢が上がるほどに他者との関係でトラブルや誤解を招くことになります。他者との関わりにおけるルールや振る舞い方について学ぶことは、社会的自立に向けても重要なことです。

他者との関わりにおける困難さへの指導には、問題が起こったその機会を捉えて指導するとともに、個別または小集団による場を設定した指導があります。前者の指導としては、子供にとって自然な環境（在籍する学級など）で行うものです。自閉症のある子供だけでなく、彼らを取り巻く周囲の子供も交えて指導することにより、周囲の子供に自閉症のある子供の特性や関わり方を理解してもらうよう努めたり、友達との関係を調整したりすることが求められます。

後者の指導としては、ビデオを利用した指導、コミック会話（Gray, 1994a）を利用した指導、ソーシャル・ストーリー（Gray, 1994b）を利用した指導、劇やロールプレイといった動作を用いた指導などの方法があります。コミック会話やソーシャル・ストーリーを用いた指導は、自閉症のある子供が得意とする視覚的な教材を用いて行うことに特長があります。コミック会話は、望ましい社会的態度が漫画で描かれているため視覚的に分かりやすく、部分的に区切りながら学べるため自閉症のある子供の認知特性に応じている点で有効です。また、ソーシャル・ストーリーは、ある場面で子供がどのように行動すべきかの教示と、人の感情や他者の反応が文章化されています。コミック会話と同様、ソーシャル・ストーリーも視覚的な

教材であるため、自閉症のある子供の指導の一つとして有効です。

自閉症のある子供は、他者との関わりに難しさをもつ一方で、周囲が適切な働きかけを行うことにより、彼らの他者に対する関心や関係性は広がっていきます。子供に他者と関わるための方法を習得させるだけでなく、彼らを取り巻く他者との相互作用の観点から指導の在り方を考えることが大切です。

②　コミュニケーションに関わる困難さへの対応

自閉症のある子供には、身振りや表情などを通じてやりとりする非言語的コミュニケーションや言葉によるコミュニケーションに困難さがあります。言語発達に遅れのある自閉症のある子供では、話し言葉に頼りすぎると相手の意図が理解できず混乱してしまうため、実物や絵カード、写真、文字などの視覚的手がかりを用いることが有効とされています。ここで留意すべきことは、視覚的手がかりを用いれば、言葉を伴う働きかけが不要であるという意味ではないということです。個々の子供の言語理解の状態に応じながら、端的かつ具体的な言葉がけをすることが大切です。また、言葉によるコミュニケーションでは、言葉と意味をきちんと結び付けて理解できるようにすることが大切です。

自閉症のある子供のコミュニケーション能力は、他者との関係性の広がりや経験の蓄積によって伸長します。コミュニケーション能力の伸長を促していくためには、まず、子供が他者と自発的にコミュニケーションしたいと思える気持ちを育むことが第一です。したがって、関わり手は、子供がどういったことに興味・関心があるのか、また、表情や発声などから彼らが何を伝えようとしているのか、さらに個々の言語理解の程度を探ることが必要です。この過程を経た上で、どのレベルでの視覚的手がかりを用いるか、言葉がけはどうするかを考えていきます。

知的障害を伴う自閉症のある子供の中には、自傷行動や他者への攻撃行動、かんしゃくなど、一般的には適切でない表出の仕方で他者からの注目を得たり、要求や思いを伝えたりする子供がいます。これらの行動は、他者との関係を築いたり維持したりする妨げとなります。関わり手は、上述した行動によって子供が何を伝えようとしているのかを探り、それに代わる適切なコミュニケーション方法を指導することが必要となります。この際、自閉症のある子供が獲得しているコミュニケーション技能を把握した上で、代替する方法を指導します。

一方、言語発達に遅れのない自閉症のある子供においても、言葉によるコミュニケーションに困難さが見られます。具体的には、言葉は豊富ですがその使い方や意味の理解が独自的であったり、比喩や冗談などの理解が難しく、字義どおりに言葉の意味を解釈したりするなどがあります。自閉症のある子供には、彼らの独特の考えに理解を示しながら誤った理解や解釈を修正していくことが必要です。視覚的な手がかりや彼らの関心事を活用して抽象的な概念や複数の意味を結び付けて理解できるように、また、自分の体験を言語化して自分の感情を振り返る指導が求められます。

コミュニケーションに関わる困難さへの指導には、時間を設定して個々の実態に即しながらていねいに対応することが重要ですが、日常生活といった自然な環境の中でも行われることが大切です。

③　同一性保持（常同行動やこだわり）への対応

自閉症のある子供の中には、繰り返し身体を動かしたり特定の行動を儀式的に繰り返したりするなどの行動（常同行動）が見られます。自己の身体に感覚的な刺激を与える常同行動は、自己刺激行動とも呼ばれます。自己刺激行動は、活動や感覚の刺激が少ない環境にあり、その場で何をすればよいのか分からず、退屈しているときや混乱してしまったときに生じる場合があります。また、逆に環境からの刺激が多すぎて、その刺激を抑制しようとして行っている場合があります。自己刺激行動は、それ自体が他者に直接的に危害を及ぼすものではありません。しかし、年齢が上がるほど、周囲から奇異な目で見られ、受け入れられ難くなります。さらに、変化への著しい抵抗やルーチンへのこだわり、儀式的な行動は、ときに本人だけでなく周囲の活動や生活をも妨げてしまうことがあります。

常同行動やこだわりへの対応では、それらを引き起こす理由を把握せずに強制的にやめさせようとすると混乱をもたらし、かえってその行動を強化してしまうことがあります。常同行動やこだわりが、自閉症のある子供にとってどのような意味や機能をもつのかを把握することが重要です。また、変化への抵抗が見られる場合には、まずはスケジュールを提示して自閉症のある子供が見通しをもてるようにし、その後、段階を経ながら予定の変更があることを指導していくことが必要です。

自閉症のある子供の常同性は、行動面だけでなく彼らの思考にも表れます。思考のこだわりは目に見えるものではないため、周囲が理解することに難しさを伴います。簡単なことではありませんが、日常的な行動観察を通して、なぜそのようにこだわるのかを考察して対応することが求められます。

④　感覚の過敏性への対応

自閉症のある子供の感覚面の過敏性（例えば、身体の特定部位に触られることを著しく嫌がる、一般的には不快に感じられない特定の音を嫌がるなど）は、個々によって現れ方が異なります。感覚の過敏性は、子供の不安や混乱をもたらす誘因となり、その結果として常同行動やかんしゃくなどの行動を引き起こす場合があります。感覚の過敏性は、自閉症のある子供が日常生活を送る上での妨げになる場合があります。感覚面の過敏性への対応においては、やみくもにその誘因を取り払うのではなく、まずは誘因となっていること（もの）を特定し、なぜそれが誘因になっているのかを把握することが重要です。

（3）二次的障害

自閉症の障害特性や随伴する特性に対して不適切な対応が重なると、二次的障害として強度行動障害に至る場合があります。強度行動障害とは、激しい不安や興奮、混乱の中で攻撃、自傷、多動、固執、不眠、拒食、強迫などの行動上の問題が強く頻繁に出現し、養育環境や日常生活において著しく処遇が困難になることです。強度行動障害は生得的なものではなく、周囲の不適切な働きかけや対応の中で形成されます。したがって、教師が自閉症の特性や特異な行動をもたらす背景やその意味を理解し、自閉症のある子供が落ち着いて生活できる環境づくりに努めることが大切です。

二次的障害は、行動面だけでなく心理面にも見られます。知的障害を伴う自閉症のある子供は環境の変化に敏感であるため、それが不安や混乱をもたらします。自閉症のある子供では、対人関係やコミュニケーションの難しさから生じるトラブルによって周囲に誤解されたり、いじめられたりするなどが原因で精神疾患の症状を発症することがあります。自閉症のある子供の不安症状等は､早い段階に認められると報告されていますが､特に思春期に目立ってくることがあります。そこで、自閉症のある子供の心理面に配慮した対応が必要です。上述した二次的障害の予防や軽減には、医療との連携が必須となります。

4　自閉症のある子供の場に応じた指導・支援

自閉症のある子供の指導･支援では､上述した障害特性や随伴する特性を踏まえた上で個々の状態像に応じることが原則です。これは、いずれの教育の場においても共通します。

以下では、その原則を踏まえ、各教育の場に応じた指導・支援について述べます。

（1）特別支援学校（知的障害）における指導

特別支援学校（知的障害）では、自立と社会参加を目指し、生活に結び付いた具体的活動を通じて教育が行われます。学習指導要領に示されている障害種に自閉症は取り上げられていないため、特別支援学校（知的障害）では、知的障害教育の範疇で自閉症のある子供に対して指導・支援が行われています。しかし、「21 世紀の特殊教育の在り方について：一人一人のニーズに応じた特別な支援の在り方について（最終報告）」の中で知的障害と自閉症の違いを考慮して自閉症の特性に応じた対応の必要性が示されたことや、特別支援学校（知的障害）では自閉症のある子供の在籍率が高いことにより（西村・柳澤・村井・李，2017)、多くの特別支援学校（知的障害）では、自閉症の障害特性を踏まえた指導・支援が行われています。

特別支援学校（知的障害）での自閉症のある子供への対応としては、例えば自閉症学級を設置する、自閉症に特化した教育課程を編成する、学習や活動場面においてグループ編成を工夫する、障害特性に応じた環境構成（構造化や教材・教具の工夫など）に配慮するなどが挙げられます。

自閉症学級を設置し教育課程を編成している学校では、自立活動の指導の時間を位置付け、社会性の障害やコミュニケーションの障害に対応した内容を取り上げて指導を行っています。自立活動の指導形態として教師と一対一又は小集団で個々の実態に応じた課題を行う「個別の課題学習」と個別の課題学習で行ったことを自身で遂行する「自立課題」があります。また、自立活動の指導を週時程上、同じ時間帯に設ける、すなわち帯状に時間をとって指導している学校もあります｡個別の課題学習や自立課題を行うためには､個々の子供にどういった力をつけるのか、目標を明確にすることが最も重要です。特別支援学校（知的障害）の中には、自閉児・発達障害児教育診断検査（PEP-3）や WISC-V などの検査を実施し、その結果を踏まえて個別の指導計画を作成し指導に当たっている学校があります。これは、実態が多様である自閉症のある子供の教育においては重要なことです。

国立特別支援教育総合研究所（2018）の調査によると、大部分の特別支援学校（知的障害）では、自閉症の特性を踏まえた学習環境の工夫が行われています。特別支援学校（知的障害）では、自閉症のある子供には環境の構造化が必要であるとの理解が定着しており、教室内をはじめ様々な場面で構造化が行われています。具体的には、自閉症のある子供が、どこで何をするのか分かるようにしたり（空間の構造化）、週や１日の見通しがもてるようにスケジュールを用いたり（時間の構造化）、何をどのくらい行うのかを視覚的に示して学習や活動の流れを明確にしたり（活動の構造化）しています。構造化は、自閉症のある子供に新しい技能を教え、環境に適応させ、自立的に行動できるようにする上で有効とされています。ただし、構造化を行う際には、個々の発達段階を踏まえることが大切であり、画一的に行うものではないことに留意する必要があります。また、指導を通して視覚的な手がかりを減らし、子供の状態に応じて構造化の程度を変えていくことも必要です。

特別支援学校（知的障害）の多くは、小学部から高等部が設置されています。特定の学部で自閉症のある子供の指導・支援体制を整えるのではなく、他学部と指導・支援の方針や内容、方法などを共有し引継ぎがなされていくように校内体制を整備することが求められます。

（2）自閉症・情緒障害特別支援学級における指導

自閉症・情緒障害特別支援学級においては、特別支援学校（知的障害）の実践を参考にして自立活動の指導を行ったり、環境の構造化に努めたりしています。自閉症のある子供への指導を行う際に、一対一で行うのか、小集団での指導を行うのかについて、指導のねらいに応じて検討する必要があります。自閉症のある子供は、コミュニケーションに課題があるケースが多いことから、より実践的な指導を行う上では、小集団での指導を行う方が望ましい場合もあります。また、一対一で指導を行う方が望ましい場合でも、学級の状況により個別の指導が難しい場合もあります。その際は、小集団による指導の中で個々の実態に対応したねらいや支援を組み入れて指導することが大切です。このため、個別の指導計画の作成と活用が重要になります。

自閉症のある子供は、初めての活動や式典などの行事、交流及び共同学習で通常の学級の子供と集団で活動することに困難さがあります。このような場合には、自閉症のある子供に事前に活動の流れを伝えたり、事前学習したりするなどして、できるだけ当日に不安や混乱が生じないように配慮することが必要です。また、集団での活動では、言葉による指示が多くなります。自閉症のある子供に対しては、やるべきことを再度、個別に端的に伝えたり、視覚的な手がかりを用いたりして活動に参加できるよう支援することが求められます。なお、社会性やコミュニケーションの困難さについては、その場だけの対応に留まるのではなく、自立活動として継続的に指導することが必要です。

自閉症・情緒障害特別支援学級に在籍する自閉症のある子供は、当該学年の教科の内容を学習します。しかし、子供の実態によっては下学年の内容を扱うことが適切である場合もあります。各教科等の学習においては、自立活動と関連付けながら指導することが必要です。

特別支援学級では、行事や通常の学級の事情などにより時間割の変更を余儀なくされる場合があります。自閉症のある子供は、急な予定の変更に対応することが難しいため、担任は日常的に通常の学級の担任と情報共有し連携に努めることが望まれます。

（3）通級による指導（自閉症）

通級による指導（自閉症）では、通常の学級で学びながらも自閉症の障害特性による学習上又は生活上の困難を改善・克服することを目的とし、個々の障害の状態に応じながら特別の指導を特別な場所で行います。通級による指導（自閉症）では、特別支援学校における自立活動を参考とした指導を中心としながら、社会適応能力やコミュニケーション能力の向上や、運動面や認知面での能力の向上を目指します。

通級による指導（自閉症）の指導形態には、個別の指導と、小集団による指導があります。個別の指導では、自閉症のある子供に対して教科学習やコミュニケーションなどに必要な基礎的な知識･技能、態度を養うことが主なねらいとなります。また、小集団による指導では、音楽、運動、製作などの活動を通して対人関係やコミュニケーション能力を向上させることが主なねらいとなります。

自閉症のある子供が、通級による指導（自閉症）で指導を受けた内容を通常の学級や日常生活で活かすことができるようにするために、在籍の通常の学級の担任や教科担当、また保護者との連携が重要となります。

（4）通常の学級における配慮

通常の学級においては、学級担任が、自閉症のある子供の障害特性について正しい知識をもち、障害特性を配慮した指導をすることが必要です。

自閉症のある子供が主体的に授業に参加できるよう、文字や絵などの視覚的な手がかりを用いたり、授業の流れがつかみやすいように板書を工夫したり、座席配置を工夫したりすることにより彼らの困難さに対応することができます。

自閉症のある子供は、日課や教室環境の急な変更を受け入れることが難しいため、それによって不安を感じることがあります。このため、あらかじめ変更について彼らに伝えるように努めるとともに、彼ら自身も変更を受け入れる柔軟性を身に付けられるように段階的に指導していくことが求められます。また彼らが、不安な気持ちを落ち着かせることができる場所を、校内のどこかに確保しておくことも大切です。

自閉症のある子供は､学級内のルールを理解することが難しく､それが暗黙のルールになっていると、より一層適応することが困難になります。学級内のルールや約束事は、絵や文字などを用いて視覚的に掲示して日常的に意識できるようにしておくことが有効です。

通常の学級は集団での活動が主であるため、社会性やコミュニケーションに困難さがある自閉症のある子供は、日常的にできない、分からないといったことに直面することが多くなります。しかし、自閉症のある子供の中には、特定の教科学習や活動において優れた力を発揮できる子供たちがいます。彼らの困難さにのみ着目するのではなく、得意な面を学級内で活かしたり発揮させたりする機会を設けて、彼らの自信や自己肯定感を育んでいくことが大切です。また、このような取組は、周囲の児童生徒の自閉症のある子供への理解を促していく上でも重要になります。

引用・参考文献

・Bettelheim, B., Schizophrenia in childhood: Its recognition, description and treatment. American Journal of Orthopsychiatry, 26（3）, 1956.

・Chawarska, K., Klin, A. & Volkmar, F. R. Autism spectrum disorders in infants and toddlers: Diagnosis, assessment, and treatment. The Guilford Press, 2008. 乳幼児期の自閉症スペクトラム障害－診断・アセスメント・療育－. 竹内謙彰・荒木穂積監訳. クリエイツかもがわ, 2010.

・DSM-5-TR 精神疾患の診断・統計マニュアル. 高橋三郎・大野裕監訳. 医学書院, 2023.

・Frith, U. Autism: Explaining the enigma. Oxford: Blackwell Publishing.1989. 自閉症の謎を解き明かす.冨田真紀・清水康夫訳. 東京書籍, 1991.

・Frith, U. Autism: Explaining the enigma second edition. Blackwell Publishing. 2003. 新訂自閉症の謎を解き明かす.冨田真紀・清水康夫・鈴木玲子訳. 東京書籍, 2009.

・Grandin, T. & Scariano, M. M. Emergence labeled autistic. Warner Books. 1986. 我、自閉症に生まれて. カニングハム久子訳. 学習研究社, 1994.

・Gray, C. Comic strip conversation. Future Horizons Inc. 1994a. コミック会話－自閉症など発達障害のある子どものためのコミュニケーション支援法－. 門眞一郎訳. 明石書店, 2005.

・Gray, C. New social story book. Future Horizons Inc. 1994b. ソーシャルストーリー・ブック－書き方と文例－. 服巻智子・大阪自閉症協会翻訳. クリエイツかもがわ, 2005.

・国立特別支援教育総合研究所. 平成 28 ～ 29 年度基幹研究（障害種別）「特別支援学校（知的障害）に在籍する自閉症のある幼児児童生徒の実態の把握と指導に関する研究－目標のつながりを重視した指導の検討－」研究成果報告書, 2018.

・国立特別支援教育総合研究所. 特別支援学校（知的障害）における自閉症のある幼児児童生徒の在籍状況と自閉症教育の取組－8校の特別支援学校（知的障害）への聞き取り調査の結果から－. 国立特別支援教育総合研究所ジャーナル, 第6号, 2017.

・Magnusen, C. L. Teaching children with autism and related spectrum disorders: An art and science. Tony Attwood. 2005. 自閉症の子どもの指導法－子どもに適した教育のためのガイド－. テーラー幸恵訳. 東京書籍, 2008.

・文部科学省. 特別支援学校教育要領・学習指導要領解説自立活動編（幼稚部・小学部・中学部）. 開隆堂, 2018.

・文部科学省. 特別支援学校教育要領・学習指導要領解説総則等編（幼稚部・小学部・中学部）. 開隆堂, 2018.

・文部科学省. 特別支援学校学習指導要領解説総則等編（高等部）. ジアース教育新社, 2020.

・文部科学省初等中等教育局特別支援教育課. 障害のある子供の教育支援の手引～子供たち一人一人の教育的ニーズを踏まえた学びの充実に向けて～. 令和3年6月.

・文部科学省初等中等教育局特別支援教育課. 特別支援教育資料（平成 24 年度）, 2012.

・文部科学省初等中等教育局特別支援教育課. 特別支援教育資料（平成 25 年度）, 2013.

・文部科学省初等中等教育局特別支援教育課. 特別支援教育資料（平成 26 年度）, 2014.

・文部科学省初等中等教育局特別支援教育課. 特別支援教育資料（平成 27 年度）, 2015.

・文部科学省初等中等教育局特別支援教育課. 特別支援教育資料（平成 28 年度）, 2016.

・文部科学省初等中等教育局特別支援教育課. 特別支援教育資料（平成 29 年度）, 2017.

・文部科学省初等中等教育局特別支援教育課. 特別支援教育資料（平成 30 年度）, 2018.

・文部科学省初等中等教育局特別支援教育課. 特別支援教育資料（令和元年度）, 2019.

・文部科学省初等中等教育局特別支援教育課. 特別支援教育資料（令和2年度）, 2020.

・文部科学省初等中等教育局特別支援教育課. 特別支援教育資料（令和3年度）, 2021.

・文部科学省初等中等教育局特別支援教育課. 特別支援教育資料（令和4年度）, 2022.

・文部科学省初等中等教育局特別支援教育課. 平成 22 年度特別支援教育総合推進事業（自閉症に対応した教育課程の編成等についての実践研究）報告書, 2011.

・日本自閉症スペクトラム学会編. 自閉症スペクトラム児・者の理解と支援－医療・教育・福祉・心理・アセスメントの基礎知識－. 教育出版, 2005.

・21 世紀の特殊教育の在り方に関する調査研究協力者会議. 21 世紀の特殊教育の在り方について－一人一人のニーズに応じた特別な支援の在り方について（最終報告）－. 2001.

・「精神科治療学」編集員会. 児童・青年期の精神疾患治療ハンドブック精神科治療学. Vol.35 増刊号. 星和書店. 2020.

・筑波大学附属久里浜特別支援学校.「平成 22 年度自閉症教育実践研究協議会資料集」, 2011.

・筑波大学附属久里浜特別支援学校.「平成 23 年度自閉症教育実践研究協議会資料集」, 2012.

・筑波大学附属久里浜特別支援学校.「平成 24 年度自閉症教育実践研究集録」, 2013.

・筑波大学附属久里浜特別支援学校.「平成 25 年度自閉症教育実践研究集録」, 2014.
・内山登紀夫・稲田尚子, ADI-R と ADOS-2、CARS2. 厚生労働科学研究費補助金（障害者対策総合研究事業（身体・知的等障害分野））発達障害の原因、疫学に関する情報のデータベース構築のための研究 分担研究報告書, 67-71, 2018.
・Wing L. The continuum of autistic disorders. In: Schopler E, Mesihov GM, editors. Diagnosis and Assessment in Autism. New York: Plenum, 1988. pp.91-110.
・Wing, L. The autistic spectrum: A guide for parents and professional. Constable and Company. 1996. 自閉症スペクトル－親と専門家のためのガイドブック－. 久保紘章・佐々木正美・清水康夫監訳. 東京書籍, 1998.

9-2 学習障害

1　学習障害（LD）の基礎知識

（1）学習障害（Learning Disabilities）の定義

「学習障害児に対する指導について（報告）」（学習障害及びこれに類似する学習上の困難を有する児童生徒の指導方法に関する調査研究協力者会議，1999）では、学習障害とは、基本的には全般的な知的発達に遅れはないが、聞く、話す、読む、書く、計算する、推論する能力のうち特定のものの習得と使用に著しい困難を示す様々な状態を示すものとされています。学習障害は、その原因として、中枢神経系（脳と脊髄）に何らかの機能障害があると推定されるが、視覚障害、聴覚障害、知的障害、情緒障害などの障害や、環境的な要因が直接的な原因となるものではないと定義されています。

（2）学習障害（LD）の判断基準

①　知的能力の評価

　　－全般的な知的発達に遅れはないが、認知能力にアンバランスがあるか－

個別式知能検査の結果が知的障害との境界付近の値を示し、聞く、話す、読む、書く、計算する又は推論することのいずれかの学習の基礎的能力に著しい困難を示す場合は、知的発達の遅れの程度や社会的適応性を考慮し、知的障害としての教育的対応が適当か、学習障害としての教育的対応が適当かを判断します。

必要に応じて、複数の心理検査を実施し、対象となる子供の認知能力にアンバランスがあることを確認し、その特徴を把握します。

②　国語等の基礎的能力の評価

　　－国語等の基礎的能力に著しいアンバランスがあるか－

国語等の基礎的能力に著しいアンバランスがあることを確認し、その特徴を把握します。ただし、小学校高学年以降については、基礎的能力の遅れが全般的な遅れにつながることがあるため、注意が必要です。標準的な学力検査を実施している場合は、学力偏差値と知能検査の偏差値の差が一定の標準偏差以上であることを確認します。

③　医学的な評価

　　－判断に当たっては、必要に応じて医学的な評価を受ける－

医師による診断書や意見書がある場合は、学習障害を生じさせる可能性のある疾患や状態像が認められるかどうかを検討します。また、既往歴、生育歴等から中枢神経系の機能障害を疑う所見が認められた場合は、必要に応じて専門の医師や医療機関に医学的評価を依頼します。

④　他の障害や環境的要因が直接的原因ではないことの確認

資料などから、他の障害や環境的要因が学習の困難さの直接の原因ではないことを確認します。

2　学習障害（LD）のある子供への気付きと実態把握

（1）学校における気付き

①　学級担任や教科担任としての気付きと理解

学習障害のある子ども一人一人に適切な教育的支援を行うに当たり、子供の出している様々なサインに対しての担任の気付きがまずは大切になります。サインに気付いたら、「いつ」「どこで」「どのようなとき」「どんな問題が起こるか」を観察し、問題となっているつまずきや困難さ等を正確に把握します。サインを見逃してしまったために、適切な対応が遅れてしまうことや問題行動などにつながることもあります。学級担任や教科担任として、子供の出すサインに気付く感性をもつことが大切です。

子供のつまずきや困難さに気付いたら、学級担任や教科担任が一人で考えるのではなく、同じ学年の教員や校内の特別支援教育コーディネーター、特別支援学級担任や通級指導教室の担当者、養護教諭等の協力を得て、複数の目で検討することが必要です。

学級担任や教科担任の子供のサインに対しての気付きは、次のような場面や機会にあります。

ア　子供の困っている状況からの気付きと理解

- 教科書を読むときに、単語を言い換えて読んでしまう。
- 文字を書くときに、他の子供に比べてとても時間がかかる。
- 特殊音節等がなかなか身に付かず、書き間違うことが多い。
- 会話には問題がないが、文字を読むことが困難で練習をしても改善しない。

イ　指導上の困難からの気付きと理解

- 他の子供よりていねいに文字の指導をしても、なかなか平仮名が覚えられない。
- 時間をかけて漢字練習をしてくるが、テストで書くことができない。

ウ　保護者相談での気付きと理解

- 家庭学習にはまじめに取り組むが、とても時間がかかる。
- 練習したときは覚えているが、次の日になると覚えた漢字を忘れてしまう。

学級担任や教科担任は気付きの記録を取っておくとともに、どのような対応や支援をしたか、子供の反応なども記録するようにします。この記録は、校内委員会で提示する資料づくりや個別の指導計画の立案・作成、保護者面接等の際の貴重な資料となります。

②　学校体制としての気付きと理解

子供のつまずきや困難さの状況の把握、その原因の理解、指導方針等は学級担任や教科担任だけの対応では正しいかどうかの判断が難しく、不安も出てきます。特に原因の理解については正しく把握しなければ、その後の指導も間違った方向で進めてしまう可能性もあります。学年会や校内委員会は、学級担任や教科担任のそうした不安を取り除く場であることが望まれます。そのためには、率直に悩みを話せる雰囲気の学校であることが何よりも大切になります。こうした校内での支援体制づくりが、学習障害に限らず、発達障害のある子供にとっては重要です。

ア　学年体制としての理解

- 学年会で学年の子供についての情報交換と共通理解の時間を確保し、話し合いを行います。
- 同学年の学級で対応の仕方を共通理解した上で、指導を行うようにします。
- 中学校では、教科担任間で情報交換を行い、連携を図ります。

イ　校内委員会など学校体制での理解

- 担任として把握している情報を提供し、個別の指導計画の作成を通して共通理解を図るようにします。
- 誰が、いつ、どこで支援していくか学校体制としての方針を出して実践していきます。

ウ　研修と理解

- 全職員が参加する障害理解や指導法に関する校内研修を開催します。
- 学級での指導にすぐに活かせるよう、具体的な研修内容を企画します。
- 教育センターなどの校外の研修にも積極的に参加して理解を深めます。

(2) 学校における実態把握の方法

学校における実態把握については、学級担任をはじめ、子供に関わる教員の気付きを促すことを目的とすることが重要です。障害の有無を判断するためではなく、学習面や行動面において、特別な教育的支援が必要かどうかを判断するための観点であることに留意が必要です。学級担任や教科担任が、子供のつまずきや困難さに対して、指導の工夫や配慮をしても学習状況に改善が見られないときには、学年や学校全体での話し合いにつなげていく必要があります。校内委員会等において、担任の気付きや該当の子供に見られる様々な様子を整理し、保護者や専門家からの意見等も参考にしながら、総合的に実態把握を行っていきます。その際、つまずきや困難さだけを把握するのではなく、できていることや努力していること、得意なこと、興味・関心のあることなどについても情報を集めることが大切です。

実態把握に当たっては、学習障害の判断基準を参考にしながら、以下のような観点で見ていきます。

①　特異な学習困難がある

現在及び過去の学習の記録等から、国語、算数等の評価の観点の中に、著しい遅れを示すものが一つ以上あることを確認します。この場合、著しい遅れとは、小学校２、３年生の場合は１学年以上の遅れ、小学校４年生以上又は中学生の場合は、２学年以上の遅れを目安としています。

②　全般的な知的発達の遅れがない

知能検査等で全般的な知的発達の遅れがないこと、あるいは現在及び過去の学習の記録から、国語、算数（数学）、理科、社会、生活（小学校１年生及び２年生）、外国語（中学生）の教科の評価の観点で、学年相当の普通程度の能力を示すものが一つ以上あることを確認します。

③　他の障害や環境的な要因が直接の原因ではない

学習困難が他の障害や環境的な要因によるものではないことを確認します。ただし、他の障害や環境的な要因による場合であっても、学習障害の判断基準に重複して該当する場合もあるので、その障害や環境等の状況などの資料により確認します。

3　学習障害（LD）のある子供の困難さへの対応

（1）学習面での困難さへの対応

学習障害のある子供には、学力全般にわたる遅れはありません。しかし、「聞く」「話す」「読む」「書く」「計算する又は推論する」などの学習の特定の領域につまずきが見られます。例えば、会話は学年相当以上にできても、読みはできないといった不均一な特徴です。

学習障害は、中枢神経系の機能障害が背後にあると推定されています。それによって、認知（情報処理）過程、つまり、情報を「受け止め、整理し、関係付け、表出する過程」のどこかに十分機能しないところをもち、その結果、学習面での深刻なつまずきが生じると考えられています。

例えば、聴覚的な刺激を処理する能力、聴覚的弁別や聴覚認知につまずきが見られる場合、聞いて理解したり、覚えたりすること、さらには、読みなどにおいても困難さを呈します。読みは、文字という視覚的な情報を頭の中で音に変換する作業が必要なため、こうした認知能力とも深く関わっています。特に欧米で見られるディスレクシア（読み書き障害）の主な原因は、聴覚的な刺激を処理する能力につまずきが見られるということで見解は一致しています。

同様に、視覚的な刺激を処理する力につまずきが見られる場合にも、読み・書きといった視覚性言語をはじめとする学習全般に影響を与えます。

その他にも、記憶する能力（学習したことを蓄積する力、学習の過程で処理する際に必要となる一時的、作動的な記憶等）や、注意の問題（学習することに対して注意を向ける力とその注意を持続させる力）、さらには、モティベーション（学習に取り組もうとする主体的な気持ち）も学習には大きく関連しています。こうした能力が十分に機能しないと学習面での困難さをもたらします。

学習面での困難さに影響するのは、上記のような子供の内的要因だけでなく、外的な要因も大きく関与します。指導内容や方法、教材などが、その子供に対して適切でない場合にも、学習面での困難さを生じさせます。LD等のある子供は、認知特性のプロフィールにアンバランス（強い部分と弱い部分との間の差）が有意に見られるため、こうした指導方法や教材といった外的な刺激の性質によって、その理解度が左右されることも少なくありません。

このように、学習に著しい困難さが見られた場合には、本人の認知特性に代表される内在する要因と、課題や指導法、教材の特徴といった外的要因との両方が影響することが多いと考えられます。

それゆえ、学習障害のある子供に対してどのような指導が有効であるかを検討するためには、このようなつまずきの背景にある認知過程を把握し、個々に応じた学習の仕方を探っていくことが重要です。

（2）二次的な障害

学習障害のある子供は、知的発達に遅れが認められず、できることも多いために、認知や行動上の特性が障害として気付かれなかったり、認められなかったりする場合が多く見られます。そのため、必要な支援が受けられないばかりでなく、「やる気がない」「努力が足りない」などと非難や叱責を受けるなど、全般に厳しい見方をされてしまいがちです。その結果、自信や意欲を失ったり、自己評価が低くなったりして、本来ならできることも困難になってしまうなどの二次的障害が生じてきます。

一次的な障害である学習障害という特性に応じた支援を工夫するとともに、自信や意欲をもたせ、自己評価を高めていけるような対応に心がけるなど、二次的な障害の予防と改善を常に意識して対応することが大切です。

4　学習障害（LD）のある子供に応じた指導・支援

（1）通常の学級における配慮

学習障害のある子供が学校生活において、その多くの時間を費やすのは通常の学級です。したがって、通常の学級においていかに安心して過ごせるかが重要になります。そこで、得意な面や努力している面を見つけて積極的に評価したり、活躍できる場面を意図的に取り込んで、自信が得られる機会をつくったりします。そのためには、子供の学習面での苦手なことや偏りについて理解し、苦手なことをたくさん要求したり、みんなと同じ水準を要求したりするのではなく、その子供の努力や達成を認め、励ましていくことが大切です。

①　認知特性に配慮した指導

学習障害のある子供の中には、見て理解すること（視覚的に情報を処理すること）は得意でも、聞いて理解すること（聴覚的に情報を処理すること）が苦手な子もいれば、その逆の傾向を示す子もいます。視覚的な情報を処理することが得意な子供は、言葉による説明だけでなく、絵や実物、実演（モデル）を提示することで理解が促される場合があります。逆に聴覚的な情報を処理することが得意な子供は、絵や図などだけでなく、言葉によって説明を加えると理解しやすくなる場合もあります。

さらには、一つ一つ継次的に情報を提示した方が分かりやすい子供もいれば、全体像を把握しやすいよう同時的に情報提示した方が分かりやすい子供もいます。

こうした子供の認知特性は、日頃の様子をよく観察すること、さらには心理アセスメント等の結果から知ることができます。子供がどのようなタイプか、どのようなやり方を得意とするかを把握し、学習のつまずきが見られた際には、その子の認知特性に合わせた方法を工夫しながら提示してみる必要があります。

指導形態についても工夫が必要です。集団だけでなく、小集団、ペア、個別等、柔軟な形態で指導を行う必要があります。特に著しい学習の困難が見られる場合には、個別指導の時間を確保する必要もあります。

② 指導形態の工夫

通常の学級における配慮として、今後ますます求められるものとしては、代替手段の適用が挙げられます。学習障害のように、学習面でのつまずきの背景に内在的な要因がある場合、場合によっては代替手段で子供のつまずきを補償することも重要です。例えば、書字に困難がある子供にはワープロ機能をもつ機器を導入するなどが考えられます。

学習面のつまずきに対応する場合、まずはその子供がどうしてつまずいているのか（つまずきの要因）について的確に把握すると同時に、つまずいている領域（課題）にとって必要な力とは何か等を分析することも重要です。こうした多角的な情報の分析、アセスメントが専門的指導には不可欠です。

③ 配慮の具体例

次に、通常の学級における配慮の具体例を示します。

まずは、「指示の伝え方」についてです。本筋に入る前に、まず注目させてから短くポイントを絞って指示をし、そのポイントを板書するようにします。聞き取りが苦手な子供には、クラス全体への指示の後、個別にもう一度指示を伝えます。さらに、伝えたことを理解したかどうか確認したり、他の子供の行動を見せたりして確実に伝えます。

「課題の出し方」については、例えば、書くことが苦手な子供への対応として、学習プリントやワークシートは、本人と相談の上、一定の大きさのマス目のあるものを用意します。また、消しゴムで消したときに破れにくい紙を使います。言葉だけではイメージがつかみにくい子供へは、図や絵や写真など、言葉以外に視覚的な手がかりを提示するようにします。口述筆記のアプリケーションやワープロを使ったキーボード入力、タブレット端末のフリック入力を使うことも考えられます。また、読むことが苦手な子供へは、漢字にふり仮名をふったり、文字の位置を指で押さえながら読んだり、読んでいる行だけが見えるカバーシートを使うなどします。さらに、文字を拡大したり、分かち書きしたプリントを用意したり、コンピュータによる読み上げや電子書籍を使用し文字の大きさを変えたりするなどの代替手段を使ったりすることも考えられます。これらのことは保護者と共通理解し、家庭と連携して行うことが大切です。

こうしたつまずきに応じた支援を行う際、学年でのティーム・ティーチングや少人数学習等を活かした支援を設定することもあります。授業前に、担任とティーム・ティーチングや少人数の担当教員が、支援を必要とする子供の対応について必要な打合せをしておくことが有効な支援を行う上で重要です。

（2）通級による指導

小・中・高等学校の通常の学級に在籍する学習障害のある子供のうち、障害による学習上又は生活上の困難の改善・克服を目的とする特別な指導が必要とされる場合は、通級による指導を行うことも考えられます。通級による指導では、障害による学習上又は生活上の困難を改善・克服するための特別支援学校における自立活動に相当する指導を行います。特に必要があるときは、各教科の内容を取り扱いながら指導を行うこともできます。

① 自立活動の指導

自立活動の内容は、人間としての基本的な行動を遂行するために必要な要素と、障害による学習上又は生活上の困難を改善・克服するために必要な要素で構成されています。自立活動の指導内容は、各教科のように学習指導要領に示された内容がすべての子供に対して指導すべき内容を示した基準であるのとは異なり、具体的な指導内容を自立活動の項目ごとにそのまま設定することを意味してはいません。区分ごとに示された内容の中から、必要な項目を選定し、それらを相互に関連付けて具体的な内容を設定することになります。

② 通級による指導の担当者の役割

通級による指導における担当者の役割は、学習障害、注意欠陥多動性障害等の障害種別にかかわらず、多くの時間を通常の学級で過ごす発達障害のある子供への支援という観点から共通する部分も多いといえます。以下に挙げた内容は、校内支援体制の一員として、また指導者として、おさえておくことが重要です。

ア 子供を支援する校内リソースの担当者としての役割

a）担任からの相談への対応

通級による指導の担当者は、担任から相談があった場合には、まず話を聞き、つまずきや困難の状況を一緒に整理していきます。その際、一面的な視点からだけで整理することがないよう留意が必要です。相談内容から状況をつかむことができ、助言をする場合には、その担任の理解の範囲を見極めながら担任の実行できる内容を助言していくようにします。

特別支援教育の担当者として子供の状態について理解と解釈を求められたときには、授業参観を行ったり、子供と接したりして、多角的な視点から子供の情報を収集し、総合的な解釈になるよう心がけます。また、組織的な援助や関わりを視野に入れて説明することも大切です。

b）学年会での支援の在り方の検討

通級による指導の担当者は、特別支援教育の担当者としての専門性を活かして、情報収集を行い、問題の発見に協力するようにします。

学年会などでの情報交換の中から状態の把握が必要とされた子供については、集会時や学校行事などでの行動観察や、授業中や生活場面での学習や行動の特徴から、総合的に考えて実態把握をしていきます。学年会等では、その子供の緊急課題の見極めや言動についての解釈、支援の仕方や具体的な配慮の仕方、教材の提供等について助言する、学年としての共通理解について話し合いを進めていくなどの役割を担います。

c）子供へ直接、支援をする場合の留意点

通級による指導の担当者が、通常の学級における学習活動の中で支援する場合は、あくまでも担任の指導内容やねらいに沿うように、事前に話し合いをもつことが重要です。

通常の学級での実際の指導場面では、周囲の子供の動向にも気を配り、支援する子供に個別に関わり過ぎることで、その子供に差別感や孤立感、羞恥心などが生まれないよう十分に配慮することが大切です。選択教科、総合的な学習の時間（高等学校では、総合的な探究の時間）などの指導の場合も同様です。また、学校行事や学年行事等では、組織の一員として動きつつ、担任との連携の下でさりげなく支援することが重要です。

イ　担任からの依頼で行う個別指導や少人数指導

通級による指導の担当者が、担任からの依頼で個別の指導を行う場合には、担任の意向だけではなく、子供本人の意見もよく聞き、支援してほしいことを把握して指導内容を考えることになります。

少人数での指導を行う場合には、学級のような大きな集団ではなく、小集団という特性を活かした指導のねらいを考えることになります。例えば、集団で学習する方法（意見の言い方等）を学べるようにする、自分の苦手なことや分からないことについて自ら助けを求める（質問する等）ことができるようにする、苦手なことを補う方法を身に付ける、自分が理解したことを相手に教える（学び合い）など、ねらいを明確にして指導を行うようにします。小集団ならではのていねいな関わりの中で、達成感を味わわせるとともに学ぶ意欲を高めていき、最終的には大きな学級集団の中でも、少人数指導で培われたことが発揮できるようにしていきます。

また、個別の指導や少人数での指導では、その空間が子供にとって精神的な支えとなるような居場所であったり、担当者が相談相手であったりすることも重要です。

ウ　校内委員会への協力と専門的な知識の活用

通級による指導の担当者は、学年会等での情報や担任からの相談を踏まえて、子供について知り得ている情報を校内委員会へ提供する役割を担うこともあります。

校内委員会での話し合いでは、できる限り専門用語を使用せずに、子供の状況を説明することが大切です。学習障害においては、認知特性の把握やそれに対応した具体的な指導方法や教材教具などの提案が重要です。これまで培ってきた特別支援教育の専門的な知識と経験を活用し、積極的に提案していくことが大切です。さらに、校内委員会で個別の指導計画の作成をする場合には、できる限り話し合いに参加して、担当者として援助できることや役割を明確にしていくことが望まれます。

エ　保護者への支援（教育相談等）

通級による指導の担当者が、担任からの依頼があって保護者の相談を行う場合には、あらかじめ担任から子供の様子や相談内容等について情報を得ておくこと、担任との立場や役割の違いを明確にしておくことが大切です。一回の面談で一方的に指導や助言をして終了することは、保護者に不信感や反感を抱かせることにもなり、注意が必要です。担任と相談の内容や役割分担などについて話し合いながら、保護者との信頼関係を築いていけるよう相談を継続していくことが重要です。

なお、担任と共に保護者を支援する場合には、担任への支援も視野に入れ、補助的な立場で支援することが重要です。要望があれば専門機関についての情報を提供することも大切です。

オ　特別支援教育コーディネーターとの連携

校内の特別支援教育コーディネーターとは、できる限り定期的な情報交換を行うように心がけ、校内事情の把握に努めることが重要です。特別支援教育コーディネーターから支援の依頼を受けた場合も、校内における特別支援教育コーディネーターとの役割分担を明確にし、効果的な支援体制が構築できるよう協力する必要があります。

通級による指導で得られた効果を、通常の学級へ還元するためにも、子供のニーズ、特性等を多角的に把握しながら、通級による指導を計画・実施していくことが重要です。それとともに、校内外との綿密な連携が不可欠になります。

5　新たな学習障害（LD）判断の考え方

学習障害は、その知的能力に比して有意に予測できない（低い）学力を示すといった考え方があります。しかし、こうしたような単一的な考え方に対し、従来から批判や見直しの声が上がっていました。そこで注目されるようになったのが、RTI（Response to Intervention/Instruction）という考え方です。これは、効果的な指導/介入を提供し、子供の反応（ニーズ）に応じて、指導/介入の仕方を変えていきながら、子供のニーズを同定していくものです。例えば、Fuchs & Fuchs（1998）は、RTIモデルの構造を以下のように整理しています。

こうしたRTIのメリットとして、「学習面でのつまずきが深刻化する前に対応できること」「科学的データを出す必要があるので、教師のバイアスが入りにくいこと」「アセスメントと指導との関連性が強いこと」「不適切（不十分）な指導によってつまずいているのか、本人に内在する問題なのかを識別できること」等が挙げられています（Fuchs, Fuchs, &

<段階1>

すべての子供に対し、学習面の進捗度を追うクラスワイドアセスメントを実施する。この段階で指導の環境が適切であったか、もし他のクラス等と比較して伸びが小さい場合には、指導環境の改善を行う必要性が生じる。つまり、この段階では、通常の教育の中で、適切な指導がなされているかについての確認を行う。

<段階2>

段階1が保証されている（通常の教育の中で、適切な指導がなされている）にもかかわらず、クラスの他の子供と比べて著しく反応が乏しく、低い成績をとる子供の同定を始める。

<段階3>

通常の学級の中で、より体系的なアセスメントの段階に入る。ここでは、通常の学級の中で、学習面でつまずきのある子供に対して、その子の学力を伸ばせるような環境をつくり出せるかどうかを具体的に探っていく。その子供により特化した指導環境を整えたにもかかわらず、なお反応が乏しい場合には、内在しているつまずきがあると判断される。すなわち、不適切な指導環境が原因でないことから（これについてはすでに段階1において確認されているので）このように個人に内在する問題を有する可能性があると判断される。

Compton, 2004; Vaughn & Fuchs, 2003)。

日本においても、RTIモデルにおける強調点のうち、「通常の学級での質の高い指導」「子供のつまずきが重篤化する前段階における速やかな指導・支援」に焦点を当てた通常の学級での多層指導モデル Multilayer Instruction Model（MIM：ミム）が開発されています（海津・田沼・平木他, 2008）。

RTIにおいても、またMIMにおいても重要視しているのは、学習のつまずきをとらえる際、その原因を個人に内在する問題として帰結する前に、外的な要因の評価や見直しを行い、学習のつまずきの要因を多角的に捉えていくことです。日本における学習障害の定義にも、除外規定として「環境的な要因が直接的な原因となるものではない」（文部省, 1999）との文言が入っています。すなわち、「科学的根拠のある効果的な指導法、指導環境を整えたにもかかわらず、さらには、他の子供が伸びていても尚、該当の子供の反応が十分でない」状況があって、はじめて、学習障害か否かの判断がスタートできるということになるのです。

引用・参考文献

・中央教育審議会. 特別支援教育を推進するための制度の在り方について（答申）. 2005.
・Fuchs, L.S. & Fuchs, D. (1998) Treatment validity as unifying construct for identifying learning disabilities. Learning Disabilities Research and Practice, 13 204-219.
・Fuchs, D., Fuchs, L.S., & Compton, D.L. (2004) Identifying reading disabilities by responsiveness-to-instruction: Specifying measures and criteria. Learning Disabilities Quarterly,27,216-227.
・海津亜希子・田沼実畝・平木こゆみ・伊藤由美・Vaughn, S. (2008) 通常の学級における多層指導モデル（MIM）の効果－小学1年生に対する特殊音節表記の読み書きの指導を通じて－. 教育心理学研究, 56, 534-547.
・国立特別支援教育総合研究所　発達障害教育推進センター Webサイト
http://icedd_new.nise.go.jp（最終閲覧日：2024年10月31日）
・文部省. 学習障害児等に対する指導について（報告）. 学習障害及びこれに類似する学習上の困難を有する児童生徒の指導方法に関する調査研究協力者会議. 1999.
・文部科学省. 障害のある子供の教育支援の手引～子供たち一人一人の教育的ニーズを踏まえた学びの充実に向けて～. 2021.
・Vaughn, S., & Fuchs, L.S.. Redefining learning disabilities as inadequate response to instruction: The promise and potential problems. Learning Disabilities Research and Practice, 18 (3), 137-146. 2003.

9-3 注意欠陥多動性障害

1　注意欠陥多動性障害（ADHD）の基礎知識

（1）注意欠陥多動性障害（ADHD）の定義

2021（令和３）年に文部科学省が示した「障害のある子供の教育支援の手引～子供たち一人一人の教育的ニーズを踏まえた学びの充実に向けて～」（以下、「教育支援の手引」と略します）では、注意欠陥多動性障害とは「身の回りの特定のものに意識を集中させる脳の働きである注意力に様々な問題があり、又は、衝動的で落ち着きのない行動により、生活上、様々な困難に直面している状態をいう」と示されています。

なお、本書における「注意欠陥多動性障害」の用語の取扱いについては、学校教育法施行規則及び関連通知に基づいています。ただし、日本精神神経学会の定めたDSM-5のガイドラインにおいては「注意欠如・多動症／注意欠如・多動性障害」を用いることが推奨されていることに留意してください（文部科学省，2021）。

（2）注意欠陥多動性障害（ADHD）の判断基準

「教育支援の手引」では、注意欠陥多動性障害の状態の把握について、以下①～③のように示されています。

①　不注意、衝動性及び多動性の評価

ア　「不注意」「多動性」「衝動性」に関する以下の設問に該当する項目が多く、その状態が少なくとも6か月以上続いている。

○不注意であること

●学校での勉強で細かいところまで注意を払わなかったり、不注意な間違いをしたりする。
●課題や遊びの活動で注意を集中し続けることが難しい。
●面と向かって話しかけられているのに、聞いていないように見える。
●指示に従えず、また、仕事を最後までやり遂げることができない。
●学習などの課題や活動を順序立てて行うことが難しい。
●気持ちを集中させて努力し続けなければならない課題を避ける。
●学習などの課題や活動に必要な物をなくしてしまう。
●気が散りやすい。
●日々の活動で忘れっぽい。

○衝動性があること

●質問が終わらないうちに出し抜けに答えてしまう。
●順番を待つのが難しい。
●他の人がしていることをさえぎったり、じゃましたりする。

○多動性があること
- ●手足をそわそわ動かしたり、着席していてもじもじしたりする。
- ●授業中や座っているべきときに、席を離れてしまう。
- ●きちんとしていなければならないときに、過度に走り回ったりよじ登ったりする。
- ●遊びや余暇活動におとなしく参加することが難しい。
- ●じっとしていない。または何かに駆り立てられるように活動する。
- ●過度にしゃべる。

イ　「不注意」「多動性」「衝動性」のうち一つ又は複数が12歳になる前に現れ、社会生活や学校生活を営む上で支障があること。

ウ　著しい不適応が学校や家庭などの複数の場面で認められること。

エ　知的障害（軽度を除く）や自閉症等が認められないこと。

②　医学的な評価

注意欠陥多動性障害かどうかの判断に当たっては、必要に応じて、専門の医師又は医療機関による評価を受けることを検討すべきである。

③　他の障害や環境的要因が注意欠陥多動性障害の直接的原因ではないこと

ア　他の障害や環境的要因が、不注意、又は衝動性・多重性の直接的原因ではないこと

子供の校内での生活における行動の記録や家庭や地域から寄せられた生活についての情報、校内委員会等で収集した資料等に基づいて、他の障害や環境的要因が注意欠陥多動性障害の直接の原因ではないことを確認する。その際、必要に応じて、対象となる子供が在籍する通常の学級における授業態度の観察や保護者との面談等を実施する。

イ　他の障害の診断をする場合の留意事項

学習障害や自閉症等が不注意、又は衝動性・多動性の直接的原因であれば、注意欠陥多動性障害と判断することに慎重でなければならない。しかし、学習障害と注意欠陥多動性障害が重複する場合が多いことや、これらの障害の近接性を考慮して、学習障害や自閉症等の存在が推定される場合においても、注意欠陥多動性障害の可能性を即座に否定することなく、慎重に判断することが必要である。

2　注意欠陥多動性障害（ADHD）のある子供の学習面や行動面における気付きと実態把握

（1）学校における気付き

①　学級担任や教科担当としての気付き

注意欠陥多動性障害のある子供への適切な教育的支援のスタートは、子供が出している様々なサインに気付くことです。不注意、衝動性、多動性のようなサインに気付いたら、「いつ」「どこで」「どのようなときに」「どんな問題が起こるか」を観察し、行動の背景や原因を検討します。サインを見逃してしまったために、適切な対応が遅れ、困難さが増えてしまうこともあります。学級担任や教科担当の教師は、注意欠陥多動性障害のある子供の出すサインに気付く感性をもつことが大切です。また、場面や状況、文脈によって目に見える症状が大きく変わることがあるため、気付きや実態把握が難しく感じられることもあるかもしれません。また、多動性や衝動性のような目立つ行動に比べると、不注意の症状は気付きにくく、見逃されやすいため特に注意が必要です。学級担任や教科担当が一人で考えるのではなく、同学年の教員や校内の特別支援教育コーディネーター、特別支援学級や通級指導教室の担当者、養護教諭、家庭などの協力を得て、複数の目で確認、検討することが必要です。

注意欠陥多動性障害のある子供のサインに対する学級担任や教科担当の気付きは、次のような場面や機会にあります（注意欠陥多動性障害の行動特性については１の（２）を参照してください）。

ア　子供の困っている状況からの気付き

- 不注意のため、教科書を読むときに、行をとばして読んでしまう。
- 集中力がないため、ノートを書くときに、他の子に比べてとても時間がかかる。
- しばしば宿題を忘れてしまう。

イ　指導上の困難からの気付き（担任の指導上困っている場面や状況からの気付き）

- 順番が待てずに、他の人の学習をじゃましてしまう。
- 授業中、たびたび座席を離れて立ち歩いてしまう。
- 学級の中の簡単なルールが守れない。

ウ　保護者相談での気付き

- 次々と物を出してしまい、部屋中散らかったままで片付けができない。
- 翌日の学習の準備ができず、何でもカバンに詰め込んでしまう。
- 宿題や課題を最後までやり遂げることができない。

学級担任や教科担当は気付きの記録を取っておくとともに、どのような対応や支援をしたか、そして対応や支援への子供の反応なども記録するようにします。この記録は、校内委員会で提示する資料づくりや個別の指導計画の立案・作成、保護者面接などの際に役立つ貴重な資料となります。

②　学校体制としての気付き

注意欠陥多動性障害のある子供のつまずきや困難さの状況を把握し、その原因を理解したうえで、適切な指導方針を立てることが重要です。原因の理解が不十分であると、その後の指導が誤った方向に進んでしまう可能性があります。しかし、学級担任や教科担任だけでは、対応が正しいのかどうか不安に感じることも少なくありません。こうした不安を解消するために、学年会や校内委員会が、担任を支援する場となることが望まれます。そのためには、学級担任や教科担当が率直に悩みや課題を話し安心できる学校の雰囲気作りが何よりも大切になります。

ア　学年体制としての気付き

- 学年会で学年の子供等についての情報交換と共通理解の時間を確保し、話し合いを行う。
- 同学年の学級等で対応の仕方を共通理解した上で、指導を行うようにする。
- 中学校では、教科担任間で情報交換を行い、連携を図っていく。

イ　校内委員会など学校体制での気付き
- ●担任として把握している情報を提供し、個別の指導計画の作成を通して共通理解を図るようにする。
- ●誰が、いつ、どこで支援していくか学校体制としての方針を出して実践していく。

（2）学校における実態把握

学校での実態把握においては、担任や各教科担当をはじめ、すべての教職員の気付きを促す環境を整えることが大切です。学校での実態把握は、障害種やその有無を判断するためだけではなく、学習面や行動面において特別な教育的支援が必要かどうかを判断する視点をもつことが求められます。

障害種やその有無の判断については、医療と連携した専門家・専門機関（または専門家チーム）が行うことが望ましいと考えられます。特に、注意欠陥多動性障害の一部においては薬物療法が有効であることが知られており、医療と連携して実態把握や支援を進めていくことも重要です。また、その症状は学習障害や自閉症などの障害の状態や、環境との相互作用による愛着形成上の障害と類似していることも多く、判断には慎重でなければなりません。必要に応じて、標準的な個別式知能検査等を活用し、全般的な知的発達の遅れがないかどうか、認知の特性に偏りがあるか等を確認することも大切です。

学級担任や教科担当が、子供のつまずきや困難さに対して、指導の工夫や配慮をしても学習状況に改善が見られないときには、学年や学校全体での話し合いにつなげていく必要があります。

校内委員会等において、担任等の気付きや該当子供に見られる様々な状況を整理し、保護者や専門家からの意見なども参考にしながら、総合的に実態把握を行っていきます。その際、つまずきや困難さだけを把握するのではなく、できていることや努力していること、得意なこと、興味・関心のあることなど、多面的に実態を捉えることが大切です。

「教育支援の手引」によれば、以下のような観点から一人一人の状態像を把握し、教育的ニーズの整理と必要な支援の内容を多面的、総合的に検討していくことが重要であることが示されています。

ア　発達の状態等に関すること
- ●生活リズムの形成
- ●基本的な生活習慣の形成
- ●遊びの状況
- ●社会性

イ　本人の障害の状態等に関すること
- ●学習意欲や学習に対する取組みの姿勢や態度、習慣
- ●感覚や認知の特性
- ●社会性
- ●身体の動き
- ●学習の状況
- ●自己理解の状況

ウ　諸検査等の実施及び留意点
エ　認定こども園・幼稚園・保育所、児童発達支援施設等からの情報の把握

3　注意欠陥多動性障害（ADHD）のある子供の学習面や行動面の困難さへの対応

（1）学習面、行動面での困難さへの対応

注意欠陥多動性障害による行動上の特性が、学校での集団生活における適応の困難につながる場合があります。障害による行動特性が「やる気」や「態度」の問題として受け止められることもあり、障害により表面化する特性として、周囲から気付かれない、認識されないことがあります。

「教育支援の手引」では、注意欠陥多動性障害のある子供の学習活動において、以下に示す対応が必要であるとされています。

○　**注意集中の持続に関すること**

注意機能の特性により、注目すべき箇所が分からない、注意持続の時間が短い、他のことに気を取られやすいことなどから、注目すべき箇所を色分けしたり、手で触れるなど他の感覚も使ったり、指示を段階に分けて順に示したりすることで注目しやすくしながら、注意を持続できることを実感し、自分に合った注意集中の方法を学び積極的に使用できるようにすることが大切である。

○　**行動の調整に関すること**

衝動の抑制が難しかったり、自己の状態の分析や理解が難しかったりするため、失敗を繰り返したり、目的に沿って行動を調整することが苦手だったりする。その場合には、自分の行動と出来事との因果関係を図示して理解させたり、実現可能な目当ての立て方や点検表を活用した振り返りの仕方を学んだりして、自ら適切な行動を選択し調整する力を育てていくことが大切である。なお、注意や叱責では行動が改善しないことを心得ておくことが必要である。

○　**作業に必要な動作と円滑な遂行に関すること**

手足を協調させて動かすことや微細な運動をすることに困難が見られる場合には、目的に即して意図的に身体を動かすことを指導したり、手足の簡単な動きから始めて、段階的に高度な動きを指導したりすることが大切である。手指の巧緻性を高める場合には、興味や関心をもっていることを生かしながら、道具等を使って手指を動かす経験を積み重ねることが大切である。

○　**集団への参加の基礎に関すること**

説明を聞きもらしたり、最後まで聞かなかったりして、ルールを十分に理解しなかったり、ルールを十分に理解していても、勝ちたい気持ちからルールを守ることができなかったりする場合には、ルールを分かりやすく少しずつ段階的に理解できるように指導したり、ロールプレイなどにより、勝った時や負けた時の適切な行動を具体的に指導したりすることが必要である。

○　**障害の特性の理解に関すること**

対人関係が上手くいかないことを感じている一方で、自分の長所や短所、得手不得手を客観的に認識することが難しかったり、他者との違いから自分を否定的に捉え自尊感情の低下が生じてしまったりする場合には、個別指導や小集団指導などの指導形態を工夫しながら、対人関係に関する技能を習得する中で、自分の特性に気付き、自分を認め、生活する上で必要な支援を求められるようにすることが大切である。

（2）二次的な障害

子供の示す行動上の特性が、障害によるものとして認められないと、必要な支援が受けられず、失敗経験が重なり、自信や意欲を失い、自己評価が低下していくことにつながります。周囲の叱責や社会に対する反発心が強まり、望ましくない行動がさらに現れたり、できていた学習ができなくなったりするなどの二次的な障害が、本来の障害特性である一次的な障害に加えて起こってきます。

一次的な障害は、基本的には大きく変わるものではありません。その障害特性によるつまずきや困難さを補助することを最優先に考え、時間をかけて対応を図っていくことが重要です。一方、二次的な障害は、適切な支援によって改善が見込まれます。一次的な障害による困難さに対する支援とともに、二次的な障害に対する予防や改善を考えながら支援を工夫することが大切です。

注意欠陥多動性障害のある子供の教育的ニーズは多様であることから、一人一人の実態把握を行動上の問題だけでなく、教科学習や対人関係の状況、学校生活への適応状態など、様々な観点から行う必要があります。また、注意欠陥多動性のある子供の保護者や、学級の他の子供及びその保護者に対して、障害特性の理解啓発を積極的に図っていくことも大切です。

注意欠陥多動性障害のある子供に対しては、早期から対応していくことが重要です。幼児期から発達状況に応じて適切な支援を行うことで、二次的な障害の予防が可能になり、学業や対人関係面での成長を促すことが期待できます。行動への適切な配慮、対人関係や社会生活の技能の育成を通じて、自己管理能力や自己肯定感（自尊心や自己有能感）を高めていきます。

他の子供との関係による、いじめや不登校等の問題についても配慮が必要です。共感的理解の態度をもち、子供一人一人の長所や良さを見つけ、それらを生かした指導・支援を考えていきます。

4　注意欠陥多動性障害（ADHD）のある子供の場に応じた指導・支援

（1）通常の学級における配慮

注意欠陥多動性障害のある子供の多くは、小・中学校の通常の学級に在籍しており、学級担任による以下のような配慮や指導の工夫が支援の基本となります。

- 子供一人一人の教育ニーズを踏まえつつ、障害による困難さへの指導上の工夫や、個に応じた手立てを検討します。必要に応じて合理的配慮の検討も行います。
- 子供の苦手な面を指摘するのではなく、得意な面や努力している面を見つけて、褒めたり、学級でさりげなく紹介したり、あるいは、単元全体の中に活躍できる場面を意図的に取り込み、発表の機会をつくることで、子供が自信をもてるようにします。
- 子供の学習面での苦手なことや、偏りについて理解し、その子の努力や達成を認め、励ましていくことが大切です。
- 子供が安心して学習や活動に参加できるように、グループ編成や座席の位置などを工夫したり、仲間との遊びに入れるように学級担任から働きかけたりして、友達との関係がよい方向に広がるように配慮します。なお、特別な配慮が行き過ぎることにより、他の子供に不公平感を抱かせたりしないよう留意することも大切です。

- 学級には多様な子供が在籍していることを踏まえ、教師と子供及び子供相互のよりよい人間関係を構築し、学級経営の充実を図ります。
- 学級の子供達に対し、注意欠陥多動性障害について話題にするときは、子供の発達段階などを踏まえた説明を行うようにします。
- 保護者とのこまめで前向きな情報交換を心がけるようにします。特に、小学校低学年では、普段から連絡帳や電話で連絡を取り合ったり、必要によって話し合いをしたりする機会を設けるようにします。

（2）通級による指導

小・中・高等学校の、通常の学級に在籍する注意欠陥多動性障害のある子供のうち、学習上又は生活上の困難を改善・克服を目的とする特別な指導が必要とされる場合は、通級による指導を行うことも考えられます。通級による指導では、障害による学習上又は生活上の困難を改善・克服するための特別支援学校における自立活動に相当する指導を行います。特に必要があるときは、各教科の内容を取り扱いながら指導を行うこともできます。

指導時間については、小・中学校では、年間35単位時間（週1単位時間）からおおむね年間280単位時間（週8単位時間）以内、高等学校では、年間245単位時間（週7単位時間）が標準とされています。なお、注意欠陥多動性障害の場合は、月1単位時間程度でも指導上の効果が期待できる場合があることから、下限が年間10単位時間とされています。

通級による指導では、子供の日常生活の場である家庭、学校での適応を図るために特別の指導を行います。注意欠陥多動性障害のある子供については、通級による指導の対象とするまでもなく、通常の学級における教員の適切な配慮や、ティーム・ティーチングの活用、学習内容の習熟の程度に応じた指導の工夫により、対応することが適切である子供も多く見られます。一方で、注意集中の持続の困難さに対して、座席位置の配置や掲示物の精選の配慮だけでは、必要な情報の聞き漏らしが軽減されなかったり、学習活動への継続的な参加が困難であったりする場合があります。そのため、子供が自分の特性を理解し、自分に適した注意集中の方法や課題への取り組み方を身に付ける指導を行うなどの特別な指導が必要となります。

通級による指導の実施に際しては、必要に応じて、校長、教頭、特別支援教育コーディネーター、学級担任等で構成する校内支援委員会において、その必要性を検討するとともに、教育委員会等に設けられた専門家チームや巡回相談等を活用します。通級による指導の対象かどうかの判断に当たっては、医学的な診断の有無のみにとらわれることのないよう留意し、総合的な見地から判断することが大切です。

①　自立活動の指導

自立活動の内容は、人間としての基本的な行動を遂行するために必要な要素と、障害による学習上又は生活上の困難を改善・克服するために必要な要素で構成されています。自立活動の指導内容は、学習指導要領の各教科のように、すべての子供に対して指導すべき内容を示した基準ではありません。区分ごとに示された内容の中から、対象となる子供一人一人に必要な項目を選定し、それらを相互に関連付けて具体的な内容を設定します。

② 通級による指導の担当者の役割

前節の学習障害の解説でも述べていますが、この内容は、発達障害全般に共通する重要なポイントを含んでいます。これらは、通級による指導の担当者として押さえておくべき大切な事項です。通級による指導が、子供の学校生活や日常生活において有効に機能するためには、子供への直接指導だけではなく、保護者への支援、在籍学級の担任との連携が不可欠です。さらに、校内支援体制の構築にも積極的に関わり、全体として支援体制を強化していくことも求められます。

ア　子供を支援する校内リソースの担当者としての役割

a）学級担任からの相談への対応

通級による指導の担当者は、学級担任から相談があった場合には、まず話を聞き、つまずきや困難の状況を一緒に整理していくことになります。その際、一面的な視点からだけで整理することがないように留意が必要です。相談内容から状況をつかむことができ、助言をする場合には、学級担任の理解の範囲を見極めながら、学級担任の実行できる内容を助言していくようにします。

特別支援教育の担当者として、子供の理解と解釈を求められたときには、授業参観を行ったり、子供と接したりすることを通して、多角的な視点から子供の情報を収集し、総合的な解釈になるよう心がけます。また、組織的な援助や関わりを視野に入れて説明していくことも大切です。

b）学年会での支援の在り方の検討

通級による指導の担当者は、特別支援教育の担当者としての専門性を生かして、情報収集と問題の発見に協力するようにします。

学年会等での情報交換の中から状態の把握が必要とされた子供については、集会時や学校行事などでの行動観察や、学習や行動の特徴から総合的に考えて実態把握をしていきます。学年会等では、子供の緊急課題の見極めや、言動についての解釈、支援の仕方や具体的な配慮の仕方、教材の提供等について助言したり、学年としての共通理解について話し合ったりしていくようにします。

c）子供へ直接、支援をする場合の留意点

通級による指導の担当者が、通常の学級における学習活動の中で支援を行う場合は、あくまでも学級担任の指導内容や、ねらいに沿うことができるように、事前に話し合いをもつことが重要です。

通常の学級での実際の指導場面では、周囲の子供の動向にも気を配るとともに、対象の子供に差別感や孤立感、羞恥心などが生まれないよう、個別に関わりすぎないよう配慮することが大切です。選択教科、総合的な学習（探究）の時間などの指導の場合も同様です。学校行事や学年行事等では、組織の一員としての動きをしつつも、担任との連携のもとでさりげない支援を心掛けることが重要です。

イ　学級担任からの依頼で行う個別指導や少人数指導

通級による指導の担当者が、学級担任からの依頼で個別の指導を行う場合には、学級担任の意向だけではなく、子供本人の意見もよく聞き、支援してほしいことを把握して指導内容を考えることになります。

少人数での指導を行う場合には、学級のような大きな集団ではなく、小集団という特性を活かした指導のねらいを考えることになります。例えば、集団で学習する方法（意見の言い方等）を学ぶ、ソーシャルスキルを養う、友達との関わり方を学ぶなど、ねらいを明確にして指導を行うようにします。最終的には大きな学級集団の中でも、少人数指導で培われたことが発揮できるようしていきます。

さらに、個別の指導や少人数での指導は、その空間が子供にとって精神的な支えとなるような居場所であったり、担当者が相談相手となったりすることも重要です。

ウ　校内委員会への協力と専門的な知識の活用

通級による指導の担当者は、学年会等での情報や担任からの相談を踏まえて、子供について知り得ている情報を校内委員会へ提供する役割を担うこともあります。

校内委員会での話し合いでは、できる限り専門用語を使用せずに、子供の状況を説明することが大切です。そして、教室での具体的な支援の方法や具体的な教材・教具について示したり、アイディアを提供したりするなど、これまで培ってきた特別支援教育の専門的な知識と経験を活用し、提案していくことが重要です。さらに、校内委員会で個別の指導計画の作成をする場合には、できる限り話し合いに参加して、担当者として援助できることや役割を明確にしていくことが望まれます。

エ　保護者への支援（教育相談等）

通級による指導の担当者が、学級担任からの依頼があり、保護者からの相談を受ける場合には、あらかじめ担任から子供の様子や相談内容などについて情報を得ておくことが大切です。一回の面談で一方的に指導や助言をして終了することは、保護者に不信感や不満を抱かせることもあり注意が必要です。担任と相談しながら、保護者と担当者との信頼関係を築けるよう相談を継続することが重要となります。

なお、学級担任とともに保護者を支援する場合には、学級担任への支援も視野に入れ、補助的な立場で支援することが重要になります。要望があれば専門機関についての情報を提供することも大切です。

オ　特別支援教育コーディネーターとの連携

校内の特別支援教育コーディネーターとは、できる限り定期的な情報交換を行うように心掛け、校内事情の把握に努めることが重要です。特別支援教育コーディネーターから援助の依頼を受けた場合も、校内における特別支援教育コーディネーターとの役割分担を明確にし、効果的な支援体制が構築できるよう協力する必要があります。

引用・参考文献

・国立特別支援教育総合研究所　発達障害教育推進センター Web サイト．
http://icedd_new.nise.go.jp（最終閲覧日 2024 年 10 月 31 日）
・文部科学省．障害に応じた通級による指導の手引き．改訂第3版．海文堂．2018．
・文部科学省．障害のある子供の教育支援の手引～子供たち一人一人の教育的ニーズを踏まえた学びの充実に向けて～．2021．

9-4 発達障害における情報機器の活用

1　GIGA スクール構想による基盤整備

GIGA スクール構想によって、発達障害のある子供に対するICTの活用は大きく変わりました。GIGA スクール構想以前は、ICT を発達障害のある子供たちのために特別に使用することは、調査結果からは難しいとされていました（玉木・海津・佐藤ら，2007；Miyadera, 2022）。その背景にはICTが「特別なもの」として扱われ、教師や子供たちに抵抗感があったことが一因であると考えられます（Kaizu & Tamaki, 2024）。教師は「特定の子供だけを特別扱いできない」と感じ、子供自身も「特別扱いされたくない」と感じる傾向があったのです。

しかし、GIGA スクール構想によりICTがすべての学校に普及し、これらの障壁は、ほぼ取り除かれたといえます。現在、ICTは特別な支援を必要とする子供たちだけでなく、すべての子供たちがより良い学びを得るための基本的なツールとして受け入れられています。同時に、発達障害のある子供に対しても、個々の学びのニーズに応じた支援を行うための重要な手段として利用されるようになってきています。

2　ICT 活用の実践例

情報機器やコンピュータをはじめとするICTを活用することで、発達障害のある子供の困難さを軽減し、学習意欲を引き出すことが期待できます。前節で述べた通り、ICTの基盤整備が進み、特に、発達障害のある子供の多くが在籍する通常の学級でICT活用を充実させることで、発達障害のある子供への教育上の支援が大きく進展していくと考えられます。ここでは「教育支援の手引」と2019（令和元）年12月に公表された「教育の情報化に関する手引」を参考に、発達障害のある子供が示す4つの困難さに焦点をあてて、その実践例のいくつかを示します。

（1）読字や文章の理解に困難さがある場合

コンピュータ、デジタル教科書や電子書籍、音声教材等に含まれる、文字の拡大、文章の読み上げ、スクリーンリーダー、ハイライトなどの代替機能・補助機能の活用が読字や文章の理解を助けます。また、画像、動画、アニメーションにより内容を視覚的に分かりやすく示したり、マインドマップやフローチャートなどのグラフィックオーガナイザー技術があれば、複雑な情報を視覚的に構造化したりすることも有効です。

（2）書字に困難さがある場合

タブレット型端末が有効です。タッチキーボードでの文字入力、スタイラスや音声入力、さらにフリック入力を使用することで、書字の困難さを軽減できます。また、ノートや板書の記録を行う際、カメラ機能や音声の録音機能を活用することもできます。

（3）注意の持続や聞くことに困難さがある場合

電子黒板やデジタル教科書といった視覚支援ツールを活用すると、集中しやすく、学習の見通しももちやすくなります。また､タイマーやスケジュールアプリなどを活用することで、時間管理や学習の進行を視覚的に支援することができます。

（4）特定の場面への適応に困難がある場合

教室や人混みなど特定の場面で緊張や不安が高まる子供には、遠隔やオンデマンドによる学習活動への参加が効果的です。動画や仮想空間技術を活用して、事前に体験したり、振り返ったりすることで、状況理解を促し、安心感を高めることができます。

3　ICT を活用した指導における留意点

発達障害のある子供の学びを支援するための、ICT のさまざまな活用の可能性が示されています。ただし、ICT には決まった形の使い方があるわけではないことに留意しなければなりません。子供の特性や状況に応じて適切な ICT の活用方法を検討することが重要です。自分に合った代替手段や支援機器を選び、調整して、使いこなすことで、学びやすさを実感し、つまずきを回避しながら、意欲的に課題に取り組むことができるようになります。

また、こうした経験を基に、子供自身が、自分に最適な学習環境を整え、自ら調整していく力（自己調整力）を育むことも大切です。同時に、代替手段や支援機器等を使用する必要性を周囲に伝える力を養うことも重要です。例えば、タブレット端末を利用して、課題や宿題を進める上で困難を感じた場合に、どの機能や支援が必要かを自ら判断し、教師や家族に適切に伝えることを目標とします。

こうした指導により、合理的配慮として ICT を活用するための自己理解や援助要請の力（セルフ･アドボカシー）を高めることができます。セルフ･アドボカシーの力を育むことは、個々の子供が自分に必要な支援を主体的に求め、合理的配慮を享受するためだけでなく、社会全体の公平性や公正性を高めるための一助となります。ICT 活用を通じたさまざまな経験は、発達障害のある子供が自立して社会に参加できる将来を支えるとともに、すべての人が生きやすい公正な社会づくりにおいても重要な役割を果たすといえるでしょう。

引用・参考文献

・Kaizu, A. & Tamaki, M. Current issues and future directions of inclusive education in Japan. Remedial and Special Education, Vol45 (6), 369-379. 2024. doi/10.1177/07419325241240061

・国立特別支援教育総合研究所　発達障害教育推進センター Web サイト.
http://icedd_new.nise.go.jp（最終閲覧日 2024 年 10 月 31 日）

・Miyadera, C. The survey of teachers' feasibility of instructional adaptation in Japanese elementary schools: From the replication of Tamaki et al.'s survey. Bulletin of The Faculty of Education, Chiba University. 2022. doi : 10. 20776/S13482084-70-P177

・文部科学省．教育の情報化に関する手引．2019.

・文部科学省．障害のある子供の教育支援の手引～子供たち一人一人の教育的ニーズを踏まえた学びの充実に向けて～．2021.

・玉木宗久・海津亜希子・佐藤克敏・小林倫代．通常の学級におけるインストラクショナル・アダプテーションの実施可能性－小学校学級担任の見解－．LD 研究，第 16 巻1号，62-72．2007.

おわりに

2007（平成19）年に特別支援教育制度が始まり、あと数年で20年が経とうとしています。近年では、校種や学級種、障害のある子供の担任の有無にかかわらず、特別支援教育に関する理解は、すべての学校のすべての教師に求められています。

2022（令和４）年３月の「特別支援教育を担う教師の養成の在り方等に関する検討会議報告」では、特別支援教育の「個別最適な学び」と「協働的な学び」に関する知見や経験は、障害の有無にかかわらず、教育全体の質の向上に寄与することが述べられました。また、2022（令和４）年８月の「公立の小学校等の校長及び教員としての資質の向上に関する指標の策定に関する指針」では、すべての教師に求められる共通の資質の一つとして、特別な配慮や支援を必要とする子供への対応を挙げ、「特別な配慮や支援を必要とする子供の特性等を理解し、組織的に対応するために必要となる知識や支援方法を身に付けるとともに、学習上・生活上の支援の工夫を行うことができる」ことが示されました。

特別支援教育とは、決して「特別な教育」ではありません。障害のある子供を含め、多様な子供一人一人の教育的ニーズに応じた指導・支援を行うために必要な考え方です。様々な違いのある子供たちが対等な立場で、相互に尊重し合いながら、学びに参画し、学ぶ楽しさを享受できる、そのような学校、学級を築いていくために、すべての教師に求められる必要な理念であり、知識であり、技能であるといえます。

本書は、2009（平成21）年に初版を刊行した『特別支援教育の基礎・基本』の第４版です。初版の刊行以来2015（平成27）年と2020（令和２）年に、２度の改訂を行いましたが、旧版の刊行からおよそ５年が経ち、この度、近年の特別支援教育に関わる最新の動向を交えて、第４版としてリニューアルしました。特別支援教育に携わる教師から、特別支援教育を学ぶ学生まで、多くの方に活用していただけるよう、幅広い解説に努めておりますが、不十分な部分につきましては、忌憚のないご意見をいただけますと幸いです。

本書が、特別支援教育に携わるすべての方に活用されるとともに、特別な支援を要する子供一人一人に応じた教育の充実に資することを願っています。

『特別支援教育の基礎・基本』第４版　責任編集者
独立行政法人国立特別支援教育総合研究所
研究企画部総括研究員　**吉川　和幸**

独立行政法人 国立特別支援教育総合研究所（NISE）職員一覧

理事長　中村　信一
理事　　清重　隆信

視覚障害教育研究班
金子　健
沓澤　整治

聴覚障害教育研究班
東内　桂子
山本　晃
渡部　杏菜

知的障害教育研究班
武富　博文
竹村　洋子
丹野　哲也
平沼　源志
山口　遼
横尾　俊

肢体不自由教育研究班
織田　晃嘉
杉林　寛仁
藤本　圭司
吉川　知夫

病弱・身体虚弱教育研究班
大崎　博史
嶋野　隆文
土屋　忠之

重複障害教育研究班
相田　泰宏
小澤　至賢
加藤　敦
河原　麻子
冠　雄祐

言語障害教育研究班
久保山　茂樹
谷戸　諒太
滑川　典宏
牧野　泰美

発達障害・情緒障害教育研究班
伊藤　由美
井上　秀和
榎本　容子
北村　拓也
玉木　宗久
吉川　和幸

自閉症教育研究班
李　熙馥
石本　直巳
佐藤　利正
柘植　美文
長江　清和

（令和７年３月現在、班単位で五十音順）

特別支援教育の基礎・基本　第4版

2025年 3月 9日 第1刷発行

■　著　　独立行政法人 国立特別支援教育総合研究所
■発行人　加藤　勝博
■発行所　株式会社 ジアース教育新社
〒101-0054　東京都千代田区神田錦町 1-23　宗保第2ビル
TEL 03-5282-7183　FAX 03-5282-7892
E-mail : info@kyoikushinsha.co.jp
URL : https://www.kyoikushinsha.co.jp/

■表紙デザイン　宇都宮 政一
■本文 DTP　土屋図形株式会社
■印刷・製本　シナノ印刷株式会社
Printed in Japan
ISBN978-4-86371-713-8
定価は表紙に表示してあります。